헤르만 바빙크와 그의 신학,

그리고 계시철학의 이해

(철학, 자연, 역사를 중심으로)

김학모(모세)

UBF 대학생성경읽기선교회
University Bible Fellowship

책을 내면서

헤르만 바빙크를 읽는다는 것은 그 자체가 은혜요 감사다. 그는 얼마나 진지하게 자기 신학을 펼쳐나가는지. 그의 신학은 처음부터 논리정연할 뿐만 아니라 거기에는 주 예수님께 대한 뜨거운 믿음과 감동이 있다. 또한 그는 깊은 기독교적 통찰을 가지고 역사 속의 많은 사상들과 싸워가며 기독교의 진리를 견고히 변증 해나간다. 이런 그의 모습은 마치 투사와도 같다.

그의 *계시철학*도 마찬가지다. 그는 이 책에서 당대의 인본주의 사상들과 싸우며 계시 중심의 기독 진리를 변증에 변증을 거듭하며 마침내 예수 그리스도를 역사의 중심에 우뚝 세운다. *계시철학*은 내용이 방대하고 깊고 어려운 점이 있지만 이 책이 던져주는 통찰은 바빙크 그 자체이다.

이 책을 연구하며 그의 논리와 통찰을 만나면서 우리 시대의 모든 그리스도인들과 이것을 함께 나누어야겠다는 생각을 하게 되었다. 우리가 사는 이 시대도 갖가지 철학과 사상이 혼돈 속에 범람하고 있고 교회는 그만큼 더 왜소해 보인다. 그런데 바로 여기에 바빙크의 *계시철학*이 있다는 사실이 얼마나 위안이 되고 감사한지 모르겠다.

그래서 나는 계시철학에 대한 나의 이해를 내가 연구한 것을 바탕으로 보다 쉽게 번역해 보고 계시철학 속의 논리를 간결하게 정리해 이 책을 내기로 했다. 물론 이 책에도 여전히 난해하게 느껴지는 부분이 적지 않을 것이다. 어려운 철학적 사상과 용어, 표현들이 많이 나오기 때문이다. 그러나 이는 계시철학을 이해하기 위해 꼭 밟고 지나가야 하는 징검다리와도 같은 것이다. 꼼꼼히 읽어보면 이내 이해되리라고 믿는다.

이 책 안에는 주옥같은 진리의 말들이 가득하다. 이것은 바빙크의 단순한 신학적 언변이 아니라 그의 계시철학의 진수들이다.

나는 독자들이 이 책을 읽으며 세상과 역사를 보는 눈을 새롭게 뜨고 한 명의 그리스도인으로서 확신과 자부심을 가지고 이 시대를 살아갈 수 있길 기도한다.

누가 뭐라고 해도 이 세상은 하나님의 것이다. 우리의 지성도, 자연도, 역사도, 그리고 정치, 경제, 문화, 종교가 다 그렇다. 누구든 예외없이 하나님이 만들어주신 세상에서, 하나님이 주신 능력으로 살아가고 있기 때문이다. 문제는 그들이 '그것은 내 것이다(It's mine)!'하는 주님의 목소리를 듣는가 하는 것이다. 하나님은 이를 나타내고자 지금도 계시로 활동하고 계신다. 이 하나님을 만나는 것이 계시철학의 목표이다.

이 책을 내게 하신 하나님께 감사를 드린다. 그리고 지금도 세상과 역사를 그 뜻대로 섭리하며 이끌어가시는 성 삼위 하나님께 감사와 찬양을 올려드린다.

그리고 벌써 10년이 더 지난 일인데 그때 바빙크의 *계시철학*으로 학위 논문을 써나갈 때 지도해주셨던 웨스트민스터신학대학원의 권문상 교수님, 그리고 많은 조언을 해주셨던 김성욱 교수님을 생각하며 이 두 분께 깊은 감사를 드린다. 또한 그때 함께 공부하며 힘이 되어주었던 UBF의 신파울루스 목자님의 우정에도 깊이 감사드린다.

2024.　2.　20.
김 학 모(모세)

목 차

제1 장 서 론

100여 년 전에 헤르만 바빙크는 어떤 문제의식 속에서 '계시철학'을 강의했는지, 생소하기만 하게 들리는 이 철학이 등장하지 않을 수 없었던 시대적 상황은 어떤 것이었을까? 계시철학은 소극적으로는 그 당시 사방에서 범람해 교회로 밀려오는 인본주의 학문에 대한 기독교의 방어이기도 하지만 그것은 그러한 학문들의 이면에 있는 한계를 노출시키며 기독 진리를 확립해가는 적극적인 철학적 작업이다. 또한 그것은 세상의 학문과 역사를 계시라는 기독 진리의 조명 아래로 이끌어 그 중심에 그리스도를 굳게 세우고자 하는 기독교의 변증이다. 그래서 계시철학은 기독진리의 정당함에 대한 웅변이기도 하다. 이러한 계시철학을 그 시대적 맥락 속에서 이해한다는 것은 우리가 사는 이 시대를 이해한다는 것과 다름이 아니며 그런만큼 계시철학은 오늘도 여전히 빛나는 철학적, 신학적 위치를 차지한다. 그래서 그것은 우리의 삶 속에 진리를 정치(正置) 시키고자 하는 신학적, 철학적 작업이다. 그래서 본 장에서는 시대적 맥락 속에서 계시철학을 이해하며 오늘 우리 시대속에서의 계시철학의 의미를 살펴본다

제1 절 계시철학의 시대적 맥락 이해

1. 신칼빈주의의 태동

헤르만 바빙크는 아브라함 카이퍼와1) 함께 19세기 말부터 20세기

---

1) **아브라함 카이퍼**(Kuyper, Abraham,1837-1920) 화란의 신학자, 언론인, 정치가. 화란에 개혁주의 신학를 굳게 세우고자 1880년에 암스테르담에 자유대학을 설립했고, 칼빈의 일반은총론에 기초해 '영역주권' 사상을 발전시켜 사회 제반 분야에 하나님의 주권을 세우고자 하는 신칼빈주의 운동을 전개했다. 그는 이 운동이 화란 전반에 영향을 미칠 수 있도록 언론인의

초까지 신칼빈주의(Neo-Calvinism) 운동의 중심에 서 있었다.[2] 신칼빈주의는 우리가 잘 아는 바와 같이 칼빈주의를 우리들의 실제 삶의 제반 분야에 적용시켜 가며 그곳에서 하나님의 영역주권을[3] 바탕으로 하나님의 영광을 드러내고자 하는 개혁주의 신앙의 한 형태이다. 이러한 신칼빈주의가 그 시대에 등장하게 된 것은 단순히 칼빈주의를 우리의 삶 속에서 적용시켜보자는 운동의 차원이 아니라 그 시대의 산물이었다.

유럽에서는 르네상스 이후 중세의 신 중심의 문화를 대처하기 위해 발달하게 된 인본주의 운동과 18세기의 볼테르 주도하에 비기독교 운동이[4] 활발히 전개되었고, 결정적으로는 계몽주의 사상에 바탕을 둔 프랑스 혁명이 종교와 권위로 지탱되어가던 구제도를 확실히 무너뜨려 버렸다. 자유, 평등, 박애를 목표로 한 프랑스 혁명의 여파는 프랑스 국경을 너머 온 유럽에 영향을 미치게 되었고[5] 이로써 모든 것이 하나님 중심에서 인간 중심으로 바뀌어 버렸다.

이러한 시대 분위기 속에서 1859년에 영국의 찰스 다윈이 *종의 기원(Origin of species)*을 출판하면서 사회 전반에 진화론으로 인한 심

활동을 하였고, 이어 정치에 입문하여 1900년에 수상이 되었다. 그는 이후 생애를 마치기까지 하원으로의 활동을 했다.(아가페신학사전, 아가페, 서울: 2001)

2) 유해무, "신칼빈주의 운동", *신학지평* Vol.8No.-, (1988): 228.

3) **영역주권**(Sovereign right)이라는 말은 아브라함 카이퍼 사상의 핵심으로서 이는 모든 영역은 상호작용을 하지만, 한 영역이 다른 영역을 침범할 수 없다는 것이다. 왜냐하면 하나님은 각 영역을 세우신 주권자로서 그 영역을 통해 영광을 나타나시기 때문이라는 것이다.(정성구, *아브라함 카이퍼의 사상과 삶* (용인:킹덤북스, 2010) 259 ~)

4) **볼테르**(Voltair)는 18세기 프랑스의 대표적인 이신론자로서 그는 1751년 이후 20년 동안 기독교를 신랄하게 공격하는 다수의 팜프렛과 논문을 출판하였다. 그는 광신주의, 카톨릭주의, 기독교 및 종교를 4가지 파렴치한 것으로 정하고 이를 분쇄하고자 했다.(James C. Livingstone, *현대기독교사상사(Modern Christian Thought)* I, 이형기 역 (서울: 한국장로교출판사, 2000), 59 ~.)

5) Ronald A. Wells, *신앙의 눈으로 본 역사 (History through the eyes of faith)*, 한일철 역 (서울: IVP, 1995), 167.

각한 논쟁이 시작되었다.6) 이를 계기로 계몽주의 운동을 기초로 한 이성 중심의 인본주의 철학과 과학, 문화가 진화론적 사고를 바탕으로 더욱 확고한 확신 가운데 발달되면서 사회 전반을 지배해 들어가고 있었다.7)

이때 화란의 개혁주의 신학자들은 이런 인본주의적 사상의 확대로 인해 사람들이 믿음의 확신을 잃어가고8) 교회가 위축되어가는 것을 보면서 위기의식을 가지게 되었다. 그들은 이러한 인본주의 사상을 개혁주의적 입장에서 점검하고 이에 반박하면서, 쓰러져 가는 교회를 다시 세우고자 하는 운동을 전개해 나가고자 하였다. 특히 아브라함 카이퍼를 중심으로 사회 전반에 퍼져 있는 인본주의적인 사상을 극복하고 화란 개혁주의 전통을 지키고자 하는 소위 신칼빈주의 운동이 전개된 것이다.9)

여기서의 '신칼빈주의'라는 말은 아브라함 카이퍼가 칼빈의 사상을 그 당대의 문제들과 연관시켜 발전시키려는 현대화 과정에서 사용한 언어였다. 그래서 신칼빈주의는 계몽주의 사상이 정치, 경제, 문화, 학문 등 다방면으로 사회 전반에 침투해 들어오는 만큼 그에 대한 반동으로 삶의 전반 분야에서 인본주의와 싸우되, 특별히 일반은총론에 기초해 세상의 모든 영역들이 하나님으로부터 나왔다며 거기서 하나님의 주권을 세우고자 하는 것이다.10)

카이퍼는 기존의 칼빈주의가 신학과 교회 운동에만 머무르는 것은 잘못이라며,11) 칼빈주의의 원리를 교회와 신학의 한계를 넘어 생활

---

6) 최태연, "구 프린스턴 신학자들의 과학관", *기독신학저널* (*백석신학저널*) 제3권 (2002. 10.): 89.
7) 김영한, "샬롬을 꿈꾸는 나비 행동", 크리스챤투데이, 2010년 10월 13일.
8) 이에 대해 바빙크는 이렇게 말하였다 - "Doubt has now become the sickness of our century, ⋯ Nowadays many people take into account only what they can see; ⋯" (Herman Bavinck, *the Certainty of Faith* (Ontario: Paideia Press, 1980), 8)
9) 이정석, "신칼빈주의 운동이 사회에 미친 영향", *총신대보*, 2001년 11월 호.
10) 유해무, *헤르만 바빙크* (파주: 살림, 2007), 232.
11) (영문 참조) "The chief purpose of my lecturing in this country was to eradicate the wrong idea that Calvinism represented an exclusively

전 영역으로 확대 적용하고자 한 것이다.12) 그리고 바빙크도 교회와 신학뿐 아니라 사회와 국가, 예술, 학문의 원리와 그 뿌리가 하나님의 절대 주권과 은총에 있다고 하며 이 운동에 참여하였다.13) 이렇게 다방면에서 칼빈주의를 적용하려고 한다는 점에서 신칼빈주의를 한 때는 '종합적 칼빈주의'라고도 불렀다.14)

카이퍼와 바빙크 이외에도 벌카우어, 도예베르트 등의 신학자들도15) 삶의 제 분야에서 계몽주의의 영향을 거부하고 '어떻게 그곳에 하나님의 주권이 세워질 수 있을까' 하는 방법을 연구하였다.16) 신칼빈주의는 하나님 중심의 체제인 신율(theonomy)에 입각하여 계몽주의의 자율(autonomy) 체제의 학문에 대한 단순한 방어나 공세, 혹은 대립이 아니다. 그것은 개혁신앙에 입각하여 만유가 하나님의 주권 속에서 존재하며 또한 그 모든 존재가 하나님의 은총에 의한 것임을 강조하면서, 특별히 일반은총론에 입각한 영역주권의 이해를 시도하는 것

---

dogmatical and ecclesiastical movement"(Abraham Kuyper, *Lectures on Calvinism*, the Eerdmans ed., 171.)

12) "Kuyper wanted to awaken the church from what he viewed as its pietistic slumber. He declared: 'No single piece of our mental world is to be sealed off from the rest and there is not a square inch in the whole domain of human existence over which Christ, who is sovereign over all, does not cry: 'Mine!'"(James E. McGoldrick, Abraham Kuyper: God's Renaissance Man (Welwyn,UK: Evangelical Press, 2000), (http://en.wikipedia.org/wiki/Neo-Nalvonism)

13) 유해무, 232.

14) 이정석, "신칼빈주의 운동이 사회에 미친 영향".

15) **벌카우어**(G. C. Berkouwer)는 화란의 개혁주의 신학자로서 1940년에 암스테르담 자유대학교 교수를 역임하였고 '신앙과 계시'의 상관관계를 자신의 신학지표로 삼으며 연구를 해나갔다. 이런 그에게 있어서 계시는 '하나님이 예수 그리스도 안에서 죄인을 찾아오는 것'이었다.(아가페신학사전) **도예베르트**(H. Dooyeweerd)는 신칼빈주의 철학자로서의 그의 사상과 철학은 신학자로서의 바빙크의 계시철학의 주장과 일치하는 부분이 많다는 점에서 바빙크의 주장을 철학적으로 견고히 보조해주고 있다.(Dooyeweerd, Herman, *서양사상의 황혼에 서서* (*In the twilight of western thought*), 신국원, 김기찬 역 (고양: 크리스챤다이제스트, 2003), 91.)

16) 김영한. "샬롬을 꿈꾸는 나비 행동".

계시철학의 이해

이었다. 다시 말해 신칼빈주의 운동이란 인간의 삶의 각 분야 속에 숨겨진 하나님의 은총을 찾고 그것을 바탕으로 실제 하나님이 모든 것을 지배하고 계시다는 것을 강조하며 이 하나님께 영광을 돌리려는 작업인 것이다.[17]

이러한 신칼빈주의 운동이 화란에만 국한되어 일어났던 것은 아니다. 19세기 화란에 흉년이 거듭되면서 국가로부터 신앙적 핍박을 받던 분리교회 교인들[18] 다수가 미국으로 이민 가게 되었는데 이들은 주로 미시간(Michigan)에 정착하면서 화란 식 개혁주의 교회를 세우게 되었다. 또한 이들은 1876년에 그랜드 래피즈(Grand Rapids)에 칼빈신학교(Calvin Theological Seminary)를 설립하였고, 이어 이곳에서 신칼빈주의 운동에 참여했던 이들을 중심으로 미국에 계속 신칼빈주의 운동을 확장해 나갔다.[19]

그러나 이보다 앞서 이미 미국에서는 구 프린스턴 학파(Old Princeton school)가 개혁주의의 전통에 서서 창조 세계 전체에 대한 하나님의 주권을 강조하고 하나님의 계시의 말씀인 성경을 절대 진리로 인정하는 개혁주의 진리관에 서 있었다.[20] 이들은 당시 활발하게 일어나고 있는 과학을 적대시하지 않았다. 그들은 칼빈주의적 진리에 확고하게 서 있으므로 이런 과학 등 학문을 긍정적으로 보면서 과학

---

17) **아브라함 카이퍼**는 창조는 하나님의 영광을 위하여 존재한다고 하였다. 섭리도 단순히 하나님의 작정을 집행하는 것이 아니라 그 목적이 죄로 손상된 하나님의 영광을 회복하고 하나님의 권리를 사수하기 위한 것이라고 하였다.(유해무, 234)
18) 화란 정부가 모든 면에서 중앙집권화를 꾀하면서 교회를 간섭하자 정치와 종교를 엄격히 분리하여 신앙의 자유를 구가하고자 하던 칼빈주의자들은 국가 교회에서 탈퇴하고자 분리운동을 벌였다. 자연히 칼빈주의자인 카이퍼도 이 운동에 가담하였다.(이정석, "신칼빈주의 운동이 사회에 미친 영향"). 영역주권에 의하면 교회 안에서의 국가권력은 배제되어야 한다는 것이다.
19) 이정석, "신칼빈주의 운동이 사회에 미친 영향" *총신대보*, 2001년 11월 호.
20) 여기서 구 프린스턴 학파에 관해 말하는 것은 신칼빈주의 운동이 단순히 지역적 문제에서 발생한 문제가 아니라 그 시대가 직면한 과학에 대한 신학적 이해의 산물이었음을 말하고자 하는 것이다.

안에서 신학을 변증하고자 하였다.[21]

이들은 학문을 통합할 수 있는 신학 모델을 세우려고 시도하는 가운데 '신학과 학문의 통일성' 및 '학문의 한계와 신학의 우월성'[22]을 자신들의 변증학의 두 원리로 삼았다. 이러한 구 프린스턴 학파들이 벌리는 운동의 중심에 바로 찰스 하지와[23] 벤자민 워필드가[24] 서 있었다. 이들은 계시에 근거한 신학만이 일반 학문들이 밝혀낸 진리에 대한 최종적인 권위를 보장해 준다고 주장하므로[25] 결국 이들의 운동은 화란의 신칼빈주의 운동과 맥락을 같이 하게 되었다.

이러한 신칼빈주의 운동이 한국에 없는 것은 아니다. 1972년 화란의 자유대학교에서 철학박사 학위를 받고 돌아온 손봉호 교수를 중심으로 한국에서도 신칼빈주의 운동이 사실상 시작되었다. 그는 기독교윤리실천운동 본부를 창설하고 일반 은총에 근거하여 윤리 운동을 전개하였고 기독교 문화 성장을 위해 지금까지 일해오고 있다. 또한 그는 총신대에서 기독교 철학을 강의하면서 이러한 윤리실천 운동에 많

---

21) 최태연, *개혁주의와 과학철학* (서울: 기독교연합신문사, 2005), "제2 장 구 프린스턴 신학자들의 과학관은 무엇인가"

22) 이에 대해서는 다음을 참조하라. – 최태연, "구 프린스턴 신학자들의 과학관", *기독신학저널* (현 *백석신학저널*) 제3권 (2002. 10.) '신학과 학문의 통일성'(78~), '학문의 한계와 신학의 우월성'(85~)

23) **찰스 하지**(Charles Hodge, 1797-1878) 19세기 미국 칼빈주의 신학자. 프린스턴신학교 교수 역임, 정통 칼빈주의가 미국의 사상계 일반에서 쇠퇴하고 진화론적 사상이 세력을 떨치기 시작하고 있을 때 칼빈주의에 입각해 초자연적으로 영감 된 성경을 확고하게 옹호하였다. 1872년 그의 평생의 강의 내용이 1872년 *조직신학*으로 출간되었다.(네이버지식IN, 아가페신학사전)

24) **벤자민 워필드**(Benjamin B. Warfield, 1851-1921) 미국 칼빈주의 신학자. 아브라함 카이퍼와 헤르만 바빙크와 함께 3대 칼빈주의자로 불린다. 프린스턴대학과 동 신학대학원 및 독일 라이프치히대학에서 공부했다. 그는 뛰어난 성경 원어 실력을 갖추고 교부학, 조직신학, 신약 비평, 변증학에 능통했다. 그는 철저한 칼빈주의자로서 성경의 무오성, 원죄, 예정, 제한속죄론을 믿었다.(Benjamin B. Warfield, *구원의 계획* (*The Plan of Salvation*), 모수환 옮김 (고양: 크리스챤다이제스트, 2008).

25) 최태연, "구 프린스턴 신학자들의 과학관", 87.

계시철학의 이해

은 사람들의 참여를 유도하며 문화 운동, 세계관 운동을 펼쳐왔다.[26] 이런 가운데 '창조, 타락, 구속'이라는 틀 속에서 기독교 세계관 운동이 펼쳐지고 있고 이에 관한 적지 않은 서적들이 저술, 번역되어 나왔다.[27]

그러나 한국의 교회는 여전히 1980년대 일어난 교회 성장과 함께 스며들어 온 세속주의와 맘몬주의(mammonism)로 인해 자기 개혁의 힘을 상실하고 쇠퇴하여 가고 있는 것이 사실이다.[28] 그리고 우리 시대의 학문도 철저히 인본주의적 내용에 기초하여 있다. 그래서 현대 기독교인의 삶은 신앙과 분리되어 있다는 점에서 지극히 이원론적이다. 우리의 삶 제반 분야에 소위 신칼빈주의자들이 말하는 영역주권이라는 것은 없으며 그런 만큼 기독교인으로서의 윤리 의식도 부재해 있다. 그리고 최근 급격히 불어닥친 포스트모던 사상은 이 사회에서 기독교의 입장을 더욱 어렵게 만들고 있다. 무엇보다도 기독교가 실천적인 면에서 사회에서 많은 지탄을 받으므로 대 사회 영향력이 현격히 줄어들어 있다.

이러한 상황 가운데서 기독교가 다시 일어나고 구속의 사명을 감당하기 위해서는 신앙과 삶이 일치를 이루어야 할 것이고 또한 우리의 삶 제반에 하나님의 주권을 확립하고자 하는 시도가 있어야 할 것이다. 우리가 이 시대와 기독교의 사명을 보다 깊은 문제의식 속에서 생각할 때 우리는 보다 신학적으로, 그리고 보다 실천적으로 우리의 삶 제반 분야에 접근할 수 있어야 한다. 이런 점에서 우리는 한 세기 전에 화란에서 시작된 신칼빈주의 운동에 대해 주목해 볼 필요가 있다. 왜냐하면 신칼빈주의가 강조해 가르치는 것이[29] 바로 우리의 문제를

---

26) 이정석. "신칼빈주의 운동이 사회에 미친 영향"
27) 최근 J. Richard Middleton, Brian Walsh의 *그리스도인의 비전* (IVP), *포스트모던 시대의 기독교 세계관* (살림), James W. Sire의 *기독교 세계관과 현대사상* (IVP), 김영한의 3권으로 이루어진 *21세기 세계관과 개혁신학* (한국장로교출판사) 등 이외에도 신국원의 *니고데모의 안경* (IVP)이라든가, 최용준의 *세계관은 삶이다* (CUP), 양승훈의 *기독교 세계관* (CUP) 등의 많은 서적들이 나온 바 있다.
28) 김영한, "샬롬을 꿈꾸는 나비 행동."

그대로 지적하고 있기 때문이다.

특별히 본 서에서는 19세기 말, 20세기 초에 화란의 신칼빈주의가 당시의 교회 안팎으로 편만하게 세력을 떨쳐오고 있던 이성주의와 어떻게 싸웠는가, 그러면서 어떻게 개혁주의 신앙의 위치를 확보하고자 했는가를 살펴보고자 한다. 신칼빈주의는 실제 당시의 인본주의 학문, 문화, 생활과의 치열한 영적 싸움을 치르며 하나님의 주권과 그 영광을 목표로 하는 개혁주의 교회를 그 시대 속에서 확고히 세우고자 하였다. 그런 만큼 이는 오늘날의 개혁교회가 이 시대 속에서, 그리고 앞으로도 계속 담당해야 할 중대한 영적 싸움이 되었다. 이런 점에서 본 서에서는 바로 이런 신칼빈주의의 실제적인 싸움을 살펴보며 우리 시대 개혁교회가 이 시대와 어떻게 싸워야 할지 그 사명을 발견하고자 한다.

2. 헤르만 바빙크와 계시철학

본 서는 이 싸움에 대한 모델을 100여 년 전의 신칼빈주의 안에서 찾아보고자 한다. 왜냐하면 그것이 신칼빈주의의 원형이요, 그리고 거기에서 그들의 싸움에 담긴 사상과 논리, 그리고 칼빈주의적 신학 원리를 찾아볼 수 있기 때문이다.

신칼빈주의 안에는 Stone Lecture라고 불리는 두 개의 유명한 강의가 있다. 이 두 개의 강의는 모두 미국 프린스턴신학교에서 행하여진 것으로 하나는 신칼빈주의의 key-note가 된 1898년 화란의 아브라함 카이퍼의 '칼빈주의 강연(Lectures on Calvinism)'이고 다른 하나는 10년 후인 1908년 같은 화란의 신학자였던 헤르만 바빙크의 '계시철학'(The Philosophy of Revelation)이다. 이들이 구 프린스턴신학교에 초청을 받은 것도 당시 프린스턴신학교를 중심으로 한 신칼빈주의 운

---

29) 신칼빈주의(Neo-Calvinism)의 강조점: 예수님은 만유의 주시다/ 모든 생명은 구속받아야 한다/ 문화명령/ 창조, 타락, 구속/ 영역주권/ 이원론 거부/ 일반 은총/ 세계관/ 반정립/ 율법의 역할 등.(Wikipedia)

동과 같은 맥락에서 이루어진 것이라고 볼 수 있다. 이런 점에서 이 두 개의 강의가 신칼빈주의 운동이 무엇인지를 가장 잘 말해준다고 여겨진다. 더욱이 이 두 개의 강의는 신칼빈주의 운동을 앞서 이끌어 간 두 거장들의 강의라는 점에서 그들이 당시의 인본주의적 사상과 가치, 세속화와 어떻게 논쟁하였는지, 이점에 대해 더욱 주목해 볼 필요가 있다.

물론 이 두 개의 강의는 내용에서 차이를 보여주고 있다. 카이퍼는 자신의 Stone 강의에서 인간의 이성과 합리주의에 기초한 당시의 현대주의에 맞서 칼빈주의에 입각한 삶의 체계의 타당성을 말하고자 했다면,[30] 바빙크는 현대주의 제반 학문의 흐름과 그 안에 담긴 맹점을 변증적으로 드러내며 자율(autonomy)에 입각한 일반 학문이 지닌 한계를 지적하고자 하였다. 그리고 이것을 계시로 극복하고자 하며 모든 학문은 계시를 기초로 세워져야 온전할 수 있다는 주장을 펴나갔다.

다시 말해 하나님이 모든 인간들에게 베풀어주시는 일반계시의 은총을 기초로 할 때 삶의 각 영역에서 하나님의 주권을 확보할 수 있고, 하나님의 영광을 위한 삶의 방향도 분명해진다는 것이다. 각종 사상과 학문도 하나님의 계시를 인정하며 나갈 때 그 한계를 극복하여 이제는 특별 은총의 빛 속에서 온전함과 더욱 풍성함으로 나갈 수 있다는 것이다. 바빙크는 이렇게 일반 은총은 특별 은총의 기초가 되며 특별 은총은 일반 은총을 풍성하게 한다며 그의 은총론을 적용한다.

바빙크에 의하면 바로 이 일반 은총이 인본주의자들과의 대화의 시발점이다. 사도 바울이 로마서에서 말한 바와 같이 하나님의 일반 은총이 자연 만물 위에 풍성히 나타나 있고 또 이것을 통해 하나님은 인간에게 하나님을 알만한 영원하신 능력과 신성을 인간이 핑계하지

---

30) Abraham Kuyper, *칼빈주의 강연 (Lectures on Calvinism)*, 김기찬 역 (고양: 크리스찬다이제스트, 2006), 20. 그의 강연 내용은 '삶의 체계로서의 칼빈주의', '칼빈주의와 종교', '칼빈주의와 정치', '칼빈주의와 학문', '칼빈주의와 예술', '칼빈주의와 미래'로 구성되어 있다. 이 제목에서도 알 수 있듯이 카이퍼는 칼빈주의를 우리 삶의 제반 분야에 연관시켜 이해하고 확립하려 하였다.

못할 만큼 알려주셨다.(롬 1:19,20) 그렇다면 우리는 철학과 자연, 과학, 문화, 종교 등의 인간의 삶의 제반 분야 속에 담겨 있는 하나님의 계시와 은총을 찾고 이를 기초로 인본주의자들과 변증적 대화를 시도할 수 있다는 것이다.

이러한 대화가 가능한 것은 일반계시나 은총은 하나님이 믿는 자나 안 믿는 자 모두에게 구별 없이 주신 것으로 그것이 모든 사람이 함께 할 수 있는 공통의 영역이기 때문이다. 그래서 바빙크의 계시철학은 일반계시를 기초한 신율과 인간의 이성을 기초한 자율 사이의 대화인 것이다. 특별히 바빙크의 경우 이 계시철학은 일반 대중적 차원을 넘어 먼저는 제반 학문의 영역에서의 기독교적 진지한 검토요 대화의 시도라는 점에서 각별한 의미가 있다.

물론 인본주의자들과의 이러한 대화가 과연 가능하고 설득력을 지니는가 하는 것은 별도의 문제이다. 하나님이 듣기는 들어도 듣지 못하게 하여 도무지 깨닫지 못하도록 작정한 사람들에게는 이 모든 변증적 대화가 의미가 없을 것이다. 그러나 우리가 믿음은 들음에서 난다는(롬 10:17) 말씀을 기초로 생각해 볼 때, 이 변증적 대화의 시도는 예비된 자에게는 하나님께 한 발 더 가까이 나오는 계기를 제공해 줄 것이고, 이미 하나님의 자녀 된 자들에게는 하나님을 아는 지식의 풍성함에 이르게 하며 믿음의 확신에 거하게 하는데 큰 도움을 줄 것이다.

그리고 계몽주의 시대 이후 지난 수 세기 동안 인간 문화를 지배해 온 현대주의(modernism) 사상 속에서, 다시 말해 인간의 이성적 판단과 자율에 기초한 학문적, 문화적 분위기 속에서 기독교의 진리를 확보해 주는 것은 모든 성도들에게 자긍심을 심어줄 것이다. 또한 이것은 그들에게 하나님께 영광 돌리는 삶을 살 수 있는 계기를 마련해 준다는 점에서 그 의의를 찾을 수 있을 것이다.

본 서에서는 먼저 바빙크의 Stone lecture '계시철학'을 분석해 보면서 창조주의 자기 드러내심의 통로와 장(場)으로서의 하나님의 계시를 떠난 일원론적이고 진화론적인 세속 학문의 맹점을 지적하고, 이

계시철학의 이해

를 극복하기 위해 계시가 어떻게 도입되었는지 살펴보고자 한다. 이는 세속 학문에 대한 기독교의 변증으로서 신칼빈주의적 계시 이해와 적용에 해당하는 것이요, 곧 바빙크의 은총론의 이해이다. 또한 이것은 앞에서 언급한 대로 화란의 신칼빈주의와 같은 맥락에 서 있던 구 프린스턴의 칼빈주의자들이 변증학의 두 원리로 삼은 '신학과 학문의 통일성'과 '학문의 한계와 신학의 우월성'을 증명해 보는 일이라고 할 수 있을 것이다.

그리고 여기에 이어 바빙크의 계시철학이 지니고 있는 개혁주의적 성격을 살펴보면서 신학과 삶으로서의 계시철학의 시대적 당위성을 살펴볼 것이다. 이는 신칼빈주의의 역동성에 관한 것으로 오늘날 인본주의와 물량주의의 침해로 날이 갈수록 영성이 약해져 가는 교회가 개혁주의를 기초로 시대를 어떻게 극복할 것인가에 대한 고찰이라고 할 수 있다.

제2 절 계시철학의 이해를 위한 본 서의 구성

1. 헤르만 바빙크의 생애와 신학

본 서에서는 바빙크의 계시철학을 이해하기에 앞서 먼저 그의 생애와 그의 신학, 그리고 그의 저서를 살펴볼 것이다. 모든 연구에 있어서 당연한 것이지만 그가 어떤 사람인지, 그가 어떻게 성장하여 어떻게 공부하였는지, 또한 그의 신앙적 배경이 무엇인지를 아는 것은 모든 연구의 기초가 된다.

그리고 그의 주요 저술을 간략하게나마 살펴보므로 그의 신학을 정리해 보는 것은 의미 있는 일이 아닐 수 없다. 그의 주된 저서로는 *개혁교의학*(*Reformed Dogmatics*)을 빼놓을 수 없을 것이다. 앞에서 언급한 대로 화란의 개혁주의자들이 세운 미국의 칼빈신학교에서 최근 영어로 번역된 바빙크의 *개혁교의학*을 대학강단에서 강의하며 바빙크에 대해 활발히 연구하고 있다는[31] 점에서 이 책에 대해 주목해 볼 필요가 있다.

그리고 바빙크가 자신의 네 권으로 된 *개혁교의학*의 내용을 요약하여 써낸 *하나님의 큰일*[32]을 살펴보고자 한다. 이 책은 한국에서 벌코프(Berkhop)의 *조직신학*과 함께 개혁주의 교의학 교재로 널리 사용되고 있다. 그런 만큼 이 책이 지니고 있는 나름대로의 특징과 우수성을 알아 볼 것이다. 그리고 *일반은총론*이 있는데 이는 본 서의 주제가 되는 *계시철학*과 밀접한 관계가 있으므로 먼저는 그의 저서로서의 *일반은총론*을 간략히 살펴보되 이를 그의 일반 은총 이해에 대한 기초로 삼아볼 것이다. 이외에 바빙크의 중요한 저술 중 하나로 *믿음의 확신(The Certainity of Faith)*이 있다. 이 책 역시 바빙크의 *계시철학*과 함께 변증적 성격을 띠고 있는 책으로 계시철학의 이해에 도움을 주는 것으로 본 서에서 간략하게나마 그 내용을 살펴볼 것이다.

2. 바빙크의 일반은총론

이것은 앞에서 말한 바빙크의 저서 *일반은총론*을 정리해보자는 것

---

31) 최근 미국 칼빈신학교(Calvin Theological Seminary)에서 활발히 진행되고 있다. 바빙크의 신학에 관심이 있는 교수, 학생, 목사들을 중심으로 Bavinck Society가 결성되었고 또 여기서 Bavinck Institute라는 바빙크 전문 연구 싸이트를 만들어 바빙크에 관학 각종 연구 문헌들을 공유하고 있다. 그리고 칼빈신학교의 교과과정으로 영어로 완역이 된 4권의 바빙크의 *Reformed Dogmatics*가 John Bolt 교수의 지도하에 2학기에 걸쳐 강의되고 있다. 그리고 바로 이 칼빈신학교에서 바빙크에 대한 연구 논문으로 이미 앞에서 간략하게 소개된 *The Bavinck Review* 1권이 2010년에 출간된 이후 계속 출간되고 있다. 그리고 바빙크 신학을 주제로 conference를 개최하는 등 바빙크의 생애와 사상에 대한 연구가 미국의 칼빈신학교를 중심으로 활발하게 연구되고 있다.

32) 이 책은 기독교문서선교회에서 김영규가 책의 원래의 제목 그대로 '*하나님의 큰일* (Magnalia Dei)라고 붙였지만 이 책은 미국에서 *Our Reasonable Faith*로 출간되었다. 이 책은 다시 한국에서 *개혁교의학개요* 라는 또 다른 이름으로 번역 출간되었다. 그리고 최근 미국에서는 원래대로 서문을 포함해 *The Wonderful Works of God* 이란 이름으로도 출간되었다.

이 아니다. 본 서에서 한 장(章)을 할애하여 그의 신학 속에 나타난 일반은총론 전반을 점검하고자 하는 것이다. 우리가 익히 아는 바대로 신칼빈주의는 일반은총론에 기초해 영역주권을 도출해낸다. 일반 은총은 택함을 받은 자나 그렇지 않는 자나 하나님으로부터 똑같이 누리는 은혜다. 하나님은 일반계시를 통해 세상의 모든 사람들에게 자신을 나타내시고 이를 통해 자신의 메시지를 보내시고, 또 그 은총을 통해 세상과 사람을 자신의 목적에 맞게 섭리하고 보존하신다.

일반계시와 이에 함께 나타나는 이러한 은총은 본인들이 인정하든 않든 사도 바울이 로마서 1: 20에서 말하는 바와 같이 창세로부터 이어져 내려온 것이요 하나님께서 만물 속에 보이고 베풀어 오신 것이다. 그러므로 신율과 자율 간의 대화가 이루어지는 접점은 모두에게 있다고 볼 수 있다.

3. 계시철학 본문 분석과 이해

이어 바빙크의 계시철학을 이해함에 있어서 먼저는 *계시철학*의 본문의 논리를 찾고 이에 대해 분석 평가하는 것을 기본으로 하여 전개해 나갈 것이다. 그래서 본 서에서는 *계시철학* 본문의 흐름을 따라가면서 필요한 대로 소제목을 붙여 바빙크의 논리를 잡아갈 것이다. 그리고 이를 통해 바빙크가 결국 말하고자 하는 바가 무엇인지를 파악해 볼 것이다. 예를 들어 바빙크가 '계시와 자연'에 대해 강의했다면 자율적 학문의 세계에서는 자연을 어떻게 이해하여 왔는가를 검토해 보고, 여기에 나타난 사유의 맹점을 바빙크가 어떻게 지적하며 해결하고자 했는지를 이해해 본다는 것이다. 그리고 그 안에 나타난 그의 신학을 살펴보게 될 것이다. 이는 결국 개혁주의자인 그의 계시철학을 개혁주의적인 면에서 점검해보는 일이요 개혁주의 안에서의 계시철학의 가능성을 찾아보는 것이 될 것이다.

또한 본 서에서는 바빙크의 강의의 흐름과 그 안에 담긴 논리를 명확히 하고자 가급적 간결하게 내용을 전개해 나가되 본문에 대해 좀 더 깊고 정확한 이해를 얻기 위해 추가적 설명이 필요한 경우, 이를 최대한 각주에서 처리하여 나갈 것이다. 그리고 본문에 등장하는 주요 신학자나 철학자, 사상가들에 대해서도 각주로 간략하게 소개해주므로 본문 이해를 도와줄 것이다. 이런 점에서 본 서를 읽을 때는 각주 사항을 꼼꼼히 점검해 읽어보는 것이 매우 중요하다.

또한 본문에 나타나는 바빙크의 논리 지지를 위해 오늘날의 리차드 도킨스와 알리스터 맥그라스 사이의 논쟁을 자주 도입할 것이다. 도킨스와 맥그라스 사이의 논쟁은 주로 진화론을 중심으로 이루어지는데 바빙크의 계시철학에서도 진화론의 논쟁이 모든 장마다 나오기 때문에 진화론의 대한 이들의 현대적 논쟁을 본 연구에 보조로 도입해 바빙크의 논리를 확인해 볼 것이다. 그리고 진화에 관한 논쟁에서는 최근의 출간된 *기원이론*[33]도 참조할 것이다. 이 책은 현대 과학과 신학이 말하는 우주와 생명의 시작에 관한 연구로서 본 서에 많은 도움이 되었다.

그리고 아브라함 카이퍼의 제자인 헤르만 도예베르트의[34] 신칼빈주의적 철학 사상을 도입해 바빙크의 계시철학에 나타난 철학 사상을 좀 더 풍성히 이해해 볼 것이다.

끝으로 본 서 전체를 살펴보면서 계시철학에 나타나는 시대적 의의가 무엇인지를 간략히 부각시켜 볼 것이다. 특별히 바빙크의 계시철학이 신칼빈주의 맥락에 있었던 만큼 신칼빈주의의 특징을 점검해보고 그것이 실제 어떻게 바빙크의 계시철학에 적용되었는지를 살펴볼 것

---

33) *기원이론(Understanding Scientific Theorys of Origin)*은 2023년 새물결출판사에서 출판한 것으로 로버트 C. 비숍, 래리 L. 펑크, 레이먼드 J. 루이스, 스티븐 O. 모시어, 존 H. 월튼의 공저이다.

34) **헤르만 도예베르트**(Herman Dooyeweerd, 1894~1977) 신칼빈주의 기독교철학가 화란 개혁주의 사상가 아브라함 카이퍼의 뒤를 이어 20세기의 기독교 철학 방면에서 많은 활동을 하였다.(Herman Dooyeweerd, *서양 문화의 뿌리 (Roots of Western Culture)*, 문석호 역 (고양: 크리스챤다이제스트, 2002), 역자 서문) 그는 자신의 체계가 존 칼빈과 아브라함 카이퍼의 성경적 기초 위에 서서 발전한 기독교 철학임을 선언하였다. 그의 입장의 핵심은 기독교 철학만이 비판적일 수 있으며 비기독교적 철학은 필연적으로 독단적이라는 주장이다.(Herman Dooyeweerd, *서양 사상의 황혼에 서서*, 7)

이다. 끝으로 결론 부분에 이르러 바빙크의 계시철학의 신학적 교훈을 살펴보며 이를 기초로 우리의 신학의 방향에 대한 문제의식도 제시해 보고자 한다.

4. '철학'과 '자연'과 '역사'를 중심으로

바빙크의 계시철학은 총 10개의 장(章)로 이루어져 있다. 그러나 바빙크가 프린스턴 교수진들에 의해 미국으로 초대되어 이 강의를 했을 때 책 내용대로 다 강의를 한 것은 아니다. 그는 처음 6개의 강의, 곧 1장 '계시철학의 개념', 2장 '계시와 철학(1)', 3장 '계시와 철학(2)', 4장 '계시와 자연', 5장 '계시와 역사', 6장 '계시와 종교'만을 강의하였다.[35] 나머지 강의는 후에 책을 출판할 때 추가된 것이다. 이는 그가 자신의 강의 중에 무엇을 먼저 중요하게 여겼는가를 생각하게 해준다.

바빙크는 당연히 먼저 '계시철학의 개념'을 정의하고 그것이 왜 필요한가를 말하고자 했을 것이다. 그리고 이어 먼저 철학에 관해 두 번에 걸쳐 강의하였는데 이는 바빙크가 사상사 속에 철학이 차지하는 비중이 그만큼 크다고 여겼기 때문일 것으로 판단된다. 사실 기독교는 처음부터 믿음의 종교였지 사물의 원리를 분석하면서 머리로 이해하며 진리를 구하는 종교가 아니었다. 그러나 중세 르네상스 시대와 이후 계몽주의 시대가 전개되면서 인간 사유에 그리이스 철학의 사고방식이 도입되어 믿음을 강조하는 기독교와 본격적인 충돌이 일어나게 되었다. 이는 그리이스 철학은 늘 사물을 분석하고 믿음 대신에 설명을 요구하기 때문이었다.[36] 그래서 바빙크는 '계시와 철학'에 관한 강의를 두 번에 걸쳐 하면서 먼저는 이러한 자율 철학의 한계를 드러내고자 하였다. 이어 두 번째 강의에서는 관념론을 파고들어 '자아의

---

35) http://www.logos.com/product/4142/the-philosophy-of-revelation
36) Bavinck and Kuyper on Creation and Miracle - Cántaro Institute (cantaroinstitute.org)

제1 장 서론

식'이란 무엇인가를 규명하며 자아의식과 계시 파악의 관계를 살펴보았다. 이로서 그는 인간은 계시 의존적 존재로서 철학도 계시에 의존할 때 비로서 진리에 이를 수 있음을 말한다.

이어 바빙크는 자신의 강의에서 사람들의 관심을 먼저 '자연'으로 돌렸다. 자연이 무엇인가, 자신들이 사는 지구와 우주가 어떻게 존재하게 되었는가에 대한 이해는 인류 지성사 속에 끊임없는 연구 대상이 되어 왔다. 중요한 것은 이에 대한 이해를 시도할 때 자율적으로 시도하는가, 신율적으로 시도하는가에 따라 사람들의 세계관이 달라지고 각기 다른 철학과 신앙이 나온다는 것이다. 그래서 바빙크는 과거 자연에 대한 사람들의 과학적 이해와 철학을 살펴보면서 이를 신율적 이해로 유도한다.

계속해서 바빙크는 역사 문제를 다룬다. 인간은 역사적 존재이다. 그래서 인간은 자기가 어디에 있든 항상 흐르는 시간 속에서 자기가 만난 사건을 생각하며 역사의식을 갖는다. 그런데 인간은 역사를 어떻게 이해하고 있는지, 그리고 자율에 기초한 역사 해석[37]의 문제점을 지적하면서 인간이 역사 속에서 의식하고 있는 당위성을 기초로 계시와 역사 이해를 다룬다. 이어 그는 '종교'와 '기독교', '종교 체험', '문화', '미래'에 관한 문제를 다룬다.

그러나 본 서가 바빙크의 *계시철학* 속에 담긴 모든 내용들을 다 다루기에는 제한적 분량도 넘어버릴 것이다. 본 서는 바빙크와 그의 신학 그리고 그의 계시철학의 이해를 돕기 위한 것이다. 그래서 본 서의 범위로는 바빙크가 자신의 강의에서 우선적으로 택한 앞의 4개의 강의로 제한하고자 한다. 즉 '계시철학의 개념'을 시작으로 '철학(I), (II)', '자연', '역사'가 갖는 계시와의 관계성을 집중적으로 살펴보고자 한다. 독자들은 이것을 통해서 바빙크의 계시철학의 개념과 실제가 어떤 것인지 충분히 이해할 수 있을 것이다.

그리고 본 서에 등장하게 되는 각종 철학 사상이나 과학, 역사 이론

---

37) 인간은 해석하는 존재로서 이 해석을 통해 사물을 이해하며 의미를 확립한다. 이 해석이 각 분야에 주된 부분이 된다.(*기원이론*, 92)

계시철학의 이해

등은 본 서의 목적인 계시철학 이해라는 본류를 떠나지 않는 범위 안에서 보조적으로 사용될 것이다.[38]

---

38) 본 연구에서는 *계시철학*(The Philosophy Revelation) 영어판(the 1909 Longman Green printed edition)에 나오는 'God'을 '신'과 '하나님'이라는 말로 번역해 자유롭게 사용할 것이다. 위거찬 번역의 *계시철학*(1990, 성광문화사)은 God을 한결같이 '신'으로 번역하였는데 이는 이 책이 학문적 성격을 띄고 있어 보다 객관적으로 책의 내용에 접근할 수 있게 하기 위한 배려로 보인다. 그러나 본 연구에서는 '신'이라는 말 대신에 필요에 따라 '하나님'이라는 말도 자주 사용하고자 한다. 이는 '신'이라는 말이 차갑고 덜 인격적으로 느껴지는 반면에 '하나님'이란 말은 보다 인격적이고 신앙적으로 우리에게 다가오기 때문이다. 그러나 한결같이 '하나님'이란 말을 사용하면 학문성이 약해 보이기 때문에 전후 문맥을 따라 '신'과 '하나님'을 적절히 사용할 것이다. 그리고 본 연구에서는 계시철학의 우리말 번역판과 프린스턴에서 번역되어 나온 영문판 *The Philosophy of Revelation*을 주로 사용할 것이다. 내용이 난해한 만큼 한글 번역판으로만 이해하는데 다소 어려움을 겪었던 것이 사실이다. 또한 난해한 번역의 이해를 위해 필요하다고 여기지는 경우 각주에 (영문 참조)로 영어 본문을 올려 두었다. 또한 본 연구는 영어판과 한글 번역판을 함께 사용하되 일관성을 위해 각주는 영어판을 기준으로 사용할 것이다. 그리고 본 서는 2012년 학위논문(Ph.D)을 오늘날에 맞게 재 편집 수정하여 발간하는 것임을 알린다.

제2 장 헤르만 바빙크의 생애와 신학[1]

바빙크는 동시대에 어깨를 나란히 한 제임스 오르,[2] 아브라함 카이퍼, 그리고 벤자민 워필드 등과 함께 위대한 칼빈주의자 중에 한 사람이었다. 어쩌면 그는 이 사람들보다도 학문적으로 폭이 더 넓고 또 가장 완벽하다고 할 수 있을 것이다.[3]

그러나 이들을 적절하고 신뢰할 만한 방법으로 비교하기란 사실 불가능한 면이 있다. 이들은 나름대로 남에게 없는 독특한 학문 영역을 이루고 있기 때문이다.[4] 그리고 이들의 학문은 위대하기는 하

---

1) 본문은 *Essay on religion, Science, and Society, Herman Bavinck,* (Michigan: Baker Academy, 2008), 13쪽 이후에 실린 "'HERMAN BAVINCK', A Eulogy by Henry Elias Dosker"를 기초하였다. 이는 원래 The Princeton Theological Review Vol. 20 No. 3(1922)에 실려 있던 글이다.
2) **제임스 오르**(James Orr, 1844-1913)는 스코틀랜드 장로교 목사였으며 역사신학 교수였다. 그는 복음주의 교리를 수호하고 자유주의 신학, 특히 리츨의 신학을 소리 높여 비판하였으며 기독교 근본주의 형성에 기여하였다. 그는 강의와 저술을 통해 동정녀 탄생과 예수님의 부활, 그리고 성경의 무오류성을 주장하였다. 그러나 그는 현대 근본주의자들과는 다르게 유신론적 진화론의 입장에서 점진적 창조를 주장하였다.(위키피디아 백과사전) 그는 "과학과 기독교 신앙"(Science and Christian Faith)라는 논문에서 과학적 설명과 성경의 설명 사이에 긴장이 있다는 인식 속에서 당대 천문학, 지질학, 진화론을 흡수하면서 창조주의 작동의 방대함과 경이로움에 대해 말한 바 있다.(*기원이론*, 263)
3) Nelson D. Kloosterman, "The Legacy of Herman Bavinck", *New Horizons* (copyright 2011. The Orthodox Presbyterian Church)
4) Henry Elias Dosker, "Herman Bavinck", *Essays on Religion, Science, and Society* (Grand Rapids: Baker Academic, 2008), *13.* 이 글은 원래 *The Princeton Theological Review* Vol. 20 No. 3(1922), 448-464쪽에 실려 있었는데 최근에 미국 Michigan 주 Grands Rapids의 Baker Academic에서 바빙크의 Essay 집에 새롭게 실려 출판되었다. 본 연구에서는 Essay의 글을 사용할 것이다.

지만 한편으로는 부족한 부분을 서로 채워주고 있는 것이 사실이다. 독일 종교개혁에 루터와 멜랑히톤이 있었다면 화란에는 신칼빈주의 자로 카이퍼와 바빙크가 있어 서로 상대방의 부족한 부분을 채워주고 있다.5) 그래서 이들의 학문은 함께 빛나고 있다.6)

제1 절 생애

헤르만 바빙크는 종교개혁자 칼빈 이후 많은 종교적, 신학적 논쟁 속에서 칼빈주의를 다시 복원하고 집대성한 칼빈주의 최고의 신학자 라고 평가할 수 있을 것이다. 실제 하나님은 그의 생애를 그것을 위해 구성하시고 이끄셨다.

1. 탄생과 교육

바타비아 공화국7) 때에 화란에서 개혁주의 국가교회(State church) 가 세워졌다. 이때 국가교회의 목회자를 양성하기 위한 3개의 주요 대학으로 레이든, 우트레흐트, 흐로닝엔이 있었다. 그러나 개혁교회가 탄생한지 20년이 되지 않아 화란은 자유주의 물결에 휩싸이면서 더 이상 교회에서는 The Three Form Unity(하이델베르그 요리문답,

---

5) 루터가 열정적인 개혁자 스타일이었다면 멜랑히톤은 부드럽고 정교한 학 자였듯이 아브라함 카이퍼의 도전적 열정과 바빙크의 학자적 정교함이 서로 비교되고 보충된다는 것이다.
6) Dosker, "HERMAN BAVINCK', A Eulogy", 13-14.
7) 고대 게르만의 한 부족인 바타비인에서 명칭이 유래하였다. 프랑스 혁명 의 영향을 받아 봉기한 애국당은 당시 C. 피슈그뤼가 인솔한 프랑스 혁 명군의 원조를 얻어, 네덜란드 연방공화국을 타도하고 바타비아 공화국 을 세워 프랑스의 보호국이 되었다. 그러나 1804년에 즉위한 나폴레옹 1 세에 의해 급진적 경향이 독재적 경향으로 이행되었다. 결국 1806년 동 생인 루이를 국왕으로 한 네덜란드 왕국을 수립하므로 공화국은 소멸되 었다. (네이버 백과사전)

벨직 신앙고백, 도르트 신조)를 가르치지 않게 되었다.[8]

이러한 때 바빙크의 아버지 얀 바빙크는 1826년 하노버의 벤타임에서 태어나 열흘 후에 화란 개혁교회에서 세례를 받았다. 그는 1834년 국가교회에서 분리되어 나온 화란 자유교회(Free Church of Holland)에 소속되었다. 그는 화란에서 신학공부를 하고 개혁교회의 목사가 되었으며 후에 호허베인에 있는 작은 신학교에서 라틴어와 헬라어, 히브리어를 가르쳤다. 그는 후에 모교인 신학교의 강사가 되었고 자유교회의 교육 프로그램을 따라 총회에 의해 교수 중 한 명으로 임명되었다.[9]

헤르만 바빙크의 부모는 청교도적인 삶과 초기 분리교회(Church of the Separation)의 이상을 가슴에 품고 산 검소하고 경건한 사람들이었다. 그리고 이들은 자녀들을 말로 가르치기보다는 모범을 보이면서 양육했다. 그의 아버지는 소심한 면이 있지만 드문 능력을 지닌 사람이었다. 그는 교회 강단에서 위엄 있게, 그리고 편안하게 성도들에게 설교하는 뛰어난 지성과 감성을 소유한 사람이었다. 어머니 헤시나 막달레나는 생각이 분명한 사람으로서 말하는데 거리낌이 없었다. 바빙크는 이러한 부모들로부터 많은 것을 물러 받았지만, 그는 많은 면에서 부모들과 달랐다.[10]

헤르만 바빙크는 1854년에 태어났다. 그는 1870년에 즈볼레 고등학교에 입학하였고, 졸업 후에는 캄펜 신학교(Kampen Seminary)에서 일년 공부하였다. 그리고 주변의 많은 반대에도 불구하고 정규 대학 훈련을 받고자 하였다. 그는 당대에 현대 신학의 본거지였지만, 스홀텐, 쿠우넌, 틸러 등 유럽에서 명성을 떨치고 있는 권위 있는 학자들이 많은 레이든으로 가서 공부했다.[11] 이는 후에 분리교회의 아들과 같이 활약한 바빙크에게는 개혁주의 신학의 입장에서 현대 신학을 배우고 이해할 수 있는 최적의 환경이 되었다. 그는 이미 확고한 개

---

8) www.rongleason.org/bavinck_articles.html, 3.
9) Dosker, 14.
10) Ibid, 15.
11) 유해무, 32.

혁주의의 믿음 위에 서 있어서 흔들리지 않고12) 그곳에서 그의 일생의 일을 위해 훈련받게 된 것이다.13) 특히 그는 많은 교수 중에서 쿠우넌 교수의 영향을 깊이 받았다. 쿠우넌은 스홀턴의 제자로서 이미 27세에 구약신학 정교수가 되었고 구약 비평의 선두 주자로서 윤리학을 가르쳤다. 그는 자료들을 정확하게 다루면서 결론을 내렸는데 바빙크는 그로부터 자료를 정확하게 처리하는 법을 배웠다. 레이든 시절 바빙크가 그를 얼마나 존경하였는지 수 년 동안 자기 방에 쿠우넌의 초상화를 걸어놓을 정도였다.14) 그리고 그는 1879년 쿠우넌의 추천으로 스홀턴의 지도 아래 "쯔빙글리의 윤리학"을 쓰고 박사학위를 받았다. 쿠우넌은 바빙크의 이 논문을 읽고 그가 쯔빙글리의 윤리학의 원리를 소신 있게 진술하고, 쯔빙글리를 다른 개혁자들, 주로 칼빈과 비교함으로서 그의 특성을 명백하게 기술하고 있다고 칭찬하였다.15) 그의 논문은 호평을 받았고 분리교회의 잡지인 *자유교회*는 바빙크의 천재성을 숭배하지 말라는 식의 경고를 하며 그의 논문을 격찬하였다.16) 바빙크는 이렇게 '쯔빙글리의 윤리학'(The Ethics of Zwingli)로 박사학위를 받고 레이든을 떠났다.17)

바빙크가 레이든에서 얻은 최고의 것은 그의 학업 동료였던 스누욱 후르흐로니예와 평생의 친구가 된 것이었다. 그는 후에 유명한 셈족 계열의 학자가 되었고 1906년에 레이든에서 아랍어 교수가 되었다. 그는 메카의 주변에 성공적으로 침투해 들어간 몇 명의 기독

---

12) 바빙크는 레이든대학 시절 그곳에서 많은 자유주의 신학과 사상을 배우면서도 신앙을 지킬 목적으로 같은 분리교회 출신 학생들과 학생회와 독서회를 조직하여 독일과 프랑스 고전을 읽고 토론했다. 바빙크는 이때부터 독서하는 책마다 내용을 정리하고 평가하는 습관을 가졌다.(유해무, 33)
13) 그는 레이든대학에서 논리학, 철학, 라틴어, 헬라어, 셈어, 형이상학, 칸트, 종교와 신론, 구약 주석, 이스라엘 문학, 종교철학, 기독교사, 신약 주석, 고대 기독교 문학 등 많은 것을 배웠다.(유해무, 31-35)
14) Ibid, 32.
15) Ibid, 36.
16) Ibid, 40.
17) Dosker, 15.

제2 장 헤르만 바빙크의 생애와 신학

교인 중에 하나였다. 이들 둘은 평생 함께 공부하며 격려하면서 다
윗과 요나단같이 서로를 도와주었다.[18]

2. 목회

헤르만 바빙크는 푸라네커 교회의 목사가 되었다. 그리고 새로 세
워진 암스테르담의 자유대학의 초청이 있었지만 이를 두 번 연이어
거절하고 사람들이 싫어하는 '분리주의자'로 남아 있었다. 그는 목사
로 있으면서 설교의 기법을 배웠으며 보통의 사람들이 생각하는 바
를 이해하게 되었고 실제 사역이 무엇인가를 알게 되었다. 타고난
교사요 설교가(a born teacher and speaker)였던[19] 그가 시무할 때
그는 교회 안팎에서 존경과 사랑을 받았고[20], 교회는 언제나 사람들
로 붐볐으며 사람들은 멀리 서서라도 그의 설교를 듣고자 하였다.
그는 하나님 말씀에 대한 깊은 분석과 말씀에 대한 경외심으로 말씀
을 전했지만 아주 단순하게, 그리고 웅변조로 말씀을 전했다.[21]

3. 캄펜(Kampen)신학교 교수 시절

헤르만 바빙크는 1882년 28살에 캄펜신학교에서 교수로 초청받고
1883년 1월 10일에는 '신성한 신학의 과학'(The Science of Sac-
red Theology)를 강연했는데 이는 신학교와 교회에 새 역사가 다가
오는 여명과도 같은 강의가 되었다. 사람들은 이때 바빙크에게 관심
을 쏟기 시작했다. 카이퍼는 이렇게 말하였다.

---

18) Ibid, 16.
19) Johan D. Tangelder, "Dr. Herman Bavinck 1854-1921 Theologian of the
    Word", 1.(Distributed by www.hermanbavinck.org. Originally published in
    Christian Renewal, January 29, 2001)
20) 유해무, 49.
21) Dosker 16.

"이것은 정말 과학적인 개혁신학이다. … 이를 시작으로 신학은 놀랍게 발전할 것이다. … 이는 마치 그의 취임사와도 같은 것인데 처음부터 끝까지 이러한 논문을 읽어본 적이 없다"[22]

카이퍼의 이 말은 과장도 아니었고 오산도 아니었다. 그후 20년 동안 바빙크는 캄펜신학교의 영혼이 되었다. 그의 스승 쿠우넌의 말에 따르면 '바빙크는 캄펜'(Bavinck was Kampen), 곧 캄펜의 심장 (its pulsing heart)이라고 하였다.[23] 그로 인해 평범하던 대학 강단의 수준이 높아지게 되었다. 바빙크가 그곳에 있었다는 사실로 오늘날의 캄펜대학이 이루어진 것이라고 볼 수 있다.[24]

그는 폭넓고 깊게 책을 읽었다. 여기서 그는 그의 4권에 걸친 위대한 저작 *개혁교의학*(*Reformed Dogmatics*) 초판을 펴냈다. 그리고 그는 쉴새 없이 열심히 각종 주제에 관한 소책자를 써냈다.[25] 바빙크는 철저히 훈련된 지성을 가지고 있었고 그러면서 그는 어린아이같이 순수했고, 그의 모든 가르침, 설교, 글에는 그리스도의 은혜가 풍성히 담겨 있었다. 그의 설교를 들은 그의 제자 중 한 사람은 이렇게 말했다. "바빙크는 그리스도의 영광이 드러나지 않는 설교를 결코 하지 않았습니다." 그의 설교는 단순하고 명료했으며, 생각에 대한 정의가 분명하고 논리적이었다. 그는 쉽고도 지성적으로 설교할 줄 아는 사람이었다.[26]

캄펜에서 그는 교의학, 윤리학, 철학사, 신학일반(Encyclopedia of sacred theology), 심리학, 수사학, 논리학, 심미학을 가르쳤다. 당시 신학교에 교수요원들이 부족해서 바빙크가 이 모든 것을 가르쳐야

---

22) Ibid, 16. (영문 참조) "Now this is really scientific Reformed Theology. Here the principles are again correctly set forth; here a road is staked out which may lead to an excellent development … I have hardly ever read a treatise with such undivided attention, from start to finish, as this inaugural."
23) Ibid, 16.
24) Ibid, 17.
25) Ibid, 17.
26) Ibid, 17.

제2 장 헤르만 바빙크의 생애와 신학

했던 것이다.27) 사람들은 그가 이때 어떻게 그렇게 많은 연구를 할 수 있었으며 또 그렇게 많은 책을 쓸 수 있었는지를 생각하고 놀랄 뿐이었다. 그리고 그는 1891년 37세의 나이에28) 화란의 중산층 가문의 딸인 요한나 쉽퍼즈와 결혼했는데 그녀는 교육을 잘 받았으며 그래서 그의 곁에서 평생을 헌신할 수 있었다.29)

1886년 카이퍼의 지도아래 국가교회에서 십자가교회(Church under the Cross)가 분리되어 나왔다. 이때의 문제가 된 것은 목회 훈련이라는 것이 자유로운 것인가, 아니면 교회가 관할해야 하는 것인가 하는 것이었다. 이에 대한 대답은 쉬워 보이지만 대학 교육을 받은 화란 사람들에게는 그렇지 않았다. 바빙크는 학문 연구의 자유가 있어야 한다고 생각했고 그는 종교개혁 시대에 교회를 세운 사람들도 생각하지도 못했던 그런 요구를 교회가 할 수 있는지에 대해 의문을 품었다.30)

이때 그는 교회가 분리되고 다투는 것을 슬퍼하면서 '기독교 국가들과 교회의 보편성'(The Catholicity of Christianity and Church)라는 유명한 연설을 하였는데 그는 여기서 교회는 하나며 어떤 나라, 어떤 세대, 어떤 장소에서 온 성도라도 예외 없이 다 품어야 한다고 하였다. 바빙크는 교회의 아름다움에 대해 말하며 누구라도 타인에 대해 배타적이라면 그는 교회의 참된 보편성을 이해하지 못하는 것이요 교회의 능력과 교회가 주는 위로를 경험할 수 없다고 말하였다.31)

그리고 그는 경고하기를 어떤 교회가 아무리 하나님의 말씀으로 정제된 신앙고백을 가지고 있다 하여도 그것이 기독교의 진리 전체를 말하는 것은 아니라는 점에서 자신의 교회만이 유일한 그리스도의 교회요 배타적 진리를 가지고 있다는 주장한다면 그런 교회는 포

---

27) Ibid, 17.
28) 유해무, 70-71.
29) Dosker, 17-18.
30) Ibid, 18.
31) Tangelder, 2.

계시철학의 이해

도나무에서 잘려 나간 가지처럼 이내 시들고 사라질 것이라고 하였
다.32) 이런 점에서 진정한 크리스챤은 주의 교회에 관한 한 결코 마
음이 좁을 수 없다고 하였다.33)

그러나 그가 이렇게 교회의 보편성에 대해 감동적인 연설을 하였
지만 그는 여전히 철저한 개혁주의자로 남아 있었다. 그러면서도 그
는 누구와도 대화를 하였다. 이런 그는 국가적 수준에서 교회 일치
를 위해 기여한 최초의 분리주의 학자였다.34)

그는 암스테르담의 자유대학교(Free University)35)의 초청을 수
락했다. 그는 캄펜신학교를 떠나기까지 지난 20여 년 동안 끊임없는
연구를 하여 왔다. 1880년에 The Ethics of Zwingli, 그리고 1881년
에 Synopsis purioris theologiae 6판, 1883년에 Science of Sacred of
Theology, 1884년에는 The Theology of Doctor Chantepie de la

---

32) Herman Bavinck, "The Catholicity of Christianity and the Church", *Calvin
   Theological Journal,* V.27.no,2 (November 1992), 250-251. (영문 참조) "No
   one church, no matter how pure, is identical with the universal church. In
   the same way no confession, no matter how refined by the Word of God,
   is identical with the whole of Christian truth. Each sect that considers its
   own circle as the only church of Christ and makes exclusive claims to
   truth will wither and die like a branch severed from its vine."(translated
   by John Bolt)
33) 바빙크의 보편성에 관한 평가의 일례로 풀러신학교 총장인 **리차드 마우**
   (Richard Mouw)의 말을 생각해볼 필요가 있다. " … '행위의 의'에 관
   한 그의 얇은 책 '믿음의 확신'은 칼빈주의적 지성으로 카톨릭을 논평하
   고 있다. 카톨릭의 '선행에 의한 의'가 개신교의 '좋은 교리에 의한 의'보
   다 훨씬 더 낫다는 것이다. 바빙크는 선행에 의한 의는 이웃을 유익하게
   하지만 (참된 은총에 의하지 않은) 교리에 의한 의는 냉혹한 마음과 교
   만을 낳을 뿐이라고 지적했다. 나아가 바빙크는 믿음과 회개, 순종과 이
   웃을 향한 뜨거운 사랑이 카톨릭 교인들의 삶에서도 나타나고 있다는 사
   실을 외면해서는 안 된다고 강조한 바 있다. 기독교의 생명은 너무나 부
   요하기에 그 생명의 충만한 영광은 특정 교리의 울타리를 초월한다는 것
   이다. … " (Richard Mouw, "바빙크 부흥, 더욱 확산되길", 해외석학
   칼럼, *국민일보* 2009년 9월 18일)
34) Tangelder, 2.
35) 자유대학교는 카이퍼가 레이든대학 등의 자유주의 신학의 영향으로부터
   보수신학을 지키고자 하는 목적으로 세운 대학이다.

제2 장 헤르만 바빙크의 생애와 신학

Saussaye를 내놓았다. 이어 그는 The Catholicity of Christianity and of the Church(1889), Eloquence(1889)를, Common Grace(1894), Reformed Dogmatics(1895), Principles of Psychology(1897), 기독교인의 생활을 다룬 The Sacrifice of Prayer(1901), Creation or Evolution(1901)을 발간했다.36)

이외에도 그는 많은 책을 썼다. 그리고 그는 카이퍼와 함께 말의 표현법을 고치고 현대화한 성경을 수정 발간하고자 하였다. 그는 캄펜에 있는 동안 그의 생애 가장 영광스러운 때를 보냈다고 할 수 있다.37)

4. 자유대학교 교수 시절

그는 자유대학교에서 아브라함 카이퍼를 계승하는 위대한 학자가 되었다. 카이퍼와 바빙크는 서로 비교가 불가능하다. 이는 그들 나름 대로의 위대한 독특성을 가지고 있었기 때문이다. 카이퍼에게는 명확한 결론, 그리고 용감한 자기주장이 있었다면 바빙크에게는 학문의 폭과 정확성이 있었고, 카이퍼가 단칼로 고르디아스 매듭(Gordian Knot)을 내리치는 스타일이라면 바빙크는 이를 천천히 풀어가려는 스타일이었다. 카이퍼가 플라톤주의자였다면 바빙크는 아리스토텔레스주의자로 일컬어지기도 한다. 카이퍼가 직감과 사색의 사람이라면 바빙크는 역사적 자료를 사용하였다. 카이퍼가 연역적이었다면 바빙크는 귀납적이라고 할 수 있다.38)

이러한 바빙크가 1902년에 자유대학으로 옮길 때 그는 1881년 캄

---

36) Dosker, 18.
37) Ibid 19.
38) 플라톤의 사상이 이데아론에 기초한 이상론적이라면 아리스토텔레스는 현실에 기초한 실재론적이라고 말할 수 있다. 이런 점에서 카이퍼가 연역법적으로 직감과 사색을 통해 사상을 정리해간다면 바빙크는 역사적 자료를 사용하는 귀납법적인 방법으로 자신의 사상을 전개해 간다고 말할 수 있다.

계시철학의 이해

펜에 들어갔을 때보다도 능력이 훨씬 뛰어나 있었다. 그런 만큼 바빙크는 자유대학에서 두 번째 위대한 시기를 이루었다. 자유대학에서의 그의 입지도 강화되어 그의 말의 영향력도 그만큼 멀리 미쳤다.[39]

그는 1902년 12월 17일 암스테르담에서 '종교와 신학'에 관한 뛰어난 강연을 하므로 그가 얼마나 학식이 깊은지를 보여주었다. 그는 거기서 교의학과 철학, 윤리학을 가르쳤다. 그는 그의 성숙해진 학문으로 지역 사회와 국가의 많은 사람들에게 깊은 존경을 받게 되었다.[40]

그러나 그는 이럴수록 더욱 겸손하였다. 더 중요한 것은 그의 믿음은 그만큼 더 단순해졌다는 것이다.[41] 그는 친구도 있고 가까운 친구의 죽음으로 인해 슬퍼하였지만, 또한 강단에서의 그의 설교는 유창하고 풍성했지만 이러는 가운데 그는 언제나 자신의 삶에 대해 연구하였고 이런 그에게는 그의 책들이 가장 좋은 친구가 되었다.[42]

말년에 그는 철학과 교육, 사회 문제에 많은 관심을 기울였다. 그러나 그가 새로운 학문에 빠진 것은 아니었다. 그는 여전히 교의학 분야에 몰두하고 이 방면에서 두각을 나타내고 있었다. 그는 칼빈주의에 대한 깊은 확신을 가지고 있었고 누구보다도 명확하고 힘 있게 칼빈주의의 기본 원칙을 가르쳤다. 종교개혁의 원칙과 성경에 관한 절대 권위는 그의 신학의 모퉁이 돌이었다.[43]

그는 '종교'와 '계시된 종교'의 차이를 두고 '종교'는 인간이 하나님을 찾는 것이고 '계시된 종교'는 하나님이 인간을 찾는 것이라며 그 차이를 아주 분명히 말했다.[44] 바빙크는 끈질기게 계시를 중심으로 생각을 해나갔다. 그는 계시를 통해 하나님은 인간에게 다가

---

39) Dosker 19.
40) Ibid, 19.
41) Ibid, 20.
42) Ibid, 21.
43) Ibid, 22.
44) Ibid, 22-23.

제2 장 헤르만 바빙크의 생애와 신학

오시고 인간과 영원히 함께 하신다고 하였다.45)

　화란의 여왕은 이러한 바빙크에게 '화란사자훈장'(the Order of
the Dutch)으로 작위를 내렸으며, 그는 '국가 제1 회의'(the First
Chamber of the State General)의 회원이 되었고 수많은 과학협회
의 회원이 되기도 하였다. 그는 모든 곳에서 초대받았으며 언제나 연
설하였다. 그는 교회 인사가 한 번도 초대받은 바 없는 곳에 가서도
연설하였다.46)

5. 죽음

　바빙크가 병으로 누워있을 때 그의 목사 빌렝하 박사는 그에게
"바빙크 박사님, 무엇을 위해 기도해 드릴까요?"하고 묻곤 하였다.
이때마다 바빙크는 "감사합니다. 모든 것에 감사합니다"라고 대답하
였다. 이 당시 바빙크는 고통의 때에 시편으로, 특별히 시편 16편으
로, 그리고 그의 사랑하는 아내로부터 많은 위안을 받았다. 바빙크는
그의 아내에게 시편은 다 아름다운데 특히 103편이 아름답다고 하였
다.47) 그는 1921년 7월 29일 아침 4시 30분에 잠을 자는 가운데
편안히 소천하였다. 그의 마지막 말은 이러하였다. "이때 내가 가진
모든 지식이나 교리 등은 내게 아무것도 아니다. 오직 믿음만이 나
를 구원할 뿐이다."48)

---

45) Ibid, 23.
46) Ibid, 24.
47) 참고로 여기에 시편 103:1-5까지만 옮겨보자. "내 영혼아 여호와를 송
　　축하라 내 속에 있는 것들아 다 그의 거룩함을 송축하라 내 영혼아 여호와
　　를 송축하며 그의 모든 은택을 잊지 말지어다 그가 네 모든 죄악을 사하시
　　며 네 모든 병을 고치시며 네 생명을 파멸에서 속량하시고 인자와 긍휼로
　　관을 씌우시며 좋은 것으로 네 소원을 만족하게 하사 네 청춘을 독수리 같
　　이 새롭게 하시는도다."
48) (영문 참조) "At this point all my knowledge avails me nothing;
　　neither does my dogmatics; faith alone save me." (Nelson D.
　　Kloosterman, "The Legacy of Herman Bavinck")

계시철학의 이해

그의 평생의 많은 친구들, 캄펜과 암스테르담의 교수, 학생들, 시민이 참석한 가운데 장례식이 치러졌다. 그의 하관 때에 시편 72:11 절 '모든 왕이 그 앞에 부복하며 모든 민족이 다 그를 섬기리로다'의 찬양이 울려 퍼졌다. 그가 땅에 묻히므로 하나님은 화란 개혁교회 역사 속에 가장 위대한 한 장(章)을 덮으셨다. 바빙크는 개혁주의 속에 가장 위대하고 재능이 뛰어났던 한 명의 신학자로서의 생애를 마감한 것이다.[49]

제2 절 신학 총론

바빙크는 그의 일생 변함없이 신학자로서의 삶을 살았다. 그는 신학을 한다는 것은 주님을 위한 거룩한 작업을 하는 것이요, 이러한 그에게 있어서 신학은 하나님을 위해서, 그리고 하나님께 드려지는 것으로서[50] 단순한 학문이 아니다.

1. 학문의 여왕으로서의 신학(Theology as Queen of the Sciences)

그에게 있어서 신학은 학문 이상이며, 성경이 무엇을 가르치고자 하는가를 이해하는 것 이상으로 조직적으로 정리되고 철학적으로 설명되어야 하는 것이었다. 하나님의 은혜와 원칙으로서의 성경에 대한 믿음, 그리고 성경의 진리를 마음으로 동의하는 것이 신학의 가르침

---

49) www.rongleason.org/bavinck_articles.html,
50) (영문 참조) " … To profess theology is to do holy work. It is a priestly ministration in the house of the Lord. It is itself a service of worship, a consecration of mind and heart to the honor of His name. " 이 말은 바빙크가 암스테르담 자유대학교의 조직신학 교수로 취임하면서 한 연설에 나오는 말로서 바빙크의 영문판 *The Philosophy of Revelation*의 표지에 인용되었다.

제2 장 헤르만 바빙크의 생애와 신학

과 탐구의 필수조건이었다. 그리고 우리의 생각을 예수 그리스도의 명령에 복종시켜야 한다는 그의 주장은 그가 이성주의와 결코 타협이 없음을 말해주고 있다. 그는 이성주의에 기초한 신학은 성장할 수 없다고 생각하면서 신학은 말씀 하나님의 충만하심이 고갈되지 않는 것처럼 언제나 팽창해나가는 유기체와 같은 것이라고 했다.51)

그는 '종교'(religion)가 아닌 '하나님'(God)이 신학의 목적이라고 하며,52) 이를 잊을 때 신학은 복잡한 미로 속에 빠지고 만다고 하였다. 그의 의하면 신학의 유일한 목적은 하나님을 더 많이 알아나가는 것을 목표로 한다. 그리고 하나님을 마음과 지성을 다해 섬기는 것이 모든 참 기독교 신학이 나갈 바인 것이다.53)

사람들은 과학은 정확하며 사실에 기초한 것이며 신학은 믿음에 기초한 학문이라고 말을 한다. 바빙크는 하나님은 보이지 않는 세계에 속하신 분이시기 때문에 과학으로는 알 수 없다는 사실을 인정한다. 그러나 바빙크는 '보이지 않는 모든 것은 알 수 없다'(All the invisible is unknown)는 과학자들의 말에 반대한다. 이 말을 받아들인다면, 윤리학이나 심리학, 철학, 심지어는 자연과학에서 남을 것이 무엇이겠느냐는 것이다. 모든 과학은 궁극적으로는 믿음에 의존하고 믿음을 요구한다고 하였다.54) 그래서 그는 기독교 신학이 비과학적이라는 주장을 단호히 반대한다.55)

바빙크는 결코 떠들지 않는다. 그의 신학 체계 속에는 뜨거운 폭발이 있지도 않고 맹렬한 공격이 있는 것도 아니다. 그는 다만 옛 것이나 새것에 대해 끝없이 박학한 사람이며 자기가 아는 지식을 가장 현명하게 사용할 줄 알았다. 그러면서도 바빙크는 보수적인 사람이었다.56)

---

51) Dosker, 23.
52) Ibid, 23. "God, not religion, is the object of theology."
53) Ibid, 23.
54) 이는 헤르만 바빙크에게 있어서 계시철학이 가능한 이유이다.
55) Ibid, 23.
56) Ibid, 24.

계시철학의 이해

신학은 참으로 보수적이다. 신학은 과거 세대의 유산을 받아들이며, 그것을 흩어버리지 않고 보다 풍성해지고 또 개혁된 것으로 다음 세대에 넘겨준다. 신학은 획득된 보화를 받아들이지 그것을 비평의 용광로에 던지는 것이 아니다. 신학은 그 안에 담긴 진리와 아름다움을 찾는 것이다. 신학의 분야에서 언제나 새로운 것을 발견하고자 하는 시도는 단순한 환상일 뿐이다. 자연에 대한 빛나는 연구 결과가 있는 것처럼 많은 신학자들도 신학분야에서 고귀한 것들을 발견하고자 노력하지만 그러나 호기심은 언제나 실망으로 끝나고 만다.

그러나 신학은 동시에 진보적인 학문이다. 과거를 존경하면서, 신학은 자신이 온전하여지고 그 최종목표에 도달할 때까지 기존의 발판을 기초로 계속 높이 세워져 나간다. 신학은 칼케돈 신조나 도르트 신조에서 안식하지 않는다. 신학은 아직 그 뜻을 전혀 알 수 없거나 혹은 희미한 성경에 더 많은 빛을 던지는 작업으로 이것이 하나님을 기쁘시게 하는 것임을 확신한다. 그때까지 신학자는 자기 과업을 완성했다고 하지 않으며 또 그 목적을 이루었다고도 하지 않는다.[57]

바빙크는 개혁주의 신학자로서 그의 교리는 16세기 종교개혁에 뿌리를 두고 있다. 그는 어떤 신앙고백도 역사적 개혁교회의 신앙고백만큼 성경적이고, 넓고 보편적이지 못하다고 말하였다. 그에게 있어서 신학은 교회나 종교에 관한 토론 이상으로서 교회는 신학을 통해서 교회의 보물을 발견한다. 신학이 없으면 교회가 존재할 수 없다. 이런 바빙크는 개혁교회는 하나의 독립된 개혁신학이 필요하다는 것을 확신하였다. 그는 신학이 없는 교회는 머리가 없는 몸과도 같다고 말하면서 믿음이 없는 신학은 존재하지 않는다고 하였다. 그는 그 당시 문제가 되었던 신학의 세속화[58]에 대해 강렬히 저항하였

---

57) Ibid, 24.
58) 이는 신학이 시대정신에 영향을 받아 나타나는 현상을 말한다. 예를 들면 계몽주의 사상에 영향을 받아 성경을 이성에 기초해 합리적으로 이해하고자 시도하며, 성경의 기적을 신화로 치부한다거나, 성경의 가르침을 도덕적, 윤리적으로만 이해하는 등, 신학이 신학이 되지 못하고 인간학으로 전락하는 현상 등이 이에 해당한다고 볼 수 있다.

다.59)

신학은 교회의 믿음에서 생겨나고 그 내용으로는 신지식을 획득하는 것이다. 우리가 신앙에서 하나님을 경외하듯 하나님에 대한 경외심이 신학의 핵심요소이다. "신학은 하나님에 관하여, 하나님을 통해, 하나님에게 말하는 것이다."(Theology is speaking about God, through God, to God.) 그것은 하나님이 보내신 독생자 예수 그리스도의 얼굴에 나타난 하나님에 대한 지식이다. 종교와 신학은 마리아와 마르타의 관계와도 같다. 이 둘은 믿음의 집에 한결같이 필요한 것이다. 신지식이 없이 실제 삶이 있을 수 없다. 이 지식은 계속해서 확장되고 더욱 분명해져야 한다. 그리고 필요하다면 하나님의 말씀을 통해 정화되어야 한다.60)

그래서 신학은 하나님이 기름 부은 도구이다. 신학을 공부한다는 것은 신성한 작업이요 주의 집에서 제사장적 직무를 담당하는 것이다. 우리의 마음과 정신을 주의 영광을 위해 거룩하게 하는 것이다. 교회나 개인의 믿음 고백은 철저히 신학적이어야 하는데 그 내용은 다름 아닌 성부, 성자, 성령에 대한 고백이다. 그래서 신학은 성 삼위 하나님이 우리에게 계시하신 것을 펼쳐보는 것일 뿐이다.61)

신학 공부는 인문학, 곧 철학, 역사 및 언어학의 과정을 거쳐야 한다. 이렇게 무장한 신학적 사고는 성경으로부터 자료를 취합하여 전체적인 조망을 제공하고, 신학적인 반성을 통해서 신학적 체계에까지 이르러야 한다. 신학은 하나님의 말씀과 사역의 상호관계를 탐구하고, 나아가 하나님의 본질까지 추구한다. 물론 신학이 체계와 하나님의 본질을 추구한다 하더라도, 신학은 근본적으로 예배와 경배이다. 이런 바빙크에게 있어서 신학은 학문의 여왕이다. "신학이 추구하는 신지식은 이런 성질을 지닌다. 신지식은 앎이 아니며, 파악만도 아니다. 이보다 더 나으며, 영광스러운 지식이요 영생이다."62)

---

59) Tangelder, 4.
60) Ibid, 4.
61) Ibid, 4.
62) Herman Bavinck, *Reformed Dogmatics* I (Michigan: Grand Rapids, 2007),

계시철학의 이해

2. 교의학(Dogmatics)

바빙크의 신학은 각각 1895년, 1897년, 1898년, 1901년에 4권의 책으로 출간된 *개혁교의학*에 집대성되어 있다. 1권은 총론(prolego-mena), 2권은 신론(God and Creation), 3권은 인간론, 기독론, 그리고 언약론(Sin and Salvation in Christ), 4권은 구원론과 교회론, 종말론(Holy Spirit, Church, and New Creation)을 다루고 있다. 또한 그는 자신의 이 책을 요리문답 준비용으로, 일반 성도들의 신학교육용으로[63] 요약해 *하나님의 큰일*(*Magnalia Dei*)이라는 단행본을 출판하였다.[64]

그가 이렇게 교의학에 심혈을 기울여 저술하는 것을 볼 때 그는 한 명의 교의학자였다고 할 수 있다. 바빙크는 '신지식'에 관한 학문 체계를 세우고자 했다. 여기서의 '신지식'이란 하나님이 자신과 자신의 모든 피조물에 대해 말씀으로 계시를 주신 것을 말한다. 그는 이런 교의학을 신학의 핵심으로 보았다.[65] 이런 그는 교의학 방법론에서 '성경', '교회의 신조'와 '개인적 신앙고백'을 신학의 주요 요인으로 삼으면서 언제나 성경의 계시를 앞세운다. 그는 성경보다 교회와 신조를 강조하면 정통주의에, 교회와 신조를 아예 무시하면 성경주의에 빠진다고 지적하였다. 그는 19세기에 나타난 주관주의적인 신학을 철저하고 반대하였다.[66] 그러나 그는 교의학에 개인적 재

621.

63) Herman Bavinck, *하나님의 큰일* (*Magnalia Dei*), 김영규 역 (1999: 서울, 기독교문서선교회), 5.

64) 유해무, 144.

65) Ibid, 146.

66) 이는 **슐라이에르마허**(Friedrich D. Schleiermacher)에게서 시작된 현대 신학을 가리킨다. 슐라이에르마허는 정통주의적 교리신앙이 계몽주의로부터 과학적으로, 이성적으로 공격받고 있을 때 기독교를 재건하며 지성인들에게 기독교의 본질을 이해시켜 그들은 기독교로 돌아오게 하겠다며 내면적, 내재적 체험 위주의 신앙을 시도하였다. 그는 인간의 주관적 혹은 내면적 성향의 신앙이 믿어져야 할 대상으로서의 신앙보다 더 근본적이라고 주장하므로 주관적 신학의 길을 열었다.(Bernard Ramm, *복음주*

능이나 교육, 통찰력이 스며드는 것은 당연하다고 하면서 신학적 작업은 개인적인 흔적을 지닌다고 하였다. 그러면서도 신학은 하나님에게서 출발하여 그의 사역으로 나가며, 그에게 돌아간다고 하였다.[67]

그래서 그가 이해한 교의학의 주제는 처음부터 끝까지 하나님이었다. 교의학은 하나님의 본질과 창조 사역, 그리스도의 구속과 성령님의 완성 사역을 드러내면서, 하나님의 이름의 영광이라는 목적을 지향한다. 그는 이런 하나님에 관한 지식은 외적 인식 원리로서의 성경을 내적 인식 원리인 성령이 조명해주므로 전달된다고 하였다. [68]

그는 신학과 교의학을 문화와 사상의 일부로 보았으며, 그래서 철학과 교류할 수밖에 없다고 하였다. 그는 자신의 교의학이 기독교적 학문 활동 전체에 기여하기 원했고, 계시의 빛 아래서 보편적인 학문 이론을 수립하려고 하였다. 창조세계가 학문에 있어 외적인 인식의 원리라면, 내적인 인식 원리는 이성이요, 오성이라고 하였다.[69] 이는 마치 성부가 성자를 통해 성령 안에서 자기를 우리에게 계시하는 것과도 같다는 것이다.[70]

3. 계시(Revelation)

계시는 하나님이 인간이 자신과 올바른 관계를 유지할[71] 수 있도

의 신학의 흐름 (*The Evangelical Heritage*), 권혁봉 역 (서울: 생명의 말씀사, 1985), 98-99). 그러나 이러한 신앙은 자신의 체험과 일치되는 것만을 취급하므로 성경에 대한 믿음과 정통 교리, 더 나아가 그리스도의 구속을 제거해 나간다는 점에서 비판받고 있다.(Ibid, 102)
67) 유해무, 147.
68) Ibid, 148.
69) 부연 설명하자면, 신앙에서의 외적 인식의 원리가 '성경'이라면, 이때의 내적 인식의 원리는 '믿음'이며, 학문에서의 외적 인식의 원리가 '창조 세계'라면 이때의 내적 인식의 원리는 '이성'과 '오성'이라는 것이다.
70) Ibid, 150.
71) '유지'라는 말은 원래 있던 것을 그 상태 그대로 보존해 나간다는 의미를 생각해 볼 때 이는 본 연구나 기독신학에서 시사하는 바가 많다. 바빙크가 말한 대로 계시는 인간이 타락했어도 하나님은 여전히 인간과의 관

록 자기를 알려주는 의도적이고 자유로운 행위이다. 그리고 계시에 기초한 인간의 반응은, 신지식과 예배이다. 바빙크는 외적 인식의 원리인 계시를 '일반계시'와 '특별계시'로 나눈다. 그는 종교개혁 측의 주장을 따라 자연신학의 합리적 독자성을 거부하였다.[72] 바빙크는 일반계시를 역사와 인간의 양심까지 포함하는 창조로 국한시켰고 인간은 이를 통해 하나님의 신성과 의 등 제한된 속성만을 알게 할 뿐, 그리스도를 직접적으로 알게 해주지는 못한다고 하였다. 그래서 불충분하고 오류에 휩싸여 있지만, 이방 종교를 이해하는 데에는 가치가 있다고 하였다. 성령의 일반은혜는 정치, 사회뿐 아니라, 학문과 예술, 도덕과 법률, 나아가 종교에서도 확인될 수 있다. 신의식의 관점에서 보면 기독교는 이방 종교들과 대립적이지 않으며, 오히려 그것들의 성취이다.[73]

교의학자는 신앙과 특별계시 안에서 자연과 역사를 본다. 그리고 그곳에서도 그리스도 안에서 아버지로 알게 된 것과 동일한 하나님을 발견한다. 일반계시는 특별계시의 기초이다. 하나님은 자연 계시를 통해 만민에게 자기를 알게 하며, 특별계시를 통해서는 은혜의 하나님으로 자기를 알려주신다. 일반계시는 특별계시의 하부 구조이

계 유지하기 위한 중요한 하나님의 수단인 것이다. 도예베르트 역시 이점에서 같은 이해를 가지고 있다. 죄는 우리의 일상생활에 파괴적인 효과를 나타낸다. 그것은 피조계의 조화를 깨뜨릴 뿐 아니라 문화, 예술, 과학 등 많은 분야에서 수많은 부조화를 일으킨다. 그러나 죄는 하나님이 창조하신 피조물의 구조를 변화시키지 못한다. 하나님은 유지하신다. 도예베르트는 실재의 양상 구조, 개체 구조, 그리고 인간 행동을 통제하는 거룩한 원리들은 인간의 타락에 영향을 받지 않는다고 한다. 왜냐하면 죄는 하나님이 창조 시에 이미 확립해 놓으신 우주적 법질서에 손상을 가할 수 없기 때문이다. 그리고 이 법질서는 그리스도 안에 있는 하나님의 은혜로 보존되어 있다고 하였다. 그래서 도예베르트는 일반 은총이란 보존적 특성을 고려한 '보존적 은혜'(conserving grace), 그리고 특별 은총은 인간의 마음을 변화시키는 신령한 특성을 생각하여 '중생적 은혜'(renewing grace)라고 부르기를 좋아하였다.(김정훈, "도예베르트의 인간관 이해", 진리논단 Vol.-No.6.(2001), 26)

72) 유해무, 151.
73) Ibid, 152.

제2 장 헤르만 바빙크의 생애와 신학

다. 자연은 은혜에 선행하며 은혜는 자연을 완성하고, 이성은 신앙으로 인하여 완성되며, 은혜는 자연을 복속시킨다. 바빙크는 특별계시를 교리의 전달이 아니라, 역사적인 과정이라고[74] 생각한다. 이러한 그에게 성육신은 계시의 절정이다. 그러므로 계시는 궁극적으로는 구원론적이다. 성령이 내적으로 역사하셔서, 이 계시를 깨닫고 믿음으로 수용하게 하며, 아들의 형상을 닮게 하시기 때문이다.[75]

4. 성경과 유기적 영감론

이러한 계시 이해로부터 성경관이 나왔다. 계시가 인간에게 소유되기 위하여 성경이 있다. 성경은 그 자체가 계시의 일부이다. 바빙크는 성육신에 빗대어 성경의 영감을 설명하고 변호한다. 그리스도가 육신을 입었음에도 죄가 없으셨던 것과 같이, 성경 저자들에게 약함이 있을지라도 성경은 흠 없이 잉태되었다. 성경은 단지 과거사를 기록한 책이라기보다는 우리를 자기와 연결시키는 하나님의 생명의 말씀이다. 성경은 하나님의 살아 있는 목소리요, 전능하신 하나님이 자신의 피조물에게 보낸 편지인 것이다.[76]

바빙크는 성경의 유기적 영감론을 장황하게 전개하는데 이는 당시의 시대 상황을 고려하였기 때문이다. 레이든에서 현대신학과 성경비평학을 접한 그로서는, 역사적인 개혁신학의 부흥의 기초인 성경과 그 영감을 새롭게 확립해야만 했다. 그는 기계적 영감설과 역동적 영감설을[77] 배제하였다. 그는 베드로 후서 1장 21절에 기초해 성령

---

74) 이는 아브라함에서 시작하여 이삭, 야곱, 유다 … 다윗을 거쳐 예수 그리스도의 도래까지 이어지는 역사가 있음을 의미한다고 볼 수 있다. 계시는 '시간과 장소', 곧 역사를 갖고 있다는 의미에서 역사적인 과정인 것이다.(Gerald O'Collins, *계시란 무엇인가* (*Theology and Revelation*), 김광식 역 (서울: 카톨릭출판사, 1993), 14)

75) Ibid, 153.

76) Ibid, 154.

77) 기계적 영감설(Mechanical inspiration theory)은 성령께서 어떤 단어를 쓸 것인가를 일일이 인도해 성경을 쓰게 하셨다는 것이고, 역동적 영감설(Dynamical

이 성경의 제 일의 저자이고, 실제의 기자들을 2차 저자로 해석하면서, 올바른 영감론은 두 저자들 간의 관계를 올바르게 정립할 수 있어야 한다고 말한다.[78]

이렇게 그는 성경에 관하여는 철저히 유기적 영감설에 기초하고 있다. 성경은 역사 속에 있었던 선지자나 사도들이 기록한 것이지만 성령이 그들 안에 내주하시어 그들의 문체나 언어, 지성을 사용했다는 것이다. 그래서 성경은 다양하지만 조직적으로는 유기적 일체를 이루고 있는 것이다.[79] 이런 영감이 성경 구석구석까지 확장되어 있다. 그래서 성경은 모든 인간, 곧 각계 각층, 모든 세대, 모든 나라를 위한 것으로 성경은 그 누구도 이해할 수 있는 언어로 말하고 있다. 이러한 그에게 있어서 성경은 가족과 사회, 과학과 예술 등 모든 분야를 위한 하나님의 말씀이다. 이런 성경은 언제나 젊고 신선하다. 그것은 생명의 언어이다. 이런 바빙크에게 있어서 성경은 하나님의 말씀이다. 그래서 바빙크는 '성경은 굴복과 인정을 요구한다'(The Scripture demands submission and recognition)고 선언하였다.[80]

그리고 바빙크는 성경에서 아무리 사소해 보이는 기록조차도 고유성을 지니면서 전체의 흐름에 기여한다고 말한다. 바빙크는 성경이 기록 당시에만 영감을 받은 것이 아니라, 현재까지도 여전히 영감된 책이라고 한다. 이러한 성경의 영감과 성경 기록은 창조와 교회 안에서 역사하시는 성령의 사역의 절정이요, 면류관이라고 말한다.[81]

바빙크에게 성경은 더 이상의 검증을 용납하지 않는 기본 공리인 원리이다. 신학은 감정이나 이성, 교회나 고백, 교황이나 공의회가 아니라, 공리인 성경으로부터 출발해야 한다. 성령은 교회의 교사이다. 성령은 객관적으로는 성경에서, 주관적으로는 인간의 영에서 역

---

inspiration theory)은 성령의 직접적인 활동 개념을 부인하고 성경 저자의 일반적인 영감에 기초해 성경이 쓰여졌다는 것이다.(Berkhop, *조직신학*, 권수경, 이상원 역 (고양: 크리스챤다이제스트, 2000).162-164.)

78) Ibid, 154-155.
79) Dosker, 23.
80) Tangelder, 3.
81) 유해무, 156.

사하는 그리스도의 가장 강렬한 증거자이다. 성령은 성경 이외의 새로운 계시를 주지 않고, 다만 객관적인 계시를 이해하고 소유하게 한다. 계시는 성령의 증거로써, 인간 중에서 실현되며, 목표에 도달한다.[82]

바빙크는 신앙을 내적인 인식 원리라고 규명한다. 계시를 인식하는 기관은 신앙이다. 로고스는 진리를 객관적으로 우리 앞에 펼쳐두고 주관적으로 우리의 정신에게 확신시킨다. 성령은 신앙 안에서 우리에게 증거한다. 신앙의 마지막 근거는 성경이요 더 정확하게는 하나님이시다. 하지만 성령의 증거는 신앙을 일으키는 효과적인 원인인 것이다. [83]

바빙크는 이렇게 원리론 전반을 다루고 나서, 지금까지 말한 바를 결론적으로 정리한다. 즉 신학은 계시의 완성 뒤에 비로서 가능한 작업을 한다. 계시가 종결되어야 계시에 대한 반성이 시작될 수 있기 때문이다. 이를 위해서 신학은 이성과 철학적 체계를 이용해야 한다. 여기에 바빙크 신학이 지닌 현대성과 고민이 나온다. 그에 의하면, 신학의 주체는 조직 교회가 아니라, 유기체 교회이다. 신학의 발생은 그리스도가 교회에 주신 직분에 있지 않고, 전체 기독교가 수행하는 사고와 반성의 결실이기 때문이다. 이러한 것은 철학과 이성이 다 설명해 줄 수 없는 것이다. 그러나 그렇다 하더라도 교회가 없는 신학은 죽은 생명이듯, 신학 없는 교회는 소멸할 것이다.[84]

5. 설교 (Preaching the word)

바빙크는 설교가 교회 예배에서 가장 중요한 것이라고 하였다. 하나님의 말씀을 설교하는 것은 교회의 결정적인 표시이며 바로 그 설교 때문에 회중이 형성된다고 하였다. 성례는 말씀에 버금가는 것이

---

82) Ibid, 157.
83) Ibid, 158.
84) Ibid, 158.

계시철학의 이해

다. 성례는 그 자체만으로는 가치가 없다. 그것은 보이는 말씀 그 이상도 그 이하도 아니다. 개신교 교회는 말씀의 교회다. 예수 그리스도는 말씀과 성령으로 다스리시되 특별히 선포되는 말씀으로 다스리신다. 바빙크는 공부하지 않는 목사들을 참지 못한다. 회중은 설명된 하나님의 말씀을 들을 권리가 있다. 설교단이 힘을 얻으려면 설교자는 말씀을 연구하는 학생이어야 한다. 말씀을 풍부하고 깊게, 그리고 통일성 있게, 다양하게 연구하는 사람이어야 한다. 바빙크는 우리는 성경에 대해 아는 바가 거의 없다고 말하며 그래서 성경에는 회중이 아직 즐기지 못한 보화가 많다고 한다. 목사는 이런 보물 사냥꾼이다. 그래서 말씀 연구는 목사의 가장 기본적인 의무이다.[85]

6. 바빙크의 영향

바빙크는 미국의 워필드 등의 학자와도 만났고 두 번째 미국을 방문했을 때는 프린스턴 신학교에서 '계시철학'을 강의하였다. 바빙크는 이러한 북미 지역의 장로교와 개혁교회에 영속적인 유산을 남겼다. 그는 그의 교의학을 '*하나님의 큰일*'라는 책으로 요약했는데 이는 판을 거듭해 이제까지 출판되어 복음주의 학교에서 널리 사용되고 있다. 그리고 '*신앙의 확신*'(*The certainty of faith*)이 영어로 번역되었고 그의 *개혁교의학* 4 권이 모두 영어로 완전히 번역 출간되었다.[86]

바빙크의 제자로서 1926년부터 1944년까지 조직신학 교수요 미국 칼빈신학교에서 총장이었던 루이스 벌코프가 있다. 벌코프는 바빙크의 교의학에 기초해 그의 *조직신학*(*Systematic theology*)를 펴냈다. 벌코프의 이 조직신학은 바빙크의 책들의 내용을 재정리한 것으로 평가되고 있으며 그가 인용하는 대부분의 신학자나 성경 인용도 사실 바빙크의 저술을 기초한 것이다. 이를 통해 벌코프는 세계적인

---

85) Tangelder, 4.
86) Ibid, 2.

제2 장 헤르만 바빙크의 생애와 신학

개혁주의 신학자가 되었다. 그의 *조직신학*은 오늘날까지 개혁주의 신학교에서 널리 사용되고 있다. 그리고 그 책은 한국, 중국, 일본, 스페인. 포르투갈 등에서 번역되었다. 이는 사실 벌코프를 통해 바빙크의 신학이 온 세계에 위대한 영향력을 끼치고 있는 것이나 마찬가지다.87)

또한 미국 웨스트민스터신학교의 변증학 교수로 50여 년 동안 활동한 코르넬리우스 반틸이 바빙크로부터 지대한 영향을 받았다. 그는 구 프린스톤 학파와 화란 개혁주의 신학 사상가들에게 변증학과 조직신학 두 분야 모두를 의존하였는데 그중 바빙크의 영향을 빼놓을 수 없다. 그는 바빙크의 작품을 읽으면서 변증학은 인간의 이성으로 시작할 수 없다는 자신의 입장을 강화시켰다. 이러한 그는 20세기에 가장 논란이 많은 개혁주의 사상가, 변증학에 대한 새로운 접근 방법을 시작한 사람이라고 평하여진다.

반틸도 자기 자신도 그의 *개혁주의 신학 서론*(An Introduction to Systematic Theology)의 서문에서 자신의 이 책 전체가 루이스 벌코프와 그 배후에 있는 헤르만 바빙크, 그리고 아브라함 카이퍼와 같은 개혁파 신학자들에게 힘입고 있음을 분명하게 말하고 있다.88) 그리고 그는 실제 이 책에서 기독교 인식론을 다루면서 헤르만 바빙크를 논하고 있다.89)

이러한 그는 바빙크의 *하나님의 큰일*을 책 중의 최고의 책으로 여긴 바 있는데 이는 그가 자신의 장서 중에서 한 권의 책을 선택하라면 그것은 바빙크의 *하나님의 큰일*이 될 것이라고 말한 데서 알 수 있다.90) 그가 이 책에 얼마나 많은 영향을 받았고 매료되었는지를 그대로 반영해 준다고 볼 수 있다.

---

87) Ibid, 3.
88) Cornelius Van Til, *개혁주의 신학 서론*, 이승구 역 (서울: 기독교문서선교회, 2004), 79 ~.
89) Ibid, 61.
90) Bavinck, *하나님의 큰일*, 김영규 역 (서울: 기독교문서선교회, 1999), 책의 뒷표지.

최근 미국의 칼빈신학교를 중심으로 헤르만 바빙크에 관한 밀도 있는 연구가 활발하게 이루어지고 있다. 이곳에서 Bavinck Institute를 설립하고 4권으로 이루어진 바빙크의 *개혁교의학(Reformed Dogmatics)*을 영어로 번역 편찬하여 이를 교재로 강의하고 있다. 그리고 2011년 10월에 한국에서도 그의 개혁교의학 4권이 모두 화란어 원본에서 번역되어 나와 이내 초판이 품절되고 다시 재판을 거듭하는 등 한국에서도 바빙크에 관한 관심이 과거 어느 때보다도 높아져 있다. 이것도 바빙크의 신학이 지닌 우수성과 깊이, 그리고 그의 신학이 지닌 영향력에서 나온 것이라고 아니할 수 없다.

바빙크는 개혁주의 신학의 회복을 위해 많은 노력을 한만큼 큰 기여를 하였고 또 지금도 기여하고 있다. 이러한 그는 실로 어린아이 같은 믿음을 가진 위대한 신학자요, 그리스도의 제자요, 말씀의 학생이요 선생이었다. 그가 죽은 후 그의 학자적 헌신과, 문화에 대한 폭넓은 관심, 그리고 기독교 교육과 정치에 대한 확고한 지지, 그리고 그가 보인 개혁주의 믿음의 수호는 마땅히 주목돼야 할 것들이다. 이외에도 사람들은 그의 겸손과 성실, 관용과 온유를 말한다. 이 위대한 신학자에게 야망이 있었다면 그것은 오직 하나님의 영광을 위해 사는 것뿐이었다.[91]

제3 절 바빙크의 주요 저술들

헤르만 바빙크는 그의 생애 기간 중 많은 저술을 하였다. 한국에 번역되어 나온 것만 해도 *선교학 개론*(성광문화사), *신론*(양문출판사), *기독교교의학* 1(크리스챤다이제스트), *신앙의 확신*(나침반), *하나님의 큰일*(기독문서선교회), *기독교 교육철학*(총신대출판부), *일반은총론*(총신대출판부), *개혁교의학 I, II, II, IV*(부흥과개혁사), *계시철학*(성광출판사, 도서출판다함), *찬송의 제사*(도서출판다함), *현대사*

---

91) Ibid, 3-4.

상해석(도서출판다함) 등 이외에 다수의 책이 있다.

바빙크의 자연, 과학, 윤리학 등에 관한 논문들을 모아 *Essays on religion, science, and society*(Grand Rapid: Baker Academic)라는 이름의 영역판이 나왔다. 이외에도 바빙크 관련 인터넷 사이트에[92] 들어가면 "The Catholicity of Christianity and the Church"와 "The Reformed Churches in the Netherlands", "John Calvin: A Lecture on the Occasion of his 400th Birthday, July 10, 1509-1909"와 같은 주요 논문들을 발견할 수 있다.

바빙크의 이런 많은 저작 중에 그의 *개혁교의학, 하나님의 큰일과 계시철학, 일반은총론, 신앙의 확신* 등이 그의 대표작으로 손꼽힌다. 본 연구에서는 이 4권의 책에 대해 소개를 하고자 한다. 이는 이를 통해 바빙크 신학의 특징과 윤곽을 살펴볼 수 있기 때문이고, 또한 계시철학의 신학적 배경 이해에 도움이 되기 때문이다.

1. *개혁교의학* (Reformed Dogmatics)

딜(Eerste Deel)은 바빙크의 *개혁교의학*(*Reformed Dogmatics*:이후로는 *RD*로 표기)가 19세기 칼빈주의 부흥에 아주 중요한 발판을 놓았다고 말하고 있다. 그는 역사적으로 가장 암울한 시대 속에서도 칼빈주의는 죽지 않았고 또 개혁교회가 칼빈주의를 사랑하고 또 그 부흥을 위해 이를 꾸준히 그리고 순수한 형태로, 또 열정적으로 가르쳐 왔다고 하였다. 그러나 이런 가운데서도 칼빈주의에 대한 신학 정립은 부족한 상황 속에 있었다고 하였다.[93]

그러다가 카이퍼에 이르러 칼빈에 대한 신학적 연구가 본격화되었다. 이때의 연구의 특징은 17세기 신학을 단순히 재생산하는 것으로는 의미 없다고 여기고 한결 수준 높은 역사의식(a higher degree

---

92) hermanbavinck.org
93) Eerste Deel, "GEREFORMEERDE DOGMATIEK DOOR", *The Presbyterian and Reformed Review* Vol. 7. No. 26 (1896), 356.

of historic sense) 속에서 역사를 연구하고 칼빈주의를 부흥시켰다는 것이다. 이는 칼빈주의의 원리를 발견하는 일이요 이에 기초해 시대에 맞게 개혁주의 교리를 형성하는 작업이었다. 이러한 연구의 첫 열매로 카이퍼가 *신학일반*(Encyclopedia of Sacred Theology) 을94) 내놓았고 뒤이어 바빙크가 그의 *RD*에서 칼빈주의의 신학적 체계를 잡았다.95)

특히 오트룬드(Dane Ortlund)는 바빙크의 *RD*는 내용 면에서도 풍부하고, 지혜로운 구성, 그리고 성경에 기초하며, 철학적으로 잘 쓰여졌음을 말하면서 블로초그스(Henri Blocherhgs)의 말을 빌어 이 책은 칼빈 이후 개혁주의 전통에서 최고의 조직신학 책이라고 평가받고 있다고 하였다. 이런 점에서 그는 이 책은 그야말로 하나님이 주신 선물이라고 말하였다.96)

이 책은 1권은 '서론'(Prolegomena), 2권은 '하나님과 창조'(God and Creation), 3권은 '죄와 그리스도 안에서의 구원'(Sin and Salvation in Christ), 4권은 '성령과 교회, 새 창조'(Holy Spirit, Church and New Creation)로 구성되어 있다.

1권은 바빙크가 역사적 견지에서 자기 신학의 주제에 접근하고 있음을 잘 보여준다. 1권은 총 5부로 나누어져 있는데 1부는 교의 신학의 학문성과 그 방법론에 대해서, 2부에는 교의 신학의 역사를 살펴보면서 동서 교회의 교의학을 비교해주고 있다. 로마 카톨릭과 루

---

94) Encyclopedia of Sacred Theology: Its Principles (Author: Abraham Kuyper)/ Publication Date: 1898. 다음 글은 **워필드**(Warfield)가 쓴 이 책에 대한 소개의 글이다.
"신학적 탐구는 교회에 속한 것인가 대학에 속한 것인가? 하나님은 교회 안에서 적절히 이해되고 있는가, 아니면 세속적 문맥에서 이해되고 있는가? 칼빈주의자인 카이퍼는 신학의 역사와 과제, 방법, 그리고 신학의 조직에 대해 포괄적으로 개관하였다. 그는 신학을 과학과 나란히 두며 신학과 다른 학문과의 더 많은 상호 교류가 있어야 한다고 주장하였다. 그의 *신학일반*(The Encyclopedia of Sacred Theology)은 20세기 신칼빈주의의 탄생을 가져왔고 개혁신학을 계속 뒷받침해 주었다."
95) Eerste Deel, 356.
96) http:// hermanbavinck.org.

터파 교의학, 그리고 최종적으로 개혁주의 교의학에 대해 말해준다. 바빙크는 이런 과정에서 개혁교의학의 우수성을 단계별로 정리하면서 개혁교의학이 참 신학이 됨을 말하고 있다.

그리고 3부에서는 교의학의 기초를 말하는데 그는 여기서 합리주의(rationalism), 경험주의(empiricism), 그리고 현실주의(realism)를 다루고, 이어 종교의 본질에 대해, 그리고 종교의 좌소로서의 지성과 의지와 마음에 대하여 논하고 신앙의 기원 문제에 대해 말하고 있다.97)

그리고 4부에서는 교의학 형성에 기인하는 외적 인식의 원리에 대해 논하고 있다. 그는 여기서 계시의 개념에 대해, 그리고 일반계시와 특별계시에 대해 상술하고 있다. 그는 일반계시를 말하면서 모든 계시는 초자연적인 계시이나98) 일반계시만으로는 구원에 이르기에 불충분하다고 하였고, 그러면서도 이러한 일반계시가 모든 종교의 기초가 되었다고 말하고 있다.99) 그가 여기서 말하는 계시란 하나님의 자기 드러내심(Revelation as God's Self-Revelation)이다.100)

그는 이어 자연과 성경 속에 나타난 계시에 대해 말해주면서 로마 카톨릭의 초자연주의를 비판하고 있다.101) 그는 이에 비해 개혁주의의 계시관이 어떻게 다른지 설명해주고 있으며 이 부분에서 일원론(monism)과 이신론(dualism)에 대해 비판하며 기적(miracle)에 대해,102) 그리고 계시로서의 성경과 역사, 성육신에 대해 말해주고 있다. 그는 이런 외적 인식의 원리로서의 성경의 영감에 대해, 그리고 성경의 특성에 대해 상세하게 말하고 있다. 이는 개혁주의의 독특한 성경 중심 사상을 그대로 보여주는 것이라고 볼 수 있다.103) 그리고

---

97) Bavinck, *RD* I, 207 ~.
98) *RD* I, 307 ~.
99) *RD* I, 314 ~.
100) *RD* I, 340 ~.
101) *RD* I, 359 ~.
102) *RD* I, 367 ~.
103) 바빙크는 *RD* I에서 12장부터 14장까지 총 140쪽을 할애하여 그의 성경론을 말하고 있다.

5부에서는 내적 인식의 원리로서의 믿음과 믿음의 신학에 대해 상술해주고 있다.

2권에 대해서 딜(Tweede Deel)은 이 책은 너무나 우수하므로 아무리 찬양해도 지나칠 것이 없으며 또 칼빈주의적 세계관을 과학적으로 아주 잘 증명해 보여주고 있다고 하였다.104) 1부에서 하나님의 불가해성(the incomprehensibility of God)과 하나님을 아는 지식(the knowledge of God)에 관해 논하고 있다. 그는 여기서 철학적 불가지론의 허구성과 무신론의 문제를 지적하고 있다.

2부에서는 그는 살아계시고 지금도 활동하고 계신 하나님에 대해 말한다. 그는 하나님의 이름으로 이 하나님의 속성과 인격에 대해 말하며 하나님의 비공유적 속성(God's incommunicable attributes)과 공유적 속성(God's communicable attributes)에 대해 상술한다. 여기서 그는 개혁주의적 신관으로 하나님은 인간을 초월하신 분이시지만 그러나 인간과 소통하는 분이시라며 이를 통해 범신론과 이신론을 반박하고 있다. 그리고 성 삼위 하나님에 대해 말하면서 삼위일체 교리의 발전에 대해, 그리고 아리안주의와 사벨리안주의에 문제를 지적하고 있다. 그리고 그는 삼위일체 교리가 어떤 점에서 중요한가를 말해준다.

그리고 3부에서는 '타락전선택설'(Supralapsarianism)과 '타락후선택설'(Infralapsarianism)을 기초해 하나님의 작정과 섭리, 예정을 말하면서 펠라기우스 문제, 그리고 유기와 선택의 진리를 다루고 있다. 그리고 그는 하나님의 창조를 말한다. 그는 이 하나님의 창조를 '무에서의 창조'(creation *ex nihilo*)로 설명하되 창조를 삼위 하나님의 창조로 이해하며 창조적 세계관에 대해 말해주고 있다.

4부에서는 하늘과 땅의 창조에 대해서 말하되 천사의 창조에 대해서, 이어 지구 창조를 말하는데 이때 그는 창조의 6일에 대해, 그리고 창조론과 충돌하는 자연과학에 대해, 이어 성경과 과학의 조화에

---

104) Tweed Deel,"GEREFORMEERDE DOGMATIEK DOOR", *The Presbyterian and Reformed Review* Vol. 10. No. 40 (1899), 694.

제2 장 헤르만 바빙크의 생애와 신학

대해 말한다. 5부에서는 인간 창조, 인간의 성품, 그리고 인간의 운명에 대해, 6부에서는 창조 세계에 대한 하나님의 돌보심으로서의 섭리에 대해 집중적으로 다룬다. 그가 하나님은 우리 인간을 돌보시되 아버지같이 돌보신다고(God's fatherly care) 하므로 이신론을 반박하고 인간에 대해 인격적이신 하나님의 사랑을 말해주고 있다.

3권은 1부에서 죄의 시작과 죄의 확산, 그리고 죄의 성격과 죄에 대한 형벌을 말해준다. 2부에서는 '구속자 그리스도'(Christ redeemer)에 대해 기술하는데 그는 먼저 '은혜의 언약'(Covenant of Grace), 그리고 그리스도의 인격에 대해 말한다. 그는 여기서 세상에 중보자의 필요성(Universal Need for a Mediator)에 대해 먼저 언급하였다. 이어 제반 그리스도론에 대해 상세히 다루면서 성육신과 동정녀 탄생, 신인성의 결합에 대해 말한다.

그리고 3부에서는 그리스도의 사역으로서의 그리스도의 자기 비하(Christ's humiliation)와 승귀(Christ's exaltation)를, 그리고 4부에서는 구원의 서정을 다루었다.

4권에서는 1부 '성령은 믿는 자에게 새 생명을 준다'는 제목으로 소명과 거듭남, 믿음과 회심, 칭의, 성화와 견인을 다루는데 바빙크는 이 부분만으로 270쪽을 할애하여 구원받은 자들을 위한 성령의 사역에 대해 아주 상세히 다루고 있다.

그리고 2부는 제목이 '성령은 새로운 공동체를 창조한다'인데 바빙크는 여기서 교회론을 상세하게 전개해 나간다. 특히 그는 성령의 은혜의 수단으로서의 성례(sacraments)를, 구체적으로 '세례'와 '주의 만찬'에 대해 120쪽을 할애하고 있다.

3부는 그 제목을 '성령은 모든 것을 새롭게 한다'로 하여 먼저 사람이 죽고 난 후 천국에 이르기까지의 중간상태에 대해 상세히 다루고 있다. 그는 카톨릭의 연옥설(purgatory)을 반박한다. 그는 죽은 자는 잠을 자는 것인가, 죽은 자가 산 자와 접촉할 수 있는가, 사람은 두 번의 기회(a second opportunity)를 갖는가에 대해 다룬다. 그리고 죽은 자를 위해 중보기도 할 수 있는가 등을 분명한 문제의식 속에서 다루고 있다. 이어서 그는 이스라엘과 천년왕국, 그리스도의 재림, 최후의 심판에 대해, 재창조와 구속자가 받을 축복과 하나님의 자비의 풍성하심, 그리고 영원한 안식으로서의 예배를 다루었다.

이상에서 우리는 각 권의 내용을 통해 바빙크가 어떻게 자신의 교의학을 전개해나갔는지를 살펴보았다. 앞에서 우리는 그의 이 *RD*는 단순히 17세기 칼빈주의의 재생산이 아니고 좀 더 과학적으로 전개되었다고 말한 바 있다. 실제 *RD*를 칼빈이 직접 쓴 소위 개혁주의의 원전에 해당된다고 볼 수 있는 그의 '기독교 강요'와 비교해 볼 때 내용의 전개 순서에 많은 차이가 나고 있음을 알 수 있다.

칼빈의 *기독교강요* 초판(1536)이나 최종판(1559) 사이의 다소의 차이가 있으나 그 흐름은 대체적으로 율법 - 믿음 - 기도 - 성례 - 거짓 성례 - 기독교인의 자유 등의 순서로 전개되었음을 알 수 있다.[105] 우리는 칼빈이 이러한 구성으로 나름대로 그 내용을 논리적으로 전개해 나갔음을 알 수 있다. 그러나 이에 비해 바빙크는 좀 더 체계적으로 그의 교의학을 전개해나갔다는 것을 쉽게 발견할 수 있다.

이런 차이가 어디서 오는가를 우리는 쉽게 이해할 수 있다. 칼빈이 활동했던 그 시대는 믿음으로 말미암는 개혁의 시대였고 바빙크의 시대는 이성을 바탕으로 하는 합리주의적 사고를 기초해 모든 것을 논리적으로 차곡차곡 그 내용을 점검하며 전개해 나가는 시대였기 때문이다. 이런 점에서 칼빈의 기독교 강요는 신앙적 주제를 통한 내용 전개였다면 바빙크의 *RD*는 학문적 신앙의 산물로서 일반 논리의 순서를 따라 정교하게 내용을 전개해 나갔다고 볼 수 있을 것이다. 특별히 바빙크는 *RD*의 1권 전체를 신학 서론에 할애하고 이어 신론부터 전개해 나가되 먼저 하나님의 구속의 경륜을 보다 짜임새 있게 전개하면서 개혁주의적 면모를 유감없이 보여주었다고 할 수 있다.

---

105) John Calvin, *기독교강요* (*Institutes*)(초판), 양낙흥 역 (고양: 크리스찬다이제스트, 2008), 13.

2. *하나님의 큰일* (Magnalia Dei)

여기서의 '하나님의 큰일'이라는 이 책 제목은 사도행전 2:11에서 따 온 것이다. 그는 이 책 머리말에서 예수님의 제자들이 그들에게 성령이 부어지자마자 모든 사람들이 다 이해할 수 있는 말로 '하나님의 큰일'을 전파하기 시작했다고 했다. 그는 여기서의 '하나님의 큰일'이란 하나님께서 그리스도로 말미암아 성취하신 구원의 전 사역에 관한 것으로 하나님은 성령을 부어주시어 교회가 이 일을 깨닫고 자랑하며 하나님께 감사하고 찬양하게 하게 한다고 하였다.

그는 기독교가 말씀이나 교리로만 남아 있어서는 안 된다고 하였다. 그는 기독교가 엄밀한 과학적 이론도 아니며 철학적 해명의 공식도 아니라고 하였다. 기독교는 하나님이 실제 과거에 성취하셨고, 오늘날에도 이루시며, 장차 새 하늘과 새 땅에서 이루실 이 큰일을 믿는 것이요 교회는 이에 대한 고백이라고 하였다.106)

비빙크는 이 위대한 사실이 일반적으로 충분히 인식되지 못한 것에 대해 문제의식을 가지고 있었다. 그는 하나님 나라에 대한 인식이 줄곧 퇴보하고 있고, 기독교 영역 밖은 물론 안에서도 날로 쇠퇴하고 있으며, 그나마 교회 안에서도 충실한 믿음의 사람들은 소수에 불과한 시대 상황을 슬퍼하였다. 이에 대해 바빙크는 급속히 사회 속에 파고들어 번져가는 인본주의 사상과 문화를 언급하며 이에 대한 문제의식 속에서 기독교의 참 내용을 누구나 쉽고 충실하게 접할 수 있도록 이 책을 쓰게 되었다고 말하고 있다. 그는 이 책을 성만찬에 참석할 자격을 얻기 위해 요리문답을 준비하거나, 또 그 후 계속 진리의 지식에 관심이 있는 교회의 일반 성도들을 위하여 썼다고 하였다. 특히 젊은 날 일터나 공장, 상점 등 삶의 현장에서 일하고 있는 청년들이 그 시대 속에 기독교가 무엇을 의미하는지 깨닫게 할 목적이라고 하였다.107)

---

106) Bavinck, *하나님의 큰일*. 3,
107) Ibid. 5.

이상에서 알 수 있듯이 *하나님의 큰일*, 이 책은 단순한 기독교 서적이 아니라 그 시대의 문제와 싸우고자 하는 바빙크의 충정에서 나온 것으로 그 시대의 온갖 사상에 대한 기독교 변증에 가득하다. 이러한 그의 뜻은 하나님이 이루신 이 큰일은 어떤 상황 속에서도 전파되어야 한다는 것이다.108) 그래서 그의 이 책은 아주 풍부하다 할 만큼 성경의 인용으로 가득한 가운데 기독교 교리를 상세히 전개해 나간다.109)

그런데 바빙크의 처음 의도와는 달리 이 책은 일반 성도들에게 보다는 모든 신학도, 신학자들 사이에 읽히며 그 명성을 더해가며 마침내 개혁주의 교의학에서의 최고의 위치를 점하고 있다고 말할 수 있을 정도가 되었다. 이미 앞에서 언급했지만 코넬리우스 반틸은 자기의 장서 중에서 한 권의 책을 선택하라면 그것은 바빙크의 *하나님의 큰일*이 될 것이라고 할 만큼 이 책의 우수성을 말하였다.110) 이는 이 책이 그만큼 내용면에서 알차게 개혁주의 교의의 기본을 잘 나타내고 있기 때문이다.

이 책은 그 시작을 '최고 선'이라는 제목으로 시작한다. 여기서의 '최고 선'이란 '하나님이시오 하나님뿐'이라고 말하고 있다. '최고 선'이란 이 개념은 모든 피조물이 스스로 하나님을 최고의 선으로 인식하고 즐기고 있다는 사상을 내포한다. 인간은 처음부터 하나님의 형상을 따라 지음 받았기 때문에, 인간이 비록 죄로 타락해 있다 하지만 아직 자기 안에 남아있는 형상의 잔여물로 인해 여전히 하나님을 필요로 하고 있는 자신을 느낀다고 하였다.111)

이러한 인간은 스스로의 모든 사색과 작업 속에서 또한 자기의 전 생애와 노력 속에서 땅의 것으로만 결코 만족할 수 없는 피조물이라고 말하며 이런 인간에게 있어서 최고의 선은 오직 하나님뿐이라는 것이다. 이는 인간은 철학이나 과학, 예술 등에서 영혼의 만족을 얻

---

108) Ibid. 5.
109) Ibid. 5.
110) Ibid, 책 표지 뒷면
111) Ibid, 9.

제2 장 헤르만 바빙크의 생애와 신학

고자 하지만 결코 그럴 수 없음을112) 강조해 말하고 있는 것이다. 심지어 사회를 위해 봉사를 하고 이웃을 사랑한다고 해도 그것이 하나님의 명령에 기초를 둔 것이 아니라면 그는 힘과 확신을 잃어버린다고 하였다.113) 그래서 이런 인간 문제의 해결책은 오직 하나님 안에서만 발견할 수 있다고 말하면서114) 1장을 끝내고 있다.

이어 바빙크는 2장을 '하나님에 대한 지식'으로 이어가고 있다. 그는 여기서 '하나님이 인간의 최고선'이라는 것은 성경 전체의 증거라고 말하면서 성경은 실제 이를 설명한다고 하였다.115) 이어서 그는 그러면 인간이 어떻게 하나님을 알 수 있는지를 말하고자 하면서 계시를 다룬다. 그는 3장에서 '일반계시'를, 4장에서 그 가치를, 5장에서 6장까지는 '특별계시의 방식'과 '내용', 그리고 7장에서 특별계시로서의 '성경'을 다루고 있다. 바빙크는 이렇게 그의 책 총 24 장 중에 무려 6장에 걸쳐 - 전체 내용의 1/4 - 계시를 비중 있게 다루고 있다. 여기서뿐만 아니라 그의 *RD I* 권에서도 계시에 대한 논의가 특별계시로서의 성경에 이르기까지 그 분량이 무려 250여 페이지에 달하고 있다.116)

이는 흔히 말하듯 바빙크의 신학이 철저히 계시에 바탕을 두고 있다는 것을 증명해주는 것이라고 볼 수 있다. 이것은 그가 프린스턴 신학교에 초청을 받아 강의한 '계시철학'에서도 분명히 나타난다. 그의 계시철학이 일반계시를 바탕으로 특별계시인 예수님과 성경으로 결론지어지는 것을 볼 때 더욱 그러하다. 결국 바빙크는 신학은 철저히 계시 의존적이요 또한 그런 만큼 모든 것을 성경에서 시작해야

---

112) 이는 바빙크의 계시철학의 전제가 되는 내용이다. 그는 계시철학을 시작할 때 인간은 이 땅의 것으로 만족하지 못하고 초월적인 것을 사모하는 초월적인 존재라고 말한다. - Humanity as a whole has been at all times supra-naturalistic to the core. (*PR*, 1.)
113) Bavinck, *하나님의 큰일*, 14.
114) Ibid, 15.
115) Ibid, 16.
116) Bavinck의 *Reformed Dogmatics 1. Prolegomena* 235쪽부터 494쪽까지가 그러하다.

함을 말하고 있는 것이다.

이는 개혁주의 신학의 전형적인 특징인 것이다. 개혁주의 표준문서라고 하는 '웨스트민스터신앙고백'도 먼저 1장에서 '성경에 관하여'를 말하며 성경에 하나님의 영광과 인간을 위한 하나님의 모든 계획이,[117] 그리고 인간이 구원을 위해 알아야 하고 믿어야 하고 지켜야 할 것이 분명히 지시되어 있다고[118] 하였다.

이어 바빙크는 8장에서 성경과 신조에 관하여 그 차이와 관계성에 대해 말하고 이제 9장부터 11장에서 하나님이 어떤 분이신가, 하나님의 존재와 삼위일체 하나님, 창조와 섭리를 말하고 있다.

계속해서 *하나님의 큰일*은 인간론에 들어가 인간의 근원과 본질, 목적에 대해, 그리고 죄와 죽음, 은혜 언약을 다루어준다. 이어 바빙크는 15장 '언약의 중보자'에 대해, 16장은 그의 신성과 인성에 대해, 그리고 17, 18장에서는 그리스도의 지상 사역과 천상의 사역에 대해 말해주고 있다. 뒤이어 웨스트민스터신앙고백이나 벨직신앙고백이 구원론에 집중하여 내용을 전개하듯 바빙크 역시 이 책에서 '은사'와 '소명', '칭의', '성화', '교회'를 다루고 있다. 이와 같이 바빙크의 신학은 개혁주의 신학의 표준 논리를 따라 전개되고 있음을 알 수 있다.

3. *일반은총론* (Common Grace)

바빙크의 저서, *일반은총론*[119]은 그가 1894년 신학교 교장에 취임하면서 강연한 '일반은총'(De Algeemene Genade)을 책으로 펴낸 것이다.[120] 그의 일반은총론은 그의 신학 전반에 일관되게 나타나는

---

117) 웨스트민스터신앙고백 (1.6)
118) 웨스트민스터신앙고백 (1.7)
119) Herman Bavinck, *일반은총론*, 차영배 역(서울: 총신대학출판부, 2002)
120) 이 외에 바빙크의 일반 은총에 대한 강연은 1909년 프린스턴신학교에 초청되어 강연한 "Calvin and Common Grace"가 또 있다. 이 두 개의 강연에 차이가 있다면 전자는 제목에 충실한 일반은총론의 전개였고 후

제2 장 헤르만 바빙크의 생애와 신학

데 이는 우리가 그의 신학 전반을 연구하고자 할 때 반드시 이해하여야 할 내용이다.

*일반은총론*은 '서언'과 '제1 장 일반 은총의 성경적 근거', '제2 장 로마교의 이원론', '제3 장 종교개혁의 이원론 극복', '제4 장 일반 은총 교리의 현대적 의의'로 구성되어 있다.

'서언'에서는 칼빈이 엄격하고 검소한 인물로서 삶의 즐거움이나 아름다운 음악에 대해서 완전히 담을 쌓거나 적어도 무관심한 것으로 알려져 왔다고 하였다. 그래서 보통은 그의 하나님을 향한 완전한 헌신, 성격의 엄격성, 엄격한 권징 등으로 그가 존경과 놀라움의 대상이 되었고, 또한 그의 날카로운 이미지는 그가 소명 밖에 아무 일에도 관심을 갖지도, 식견도 없는 것으로 생각된다고 하였다. 그러나 그것은 오해라고 바빙크는 말하고 있다.[121]

칼빈은 오늘날까지도(1894년 현재) 융통성 없는 사람으로 여겨지지만 그의 사상 체계 속에는 자연적 생활에 대한 이해가 깊었고 그 가치를 인정하였다고 했다. 다만 그가 종교개혁의 사명 때문에 일상생활에서 약간 위축된 모습을 보였을 뿐이라고 하였다.[122] 그의 신학 체계 속에 자연과 은혜(nature and grace)와의 관계는 루터나 쯔빙글리의 그것보다 훨씬 바르고 깊게 다루어졌다고 했다.[123] 그래서

자는 일반 은총에 관한 칼빈의 견해를 다루었다고 보면 될 것이다. 여기서는 1894년도의 강연인 책으로서의 *일반은총론*을 간략하게 살펴보고 그의 일반은총론에 대한 보다 깊은 연구는 본 서 제3 장에서 다룰 것이다. .

121) Bavinck, *일반은총론*, 11.

122) Ibid, 12.

123) Veenhof는 루터와 쯔빙글리가 로마 카톨릭의 이원론을 온전히 극복하지 못하므로 결국 이 이원론의 극복은 칼빈의 몫이 되었다고 하였다. 그래서 그는 바빙크의 말을 인용해 종교개혁을 완성하고 신교를 구원한 것은 칼빈이라고까지 말하였다. 칼빈은 루터보다 죄를 더 넓게 다루었고, 쯔빙글리보다는 죄를 깊게 다루었다. 그런 만큼 하나님의 은혜가 루터에게는 제한적이고, 쯔빙글리에게는 칼빈만큼 풍요하지 못하다.(Jan Veenhof, *Nature and Grace in Herman Bavinck*,(Iowa, Dordt college Press, 2006), 14-15.) 루터는 땅에서 인간의 행위에 대해 일체 절망하므로 칼빈이 주장하는 일반 은총에 대한 개념이 약하였다. 그런가 하면 쯔빙글리는 특별 은총을

계시철학의 이해

바빙크는 이 일반은총론에 관한 개혁교리를 서술하고자 한다고 하였다.[124]

1장의 일반 은총의 성경적 근거에 대해서 말할 때[125] 바빙크는 이 은총은 창조 때부터 시작된 것이라고 말하며 은총이 인류 역사 속에서 얼마나 도도하게 흐르고 전개되었는지, 그리고 하나님께서 이 은총으로 어떻게 인류를 보호하시고 자신의 뜻을 이루어 가셨는지를 말해주고 있다. 그리고 하나님으로부터 시작된 은총이 어떻게 일반 은총과 특별 은총으로 나누어져 흐르면서 인간의 구원역사가 전개되었는가를 말한다. 그리고 이 일반 은총이 이방인들에게도 베풀어지면서 그 은총이 어떻게 특별 은총과 합류하여 그들의 구원이 이루어졌는가를[126] 설명해준다.

2장에서는 로마 카톨릭의 이원론을 일반은총론에 기초해 비판하고 있다.[127] 바빙크는 복음이 이방인들에게 전해지면서 그것이 어떻게 사상적으로 이원론에 빠졌는가를 말하고 있다. 복음이 전해지자 사상가들은 그토록 새롭고 이적적인 내용을 가진 기독교를 사상적으로 점령하여 학문의 형태로 바꾸고자 하였는데, 이때 그리이스 철학의 이원론의 영향을 받았고, 이것이 로마 카톨릭에 의해서 더욱 굳게 되었음을 말하고 있다.

이에 대해 바빙크는 자연과 초자연을 엄격히 구분하는 로마 카톨릭이 갖는 독점적인 영적 권위와 그 안의 위계질서, 성속의 구분이 어떻게 인간을 지배하였는가에 대해 말하였다. 그리고 그것이 르네상스 시대의 인간의 각성을 통해 불신앙과 세속화 작업의 진행, 그리고 인본주의 등 다양한 형태로 나타났다고 비판한다.[128]

경건한 이방인들에게까지 보편적으로 확대 적용하므로 은총에 대한 개념이 보편성이 강하여 자연히 은총이 칼빈만큼 깊고 풍요하지 못하다.(차영배, "일반은총론–경계해야 할 자연주의와 초자연주의")

124) Ibid, 13.
125) Ibid, 14-26.
126) 인간은 일반 은총을 통해 신을 찾고 특별 은총을 통해 신을 만나고 믿는다. 이런 점에서 일반 은총은 특별 은총의 기반이다.
127) Ibid, 26-35.

3장에서 종교개혁자들이 로마 카톨릭의 이원론의 문제를 지적하고 로마 카톨릭과는 달리 성경적인 은총의 개념을 정립하므로 하나님으로부터 내려오는 (그러나 교회가 독점했었던) 은총을 성도들에게 돌려준 것을 내용으로 하고 있다. 종교개혁자들이 로마 카톨릭이 주장하는 대로 선행으로 구원받을 수 없음을 말하면서[129] 오히려 선행은 로마 카톨릭이 주장하는 것과는 달리 믿음으로 하나님의 자녀 된 자가 감사함으로 이룰 수 있는 것이라고 하였다. 이런 그는 인간의 구원은 행위가 아닌 은혜의 계약으로 말미암는 것이라고 하였다.[130]

그리고 인간은 전적으로 타락했으므로 스스로 구원에 이를 수 없게 되었는데 이때 하나님은 인간이 더 심각한 타락에 빠지지 않도록 일반 은총을 모든 인류에게 베풀어 주셨다고 하였다. 결국 인간과 세상을 유지하고자 하시는 하나님의 의도가[131] 그 일반 은총에 담겨 있다며 그의 일반은총론을 펼치고 있다.[132]

그리고 타락된 인간계에서 사람이 누리는 모든 선과 참된 것이 일반 은총에서 나왔다고 하므로 일반 은총에 대한 이해를 깊이 이끌어 주고 있다. 그리고 인간 세계 속에 예술이나 학문, 과학 모든 것은 하나님이 주신 일반 은총의 선물인 은사로 말미암은 것임을 말하며 이것이 성경에 기초한 칼빈의 이해임을 강조해 말하고 있다.[133]

이어 바빙크는 소시니안주의자들과[134] 재세례파가[135] 일반 은총

---

128) Ibid, 36-37.

129) Ibid, 39.

130) Ibid, 40.

131) Ibid, 43.

132) Ibid, 42.

133) Ibid, 43-45.

134) **소시누스**(Socinus)는 1562년 그리스도의 신성에 관한 문제를 제기하고 이어 영혼의 불멸 사상을 배척했다. 성경의 권위를 성령의 증거보다는 이성적이고 역사적인 근거에 기반을 두었다. 삼위일체 신학을 부인하였고 예수님의 죽음은 죄에 대한 속죄로 여기지 않고 제자들에게 자신을 본받아 살도록 한 것이라는 모범설을 주장했다. - 아가페사전 (서울: 아가페, 2001), 555.

135) **재세례파**는 종교개혁시대의 급진적 진영에 속하였다. 칭의보다는 중생

계시철학의 이해

64

과 특별 은총을 어떻게 오해하여 잘못된 신앙에 빠졌는가를 지적하고, 이들 때문에 신앙이 오도되고,[136] 그리고 이로 인한 혼란의 와중에 합리주의와 신비주의가 등장하면서 일반 은총이 왜곡되었다고 하였다. 그리고 바빙크는 이 강의를 하고 있던 19세기 말에 인간의 신격화, 인간의 야수화, 자연숭배, 자연경멸이 혼재하는 현상이 나타나고 인생의 조화와 삶의 균형이 깨어지게 되었다고 말하고 있다.[137]

4장에서는 일반 은총이 우리 삶 속에 어떻게 적용되어 이해돼야 하는지에 대해 집중적으로 말하고 있다. 우리의 삶 제반 분야 속에서의 일반 은총의 의미가 이해돼야 하며, 이어 이 일반 은총의 이해가 우리의 삶을 어떻게 의미 있게 만드는가, 그리고 이 일반 은총이 어떻게 구원의 은혜, 곧 특별 은총과 관계되는가를 말해주고 있다. 이런 일반 은총과 특별 은총이 손잡을 때 기독교의 신학이 가능하게 되며,[138] 그리고 하늘의 것이나 땅의 것들을 화목하게 만들 것이라고 예언하면서 그 끝을 맺고 있다.[139]

4. *신앙의 확신* (The Certainity of Faith)

'*신앙의 확신*'은 계시철학과 함께 인본주의 사상에 대한 기독교 변증이라는 점에서 바빙크의 신칼빈주의적인 성격을 가장 잘 보여주는 책이라고 할 수 있다. 이 책은 한마디로 믿음의 확신에 도달하기 위한 인간의 노력들의 헛됨을, 그리고 오직 하나님의 말씀만이 인간에게 확신을 준다고 말하고 있다.

을 더 강조하고, 자신들은 예수님 재림 직전에 살고 있다며 종말론을 강조하며 세상과 구별된 삶을 살고자 했다. 성령의 역사를 지나치게 강조하여 신비주의적 경향을 나타냈다. -아가페사전 (서울: 아가페, 2001), 884-886.
136) Bavinck, *일반은총론*, 49~.
137) Ibid, 55.
138) Ibid, 78.
139) Ibid, 79.

제2 장 헤르만 바빙크의 생애와 신학

이 책은 1908년에 출간되었다. 내용은 전체적으로 4부로 나누어져 있다. 1부는 '확신의 상실'(The Loss of Certainty), 2부는 '확신이란 무엇인가'(What is the Certainty), 3부는 '확신을 찾아서'(The Search for Certainty), 4부는 '확신으로 가는 길'(The Way to the Certainty)로 구성되어 있다.

1부에서는 사람들이 왜 신앙의 확신을 잃게 되었는가를 말한다. 바빙크는 프랑스 혁명(1789)이 시대를 혁명의 전후로 완전히 구별해 놓았다고 하였다. 다시 말해 혁명 이전은 권위와 객관의 시대였는데 혁명 이후에 자유와 주관의 시대로서 사람들은 이제 모든 것에서 권리를 주장하게 되었다고 하였다. 프랑스 혁명이 종교개혁과 다른 점은 종교개혁 때에는 그 전이나 후나 여전히 하나님의 말씀이 남아 있었지만 프랑스 혁명 이후 더 이상 하나님의 말씀이 예전과 같은 권위를 누리지 못하게 되었다고 하였다.[140] 종교개혁 시대는 여전히 믿음과 확신의 시대였지만 프랑스 혁명 이후에 사람들은 왜 자기들에게 순종을 요구하는가에 대해 의문을 품고 권위의 근거에 대한 탐색을 시작하게 되었다고 말한다.[141] 이성주의 시대 속에서 인간은 이제 눈에 보이는 것을 중심으로 생각하기 시작했고 이에 따라 물질을 숭배하고 세속 권력을 영광스럽게 여기게 되었다.

이때 기독교가 이런 세상과 제대로 싸우지 못하고 자꾸 영적인 것에만 몰두하므로 기독교의 입지는 삶 속에서 더욱 약해졌고 이로써 사람들이 참 믿음도 상실하게 되었다고 하였다. 이런 때일수록 교회는 믿음과 확신의 근거에 대해, 그리고 영생의 희망에 대해 분명히 답해야 하는 위치에 있음을 바빙크는 말하고 있다.[142]

2부에서는 확신이란 무엇인가를 말하고 있고 3부에서는 확신을 찾아 나선 인간에 대해 말해주고 있다. 인간이 자기의 삶 속에서 얼마나 확신을 얻기 원하는가, 그리고 이에 대한 인간의 노력이 어떻게 나타나 있는가를 말한다. 바빙크는 여기서 확신이 없이는 마음에 안

---

140) Bavinck, *The Certainty of Faith*, 7.
141) Ibid, 8.
142) Ibid, 10.

계시철학의 이해

식이 없고 영혼의 평화를 누리지 못하는 인간의 실존을 말하였다. 역사는 인간이 얼마나 많은 고통 가운데 눈물짓고 한숨을 내쉬고 기도하고 또 분쟁하는지를 보여준다고 하였다. 이런 만큼 인간은 자기 앞날에 대한 불안, 두려움, 삶에 대한 의심으로 가득 차 있다고 하였다.[143]

그리고 철학도 죽음의 수수께끼를 풀려고 하는 데서 시작되었음을 말한다. 인간은 이런 가운데 나름대로의 종교를 갖고 이에 확신하는 삶을 살고자 한다고 하였다. 소크라테스의 확신은 나름대로 생각하는 진리에서 나온 것이지만 그러나 누가 어떤 것에 대해 순교를 한다고 해도 그것이 진리라는 증거는 되지 못한다면서 결국 인간은 예수님을 만남으로써 비로서 참 자유를 누린다고 하였다.[144]

그런데 이런 말을 하면서도 인간이 하나님이 주시는 특별계시를 영접했어도 그 사람이 언제나 확신 가운데 거하는 것도 아니라고 하였다. 로마 카톨릭의 경우는 교회가 가르치는 교리를 따라야 구원받을 수 있으며 또 구원을 위해 선행을 하여야 한다고 한다. 그래서 그들은 이런 조건들을 만족시키지 못할 때 구원의 확신이 심하게 흔들린다고 하였다. 그리고 심지어 죽은 후에 연옥에 가서 교회로 인해 구원받는다고 가르친다.[145] 이에 바빙크는 로마 카톨릭교회가 성령의 인도하심을 받는 사람은 하나님의 자녀라는 성경의 가르침을 알지 못하는 것 같다고 하였다.[146]

바빙크는 종교개혁은 바로 이런 구원의 확신 문제에서 시작되었다고 한다. 그는 마르틴 루터가 선행을 행하면서 그 모든 노력이 구원의 확신에 이르는데 부족함을 보고 성경을 연구하던 중 믿음으로 의롭다 함을 받고 구원받는다는 것을 확신하게 되었다고 말하였다. 그러나 그는 이어 루터가 이런 위대한 믿음을 가졌음에도 불구하고 때때로 의에 대하여, 축복에 대하여 의심할 때가 있었다고 하였다. 그

---

143) Ibid. 31.
144) Ibid. 33.
145) Ibid. 35.
146) Ibid. 37.

제2 장 헤르만 바빙크의 생애와 신학

는 이런 문제는 칼빈도 인정한 바요147) 결국 이들은 성경으로 돌아
갔을 때 믿음의 본질을 확신하게 되었다고 하였다. 그리고 교회는
이러한 믿음의 확신을 위해 하이델베르그 요리문답과 같은 고백서를
만들어 공부함으로 구원에 관한 확실한 지식과 확고한 믿음을 갖게
되었다고 말한다.148)

바빙크는 이어 정통주의와 경건주의 시대의 확신에 대해 말하면서
이후로 연속되는 모라비안과 감리교도, 합리주의, 신비주의 등이 등
장하므로 다시 믿음의 혼란이 야기되었다고 하였다. 그리고 칸트가
등장하여 '인간은 한계적인 지적 능력으로 인해 눈에 보이는 것 외
에는 그 무엇도 확신할 수 없다'는 철학 개념이 발달하면서 인간은
성경 그 자체에 대해서도 의심하며 비평하기 시작했음을 말한다.149)

여기서 인간은 확실한 것은 보고 만질 수 있는 것뿐이라고 생각하
며 믿음에서 멀어져 가게 되었다. 기독교 안에도 이런 불신의 분위
기가 확장되어 갔다. 이때 신학자들도 이런 분위기 속에서 믿음의
진리를 확보하고자 하는 노력을 온전히 이루지 못하게 되었다. 이로
서 바빙크는 이제 인간에게는 마음의 평화를 주는 신앙의 확신을 어
디서 얻을 것인가가 문제되었다고 하였다.150)

그러나 그는 4장 '확신을 찾아서'(The way to Certainty)에서 어
떻게 이 문제가 해결될 수 있는가를 말해 준다. 신앙의 확신은 가장
완전한 안식이라며 이것은 아무 곳에서나 인간이 확신한다고 오는
것이 아니라 하나님의 말씀과 약속에서 온다고 하였다. 바빙크는 과
학적 연구 결과나 사상, 철학으로 만들어진 이상이나 인간이 만들어
낸 논리적 명제는 오류가 많다고 하며151) 결국 인간은 하나님의 말
씀의 권위로 돌아와야 한다고 하였다.

그러나 바빙크는 인간이 성경을 하나님의 말씀으로 믿게 되는 것

---

147) Ibid. 38.
148) Ibid. 40.
149) Ibid. 49.
150) Ibid. 50.
151) Ibid. 54.

계시철학의 이해

은 성경이 하나님의 말씀이라는 어떤 과학적 증거가 있어서가 아니라고 하였다. 오히려 그런 식으로 성경에 접근한다면 성경을 통해 얻을 것이 아무것도 없을 것이라고 한다.152) 사람이 성경을 믿게 되는 것은 성령의 역사이며, 하나님은 성경을 통해 성령의 역사로 그를 부르신다고 하였다.153) 그리고 주의 성령께서 역사하시며 죄와 심판과 의를 증거한다고 하였다. 하나님은 우리들의 조사를 통해 인정되는 분이 아니라 하나님 자신이 스스로 우리 마음과 양심에 증거하시며, 자연과 역사, 삶과 운명을 통해 자신을 강력하게 나타내심으로 인간은 핑계할 수 없다고 강조해 말한다.154)

결국 바빙크에 의하면 우리의 믿음의 확신은 하나님의 자기 계시인 성경을 통해, 그리고 성령의 역사를 통해 갖게 된다는 것이다. 그리고 우리들의 믿음을 위해 하나님은 우리에게 성례라는 은혜의 수단을 주셔서 죄 사함과 영생이라는 주의 약속을 다시 기억하게 하고 우리들의 신앙의 확신을 더하여준다고 하였다.

이상에서 바빙크는 인간은 어떤 과학이나 철학으로도 자기 삶을 규명할 수 없으며 마음의 평안도 얻을 수 없으나 오직 성경을 통해서 믿는 자 안에 역사하시는 성 삼위 하나님의 공로로 믿음의 확신을 얻게 된다고 하였다. 믿음은 하나님으로부터 오는 축복이라는 개혁주의적 구원관이 이 책에서 확고하게 논하여진 것이다.

이상에서 소개한 바빙크의 4권의 저서는 부분적이지만 바빙크 신학의 특징과 논리 전개 방법이 어떠할지에 대해 잘 말해준다고 볼 수 있다. 특별히 바빙크의 신학에서는 일반은총론이 돋보인다. 바빙크가 일반은총론을 자신의 신학의 기초로 삼고 있다는 평은 결코 과장이 아니다. 그는 실제 일반은총론에 기초해, 또 이를 시작으로 그의 신학을 전개해 나갔다.155) 그의 일반은총론에 대한 이해는 그의

---

152) Ibid. 74.
153) Ibid. 74.
154) Ibid. 75.
155) "Bavinck's view of the relation of nature and grace is a central part -

제2 장 헤르만 바빙크의 생애와 신학

신학에 대한 이해의 시작이다. 그래서 다음 장에서는 그의 일반은총론을 조금 더 구체적으로 살펴보고 그것이 어떻게 그의 신학의 기초가 되었는지를 이해하고자 한다. 이는 또한 본 서의 중심 주제인 계시철학을 이해하는 데 풍성한 도움을 준다.

---

indeed, perhaps we may even say the central theme — of his theology. ⋯ We propose now to pay special attention to it at least insofar as this theme is necessary to illumine the structure of Bavinck's doctrine of revelation." (Jan Veenhof, *Nature and Grace in Herman Bavinck*, translated by Albert M. Wolters (Iowa: Dort College Press, 1968), 7.) Jan Veenhof는 1973년부터 1989년까지 화란 암스테르담대학교에서 교의신학 교수를 역임했다. 스위스에서 목회 활동을 하였고 바젤대학과 베른대학교에서 교수로 활동했다. 현재 역사신학의 권위자로 알려져 있다. -앞의 책 저자 소개에서.

제3 장 헤르만 바빙크의 일반은총론

앞서 서론에서 언급한 바대로 이제 계시철학의 이해를 위한 기초로
서 본 장에서는 바빙크의 '일반은총론'을 살펴볼 것이다.1) 바빙크는
그의 개혁교의학 개요2)에서 다음과 같은 말을 하면서 자신의 계시론
을 시작하고 있다.

만일 사람이 하나님을 아는 지식을 가질 수 있다는 것이 참이라면, 이
사실은 하나님 편에서 자기 자신을 모종의 방식으로 사람에게 알게 하기
를 자의로 선택하셨다는 것을 전제하는 것이라고 할 것이다. 하나님을 아
는 지식을 우리 자신에게, 즉 우리 자신의 발견, 탐구, 혹은 사색의 덕분
으로 돌릴 수는 없다. 그 지식이 값없고, 강요되지 않은 호의적인 행동으
로 우리에게 주어지지 않았다면, 우리가 우리 자신의 노력을 기울여서 그
지식을 얻을 수 있는 가능성이 전혀 없을 것이다.3)

---

1) 본 장의 '일반은총론'은 바빙크의 *RD*(Reformed Dogmatics)과 *하나님의
   큰일*, 앞 장에서 언급한 *일반은총론*(차영배 역), 또한 그가 1919년 프린스
   턴신학교에서 강연한 Calvin and Common Grace를 중심으로 바빙크가
   생각하는 일반 은총이 무엇인지, 그리고 그것이 그의 신학에서 어떤 의미
   를 갖는지를 살펴보는 것이다.
2) 바빙크의 *Magnalia Dei*는 한국어로 *하나님의 큰일*과 *개혁교의학 개요* 두
   권으로 각각 책 이름을 달리해서 번역 출판되었다. 본 연구에서는 두 권의
   책을 모두 사용할 것이다.
3) Bavinck, Herman, *개혁교의학 개요*, 원광연 역 (고양:크리스챤다이제스트,
   2004), 27. (영문 참조) "If it is true that man can have knowledge of God
   then this fact presupposes that God on His part voluntarily chose to make
   Himself known to man in some way or another. We cannot credit a knowledge
   of God to ourselves, to our own discovery, investigation or reflection. If it
   were not given us by an act of free and unobliged favor, there would be no
   possibility that we could ever achieve it by an exertion of our own efforts." (
   Herman Bavinck, *Our Reasonable Faith*, translated by Henry Zylstra, (Michigan,
   Grand Rapids: Eerdmans Publishing Company, 1956), 32.)

바빙크의 이 말은 계시는 하나님으로부터 시작하는 것이며 또한 이 계시는 인간에게 값없이, 그리고 은혜로 주어지는 것이라는 뜻이다. 또한 웨스트민스터신앙고백은 하나님은 우리 눈에 보이지 않으시는 분이시지만4) 영원하신 권능과 지혜와 선하신 영광을 '나타내시기 위하여' 태초에 무에서 모든 것. 즉 보이는 것이나 보이지 않는 것을 지으시기를 기뻐하셨다고 하였다.5) 이는 보이지 않으시는 하나님이 창조를 통해 자신을 그 피조물에게 기꺼이 계시하기 원하셨다는 것이다. 그리고 여기서 우리는 하나님이 천지를 창조하시기 전에 이미 자신의 피조물에게 자신을 나타내시고자 의도하셨다는 것을 알 수 있다.

신학이 우리가 하나님을 알아가는 학문이라고 한다면6) 이런 점에서 계시는 신학의 토대가 됨을 알 수 있다. 더욱이 하나님이 창조를 통해 자신을 나타내기를 기뻐하셨다면 그의 영광을 위해 존재하는 우리는7) 계시에 대해 보다 적극적인 이해를 얻고자 해야 할 것이다. 무엇보다도 만물 속에 나타난 하나님의 계시를 인정하느냐 않느냐에 따라 사람의 철학의 방향과, 그 인생관이 달라진다는 것을 생각해 볼 때 올바른 철학과 인생관을 위해 우리는 계시에 대한 연구는 반드시 해야만 한다.

바빙크가 신학에 있어서 계시의 중요성을 인식하고 하나님의 이러한 계시 의도적 창조에 먼저 접근한 것은 참 진리에 이르는 방법이라고 말하지 않을 수 없다. 특히 그가 일반계시를 그의 신학에서 풍성히 다룬다는 것은 그의 신학이 얼마나 창조신앙에 견고한 기초를 두고 있는지를 말해준다.

---

4) 웨스트민스터신앙고백 (2.1)
5) 웨스트민스터 신앙고백 (4.1) "성부, 성자, 성령 하나님께서는 하나님의 영광스러운 영원한 권능과 지혜, 선하심을 <u>나타내시기 위하여</u> 태초에 무에서 세상과 그 안에 있는 모든 것을, 그것이 보이는 것이든 보이지 않는 것이든, 6일 동안 창조하기를 기뻐하셨으며, 이 모든 것은 하나님 보시이게 심히 좋았다."
6) *RD* I, 43.
7) 웨스트민스터 소요리 문답 1번의 답 "답: 사람의 제일 되는 목적은 하나님을 영화롭게 하는 것과 영원토록 그를 즐거워하는 것입니다."

또한 본 서의 주제가 되는 '계시철학'의 경우 그의 일반계시의 이해는 필수적이다. 계시철학이 하나님을 떠나 모든 것을 인간 자율로부터 시작하는 인본주의 학문과 모든 것이 하나님으로부터 나왔다며 계시로부터 출발하는 신본주의 학문과의 대화요 이 양자 간의 접점을 찾아 서로를 연관시키는 작업이라는 점을[8] 생각해 볼 때 보다 깊은 계시철학의 이해를 위해 먼저 바빙크의 일반은총론에 대한 연구가 앞서야 할 것이다.

그래서 본 장에서는 인본주의적인 학문의 토대로서의 과학적 사고방식을 간략하게 살펴보고,[9] 그리고 신학의 토대로서의 계시에 대해, 그리고 바빙크의 일반은총론에 대해 살펴보고자 한다.

제1 절 과학의 토대

바빙크는 그의 *RD* I(*Reformed Dogmatics*) 제7 장에서 과학의 토대로서 합리주의(rationalism)와 경험주의(empiricism)을 말하고 있다.[10] 과학은 주체와 객체 사이의 논리적 관계 속에서 이루어지는데[11] 여기서 합리주의가 이성에 기초한 주관적 판단을 앞세워(subject oriented) 진리를 탐구해 가는 것이라면 경험주의는 이와는 정반대로 객관적인 사실에 기초해(object oriented) 진리를 판단해 나가는 것이라고 할 수 있다.[12]

---

8) "계시철학은 계시 속에서 발견되는 지혜와 세상에서 제공되는 것을 서로 연관시키는 작업이다."(Herman Bavinck, *The Philosophy of Revelation* (Longmans Green, 1909), 26.)
9) 과학적 사고방식으로서의 합리주의와 경험주의 등 갖가지 인본적인 철학사상은 본 계시철학 연구에서 수없이 반복해 나온다.
10) 여기서 굳이 합리주의와 경험주의를 언급하는 것은 계시철학은 사실상 이에 대한 신칼빈주의의 싸움이요, 또한 바빙크가 그의 '계시철학'에서 이를 주 대상으로 그 맹점을 파고 들어가며 기독교 변증을 해나가기 때문이다.
11) *RD* I, 214.
12) *RD* I, 214.

그러나 이것이 합리적인 것이든 경험적인 것이든 이는 사람과 자연을 토대로 생각하는 것으로서 신학의 토대와는 전혀 그 성격을 달리한다.13) 물론 신학이 합리적 추론을 배제하는 것도 아니고 경험적인 예를 무시하는 것은 아니다. 그러나 신학은 과학과는 달리 그 대상이 인간의 합리적인 추론이나 경험적 사실을 얼마든지 초월하여 일하시는 하나님과 그 인식의 수단으로서의 계시를 다룬다는 점에서 인문과학이나 자연과학과는 근본적으로 출발을 달리하는 것이 분명하다.

또한 인간 세계는 이런 과학만으로 움직여지거나 이해되지 않는다. 인간은 형이상학적 존재요, 종교적 존재로서 늘 초월적인 생각을 하며 초월을 지향한다.14) 그러면 합리적, 경험적 사실에 기초한 과학적 사고방식 외에 인간이 자신들의 종교의 기초로 삼는 것은 무엇이며 그것은 어디서 오는 것인가?

제2 절 종교의 토대

바빙크는 그의 *RD* I 제8 장에서 종교의 토대를 논하는데 여기서 그는 종교의 객관적인 측면으로서의 하나님의 계시를 말하고, 주관적인 측면으로는 인간이 가지고 있는 하나님께 대한 두려움을 말하고 있다. 이로서 그는 하나님은 경외할 분이시요 우리는 그의 계시를 믿고 순종해야 한다고 말한다.15)

그는 역사 속의 많은 사람들이 종교에 대해 어떻게 말했는가를 열거하면서 종교의 진정한 토대가 무엇이어야 하는가를 말한다.

그는 종교에 대한 다양한 진술이 있다고 하였다. 예를 들면 중세의 토마스 아퀴너스는 종교의 '목적'으로서의 도덕적 덕을 말했고,16) 종

---

13) Berkhof, 52~.
14) Bavinck, *The Philosophy of Revelation*, 1.(이후 *PR* 표기)
15) *RD* I, 235.
16) *RD* I, 254.

교개혁시대의 개혁자들은 종교의 '원칙'으로서 경건을 말했으며, 종교 '행위'는 예배라고 하였다.17) 칼빈은 종교에는 '하나님에 대한 지식'과 '경건', 그리고 '예배'의 요소가 포함된다고 하였다.18)

바빙크는 이렇게 사람들이 종교의 목적과 원칙, 행위와 요소 등을 말했다면 현대에 들어서 사람들은 이제 종교를 과학적인 면에서, 역사적, 심리학적, 인류학적인 면에서 이해하고자 하는 시도를 하고 있음을 말하고 있다.

그리고 그는 역사 속에서 사람들이 종교를 어떻게 폄하하였는가도 언급하고 있다. 헤겔은 종교는 철학만큼 높은 지식에 이르게 하지 못한다고 하였고, 포이에르바하19)는 종교의 도그마는 인간 생각의 자유를 막으나 오직 철학은 생각을 자유케 하므로 인간으로 하여금 최고의 지식으로 인도한다고 하였다. 바빙크는 포이에르바하가 믿음은 망상이라는 식의 주장을 폈음도 지적하고 있다.20)

더러는 칸트의 전통을 따라 종교를 도덕적 행동으로 이해하였고 또 슐라이에르마허의 이해를 따라 종교를 의존 감정으로 설명하려는 시도가 있어 왔다고 하였다.21) 그러나 가장 심원한 철학자들은 자신들이 얻는 철학적 지식은 종교 이상이 될 수 없으며 그런 것으로는 인간의 종교적 욕구를 만족시킬 수도 없다고 하였음을 말하고 있다. 그리고 과학이 하나님이 계시다거나 이 하나님이 어떤 분이시다 하고 말할 수는 있겠지만 정작 이 하나님을 믿게 하는 것은 종교라고 하면서22) 종교는 분명 과학의 탐구와는 별개의 문제임을 지적했다고 하였

---

17) *RD* I, 240.
18) *RD* I, 241.
19) **포이에르바하** (Feuerbach, Ludwig:1804~1872) 독일의 유물론적 철학자. 그는 *기독교의 본질*에서 종교는 인간 욕망의 투영이며 소외의 한 형태라고 저술하여 세계적인 관심을 모았다. 또한 그의 헤겔(Hegel)과 종교에 대한 비판은 청년 마르크스(Marx)와 엥겔스(Engels)에게 중요한 영향을 끼쳤다.(네이버 백과사전)
20) *RD* I, 255.
21) *RD* I, 246.
22) *RD* I, 257.

제3 장 헤르만 바빙크의 일반은총론

다.

이로서 바빙크가 하고자 하는 말은 인간이 종교에 대해 이렇게 과학적으로, 혹은 철학적으로, 역사적으로 다양하게 연구를 하지만 그 어디에서도 종교가 무엇인지에 대해 만족할 만한 답을 얻지 못한다는 것이다.23)

그렇기 때문에 바빙크는 종교를 이해하고 그 기원과 본질을 말할 수 있는 다른 대안을 찾아야 한다면서 이를 위해 먼저 종교의 대전제로서의 하나님을 말해야 한다고 하였다(God is the great supposition of religion).24) 하나님의 존재가 확신될 때, 그리고 이 하나님이 인간으로부터 경배 받기 위해 자신을 계시하신다는 사실을 알 때 우리는 종교의 본질과 기원과 그 타당성과 가치를 이해하게 된다는 것이다.

이러한 바빙크의 종교 이해는 하향(downward) 형식의 종교이다. 먼저는 존재하시는 하나님이 인간에게 그 뜻을 알려주신다는 것에서 종교의 기원과 본질이 나오고, 왜 우리가 하나님을 믿어야 하는지 그 타당성과 가치가 정리된다는 것이다. 앞서 말한 대로의 인간의 사유에 기초한 철학을 통해 종교에로의 형이상학적 접근이나, 인류학적, 사회학적, 과학적 접근을 한다는 것은 근본적으로 상향(upward) 형식으로서 하나님보다는 인간 실존의 문제가 먼저 대두된다. 인간 실존에서 나오는 종교 속의 하나님은 인간 자신의 실존 형편을 따라 만들어지는 하나님이 될 수밖에 없고 그 결과 종교에 대한 일관된 이해가 나오지 않는 것은 전혀 이상한 일이 아니다. 이런 종교에 대한 이해는 다분히 인본적이고 또한 사회학적이다.25)

인간은 피조물이고 하나님은 창조주이시다. 인간은 유한한 존재이고 하나님은 무한한 존재이시다. 인간은 죄인이고 하나님은 거룩하시

---

23) *RD* I, 251.
24) *RD* I, 276.
25) 사회학은 18세기 후반 계몽주의 사상으로 인해 신 중심의 전통적 생활 방식이 파괴되면서 인간 중심으로 사회 및 자연 세계에 대해 새로운 이해를 시도하면서 발전된 학문이다.(안토니 기든스 Anthony Giddens, *현대사회학* (*Sociology*), 김미숙 와 6인 역 (서울: 을유문화사, 1998), 31)

계시철학의 이해

다. 인간은 심판 받을 자이고 하나님을 심판하실 분이시다. 그래서 인간이 하나님께 예배 드리기 원한다면 먼저는 하나님이 용납하셔야 하고 그 예배조차도 하나님이 원하시는 방법대로 드려야 하는 것은 당연한 일이다. 왜냐하면 유한한 인간은 무한하신 하나님께로 스스로 다가갈 수 없기 때문이다. 인간은 죄인이요 또한 하나님에 대해 무지하다. 그래서 오직 하나님만이 자신이 원하시는 뜻을 따라 인간이 하나님께 어떻게 예배 드려야 하는지를 정하실 수 있고(God alone determines how he wants to be served),26) 또 알려주실 수 있다. 여기에 하나님과 인간 사이에 계시가 있고 여기서 종교가 성립한다. 그래서 바빙크는 하나님의 존재와 계시를 서로 불가분의 것으로 보며 이것이 종교의 토대라고 말한다.

이런 만큼 계시 없는 종교는 없는 것이다.27) 그래서 바빙크는 계시를 외적 인식의 원리라고 하면서 만일 종교에서 하나님의 계시가 없다면 아무리 멋지게 신학을 만들어 놓는다 해도 그것은 마치 종이카드로 만든 집과 같아서 이내 무너져버리고 만다고 하였다.28)

인간은 진화되어 가면서 과거 어느 때부터 종교적인 존재가 된 것은 아니다.29) 애초부터 인간은 하나님을 위해 하나님의 계시를 받고 하나님과 교제할 수 있도록 속성상 하나님 형상의 소유자로 창조되었다. 하나님은 하나님이시기 때문에, 그리고 그가 자신의 피조물인 인간으로부터 예배 받기 원하시기 때문에 이 목적을 위해 인간을 이렇게 하나님의 형상을 따라 만드셨고 그리고 계시하신다. 참으로 인간은 하나님을 알기에 적합하게 만들어졌다.30) 이러한 계시는 삼위일체 하

---

26) *RD* I, 244.
27) *RD* I, 276.
28) *RD* I, 210.
29) *RD* I, 278.
30) 이에 대해 바빙크는 *RD* I, 278~279에서 다음과 같은 비유를 사용하였다. " … 인간에게는 하나님을 인식할만한 어떤 능력이나 천부적 성향이 있어 하나님으로부터 오는 객관적인 계시를 알 수 있다. 하나님은 일을 하다 중단하지 않으신다. 하나님은 인간이 볼 수 있도록 빛과 눈을 창조하셨다. 외적 실재와 교통할 수 있도록 내적인 지각 기관을 만드셨다. 귀는 세

제3 장 헤르만 바빙크의 일반은총론

나님의 역사로서 성부 하나님은 성자 하나님 안에서, 성령 하나님에 의해 자신을 계시하신다.(It is the Father who reveals himself in the Son and by the Spirit.)[31]

이렇게 해서 바빙크는 종교에 있어서 하나님과 계시의 필연성, 그리고 하나님과 인간과의 불가분의 관계성을 말하면서 자신의 신학을 계시에 기초해 전개해 나갔다. 그의 신학에서 종교는 칸트와 같이 이성에서 출발하는 것도 아니고 슐라이에르마허 같이 자기 감정에서 출발하지도 않는다. 그것은 철학적 사고의 귀결도 아니고 과학적 인식에 토대를 둔 것도 아니고, 사회학이나 인류학의 문제도 아니다.

바빙크가 생각하는 종교는 간단하다. '하나님은 존재하신다. 그 하나님은 인간에게 계시하신다. 그리고 인간은 하나님의 형상을 따라 지음 받은 자로서 하나님의 계시를 접하며 종교는 시작된다.'이 간단한 말은 그의 신학의 시작이요 그의 계시철학의 출발점이다.[32] 그는 이어 종교의 토대로서의 구체적인 계시론을 전개한다.

제3 절 일반계시론

개혁주의에서 계시는 일반적으로 '일반계시'와 '특별계시'로 나누어진다. 본 단원에서는 바빙크의 계시론에 대해, 특별히 그의 일반계시론에 대해 집중적으로 살펴보면서 이어지는 계시철학 연구의 기초를 삼고자 한다. 이는 바빙크가 그의 계시철학의 각 장 결론 부분에서 항상 일반계시를 말하면서 자신의 논의를 마무리하고 있기 때문이다.

상의 소리를 들을 수 있도록 고안되었다. 피조물 안에 있는 로고스는 인간 안에 있는 로고스와 상응하므로 과학이 가능하게 되었다. 자연 속의 아름다움은 인간 안에 있는 미적 감각과 상응한다. 이와 같이 외적이고 객관적인 계시만이 아니라 내적이고 주관적인 계시가 있다. … "

31) *RD* I, 279.
32) 이점에 대해서는 본 연구 5장 '계시철학'의 개념을 다루면서 자세히 언급하게 될 것이다.

그러나 우리는 일반계시에 대한 보다 분명한 이해를 위해 먼저 로마 카톨릭이 말하는 자연계시와 초자연적 계시의 개념을 살펴보아야 할 것이다. 그리고 이것이 어떻게 이원론으로 발전하였는지를 알아보고 이어 종교개혁자들이 말하는 일반계시와 특별계시가 로마 카톨릭의 계시론과 어떻게 다른지 명확하게 살펴볼 것이다. 그렇지 않다면 우리는 자칫 이런 계시의 용어를 로마 카톨릭의 계시 용어와 혼용해 사용하므로 우리가 말하고자 하는 명확한 계시론에 이르지 못할 것이며 본 연구의 초점을 흐릴 우려가 있기 때문이다.

1. 로마 카톨릭의 계시론과 이원론

로마 카톨릭에서 말하는 자연계시(natural revelation)가 창조물들을 통해 이성으로 추론되는 계시를 의미한다면 초자연적 계시(supernatural revelation)는 인간이 이성적으로 추론할 수 없는 하나님 자신과 하나님의 영원한 작정에 대한 계시를 의미한다.[33] 그러므로 그것이 자연계시냐, 초자연적 계시냐는 인간 이성으로 파악해갈 수 있느냐 없느냐를 기준으로 한 것이라고 볼 수 있다. 로마 카톨릭교회의 이러한 계시의 구분은 그들의 구원론과 밀접한 관계가 있다.

로마 카톨릭의 주장에 의하면 하나님이 인간을 지으실 때 인간은 이성적이고 도덕적인 존재로 아주 순수한 자연적인 상태에 있었다고 한다. 그 후 하나님은 자연인 아담에게 하나님의 형상이라는 '덧붙여진 은사'를 더하셨는데 인간이 죄로 인해 이 은사를 상실하므로 인간은 다시 순수한 자연 상태로 돌아갔다는 것이다.[34]

이때도 인간은 여전히 이성적이고 도덕적인 존재였다. 인간은 하나님의 형상을 상실한 후에도 이렇게 선하고 순수하므로 자연 속에서 신의 계시를 받고 스스로 깨닫고 선행을 행하므로 구원에 이를 수 있다는 식의 자연 종교를 갖게 된다. 이러한 인간은 이성의 지배에서 벗

---

33) *RD* I, 304.
34) Bavinck, *일반은총론*, 28.

제3 장 헤르만 바빙크의 일반은총론

어나 욕망대로 살지 않는 한 죄에서 멀어질 수 있다고 한다.

이때의 인간은 하나님의 축복을 바랄 수는 없지만 이 땅에서 덕스러운 생활을 유지하면 자연종교의 의무를 행할 수 있을 정도가 되어 죽어서는 비록 최상의 초자연적인 축복은 결여되어 있기는 하지만 연옥을 가게 된다고 한다.35) 그러나 문제는 이런 순수한 자연 상태의 인간이 죄를 범하지 않는 것이 아니라는 사실이다. 대부분의 인간은 죄를 범하므로 이런 순수한 자연 상태에서 멀기만 하다.36) 그래서 인간은 연옥에도 합당하지 않다.

그런데 하나님은 그의 자유로운 작정을 따라 이러한 인간이 자연으로부터의 지식뿐만 아니라 특별계시로부터 고차원적인 지식을 얻어 천상적, 초자연적 축복에 이르도록 하셨다.37) 인간은 죄로 인해 다소 약화되어 있으므로 하나님은 자연인 인간에게 힘을 북돋아주기 위해, 그리고 인간이 초자연적인 목적에 도달할 수 있도록 하기 위해 초자연적 은사를 시여한다는 것이다. 그런데 이러한 초자연적 은사의 시여가 교회를 통해서, 다시 말해 교회가 세운 사제들을 통한 성례에서 이루어진다고 주장한다.38)

바로 여기서 로마 카톨릭교회의 독특한 위치와 역할이 주장된다. 로마 카톨릭은 복음은 이제까지 교회에 의해 순수하게 보존되고 지켜졌다고 주장하면서 이것이 가능한 것은 교회가 무오하기(infallibility of the church) 때문이라고 한다. 그리고 교회가 무오한 것은 교회 안에서 이 은사를 간직할 책임이 있는 교회의 수장인 교황이 무오하기 때문에 가능하다고 한다.39) 그래서 로마 카톨릭에서 교황 무오설의 교

---

35) Ibid, 30.
36) Ibid, 30.
37) Ibid, 31.
38) Ibid, 31.
39) Bavinck, Herman, "Calvin and Common Grace", 104.(이 논문은 원래 *The Princeton Theological Review* Volume VII. pp 437-465에 실린 글이나 1909년 Fleming H. Revell Company가 Copyright를 얻어 이를 Calvin and Reformation이라는 책으로 출간했는데 그 속에 담긴 FOUR STUDIES 중 하나에 해당하는 것이다.)

리가 나온 것이다.

이렇게 보면 교회는 초자연적인 진리를 소유할 뿐 아니라 초자연적인 은혜를 독점적으로 저장하고 나누어주는 역할을 하게 된다.40) 그리고 이 은혜는 교회가 임명한 사제가 성례를 통해 성도들에게 나누어줄 수 있으므로 모든 사람은 자신의 구원을 위해 교회와 사제, 성례에 절대 의존해야 한다는 주장이 나오는 것이다.41)

문제는 여기서 끝나는 것이 아니다. 이렇게 성례에 참여함으로 교회로부터 초자연적 은혜를 부여받는다고 하지만 이것이 여전히 인간의 구원을 보장해주지 않는다고 한다. 로마 카톨릭에 의하면 이런 초자연적인 은혜를 받은 사람은 이제 능하게 되었으니 응보의 법칙을 따라 천상의 축복을 받기에 합당한 선행을 행해야 한다.42) 그것도 교회가 규정한 선행이어야 한다.

여기서 교회는 진리를 소유하고 있고 은혜를 배분하는 곳으로서 당연히 율법의 수여자가 되고 판단자가 된다. 그리고 인간이 죄를 범하였을 때는 자기가 범한 죄의 성격에 따라 교회가 판단해 부과하는 속죄 행위와 참회의 고행을 감당해야 한다.43) 이러한 로마 카톨릭의 구원교리는 구원에 있어서 인간의 행위를 요구한다는 점에서 다분히 펠라기우스적이다.44)

카톨릭에 있어서 하늘의 상급은 성도가 행하는 초자연적인 일로 인해 결정되고 이로서 영적 위계가 결정되기도 한다. 천사도 계급이 있는 것처럼 교회에도, 지상의 성도들 간에도, 천상의 복자에게도 위계

---

40) " … 그러나 기록하였거나 넘겨 전달된 하나님의 말씀을 권위 있게 해석하는 임무는 예수 그리스도의 이름으로 권위를 행사하는 교회의 살아 있는 교도직에 맡겨져 있다. …"-제 2 차 바티칸 공회 신적 계시에 관한 헌장 10번: '성전과 성경 교도직에 대한 관계'(Collins, 112). "교회의 역할을 언급할 때, 교회는 하나님으로부터 설정된 계시의 장소이며 … 신적 계시가 충만히 전달되는 방법을 갖고 있다고 주장하는 것이 필요하다."(Ibid, 84.)
41) Bavinck, *Calvin and Common Grace*, 105.
42) Bavinck, *일반은총론*, 31-32.
43) Bavinck, *Calvin and Common Grace*, 106.
44) Bavinck, *일반은총론*, 32.

제3 장 헤르만 바빙크의 일반은총론

질서가 있다. 누가 어떤 위계에 도달하게 될지는 이 땅에서 성도가 얼마나 거룩한 일에 참여하느냐에 달려있다.[45]

바빙크는 이러한 위계는 로마 카톨릭의 체계의 가장 깊은 사상이라고 하였다. 천사들 간에도 위계 질서가 있고 하나님을 아는 지식에도 위계가 있고, 교회 안에서도, 죽음 건너편에 있는 대기소에서도 계급이 있다. 그래서 보다 높은 것을 사모하는 사람에게 자연적 생활 자체가 비록 죄는 아니지만 그래도 그것은 그가 높은 곳에 이르는데 장애가 된다. 그래서 그들은 가장 선하고 가장 확실하게 온전에 이르기 위해 빈곤과 순종, 정결을 추구한다. 때문에 모든 사람들 중에 세속을 떠나 자연적인 생활과 자신을 구분한 수도승이 종교적으로 최고의 경지에 이른 그리스도인이다.[46]

이런 만큼 교회는 하나님이 지정한 모든 축복의 담지자로서 이제 자연과 은총의 관계는 세계와 교회와의 관계로 설명된다. 세상에서의 삶이나 결혼, 문화 등은 그 자체는 죄가 아니지만 낮은 계급에 속하는 것이요 또한 세속적인 것이다. 그래서 아무것이라도 교회가 신성케 하지 않으면 쉽게 죄가 된다고 한다. 세상은 욕되지만 교회를 통해 그것은 은혜의 수단이 된다.[47]

여기에 성속의 구분이 있다. 그래서 세속 속에 사는 사람들이나 그들의 직업은 속된 것으로 치부된다. 오직 교회에 속한 것, 교회를 통해 세례 받은 것만이 영적인 의미가 있는 것이다. 카톨릭이 보기에 결혼도, 직업도, 학문도 죄는 아니지만 속된 것이다. 이 모든 것은 자연과 은총 사이의 명확한 구분을 두는 카톨릭에서 나온 것이요[48] 이것이 카톨릭의 이원론적 사고방식이다.

바빙크가 자신의 은총론을 말하기에 앞서 먼저 이렇게 로마 카톨릭의 잘못된 은총의 개념을 말하는 이유는 첫째, 중세 교회가 이렇게 성

---

45) Bavinck, *Calvin and Common Grace*, 106.
46) Bavinck, *일반은총론*, 33-35.
47) Ibid, 106-107.
48) "The whole hierarchical idea is built on the sharp distinction between nature and grace." (Bavinck, *Calvin and Common Grace*, 107)

속를 구별하므로 무소불위의 권위를 누리다가 타락될 수밖에 없었다는 것이요, 둘째 로마 카톨릭의 이런 성속의 구분은 사람들에게, 성도들에게 마땅히 돌아가야 할 은총이 교회로 인해 차단되었다는 것을 지적하고자 했기 때문이다.

참으로 로마 카톨릭교회에 의해 은총의 개념이 심하게 왜곡되어 펴져 있었던 것이다. 은총의 상실은 진리의 상실이다. 그것은 예수 그리스도의 상실이요 말씀의 상실이다. 요한복음 1:14는 이렇게 말하고 있다.

> 말씀이 육신이 되어 우리 가운데 거하시매 우리가 그의 영광을 보니 아버지의 독생자의 영광이요 은혜와 진리가 충만하더라 우리가 다 그의 충만 데서 받으니 은혜 위에 은혜러라 율법은 모세로 말미암아 주어진 것이요 은혜와 진리는 예수 그리스도로 말미암아 온 것이라 본래 하나님을 본 사람이 없으되 아버지 품속에 있는 독생하신 하나님이 나타내셨느니라.(… No one has ever seen God, but God the One and Only, who is at the Father's side, has made him known.)

주 예수 그리스도는 아버지 품속에 있던 독생자요 은혜와 진리가 충만하신 분으로 우리 가운데 임하여 어떤 사람도 보지 못한 하나님을 우리에게 친히 계시하셨다. 그리고 은혜와 진리는 예수 그리스도로로부터 직접 오는 것이지 거기 어떤 중간 매개체가 있는 것이 아니다. 그것은 교회가 정한 계급을 통해 등급이 나누어져 임하는 것이 아니라 성육신하신 예수님을 그리스도로 고백한 모든 사람들에게 값없이 임하는 것이다.

그것은 사람을 살리고 하나님과 연합하게 하는 진리이다. 은총이 차단된 진리는 사람을 자기 죄로 절망하게 하고 진리가 없는 은혜는 사람에게 삶의 방향을 제시하지 못한다. 그러나 예수 그리스도는 이 문제를 값없이 해결해주셨다. 사람의 아무런 공로 없이 이 은혜와 진리를 시여해주셨다. 그러므로 로마 카톨릭교회가 교회의 권위를 가지고 사람에게 임하는 이 은혜와 진리의 시여를 차단해서는 안 된다. 만일

제3 장 헤르만 바빙크의 일반은총론

로마 카톨릭교회가 여전히 이를 주장한다면 말씀의 진리, 구원의 진리를 막는 것으로 로마 카톨릭은 그리스도의 진리에 위배되고 만다. 이렇게 되면 로마 카톨릭교회 안에는 진리가 없다는 말이 된다.[49]

2. 종교개혁자들의 계시론

이어 바빙크는 종교개혁자들의 계시에 대한 이해를 말한다. 종교개혁자들은 인간은 죄로 그 마음이 어두워져서 자연 속에 담긴 계시를 올바로 이해할 수 없게 되었다고 하였다.[50] 그들에게 있어서 인간은 로마 카톨릭이 말하는 자연인이 아니다. 종교개혁자들의 생각에 육에 속한 사람들은 본성적으로 진리를 이해할 수 없는 단순한 자연인이 아니라 지성이 어두워 영적인 일을 이해할 수 없는 죄인이다.[51]

바빙크는 이러한 인간이 계시를 올바로 이해하기 위해서는 다음 두 가지를 생각해야 한다고 하였다. 첫째는 하나님은 자연 속에 담긴 진리를 특별계시를 통해서 나타낸다는 것과, 둘째는 인간은 자연 속에서 하나님을 깨닫기 위해 먼저는 성령의 조명을 받아야 한다는 것이다.[52] 다시 말해 객관적으로 자연 속에 있는 하나님의 일반계시를 이해하기 위해서 성경이라는 하나님의 특별계시가 필요하다는 것이다. 이는 칼빈이 말한 대로 이때의 성경은 자연을 들여다 볼 수 있는 안경과도 같은 것이기 때문이다.[53] 그리고 주관적으로는 인간은 하나님

---

49) Bavinck, *일반은총론*, 39.
50) *RD* I, 304.
51) Bavinck, *일반은총론*, 40.
52) 루터는 전 생애를 통해서 이성을 불신했고, 그 이성은 하나님의 법에 반항하고자 하는 어두운 가로등으로 여겼다.(Bavinck, *일반은총론*, 40-41) 그래서 인간은 하나님의 은혜와 진리를 깨닫기 위해서는 성령의 조명이 필요한 것이다.
53) " … but with the aids of spectacles will begin to read distinctly; so the Scripture, gathering up the otherwise confused knowledge of God in our minds, having dispersed our dullness, clearly shows us in the true God. … " (*Institutes* (I.6.1))

계시철학의 이해

이 손으로 만드신 피조물들 속에서 감추어진 하나님을 보기 위해서는 성령의 조명 속에 있는 믿음의 눈이 있어야 한다는 것이다.54)

바로 여기서 초자연적 계시에 대한 로마 카톨릭의 견해가 종교개혁자들의 주장 속에서 중대한 변화가 일어난다. 개혁자들에게 있어서 초자연적 계시란 천사와 같은 초자연적인 존재로부터 오는 것을 의미하는 것이 아니라 죄로 타락된 인간의 생각이나 소원만으로 접근할 수 없다는 의미에서 초자연적인 것이라는 것이다.55)

자연계시와 초자연적 계시는 그 계시가 자연에서 오는가 아니면 초자연적인 하나님에게서 오는가에 따라 구분되는 것이다. 개혁주의자들이 주장하는 일반계시나 특별계시는 은총의 범위와 사용 목적으로 따라 구별된 것으로서 이 모든 것이 하나님으로부터 시작한다는 점에서 로마 카톨릭의 계시론과는 달리 모든 은총은 초자연적인 것이 된다. 모든 계시와 은총은 성령의 역사다. 이런 성령의 사역으로서의 바빙크의 계시론은 철저히 칼빈에 기초하고 있다.56) 칼빈에게 일반 은총은 모든 피조물들 가운데 역사하는 성령의 역사요 특별 은총은 오직 신자들만이 참여할 수 있는 성령의 역사인 것이다.57) 일반 은총이나 특별 은총이나 모두 성령의 역사로서 가능한 것이다.

이렇게 성령 하나님은 사람들에게 직접 역사하신다는 점에서 일반 은총이나 특별 은총에는 성속의 구분이 없다. 특별 은총에 거하는 자는 일반 은총의 수혜자며, 일반 은총의 수혜가 없는 자는 특별 은총에 접근할 수 없다. 그래서 구원을 위해서는 이 두 개의 은총이 모두 필요한 것이요 그 구원에 이르는 지식을 위해 일반계시와 특별계시 모두가 필요한 것이다. 루터와 쯔빙글리로 시작된 종교개혁은 칼빈에 의해 강화되고 로마 카톨릭의 초자연주의와 이원론, 금욕주의에 종식을 고하였다.58)

---

54) *RD* I, 304.
55) *RD* I, 305.
56) *Institute* (II.2.6,16,17,20)
57) Bavinck, *일반은총론*, 42-43.
58) Jan Veenhof, 12.

제3 장 헤르만 바빙크의 일반은총론

3. 일반계시의 역할

성경에 의하면 모든 계시는 항상 일하고 계시는 하나님으로부터 온다는 점에서 모두 초자연적이다. 바빙크는 인간이 타락하기 전에도 계시가 있었다며 하나님의 창조 사건 자체가 최초의 계시가 되었다고 하였다. 그리고 창조에 나타난 이 계시는 풍부하여서 다음에 나타난 모든 계시의 주춧돌이요 시작이 되었다고 말하고 있다.59)

그리고 하나님은 세계를 창조하셨을 뿐 아니라 그 속의 사건들을 섭리하시며 이를 통해 자신의 전능하심과 무소부재 하심을 나타내시는데 여기에 바로 계시가 있다고 하였다.60) 또한 그는 경건한 자들은 자연 속의 모든 것에서 다 하나님을 말한다고 하였다. 예를 들면 하늘은 하나님의 영광을 말하고 큰 물은 하나님의 목소리 같이 들린다고 한다. 빛은 그의 옷이요 하늘은 주의 휘장이며 구름은 하나님의 마차로 묘사되며 하나님은 선인에게나 악인에게 똑같이 비를 내려주시고 햇빛을 비추어 주신다는 것이다. 이렇게 이 세상의 어떤 것도 우연히 나타나지 않고 다 하나님 아버지의 뜻 가운데서 계시가 되고 하나님의 손을 통해 섭리되어 나타난다는 것이다.61)

그리고 바빙크는 하나님과 인간 사이의 관계가 어떻게 계시로 유지될 수 있는지에 대해서 말하고 있다. 그것이 가능한 것은 인간이 하나님의 형상을 따라 지어진 존재이기 때문이라며 그래서 인간의 본질 역시 초자연에 해당한다고 하였다.62) 비록 인간이 죄로 타락했지만 하나님은 이교도들에게도 자신이 천지의 창조주라는 확신을 심어주기 위해 그들에게 계시를 주지 않으신 적이 없다고 하였다. 자연과 이성,

---

59) Bavinck, *일반은총론*, 14-15.
60) *RD* I, 307.
61) *RD* I, 308.
62) "The supernatural is not at odds with human nature, nor with the nature of creature: it belongs, so to speak, to humanity's essence. Human beings are images of God and akin to God and by means of religion stand in a direct relation to God." (*RD* I, 308)

계시철학의 이해

마음과 양심을 통해 하나님은 언제나 초자연적인 인간에게 초자연적으로 자신을 계시하셨다.[63]

이를 볼 때 계시는 하나님과 인간 사이에 소통을 위한 초자연적 중개 역할을 하는 것임을 알 수 있다.[64] 다시 말해 영원하신 창조주 하나님과 피조물인 인간 사이의 거리는 너무 멀어서 인간이 하나님을 직접적으로 인식할 수 없기 때문에 이를 위한 중재 수단으로 하나님이 계시를 사용하신다는 것이다. 유한은 무한을 담을 수 없기 때문에[65] 하나님은 인간에게 필요한 만큼, 그리고 가능한 만큼 계시를 하시며 인간과 소통하신다. 그래서 하나님의 계시는 초자연적이다.

그러면 이런 계시가 어떤 방식, 어떤 형태로 오는가가 문제인데 이에 대해 바빙크는 하나님은 계시를 위해 자신을 시간과 공간에 묶으시고 인간의 언어를 사용하시고 피조물을 사용하신다고 하였다.(… he binds himself to space and time, adopts human language and speech, and makes use of creaturely means.) 그래서 하나님은 인간이 이를 깨닫게 하시고 또 독특한 방법으로 인간의 눈을 열어 하나님의 초자연적인 계시를 보게 하신다고 한다.[66]

하나님은 자연을 통해 자신의 영원한 힘과 신성을 보이셨다. 특별히 자연과 역사는 하나님의 전능하심과 지혜, 선하심과 의로우심을 보여주는 책과도 같은 것이다.(Nature and history are the books of God's omnipotence and wisdom, his goodness and justice.)[67] 이는 경건한

---

63) Bavinck, Calvin and Common Grace, 103.
64) *RD* I, 309.
65) "The finite is not capable of containing the infinite- *finitum non est capax infiniti.*" (*RD* I, 60)
66) *RD* I, 310.
67) 이는 하나님의 인식에 관한 *벨직신앙고백* 제2 조의 사상과 같다. '우리는 하나님을 두 가지 방법으로 안다. 첫째는 우주의 창조와 보존과 통치를 통한 방법이다. 이 우주는 우리 눈앞에 있는 하나의 훌륭한 책과 같고 그 안에 있는 크고 작은 모든 피조물들은 글자와도 같다. 그래서 우리는 사도 바울이 로마서 1장 20절에서 말한 것처럼 그것들을 통하여 하나님의 보이지 않는 것들, 곧 하나님의 영원한 능력과 신성에 대해 깊이 생각할 수 있다. 이 모든 것은 사람들에게 확신을 주고 변명할 수 없게 만들기에 충

제3 장 헤르만 바빙크의 일반은총론

자들뿐만 아니라 우상숭배자들 조차도 깨닫고 있는 것일 뿐만 아니라[68] 철학자나 자연과학자, 역사가들조차 종종 깜짝 놀랄만한 언어로 하나님의 계시에 대해 말한다고 하였다. 그래서 일반계시가 개혁주의 안에서 아주 가치 있게 여겨지고 있는 것이다.[69]

바빙크는 자신의 이런 일반은총론이 성경에 근거한 것임을 말한다. 그 예로 하나님은 범죄한 가인에게도 자신을 계시하셨고 그에게 은혜를 베풀어주셔서 그가 인간 문명의 조상이 되게 하셨다고 하였다. 홍수 심판 이후에는 노아와 언약을 맺으시고 인간에게 아무런 의무도 지우지 않는 초자연적인 은총을 베풀어주셨다.(창 8:21, 9:1-7) 성경은 하나님이 이집트나 가나안, 그리고 바벨론의 이교도들의 눈앞에 기적과 초자연적인 계시를 보여주셨음을 말하고 있다.[70] 그렇기 때문에 이교도들의 종교 속에는 비록 하나님의 계시가 온전하지도 못하고 또 순수하지 못해도 거기에도 계시가 여전히 존재하고 있다고 말할 수 있는 것이다.

4. 일반계시의 불충분성

하지만 일반계시가 성경적이고 인간 구원에 있어서 없어서는 안 될 것이며 그것을 통해 사람이 하나님의 거룩하고 신성한 능력과 성품을 생각하게 해준다 해도 그 역할은 제한적이다. 바빙크에게 일반계시는 인간이 구원에 이르게 하는데 불충분한 것이다. 그는 이에 대해서는 로마 카톨릭도 인정하는 바라고 말한다.[71] 그는 어거스틴의 말대로 이교도들에게 진리를 탐구하는 철학이 있었음을 말하고 그 철학 속에

분하다. 둘째는 … ' (*개혁주의 신앙고백*, 김학모 역 (서울:대학생성경읽기 선교회, 2019)).

68) *RD* I, 310.

69) *RD* I, 311.

70) 바빙크는 그의 일반은총론이 성경에 근거한 것임을 말하면서 그의 *일반 은총론*을 시작하고 있다.(Bavinck, *일반은총론*, 14 ~.)

71) The preface of *the Roman Catechism* in the Vatican Council [I], session III, chap.2, 2-4. (*RD*, I, 312.)

기독교인이 공유할 수 있는 진리가 있는 것도 인정하였다. 그러나 그 철학은 구원에 이르는 참된 길이 되지 못한다는 것, 곧 그것이 구원이라는 목표를 가지고 있지만 그 목표에 도달하는 길은 제시하지 못한다고 하였다. 그것은 종종 인간을 오도하며 불의로 진리를 막기까지 한다고 하였다. 그래서 어거스틴은 인간에게는 진리에 이르는 다른 길이 필요하다고 하였다.72)

그는 어거스틴과 동시대 사람으로서의 펠라기우스의 주장을 인용하기를 잊지 않았다. 펠라기우스파는 자연계시의 충분성을 강조하면서 이것만으로도 인간의 구원은 가능하였다고 하였다. 그리고 바빙크는 교회 내에는 지금까지도 이교도들의 견해에 동조하여 구원의 가능성을 말하는 신학자들이 있다고 하였다.73) 그리고 이들과는 달리 18세기에 일반계시와 자연종교만으로도 구원을 충분히 받을 수 있다고 가르치는 이신론자들,74) 합리주의자들이75) 있었음을 지적하였다.76)

그러나 바빙크는 일반계시로는 구원받을 수 없음을 다시 말한다. 첫째로 일반계시는 우리에게 하나님의 존재와 그의 선하심과 의로우심을 깨닫게는 하지만 그것은 하나님 아버지께로 이르는 유일한 길이 되신 그리스도의 인격에 대해서는 결코 말해주지 않기 때문이다. 일반계시는 죄인인 인간에게 은혜와 죄 사함의 진리에 대해 말해주지 않는다. 타락한 인간에게는 그들 종교의 기본 내용이 되는 은혜와 죄 사함은 하나님의 기뻐하시는 행위로 말미암는 것이지, 자연 속의 그 어떤 필연이 이를 가져오는 것은 아니라는 것이다.77)

---

72) *RD* I, 312.
73) 오늘날로 말하자면 종교다원주의자들에 해당한다.
74) 이신론자들의 신은 '이성'과 '자연법칙'이라고 말할 수 있다. 대표적인 사상가로서 볼테르, 디드로, 루소, 벤쟈민 플랭클린 등이 있다. 이들에게는 삼위일체 하나님이 없고 하나님이 인간에게 인격적으로 주어지는 계시도 없다.(네이버 백과사전)
75) 형이상학적으로 이성과 논리가 세계를 지배하고 있다며 세상에 존재 이유를 가지고 있지 않은 것은 하나도 없다는 생각하는 자들로서 데카르트, 스피노자 같은 사람이 이에 해당한다고 볼 수 있다.(네이버 백과사전)
76) *RD* I, 313.
77) *RD* I, 313.

일반계시는 기껏해야 어떤 진리를 전해주기는 하지만 그것은 존재에 아무런 변화를 가져오지 못한다고 하였다. 그것은 인간 안의 죄를 억제시켜주는 역할을 하지만 그를 거듭나게 하지 못하며 사람에게 두려움을 심을 수는 있지만 믿음과 사랑을 심어주지는 못한다고 하였다.78)

둘째로 사람이 일반계시를 통해 얻는 지식이란 미미하고 적절하지 않을 뿐 아니라 확실하지도 않아 그 안에 늘 오류가 섞여있다는 것이다. 인간은 철학의 체계를 따라 진리를 발견하는 듯 하지만 바빙크는 파스칼의 말을 빌어 이쪽에서의 진리는 저쪽에서는 오류가 되기도 한다(Truth on this side of the Pyrenees is error on the other side)고 하였다.79)

셋째로 자연계시가 구원에 불충분하다는 것은 세상에 그 누구도 소위 자연종교에80) 만족하지 않았다는 사실로 명백하다는 것이다. 이신론자들의 일반종교(general religion),81) 도덕적 이성을 말하는 칸트의 종교,82) 경건을 말하는 스피노자 등의 주장은 다 나름대로 합리적

---

78) *RD* I, 313.
79) *RD* I, 313.
80) 자연종교의 기초는 자연신학인데 이는 그리스도와 성경에 나타난 하나님의 자기 계시와 같은 특별계시에 호소하지 않고 이성적인 사고로써 하나님에 대해서와 우주와 하나님의 관계에 대해서 이해하려는 시도를 말한다.(*아가페 신학사전* (서울: 아가페, 2001), 870)
81) 여기서 바빙크가 말하는 이신론자들의 일반종교란 기계론적 세계관에 기초한 '자연종교'를 가리킨다. **알렌**(Allen)은 그의 저서 *신학을 위한 철학*에서 기계론적 과학이 신이 존재한다는 증명이 될 수 있지만 거기에는 사람에게 계시하는 신이 없으며, 또한 이것은 인간을 구원으로 인도하는 것은 아니라고 하였다.(Diogenes Allen, *신학을 위한 철학* (*Philosophy of Understanding Theology*), 정재현 역 (서울: 대한기독교서회, 2003), 267-268)
82) **칸트**는 그의 논문 "순수이성의 한계 내에서의 종교"에서 '종교는 이성의 논리가 아닌 도덕의 의식이라는 실천 이성에 기초를 두어야 하므로, 성경이나 계시도 당연히 도덕적 가치에 따라 평가되어야 하지 그 자체가 도덕 법칙의 심판자가 될 수 없다'고 하였다.(William James Durant, *철학 이야기* (*The Story of Philosophy*), 박상수 역 (서울: 육문사, 1995), 302.) 그러므로 바빙크가 말하는 도덕적 이성이란 칸트의 실천이성에 기초한 이성을 말한다.

계시철학의 이해

이어서 사람을 설득하는 힘이 있는 것 같아도 그런 것은 종교의 기초가 되지도 않으며 교회의 출발도 되지 못한다고 하였다.[83] 이신론자나 칸트나 스피노자에게 예수는 그들의 구속주도 그리스도도 아니다. 사람들이 지혜를 말하지만 여전히 하나님을 알지 못하며 말씀이 육신이 되어 세상에 와 그 가운데 계셨지만 세상은 그를 알지 못하므로 거기서 고백적 교회는 구성되지 않는다.[84] 교회는 그리스도를 중심으로 모이는 택함 받은 사람들로 구성되는 것이다.[85]

종교는 과학과 다른 것이다. 그것은 다른 기원에서 출발하였고 다른 토대를 가지고 있다.[86] 앞에서 살펴보았듯이 하나님은 이 세상에 만물을 통해 하나님을 알만한 것을 일반계시로 보여주셨고 인간은 이를 통해 하나님의 존재를 생각하고 그의 신성한 능력을 생각하지만 그러나 그것은 그 이상은 아니다. 인간은 이 일반계시의 한계를 통해, 혹은 자연종교의 한계를 통해 구원의 확신을 주고 그 영혼에 만족을 줄 수 있는 또 다른 종교를 찾아 나설 수밖에 없는 것이다. 그래서 구원에 관한 특별계시는 여전히 필요로 한다.

5. 일반계시와 보편성

그러나 일반계시가 불충분하다고 해서 그 가치나 중요성이 떨어지는 것은 아닌 것이다. 바빙크는 이런 일반계시의 가치를 따질 때에, 그것은 지나치게 평가하든지, 아니면 지나치게 과소평가할 위험이 크다고 하였다. 사람이 일반계시 속에 담긴 진선미를 너무 생각하면 그리스도의 인격과 사역을 중심으로 하는 특별계시가 잘 보이지 않아 그 안에 담긴 하나님의 영광을 상대적으로 가벼이 여길 수 있고, 특별계시 속에 담긴 은혜의 풍성함에 빠지면 이때 일반계시의 가치와 의의를 무시해 버릴 수 있는 것이 사실이다.[87] 특별히 후자의 경우 일

---

83) *RD* I, 314.
84) Bavinck, *개혁교의학 개요.* 63.
85) 웨스트민스터신앙고백 (25.1).
86) *RD* I, 314.

91

제3 장 헤르만 바빙크의 일반은총론

반계시의 가치를 가볍게 여길 때 성속을 구분하는 이원론의 오류에 빠질 위험성이 다분하다. 자연히 학문도 세속학문이요 예술도 세속예술이요 문화나 국가 등 모든 것을 이런 식으로 함부로 여기기 쉽고 이에 종사하는 것을 은혜의 낭비로 여기기 쉽다. 이러한 점을 고려하면서 바빙크는 일반계시론이 지니는 세 가지 보편적 가치에 대해 말하였다.[88]

첫째, 일반계시는 이교도들의 세계에 아주 의미가 있는 것으로 이교도들의 종교에 영원한 토대가 되기 때문이다.[89] 이는 일반계시가 있으므로 이교도들도 비록 왜곡된 형태이지만 하나님을 갈망하는 종교를 가지게 되었다는 것이다.

하나님은 모든 창조를 통해 자신의 영원하신 능력과 그 신성을 그들에게 나타내신다(롬1:20). 그리고 세상이 이처럼 은총을 통해 지혜를 얻고 누린 만큼, 세상은 더욱 더 핑계할 수가 없게 되었다. 왜냐하면 하나님은 인류에게 정신과 이성 등 합리적이며 도덕적인 능력 등 하나님의 선물을 언제나 풍성히 제공해주셨기 때문이다.[90]

사람들에게 문제가 있다면 그들이 이 하나님을 알되 하나님을 영화롭게도 아니하고 감사치도 않는다는 것이다. 그 결과 그들은 영광의 하나님을 점점 떠나게 되었다.

바벨탑 사건 이후 인간이 언어가 달라 각지로 흩어지면서 그때까지 그들이 가지고 있었던 하나님의 유일성에 대한 믿음과 종교의 순수성을 점차 상실하게 되었고 또한 하나님에 대한 절대성도 사라지게 되었다. 이러는 가운데 그들이 하나님을 잊고 자연 속에서 느끼는 신성과 힘을 두려워하면서 마침내 자연신을 섬기게 되었다. 이는 인간에게 하나님과 자연과의 구별이 사라졌음을 의미하는 것이다. 결국 역사가 진행되어 가면서 인간의 종교는 이 단일신에 대한 믿음을 상실하고

---

87) Bavinck, *개혁교의학 개요*, 43.
88) 바빙크는 그의 *개혁교의학 개요* 에서 '일반계시의 가치'를 한 장(chapter)으로 다루면서 독자가 이에 주목하게 한다.
89) *RD* I, 315.
90) Bavinck, *개혁교의학 개요*, 63.

점점 다신교화 되어갔고 그 내용은 더 조잡하여졌다.[91]

그래서 인간은 자연에 속하는 금수와 버러지 형상의 우상숭배를 하게 되었고 성경이 말하는 대로 미신에 빠져 그 생각이 어두워지고(사 9:1; 60:2; 눅 1:79; 엡 4:18) 무지하고(행 17:30, 롬 2:10~), 어리석게 되었으며(고전 1:18~; 2:6; 3:19~) 죄와 불의(롬 1:24~; 3:9~)가운데 있게 되었다.[92]

이런 이교도들의 세계에는 참 진리와 참 구원의 문제가 늘 대두되었다. 하나님의 형상을 지닌 존재로서의 인간에게 앞에서 말한 대로 이런 식의 자연종교는 어떤 모양으로든 구원을 말하지만 인간 영혼에 참 만족을 주지 못하는 것이다. 지혜 있는 자들이 이에 대해 문제의식을 가지고 역사철학이나 종교철학을 말하며 해결 방안을 내놓고자 하였지만 이들의 해결 방안은 성경이 말하는 것과는 늘 상치되어 왔을 뿐이다.[93] 철학이 세상을 설명하려고 하거나 신을 설명하며 종교를 말하려고 하지만 그것은 참 종교가 가르치는 것과 반대되어 왔다.[94]

이런 와중에 모든 것을 설명하려고 하는 진화론이 등장하면서 창조론을 말하는 성경과 정면 대치하게 되었다. 이러한 진화론과 유물론이 한 때 유행하면서 이를 진리로 받아들이지 않는 사람들은 그 사회에서 추방되고 후진 종교를 가진 자로 비난되어 왔다. 이는 오늘날에도 마찬가지다.[95]

그러나 이런 진화나 유물론의 가설은 진리로 증명된 바가 없다.[96] 사람은 여전히 진화론에 만족하지 못한다. 이는 그들이 모두 일반계시의 빛 아래 있으므로 초자연적인 신을 생각하지 않을 수 없기 때문이다. 이는 칼빈이 말대로 인간 안에는 '종교의 씨'(a seed of religion)

---

91) *RD* I, 317.
92) *RD* I, 315.
93) *RD* I, 316.
94) Erich Frank, *철학적 이해와 종교적 진리* (*Philosophical Understanding and Religious Truth*), 김하태 역 (서울: 대한기독교서회, 1962), 1.
95) 현재의 교육 제도 안에서도 과거와 변함없이 진화론에 기초한 과학을 가르치고 있는 것은 사실이다.
96) *RD* I, 316.

제3 장 헤르만 바빙크의 일반은총론

와 '신 의식'(a sense of divinity)이 있기 때문이다.97) 이와 같이 일 반계시는 자연종교로도, 철학이나 진화론으로도 참 만족을 누릴 수 없는 인간들에게 참 하나님에 대한 끊임없는 갈망을 부여해 준다. 이는 결국 참된 구원자 그리스도에 대한 갈망으로까지 이어진다.

둘째는 인간은 일반계시가 있으므로 진리와 거짓, 선과 악, 의와 불의, 아름다움과 추함에 대해 어느 정도 도덕적 각성을 갖게 되었다.98) 이로서 인간은 짐승으로 전락하지 않고 도덕적 존재로서 자신을 유지하게 되었다는 것이다. 이것은 어느 한 민족에게만 나타나는 것이 아니라 모든 인류, 종족들에게 보편적으로 나타나는 것으로 인간이 본래 그 뿌리가 하나요 보편적인 규범을 지닌 존재임을 말해준다.

다시 말해 인간은 일반계시를 통해서 천하고 조잡한 형태의 미신과 주술을 경계하게 되었고 인간과 인간 사이에서, 혹은 문화나 문명 속에서 발생하는 갈등 사이에서 서로 화해를 시도할 수 있게 되었으며, 더러는 위대한 종교적, 도덕적 지도자들이 나와 인간을 이러한 부패한 상태에서 수준 높게 끌어올리기도 하였다는 것이다. 주전 7세기 이전 페르시아의 짜라투스트라나, 주전 6세기 중국에서 살았던 공자, 주전 5세기 인도의 불타, 주후 7세기 아라비아의 마호메트가 그런 사람들이었다. 바빙크는 이들이 세운 종교는 오직 하나님이 그들에게 '허락하신 빛'을99) 통해서 발전된 것임을 말하고 있다.100) 인류 역사를 보면 바로 이런 사람들이 인간의 도덕적, 문화적 타락을 방지하는 역할

---

97) *RD* I, 319.
98) Bavinck, *개혁교의학 개요*, 63.
99) '허락된 빛'이라는 말은 바빙크가 '일반계시'를 달리 표현한 말인데, 이는 왜 인류가 종교나 문화, 도덕 등 모든 분야에서 공통점을 갖고 있는가를 설명해주는 좋은 표현으로 여겨진다. 인간은 하나님으로부터 '허락된 범위' 안에서 알 뿐이다.
100) Bavinck, *개혁교의학 개요*, 61. 하나님이 빛을 허락하셨다고 해서 거기에 구원의 진리가 있다는 것은 아니다. 하나님은 다만 죄의 억제와 인류의 보존을 위해 그렇게 하신 것뿐이다. 그리고 이렇게 그들이 세운 종교에 도덕적 교훈이 없다면 사람들은 하나님의 형상을 소유한 자로서 그 종교의 악함을 알고 떠날 것이다. 수준이 높든 낮든 나름대로의 도(道)가 없는 종교는 존재하지 않는다.

을 해 왔다는 것이다.

우리가 이교도들의 종교에서 도덕적 진리를 발견할 수 있는 것은 이렇게 하나님이 그들에게 보여주신 일반계시가 있었기 때문이며 이 일반계시를 따라 그들 모두가 진리와 도덕적 각성이 포함된 일반 은 총을 누리고 있었기 때문이다. 그래서 어거스틴도 이교도들의 종교에 서 진리의 희미한 윤곽을 본다고 하였던 것이다. 마찬가지로 이교도들 의 철학 속에도 우리의 삶에 유용한 진리의 요소가 있는 것이다.101)

셋째로 바빙크는 인간의 과학과 예술, 도덕, 가정생활이나 사회생활 등 모든 것이 일반 은총에서 나온 것이라고 하였다. 인간이 만든 과학 이나 예술, 도덕과 법에 이런 일반 은총이 담겨 있으며102) 또한 모든 종교 속에 이 은총이 담겨 있는 것이다. 이러한 은총은 그곳에서 하나 님이 주권적으로 역사하시므로 가능한 것으로 여기서 영역주권이라는 말도 나왔다.103) 하나님은 이런 일반계시의 빛을 통해 인간들에게 그 들의 삶을 위한 지혜의 보고(寶庫)를 열어주셨다. 이는 일반계시를 통한 은총으로서의 그 내용이다.104) 그래서 바빙크는 그리스도인은 모든 것이 하나님의 뜻과 섭리, 도우심 속에서 나왔음을 생각하면서 이집트의 용기로 성전을 풍요케 하고 이교도들의 진주로 예수님의 왕 관을 빛나게 할 수 있어야 한다고 하였다.105)

이를 볼 때 일반 은총을 통해 인류는 참 종교를 갈망하게 되고, 도 덕적 각성 속에서 공동체를 이루어 인류 보존의 기능을 하고 또한 인 간 세계의 모든 문화 창달할 수 있게 됨을 알 수 있다. 역으로 말해 계시가 없다면 인류 역사는 파멸될 수밖에 없는 것이다.

---

101) *RD* I, 318.
102) Bavinck, *Calvin and Common Grace*, 103-104.
103) 바빙크는 카이퍼가 말하는 '영역주권'에 대해 전적으로 동의한다.(Jan Veenhof, 26)
104) Bavinck, *개혁교의학 개요*, 63.
105) Bavinck, *Calvin and Common Grace*, 104.(영문 참조) "It behooves the Christians to enrich their temple with the vessels of the Egyptians and to adorn the crown of Christ, their king with the pearls brought up from the sea of paganism."

6. 일반계시와 기독교

일반계시는 이교 세계에서만 아니라 기독교 안에서도 의미가 있다. 그것은 우리에게 자연신학이나 종교, 도덕적 믿음을 가져다 준다는 점에서가 아니라 그리스도인들은 바로 일반계시에서 하나님과 세상과 인간에 대해 첫 번 지식을 얻는다는 것이다. 인본적인 교의학자들은 자신들의 교의학을 먼저는 자연에서 생각하고 하나님과 인간에 대한 교리를 만들어 이를 후에 성경에 기초해 보충하였다.106) 자유주의 신학자들은 그리스도의 인격을 설명하기 위해 공관복음이나 산상수훈을 주로 사용한다. 하르낙(Harnack)의 경우는 역사적 예수를 발견한다는 명분 아래 자기 나름대로의 기준을 가지고 구약을 부인하고 신약도 선별적으로 사용해 자신의 기독론을 펼쳤다.107)

그러나 이는 잘못된 것이다. 종교개혁자들은 그리스도는 모든 특별계시의 중심이요 내용이라고 하였는데 여기서 특별계시는 공관복음이나 산상수훈 정도가 아니라 창세기부터 요한계시록까지의 모든 것을 말하는 것이기 때문이다. 그래서 성경 전체를 통해 하나님을 알고 그리스도를 배우는 사람은 그들이 하나님에 대해, 그리스도에 대해 아는 만큼 자연 속에 담긴 계시를 이전보다 더 풍성하게 잘 발견하게 된다.108)

육적인 사람은 자연과 역사를 통해 하나님이 말씀하시는 것을 이해

---

106) *RD* I, 320.
107) **하르낙**(Adolf V. Harnack), *기독교의 본질* (*Das Wesen Des Christentums*), 오흥명 역 (서울: 한들출판사, 2007), 34 ~. 하르낙은 교리 없는 기독교를 주장하며 이제까지의 교리를 껍질로 비유하고 알곡을 찾기 위해 원시기독교로 돌아가야 한다고 주장하였다. 그리고 그가 주장하는 예수의 설교의 내용은 '첫째, 하나님 나라와 그의 나라로의 도래, 둘째, 하나님 아버지와 인간 영혼의 무한한 가치, 셋째, 더 나은 의와 사랑의 계명'이었다는 것이다. 이러한 그에 의하면 예수는 이 땅에 인간의 죄를 속죄하러 온 하나님의 어린 양도 아니고, 그래서 속죄의 십자가도 없다. 예수는 구주가 아니라 이 땅에 고귀한 사랑을 실천한 역사적 인물일 뿐이다.(Ibid, 61 ff)
108) *RD* I, 321.

하지 못한다. 그들은 온 우주를 뒤져도 하나님을 발견하지 못한다.109) 그러나 그리스도인은 성경의 안경을 쓰고 모든 것 안에서 하나님을 발견하고 하나님 안에서 모든 것을 발견한다. 그래서 그리스도인들은 이 세상에 대해 낯설지 않고 창조 세계를 지배하는 유일하신 하나님을, 그리스도 안에서 하나님 아버지를 만나게 된다. 그들은 세상을 집과 같이 편하게 느끼고 또한 자연의 모든 것 속에서 하나님 아버지의 손길을 느낀다.110)

그리고 그리스도인들은 일반계시로 인해 모든 비그리스도인들과 만날 수 있는 확고한 토대를 갖게 된다. 일반계시는 그리스도인들과 비그리스도인들 사이의 공통 기반이 된다.111) 믿음으로 인해 그리스도인들은 고립되어 살고 있는 것 같고 자신의 종교적 확신을 다른 사람에게 증명할 수 없다 하더라도, 일반 은총으로 인해 상대가 인간인 한 서로 만날 수 있다.112)

주관적으로는 그리스도인들은 성경을 알고 난 후에 자연으로부터 오는 하나님에 대한 지식을 얻게 된다. 믿음의 눈은 창조 속에서 하나님을 본다. 객관적으로는 자연은 은혜에 선행한다. 일반계시는 특별계시에 선행한다. 아무도 일반계시의 힘에서 벗어날 수 없다.113)

종교는 인간 본질에 속하는 문제다. 하나님에 대한 개념이든, 그 존재에 대해서든, 세상의 운명이나 도덕적 질서, 그리고 도덕이 궁극적으로 승리한다는 등 이 모든 것은 늘 인간의 마음의 문제이다. 인간은 이 문제를 해결하고 싶어하며 그런 만큼 인간은 자기 안에 일어나는

---

109) *RD* I, 321. 물리학자이자 대표적인 무신론자인 스티븐 호킹(Stephen William Hawking)은 사후 세계나 천국은 인간이 만들어 낸 허상이라는 발언을 했는데 그는 "사후 세계나 천국이 우리를 기다리고 있다는 믿음은 죽음을 두려워하는 인간이 꾸며낸 동화에 불과하다"고 하면서 우주의 창조와 존재에 관해서 신이 개입할 영역은 없다는 결론을 내렸다.(Stephen William Hawking, "사후 세계 천국은 허상", *서울신문*, 2011년 5월 16일)

110) *RD* I, 321.

111) *RD* I, 321

112) *RD* I, 321.

113) *RD* I, 322.

형이상학적 욕구를 억누를 수 없다. 철학은 이 욕구를 만족시키고자 한다. 그런데 이런 욕구가 인간 안에 살아 있는 이유는 바로 일반계시 때문이다. 일반계시가 있기 때문에 인간은 형이상학을 추구하고 그래서 그들은 결코 동물로 타락하지 않는다.114)

모든 사람들이 결혼과 가정, 사회와 국가의 관계 속에서 사는 것이나, 온갖 종류의 영적이며 물질적인 것들을 생산하고 분배하며 누린다는 것 모두가 일반계시 덕분이다.115) 일반계시가 있어서 사람들은 자신이 하나님의 형상대로 창조되었다는 것을 깨닫게 되고 이로서 마침내 하나님 안에서 안식하게 된다. 다시 말해 일반계시가 있으므로 인류는 그리스도를 만나고 치유 받는데 이는 일반 은총이 특별 은총을 세울 수 있는 기반이 되기 때문이다.116)

또한 일반계시가 지니는 의미의 풍성함은 그것은 자연과 은혜를, 창조와 재창조, 현실 세계와 가치의 세계를 불가분하게 서로 연결시켜준다는 것이다. 일반계시 없는 특별계시는 우주의 모든 존재와 생명을 연결시킬 수 없다. 다시 말해 자연 왕국과 하늘의 왕국을 연결시켜 줄 고리가 없다는 것이다. 이런 점에서 볼 때 바빙크의 계시론은 그 내용상 구원론적이다.117) 그래서 일반 은총을 부인하는 자가 믿음을 갖지 못하며 결국 구원에 이르지 못하는 것이다.

일반계시를 부인할 때 종교 생활과 일반 생활의 연결점도 사라진다. 소시니안주의자들 같이 종교는 인간 성품에 이질적인 것이 되고 말며 기독교는 분파적 현상에 빠지고 기독교는 보편성(catholicity)을 상실하게 된다. 실재 세계와 가치 세계는 분리될 수밖에 없다.118)

---

114) *RD* I, 322.
115) Bavinck, *개혁교의학 개요*, 63.
116) *RD* I, 322.
117) Veenhof, 17.
118) 바빙크는 루터와 쯔빙글리가 카톨릭의 이원론을 온전히 극복하지 못했다고 지적하였으며 또한 개신교 전통이 어떤 점에서 이원론의 온전히 극복하지 못했는가를 지적하였다. 예를 들어 재세례파나, 모라비안, 경건주의자들은 세상을 죄악 되게 여기고 개인의 구원에 치중하므로 여전히 이원적인 사고방식에서 벗어나지 못했음을 지적한다. 이러한 개신교 운동들이

한 분이신 하나님은 일반계시로 예외 없이 모든 사람에게 자신을 증거하시며, 특별계시로 자신을 은혜의 하나님으로 알리신다. 그래서 일반계시와 특별계시는 상호작용을 한다. 터툴리안(Tertullian)이 말했다. "하나님은 먼저 자연을 선생으로 보내셨다. 그리고 다음에 선지자를 보내셨다. 그래서 자연에서 배운 당신이 선지자들을 쉽게 믿게 된다."(God first sent forth nature as a teacher, intending also to send prophecy next, so that you, a disciple of nature, might more easily believe prophecy.)[119] 자연은 은혜에 선행하고 은혜는 자연을 온전하게 하며 이성은 믿음으로 온전하여지며, 믿음은 자연을 전제한다.[120]

제4 절 특별계시

일반계시를 말하는 곳에 반드시 특별계시가 따라오기 마련이다. 왜냐하면 앞에서 말했듯이 특별계시 없는 일반계시는 의미가 없으며 일반계시 없이 특별계시 자체도 성립하지 않기 때문이다.

바빙크는 주목해야 할 사실로서, 일반계시와 특별계시가 서로 구분되기는 하지만 서로 완전히 동떨어져 있는 것이 아니라 끊임없는 상호 관계 속에 있다고 하였으며 또한 특별계시는 인류 역사 초기에 몇몇 개인이나 혹은 단일 민족으로만 제한되어 주어지지 않고 그 당시에 살고 있던 모든 사람들에게 주어졌다고 말하기까지 한다. 바빙크는 이것을 적어도 홍수 이후 바벨탑 사건까지로 본다. 그래서 인류가 바벨탑 사건 이후 세계 곳곳으로 흩어져 나가면서도 그들의 전설 속에는 창조와 사람의 지으심, 낙원과 타락, 죄에 대한 형벌, 그리스도에

'천국이 최고'라는 가치를 심어주고 세상과 구별된 삶을 살게 하는 믿음을 강조하므로 위대한 업적을 남겼다고 하였다. 그러나 그는 칼빈의 말을 빌어 이보다 더 위대한 것은 세상에 영향을 미치는 것이라고 하였다.(Veenhof, 16-17.)

119) *RD* I, 322.
120) *RD* I, 322.

제3 장 헤르만 바빙크의 일반은총론

대한 기대, 예배, 홍수, 바벨탑과 같은 사건들이 담겨 전승되고 이러한 모든 것이 그들의 종교의 기초가 되었다는 것이다.121)

바빙크는 종교는 일반계시를 토대로 하지만 그것만으로는 성립되지 않는다고 말하는 것이다. 일반계시는 앞에서 살펴본 바와 같이 큰 가치를 지녔고 또한 풍성한 열매를 낳는다. 그러나 인류가 그 계시의 빛을 통해서 하나님을 발견하지 못했다.122) 그래서 인간이 하나님을 만나고 이 하나님께 나가기 위해서 반드시 하나님의 특별한 자기 계시를 필요로 한다.

바빙크는 여기서 모든 종교는 그것이 종교가 되기 위해서 기본적으로 세 가지를 필요로 한다고 하였다. 첫째는 하나의 신이 있다는 것이다. 그래서 모든 종교에는 성소(holy places)와 거룩한 시간(holy times), 그리고 거룩한 형상(holy image)를 필요로 한다. 둘째, 모든 종교는 신이 어떤 방법으로든 자기 자신을 인간에게 계시한다는 믿음을 가지고 있다. 셋째, 모든 종교에는 곤경의 때에 그 신이 특별히 도와준다는 일반적인 믿음을 가지고 있다. 그래서 믿음과 예언과 기적은 모든 종교의 필수적인 요소이다.123)

기독교도 몇 가지 점에서(희생제물, 성소, 사제) 다른 종교와 공통점이 있다. 그러나 그 본질은 아주 다르다.124) 성경을 보면 하나님은 모든 것을 시작하고 주도해나가신다. 그리고 메시야는 오직 이스라엘에서만 온다는 것이다.125) 이것이 기독교가 다른 종교와 다른 독특성이다. 기독교는 그 기원이 이처럼 분명하면서도 역사적 사실에 기초하고 있다는 것이다. 이슬람교, 불교, 유교 등은 기원이 없으며 우발적이다. 그 종교 탄생에는 이미 예고된 역사가 없다.

성경에 나오는 특별계시로서 첫째는 하나님의 현현(顯現)이 있다. 그것이 일시적으로 사람의 형태로 나타나든, 바람이나 불의 형태로 나

---

121) Bavinck, *개혁교의학 개요*, 45.
122) Bavinck, *개혁교의학 개요*, 62.
123) *RD* I, 323.
124) *RD* I, 323.
125) *RD* I, 323, 327.

타나든, 천사를 통하여서든 하나님은 이런저런 형태로 나타나신다.126) 이러한 현현은 결코 행위로만 이루어지는 것이 아니라 거기에는 생각과 말씀이 함께 포함되어 있다. 성경에 의하면 이러한 신의 현현의 완성이요 절정은 예수 그리스도시다.127)

둘째는 예언이나 영감이라는 또 다른 계시의 방식이다. 이런 예언이나 영감을 통해 하나님은 자신의 생각을 인간에게 전달하신다.128) 이것은 종종 들리는 목소리로, 꿈이나 환상으로, 또는 제비뽑기(우림이나 둠밈)로 나타난다. 이런 것은 형태 면에서 중대한 차이가 있기는 하지만 이교도들에게도 비슷하게 나타나기도 한다. 그러나 그리이스의 예언자들과는 달리, 성경에서 계시를 받는 방식은 자기의식을 억누르는 식으로 진행되지 않는다. 성경의 선지적 계시는 계시를 받는 자의 의식이 깨어있는 가운데 발생한다. 예언자들에게 나타나는 계시의 대부분은 환상을 통해서라기보다는 성령의 내적 조명 속에서 일어난다.129) 그리고 감동 속에서 주의 말씀이 기록된다. 그래서 모든 성경은 하나님의 감동으로 되었다는 것이다(딤후 3:14).

이는 구약의 예언에 관한 신약의 증거로 확정되었다. 구약에서 성령은 어떤 사람에게 일시적으로 임하지만 신약에 이르러서는 예언이 어떤 특정한 자에게만 나타나지는 않았다. 더러는 믿는 자가 성령을 통해 예언하기도 하지만, 더욱 중요한 것은 모든 믿는 자는 다 선지자적 직분을 갖고 있다는 것이다. 그것은 그들이 특별계시로서의 하나님의 말씀인 성경을 가지고 있기 때문이다. 그래서 신약시대에는 모든 것을 성경에 의존하므로130) 특별한 은사로서의 예언은 이제 더 이상 없게 되었다. 131)

셋째로 하나님은 기적으로 자신을 계시하기도 하신다. 하나님에게

---

126) *RD* I, 323. 328.
127) *RD* I, 323.
128) *RD* I, 330.
129) *RD* I, 323, 334.
130) '성경의 충족성'에 관한 말이다.
131) *RD* I, 324.

제3 장 헤르만 바빙크의 일반은총론

있어서 말씀과 행위는 함께 간다; 하나님의 말씀은 행동이고 하나님의 활동은 말씀이다(Work and deed go together; God's word is an act, and his activity is speech). 하나님의 일은 창조와 섭리에서 이루어지고 있다. 그러나 자연의 질서를 따라 일어나는 평범한 일과 하나님의 능력으로 일어나는 특별한 일로서의 기적은 반드시 구별되어야 한다. 인류 구원사는 기적으로 가득 차 있다. 그래서 그리스도인들은 병든 자들을 치유하고 창조를 회복시키는 예수님에 의해 나타나는 강력한 표적을 통해 마지막 때 하나님의 영광이 나타날 것을 기대하게 된다.[132)

제5 절 계시의 절정으로서의 그리스도

모든 자연과 역사는 창조주 하나님을 증거하고 있으며 만물은 하나님께 돌아간다. 그러나 타락한 인간은 하나님의 계시를 부분적으로만 볼 수 있기 때문에 별도로 은혜로 주어지는 특별계시가 필요하다. 하나님은 이런 계시를 통해 자신을 성부, 성자, 성령 삼위일체의 하나님으로 알리시는데 이 계시는 그리스도 안에서 절정에 이르렀다.[133)

특별계시의 중심 내용은 그리스도의 인격(person)과 사역(work)이다. 그리스도가 오시기 수 세기 전부터 이미 구약성경에서 그리스도가 선포되고 묘사되었으며, 그가 나타나셔서 그의 사역을 이루시자 이번에는 신약성경의 기록을 통해 그리스도가 해석되고 설명되고 있다. 결국 특별계시는 그리스도께로 이끄는 선을 따라가면서 그 선과 병행을 이루고 또한 연결을 맺으며, 동시에 또한 하나님의 말씀인 성경으로 이끈다.[134) 그리스도는 모든 특별계시의 내용의 중심이요[135) 창조와

---

132) *RD* I, 324.
133) *RD* I, 324.
134) Bavinck, *개혁교의학 개요*, 71.
135) *RD* I, 344.

구속의 중보자이시다. 그리스도의 성육신은 이스라엘 역사의 끝이요 모든 인류 역사의 중심이다.(The incarnation of God is the end of Isreal's history136) and the center of all human history.)137) 하나님은 예수님 안에서 우리에게 오신다. 그래서 계시의 말씀과 행동은 인간을 구원하시는 하나님의 계획과 행동에 속한 것이다.138)

일반계시를 통해서는 하나님의 신성이 나타나지만 특별계시를 통해서는 보다 인격적인 성 삼위 하나님을 계시하신다.139) 그래서 특별계시의 목적은 삼위 하나님의 영광을 위한 것이요 하나님의 기쁨을 위한 것이다. 계시의 목적은 인간을 하나님의 형상을 따라 재창조하는 것이요, 지상에 하나님 나라를 건설하는 것이며, 세상을 죄의 세력으로부터 구속하는 것이요 만유 가운데 하나님의 이름을 영화롭게 하기 위한 것이다.140)

그래서 특별계시는 하나님이 타락한 피조물을 구원하시기 위해 자신을 얼마나 겸손히 낮추셨는가를 보여준다.141) 바로 이러한 계시의 목적은 곧 그리스도가 성육신하신 목적과 같다.142) 일반계시로 하나님이 모든 인류에게 자신을 계시하는 것과 같이 성경을 통해서 하나님은 복음 아래 사는 모든 사람들에게 자신을 계시하기 위해 특별히 역사하신다.143) 성령은 인간이 하나님이 주시는 계시를 깨닫고 받아들이게 하며 이로서 아들의 형상이 되게 한다.

하나님은 대속하고 계시하시며, 우리는 알고 이해하고 믿는다. 계시와 종교는 명확하게 다르지만 불가분의 관계 속에 있다. 하나님이 인격적인 존재로서 세상과 명확히 구별되고 자신을 말과 행동을 계시하

---

136) 이로서 '오실 예수 그리스도를 위한 이스라엘의 역할이 끝났다'는 것이다.
137) *RD* I, 344.
138) *RD* I, 324.
139) *RD* I, 342. " … it should be mentioned that Bavinck puts his basic theme in a Trinitarian context. …" (Veenhof, 19)
140) *RD* I, 324.
141) *RD* I, 343.
142) Veenhof, 20.
143) *RD* I, 351.

제3 장 헤르만 바빙크의 일반은총론

고자 하시는 의지와 능력을 소유하셨다면 그때 계시는 가능한 것이다.[144]

제6 절 정리

이상에서 살펴본 바와 같이 바빙크의 계시론은 그 내용상 구원론적(soteriological)임을 알 수 있다. 그래서 그에게 있어서 계시는 개혁의 행동이다(Revelation is an act of reformation). 구체적으로 그것은 자연과 인간의 회복이요, 종국에는 재창조 속에서 창조의 형태와 규범이 회복되는 것이요, 복음 안에서는 율법이 회복되고, 은혜 안에서 정의가 회복되고, 그리스도 안에서 우주가 회복되는 것을 의미한다.

이렇게 일반계시와 특별계시, 그리고 그리스도와의 관계는 서로 떼어낼 수 없는 관계이다. 이 두 계시 중 어느 것 하나 없이 그리스도를 말할 수 없고 그리스도를 통한 구원을 말하면서 하나님의 계시 사역을 받아들이지 않을 수 없다.

일반 은총과 특별 은총이 함께 손을 잡을 때 이로써 만물은 하나님 이 안에서 온전한 데로 나아간다. 거기서 만물은 하나님과의 관계를 회복하고 그리스도는 역사의 중심에 우뚝 서게 된다.[145] 그리고 기독교회 안에 하나님과 아들과 성령에 관한 삼위일체 신학이 일어난다. 신학은 다른 학문들이 가지고 있는 그 권리를 충분히 인정한다. 신학의 영광은 모든 학문의 여왕이 되어 권력을 휘두르는 데 있지 않고 자신이 가지고 있는 모든 것으로 모든 것을 섬길 수 있는 데 있다. 그것은 가장 작은 자가 되고자 할 때 가장 큰 자가 되는 것과 마찬가지다. 신학은 예수 그리스도와 그 십자가 외에는 아무것도 알지 않고

---

144) *RD* I, 324.
145) Veenhof, 17. Veenhof는 이를 'Bavinck's reformational conviction'이라고 하였다.

자 할 때 영광을 얻는다. 그것은 학계에 하나님의 은혜를 대변하는 것 외에 아무것도 아니다. 이 은혜를 신학은 상고한다. 우리를 둘러싸고 있는 비참한 것들, 하나님을 알지 못하기 때문에 학계에도 드러나 보이는 이 비참함의 한복판에서 신학은 우리 주 예수 그리스도 안에 있는 하나님의 사랑을 높이 찬양한다.146)

---

146) Bavinck, *일반은총론*, 78.

제3 장 헤르만 바빙크의 일반은총론

제4 장 계시철학의 개념

바빙크의 계시철학은 이미 본 연구 서론에서 19세기 말, 20세기 초에 인본주의 학문과 과학의 거센 등장으로 인해 기독교가 위축되어가는 때에 이에 대한 위기의식을 가지고 기독진리를 수호하기 위해 등장한 신칼빈주의의 한 맥락에서 이해되어져야 한다고 하였다. 바빙크의 계시철학은 한마디로 그 시대의 인본주의 학문과의 싸움을 위해 나온 것이다.[1]

실제 우리가 바빙크의 계시철학을 읽을 때 그가 성경을 붙들고 그 시대의 인본주의 사상과 얼마나 치열하게 싸웠는가를 알 수 있다. 그는 실로 많은 사상가, 철학자, 과학자들의 주장과 서적들을 섭렵하였고 이를 통해 학문의 각 분야를 통달하며 이 모든 것을 자기 시대 속에서 이해하였다. 그리고 이러한 세속학문의 한계와 맹점을 찾으며 기독교의 계시를 통해 기독 진리의 우월성을 나타내고자 계시철학을 구축한 것이다.[2] 그래서 본 서의 목적은 그가 어떤 방식으로 자신의 계

---

1) 계시철학에 관해서는 독일의 관념주의 철학자 셸링이 이미 그의 말년에 인간적 사유의 한계에 부딪쳐 이를 극복해보고자 제시한 바 있다.(Nicolai Hartmann, *독일 관념론 철학* (Die Philosophie des Deutschen Idealismus). 이강조 역 (파주: 서광사, 2009), 254-257) 즉 셸링의 계시철학은 신의 실재성을 개념화하기 위한 새로운 방법을 제시해 보므로 전통적인 교리 신학과 현대의 비평적 반신학 사이의 양극화를 극복해 보고자 하는 데 목적이 있었던 것으로 이는 순수 철학 행위였다.(Paul Volliere, "Solovev and Schelling's Philosophy of Revelation", 121, by the college of Liberal Arts $ Science at Digital Commons@Butler University) 이에 비해 바빙크의 계시철학은 시대적 맥락 속에서 인본적인 자율적 사유의 맹점을 신율적 철학으로 극복하고 진리를 드러내고자 했다는 점에서 차이가 있다. 다시 말해 바빙크의 계시철학은 셸링과는 달리 신칼빈주의의 맥락에서 이해돼야 한다는 것이다.
2) 본 서 서문에 나온 바와 같이 구 프린스턴신학교의 칼빈주의자들은 자신들의 변증학의 두 원리로 삼은 '신학과 학문의 통일성'과 '학문의 한계와 신학의 우월성'을 증명해 보는 일이라고 하였다. 이는 바빙크의 계시철학

시철학을 전개시켜가며 세속 학문과 싸웠는지를 방법론적인 면에서 탐구하는 것이다. 이런 점에서 본 장에서는 먼저 바빙크가 말하는 계시철학이 무엇인지를 그 개념을 살펴보고자 한다.

제1 절 바빙크의 계시철학의 개념과 독특성

바빙크의 계시철학의 개념은 자연과 역사 속에서 인간이 이제까지 추구해온 모든 분야에 감추어진 계시의 내용을 찾으면서 그것을 우리의 삶과 지식에 연관시켜[3] 거기서 발견하게 되는 합리주의의 한계와 신비를 신앙적으로 해석하고 설명하려는 시도 내지 작업이라고 볼 수 있다.

기독교는 계시 의존적이다. 그렇다고 기독교가 말하는 계시가 신비주의에 속하는 것은 아니다. 바빙크가 말하는 계시는 철저히 성경적이다. 이는 무엇을 해도 성경에 기초한다는 것이다. 그래서 만물을 통해 나타나는 일반계시는 특별계시인 성경에 의해 해석되고, 성경은 자연만물 속에 담긴 계시를 통해 진리를 말해준다.

성경은 하나님의 말씀을 인간의 언어로 기록한 것이요[4] 그것은 모든 인간에게 공개되었다.[5] 인간은 그것을 통해 하나님의 말씀을 듣고 믿게 되었다. 이런 점에서 기독교의 계시는 이성과 충돌하는 듯 하지만 사실 충돌하고 있지 않으며, 그러면서도 기독교는 이성을 초월하는 내용을 담고 있다.[6] 사실 하나님은 인간 이성을 초월하는 계시의 내용을 '사도들과 선지자들을 통해'[7] 성경에 기록해 주셨기 때문에 인간은 하나님으로부터 온 초월적 계시를 성령의 조명 하에 이성으로,

---

의 의도이기도 하다.
3) 한수환, "계시철학", *종합연구* 제 5 권, 1992년 5월 호, 134.
4) 웨스트민스터신앙고백 (1,5)
5) 웨스트민스터신앙고백 (1,7)
6) *PR*, 25.
7) *PR*, 23.

감동으로 접하게 된다. 이를 통해 인간은 초월적 지식으로서의 계시의 내용을 믿고 알게 되었다.

그러므로 계시철학은 하나님이 부여해주신 계시의 모든 것을 가지고 합리주의 속으로 뛰어들어가 계시 안에 담긴 초월적인 하나님의 지혜를 드러내려고 하는 것이다. 이러한 계시철학은 자율에 기초한 제반 학문의 한계점에서 계시를 통해 이를 보충하고 꾸준히 진리를 향하여 나간다는 점에서 변증적이다.

그러나 바빙크의 계시철학은 기존의 기독교 변증 체계와는 다르게 독특하게 구별된다. 버나드 램에8) 의하면 기독교가 자신이 진리임을 드러내는 변증학 체계는 대체적으로 3가지 방법이 있다.9) 그 첫째는 그리스도인의 은혜의 체험의 특수성을 강조하는 것이고,10) 둘째는 자연신학을 변증학의 출발점으로 삼는 것인데 이는 인간 이성이 종교적 지식의 영역에 있는 지력을 소유하고 있다고 믿는 데서 출발한다.11) 셋째는 계시를 변증학의 기초로 삼는다. 이는 체험의 특수성을 강조하는 첫 번째 변증의 방법은 너무 주관주의적이라고 보고, 두 번째 방법은 인간의 부패성을 심각하게 고려하지 않는다는 면에서 비판한다. 왜냐하면 이때의 이성도 부패한 인간의 이성이라는 것이다. 그래서 이 세 번째 방법은 인간은 일반계시만으로는 하나님을 알 수 없다며 자

---

8) **버나드 램**(Bernard Ramm: 1916-1992) University of California에서 과학철학을 전공, 철학박사. LA의 Baptist Theological Seminary와 미네소타주의 Bethel College and Seminary에서 변증신학과 철학교수 역임.

9) Bernard Ramm, *변증학의 본질과 역사* (*Varieties of Christian Apologetics*), 김종두 역 (서울:도서출판 나단, 1993), 19~.

10) 이는 농부가 학식 많은 철학자에게라도 자기의 개인적인 신앙 체험을 기초로 기독 진리를 증거하는 것이다. 이 방법은 복음에 대한 내적, 주관적 체험을 크게 강조하며 다분히 초합리적이고 또한 역설적이다. 그리고 실존적이며 자연신학이나 신 존재 증명을 거부하고 하나님의 초월성을 강조한다. 빠스칼이나 키에르케고르, 브르너가 여기에 속한다.(Bernard Ramm, 21.)

11) 이는 확고한 신념을 동반하고 인간 속의 하나님의 형상이 심각하게 손상되지 않았다는 믿음에서 출발한다. 하나님에 대한 신앙을 경험을 토대로 체계적으로 구축한 토마스 아퀴너스가 여기에 해당하는 대표적 신학자이다.(Ramm, 22)

계시철학의 이해

연신학을 부정하면서 하나님의 속죄와 특별계시의 말씀에서 출발한다. 이 세 번째 방법의 특징은 신앙이 지식에 선행한다는 것을 확신하며 성경을 기초로 성령의 특별하신 역사를 통해 진리를 깨닫는다는 것이다.

이런 점에서 바빙크의 계시철학은 계시를 기초로 기독 진리를 변증하고자 한다는 점에서 위의 세 번째 방법에 속한다고 할 수 있다. 그러나 바빙크의 계시철학은 계시가 아닌 인간의 사유에서 시작해 그 안에 있는 계시를 찾고, 그 사유의 한계를 극복하며 기독 진리를 변증하고자 한다는 것이다. 이점에서 바빙크의 계시철학은 다른 변증 형태와 구별되어야 할 것이다. 실제 그의 계시철학은 각 장마다 먼저 인간 자율에 기초하여 이제까지 역사 속에서 전개 발전되어 온 합리주의적 학문과 과학에서 시작해 계시로 마무리되면서 진리 확립에 있어서의 계시의 탁월성을 말한다. 이 탁월성이란 곧 성경의 탁월성이요, 그 내용의 탁월성인데, 그것은 성경은 합리주의, 경험주의가 말하지 못하고 있는 것을 말하기 때문이다.

그렇다고 바빙크의 계시철학은 합리주의와의 단순한 신앙적 논쟁이 아니다. 그것은 합리주의가 잘못되었다며 문제를 지적하고자 하는 작업이 아니다. 계시철학은 합리주의적 사고방식에서 나온 모든 것을 포용한다. 다만 그것의 태동과 변천을 살펴보면서 왜 그것이 그러한 한계에 부딪치게 되었으며, 왜 학문은 계시로 돌아와야 하는가를 말하며 기독진리를 확립하여 가려는 것이다. 바빙크의 계시철학은 이제까지의 인본주의 학문의 길잡이가 되어 결국 학문은 계시 안에서 완성된다는 것을 보여주려는 것이다.

제2 절 계시철학의 가능성

그러면 이러한 계시철학은 과연 가능한가? 이 계시철학이 출발할 수 있는 토대로서의 계시는 무엇인가? 하나님이 계시하시는 그 내용은 무엇인가? 바빙크는 이에 대한 답변을 창조주 하나님과 구속주 되신 예수 그리스도 안에서 찾았다. 그는 창조와 구속의 기반을 동일한 것, 곧 말씀이 육신이 되신 예수 그리스도 안에서 찾았다.12) 하나님은 세상을 창조하시되 자신의 뜻대로 창조하시고 그 만드신 모든 만물을 가장 위대한 것에서부터 가장 작은 것까지 그 뜻대로 섭리하신다.13) 그리고 만세 전에 함께 영광 가운데 거하시고 자신의 만물 창조에 참여케 하신 독생자를 인간이 범죄하였을 때 사람의 모습으로 보내 이 땅에서 인간들의 구속주가 되게 하셨다.14) 하나님은 이런 가운데 인간 구원 역사를 주도하시고 또 이 세상 모든 것을 그가 정하신 한 최후에 날에 심판하시고15) 자신의 영광을 나타내실 것이다.16) 이를 볼 때 창조주와 구속주 예수 그리스도, 그리고 인간은 서로 불가분의 관계가 있음을 알 수 있다.

그러면 창조주와 구속주로서의 예수 그리스도를 인간이 어떻게 인식할 수 있는가? 벨직신앙고백 제2 조는 하나님을 인식할 수 있는 방법으로서의 창조와 성경을 말해주고 있다.17) 여기서 하나님 인식의 방법으로 창조와 예수 그리스도가 일반계시와 특별계시로서 인간에게

---

12) *PR*, 27.
13) 웨스트민스터신앙고백 (5.1.)
14) 이는 창조와 구속의 기반을 동일한 것으로 보는 것이다.(위거찬, *계시철학*, 35.)
15) 웨스트민스터신앙고백 (33.1.)
16) 웨스티민스터신앙고백 (33.2.)
17) 벨직신앙고백 제2 조 '하나님을 아는 방법에 관하여'는 이 점에 대해 명백하게 말한다. "우리는 두 가지 방법으로 하나님을 알 수 있다. 첫째, 우주의 창조와 보존과 통치를 통한 방법이다. 이 우주는 우리 눈 앞에 있는 하나의 훌륭한 책과 같고 그 안에는 크고 작은 많은 모든 피조물들은 글자와 같다. 그래서 우리는 사도 바울이 로마서 1장 20절에서 말한 것처럼 그것들을 통하여 하나님의 보이지 않는 것들, 곧 하나님의 영원한 능력과 신성에 대해 깊이 생각할 수 있다. 이 모든 것은 사람에게 확신을 주고 변명할 수 없게 만들기에 충분하다. 둘째, 하나님은 자신의 거룩하고 신성한 말씀을 통해 자신의 영광을 위하여, 그리고 우리의 구원을 위하여 우리가 이 세상에서 알 필요가 있는 만큼 우리에게 자신을 더 공개적으로 알리신다." (*개혁주의 신앙고백*, 대학생성경읽기선교회)

계시철학의 이해

다가오는 것이다. 특별히 특별계시로서의 성경의 권위가 확립될 때 계시철학도 가능할 것이다. 적어도 계시철학이 진리를 위한 변론이라면 성경은 이미 진리성과 완전성을 확립하고 있어야 한다. 그런데 개혁신앙은 자기의 신앙고백에서 성경의 진리성과 완전성을 이미 확보하였다.[18]

이상에서 보았듯 성경이 지닌 정경으로서의 권위는 불변하는 교회의 고백으로, 진리로서 계시철학의 토대로 충분히 사용될 수 있음을 알 수 있다. 그래서 계시철학은 기독교인이 성경에 기초해 담당하는 학문이다.

그리고 바빙크는 이렇게 말하였다. '세상 전체가 하나님의 계시이며, 하나님의 속성과 완전성을 보여주는 거울과 같다. 그리고 모든 피조물은 그 나름의 방법과 정도를 따라 하나님의 신성을 구현한 것이다.'[19] 이는 만물에는 인간이 상상할 수 없는 신의 능력이 담지되어 있다는 뜻으로, 하나님은 만유 안에 거하시며 만유를 섭리하시며[20] 무엇을 통해서도 자신의 뜻을 나타내시고[21] 또 그것을 통해 영광을 받으신다.

그리고 결정적인 것은 하나님의 이러한 자신의 모습과 뜻, 그리고 섭리에 관한 모든 것을 한 권의 성경에 기록하여 주시고 그것을 통해 인간에게 말씀하신다는 것이다. 그런 만큼 계시철학은 하나님을 믿는 자가 갖는 하나님의 계시, 곧 성경에 기초한 철학이다. 계시철학은 성경을 통해 하나님의 말씀을 듣고 깨달으면서 이루어진다.

우리가 이를 확신한다면 우리는 용감하게 이 세상의 합리주의적인 모든 철학과 가치, 문화를 이해하면서 그 한계를 찾고 이를 극복할 방안을 제시할 수 있는 것이 분명하다. 그리고 우리가 세상 어떤 분야에

---

18) 벨직신앙고백 제7 조, 웨스트민스터신앙고백 (1,6)
19) (영문 참조) 'The entire world is a revelation of God, a mirror of his attributes and perfection. Every creature in its own way and the degree is the embodiment of a divine.' (*RD* II, 530)
20) 웨스트민스터신앙고백 (5,7)
21) 웨스트민스터신앙고백 (5,4)

제4 장 계시철학의 개념

서든 그 모든 것의 중심에서 하나님은 그 안에서 섭리하고 계시하신 다는 사실과 모든 문제의 해결책으로서 그리스도를 보내셨다는 것을 믿는다면 우리는 하나님이 보여주시는 일반계시와 특별계시 안에서 이 모든 것에 대한 설명을 시도할 수 있다. 하나님이 만물을 통해 영광 받기 원하신다면 만물을 통해 자신을 계시하신다는 것은 너무나 당연한 사실이다. 그러므로 어디든지 거기에는 하나님이 자신의 영광을 나타내시기 위한 계시 활동이 있다. 이러한 '하나님의 영광'이라는 목표가 계시철학을 가능하게 한다. 바빙크는 이것이 가능함을 말하고자 하면서 그 이유를 그의 책 1장 '계시철학의 개념' 안에서 말한다.

제3 절 계시철학의 신학적 성격

앞에서 우리는 바빙크의 일반은총론을 살펴보면서 종교의 토대는 '하나님의 존재와 계시'라고 하였다. 이는 종교의 전제라고도 말할 수 있을 것이다. 왜냐하면 하나님과 계시를 배제한 종교란 생각할 수 없기 때문이다.

그렇다면 계시철학은 어떤 신학적 성격을 가지고 있을까? '계시'의 의미가 감추인 것을 드러내는 것이라면 계시의 형태는 다양하게 나타날 수 있다. 신의 현현으로 바람이나 폭풍 가운데서(창 15:17, 출 3:2), 사람의 모습으로(창 16:13), 혹은 예언자나 환상, 꿈 등으로, 기적으로 하나님의 계시가 나타날 수 있다.[22]

그러나 이러한 예언이나, 환상, 꿈, 기적 등의 현상들은 기독교가 아니라 해도 다른 종교에 얼마든지 있다. 그래서 신비와 surprise 현상으로 계시철학을 시작할 때 계시철학은 이내 종교 다원주의에 빠져 방향성을 상실할 수 있다.

그래서 바빙크가 계시철학에서 말하는 계시는 이런 것과는 단절한다. 바빙크는 성경 이외의 다른 계시를 말하지 않는다. 그가 말하는

---

22) Berkhof, 145-147.

'계시철학'이라는 말이 '계시와 철학'의 결합으로서 이는 '성경과 철학'의 결합을 의미한다. 계시는 하나님으로부터 하향적(downward)으로 주어지는 것이고 철학은 인간의 사유로 이루어진다고 볼 때 계시철학은 하나님의 계시에 대한 인간의 반응이요 이에 대한 사유로 정의될 수 있을 것이다. 이런 점에서 계시철학은 계시, 곧 철저히 성경을 기초한 기독 진리의 변증 작업이라는 점에서 개혁주의적이다.23) 개혁주의는 철저히 성경을 기반으로 시작하기 때문이다.24)

제4 절 계시철학의 인간 이해

바빙크는 계시철학 1장에서 계시철학의 개념을 본격적으로 전개해 가기에 앞서 먼저 인간은 어떤 존재인가에 대해 언급하며 이를 자기 논의의 전제로 삼고 있다. 물론 바빙크가 이것을 전제 삼는다는 말은 안 하고 있다. 하지만 바빙크는 인간이 어떤 존재인가에 대해 말하면서 그의 계시철학을 말하기 시작한다는 면에서 사실상 그가 인간이 어떤 존재인가에 대해 규정하고 이를 전제 삼았다고 볼 수 있다.

전제로서 인간이 어떤 존재인가 규정하는 것이 왜 중요한가? 이것은 계시철학은 인간을 진리로 인도하기 위한 인간 철학으로서 먼저 인간이 생각하는 '인간이란 어떤 존재인가?'에 대한 어떤 규정을 하지 않고는 출발할 수 없기 때문이다. 무엇보다도 계시철학은 진리를

---

23) Robert L. Reymond, *개혁주의 변증학* (*The Justification of Knowledge*), 이승구 역 (서울: 기독교문서선교회, 1989), 12.

24) 개혁주의의 표준문서인 웨스트민스터신앙고백 (1.1)은 성경과 계시에 대해 그 입장이 아주 분명하다.
   " … 그리고 후에 하나님께서는 진리를 더 잘 보존하고 전파하기 위하여, 또한 육신의 부패와 사탄과 이 세상의 악에 대항하여 교회를 견고하게 세우고 위로하기 위하여, 바로 그 진리를 온전히 기록해 두기를 기뻐하셨다. 이로 인하여 성경은 지극히 필요한 것이 되었다. 그래서 하나님이 자기 백성들에게 하나님의 뜻을 계시할 때 사용하시던 이전의 방법들은 이제 중단되었다."(*개혁주의 신앙고백*, 대학생성경읽기선교회)

탐구하는 철학이지 인간이란 무엇인가를 묻는 철학이 아니다. 그래서 바빙크는 계시철학을 시작하기에 앞서 이에 합당한 인간에 관한 '보편적인 명제'를 찾아 이를 전제하고자 한다.

여기서 말하는 '보편적인 명제'는 인류 역사 속에서 경험적으로 발견되는 명제이다. 바빙크는 누구나 인정할 수 있는 이런 보편적, 경험적 명제를 전제 삼아 이를 기초로 계시철학을 진행한다. 그리고 그는 이러한 경험적 전제에서 시작한 계시철학의 결정적인 결론에 이르기 위해 이어 성경에 기초한 신학적 인간 이해를 말한다. 그는 여기서 보편적 명제를 신학적 명제로 이끌어가므로 인간은 결국 하나의 존재임을 말한다. 그리고 계시철학이 가져다 주는 결론이 보편적인 면에서든, 신학적인 면에서든 타당함을 확립하고자 한다.

그러니까 바빙크가 여기서 말하는 인간 이해는 다분히 경험적이고 신학적이다. 그리고 경험적이라는 말은 인문학적인 관점에서의 인간 이해요 신학적이라는 말은 성경에 기초한 인간 이해를 말한다.

그리고 바빙크가 제일 먼저 보편적이고 경험적인 인간 이해를 전제로 계시철학을 시작하려는 것은 합리주의 사상가든 유신론자든 그들은 다 인간이라는 점에서 똑같다고 믿기 때문이다. 레이몬드에 의하면 변증학에서는 신자와 불신자 쌍방 간의 '공동의 근거'(common ground) 혹은 '접촉점'(point of contact)이 있어야 한다고 했는데[25] 바빙크는 그의 계시철학에서 일반계시를 그 접촉점으로 삼았다. 이렇게 일반계시가 접촉점이 될 수 있다는 것 자체가 신자든 불신자든 그들은 서로 인간으로서 일반계시 안에서 만나고 있기 때문이다.

그러면 이 문제는 '인간이란 무엇인가'라는 것으로 귀착되는데 인간은 어떤 존재이기에 일반계시가 쌍방 간의 접촉점이 될 수 있는가? '인간이란 무엇인가' 하는 문제에 대해 본 연구에서는 광범위하게 논의할 수 없다.[26] 다만 이곳에서 바빙크는 본 연구의 목적에 맞

---

25) Reymond, 10.
26) 인간에 대한 정의는 인간 개인이 겪는 인생의 수만큼이나 다양할 수 있다. '인간은 정치적 동물', '인간은 종교적 동물', '인간은 사회적 존재', '인간은 도덕적인 존재' 등과 같이 사회학적 정의가 있을 수 있고 인간의 감정

게 인간이 어떤 존재인가를 말한다.

1. 인간은 초월적인 존재다.

바빙크는 앗시리아의 학자 위고 윙클러가[27] 인류의 전(全) 역사적
발전 과정에는 단지 '고대 바벨론의 세계관'과 '현대의 경험과학적인
세계관' 두 개의 세계관이 있다'고 주장한 말을 인용한다.[28] 그는 여
기에서 모든 민족의 종교와 문화가 바벨론 문화권의 슈메르와 아카드
지역에서 시작되었으며, 이는 모든 민족들은 이미 초자연주의적인 세
계관을 가지고 있음을 의미한다고 한다.[29]
　이와 함께 바빙크는 앞서 말한 현대의 경험과학적인 세계관이 나타
난 것은 그 역사가 고작 150년 밖에 되지 않는다고 말하므로 그나마
이것도 약간의 부류의 사람들에게서(in some circles) 나타난 것으로
인간은 전체적인 면에서(as a whole) 본질상 신을 찾으며 역사 속에
존재해 왔음을 말하였다.[30]
　이는 인간은 초자연적인 존재로서 결코 이 세상의 것만으로는 만족
할 수 없는 존재라는 것이다. 그래서 인간은 항상 지구 밖의 천국을
추정하고 지향하면서 살아왔기 때문에 인간의 문명은 자연히 그들의
종교를 반영한다고 말하지 않을 수 없는 것이다. 바빙크는 이런 점에
서 종교와 문명이 서로 모순되는 것이 아니며, 또 서로 반대되는 것도

과 체험을 따라 '짐승 같다', '천사 같다', '악마 같다', '거짓되다', '아름
답다' 등 갖가지 표현으로 말할 수 있다. 단 본 계시철학은 그 목적을 위해
성격상 '인간은 초월적인 존재'라는 보편적인 명제를 전제 삼아 논의를 시
작한다.

27) **위고 윙클러**(Hugo Winckler 1863-1913)는 독일 베를린대학의 교수를
　　역임한 고고학자요 역사가로서 힛타이트 제국의 도시를 발굴해낸 바 있
　　다. 그는 앗시리아 쐐기문자와 구약에 관한 방대한 글을 썼고 바벨론과
　　앗시리아　역사를　연구하고　함브라비　법전을　번역해내기도　했
　　다.(Wikipedia)
28) *PR*, 1.
29) *PR*, 1.
30) *PR*, 1.

제4 장 계시철학의 개념

아니라고 한다. 자세히 살펴보면 종교는 모든 문명의 원천이 되어왔으며, 가정이나 국가, 사회 등 생활의 기초가 되어왔기 때문이다.[31]

이런 가운데 또 하나 우리가 간과할 수 없는 것은 인간은 이런 종교를 자신들을 억누르는 멍에나 짐으로 생각하지 않았다는 것이다. 그들은 종교를 갖고 이에 따르는 의무를 당연한 것으로 여겼지 부담스럽게 여기지 않았다는 것이다. 이는 기독교에서도 마찬가지다. 기독교도들이 이교도들을 부정적으로 보고 적대적인 태도를 취하기는 했지만 종교성에 관한 한 이런 점에서 그들과 동일하다고 해야 할 것이다.[32] 인간이 있는 곳에 종교가 있다. 그리고 이런 사실은 인간은 언제나 내세 지향적이며 또한 초월을 사모하는 존재임을 말해준다. 이는 인간은 단순한 자연인이 아니요 초자연적인 존재라는 것이다.

그러나 인간이 왜 이렇게 초자연적인 것을 생각하고 사모하는지에 대해서 인문학은 설명해주지 못한다. 그것은 단지 인간 내면에 있는 종교성과 인류사 속에 나타난 각가지 종교의식을 말해줄 뿐이다. 인간이 가진 이 초월성을 무엇으로 설명하여야 할까? 이것을 다윈이 말하는 진화론에 기초를 두고 일원론적으로 설명하려는 시도는 허망하기만 하다. 인간의 하나님께 대한 신앙이 하나의 작은 무기질에서 시작한 진화론의 맹목적인 우연의 연속 속에서 나오게 되었다고 말하기에는 진화론은 이에 대해 아무것도 알지 못한다. 그래서 진화론은 초월적인 존재로서의 인간에 대해 아무것도 말하지 말고 엄정한 중립을 지켜야 할 뿐이다.[33] 진화론은 초자연적인 것, 종교를 필요로 하는 인간의 영적 부분에 대해서는 아무것도 설명할 수 없기 때문이다.

이렇게 역사 속에서의 경험을 살펴볼 때 인간이 초월적인 존재라는 점을 우리는 인정하지 않을 수 없다. 그렇다면 이렇게 인문학적으로 발견되는 인간의 초월성은 신학적으로는 어떻게 설명되는지, 이에 대해 바빙크는 인간 이해에 관한 두 번째 전제를 말한다.

---

31) *PR*, 2.
32) *PR*, 2.
33) Robert Brow, *종교의 기원과 사상* (*Religion:Origins and Ideas*), 홍치모 역 (서울: 총신대학출판부, 1979), 14.

2. 인간은 하나님의 형상을 따라 지어졌다.

이에 대해 종교개혁자들은 창세기 1장을 기초로 인간은 하나님의 형상을 따라 지어져 원래 하나님과 교제하는 존재로 창조되었다는 말로 이를 확립해주었다.[34] 그래서 인간은 초월적인 존재라는 것이다. 이는 바빙크가 로마 카톨릭의 이원론적인 구조를 비판하면서 나온 말로 인간은 하나님의 형상을 따라 지어졌기 때문에 교회의 성례나 성직자를 통하지 않고도 하나님과 직접적으로 교제할 수 있다는 의미이다. 비록 인간이 죄로 인해 하나님의 형상에 손상을 입기는 했지만[35] 인간은 하나님의 은총 속에서 죄 사함을 받고 하나님과의 관계성을 회복하고 이 형상을 통해 교제할 수 있게 되었다.[36] 이는 인간이 하나님의 형상을 가짐으로 하나님을 아는 존재가 되었음을 의미한다.[37]

이런 인간은 이 세상에는 하나님의 섭리가 존재한다는 것을 알게 되었으며 그런 가운데서도 자신이 세상을 살아갈 때 나름대로의 주관적인 확신 속에서 구원의 은혜를 누리며 살 수 있게 되었다. 인간은 그리스도에 의해 자유로워졌으며 이제는 성령을 좇아 사는 영적인 자유마저 누리게 되었다.[38] 이런 인간은 만물 속에 나타나는 하나님의

---

34) *PR*, 3.
35) Berkhof, 414.
36) 바빙크는 인간이 하나님의 형상을 따라 지음 받았다는 것은 성경의 증거가 아니더라도 이교도들도 인정하는 것이라고 하였다. 그는 피타고라스, 플라톤, 키케로, 세네카 등은 인간의 영혼은 하나님의 형상을 따라 지어졌으며 인간은 하나님의 후손이라고 말하였다고 하였다(*RD* II, 531.). 그러나 우리가 여기서 분명히 알아야 할 것은 인간은 하나님의 형상을 가지고 있는 것이 아니라 인간은 하나님의 형상이라는 사실이다.(*RD* II, 554).
37) 하이델베르그요리문답 6번 문답에서 '하나님이 사람을 본래 그렇게 악하고 패역하게 창조하셨는가' 하는 질문에 다음과 같이 답하였다. "결코 그렇지 않습니다. 하나님께서는 사람을 선하게, 그리고 하나님의 형상대로, 참으로 의롭고 거룩하게 창조하셨습니다. 이를 통해 사람이 자신의 창조주 하나님을 바르게 알고, 온 마음을 다해 하나님을 사랑하며, 하나님과 함께 영원히 행복하게 살며, 하나님께 영광을 돌리며 찬양하게 하셨습니다."(*개혁주의 신앙고백*, 대학생성경읽기선교회)
38) *PR*, 3.

계시를 주관적으로 파악할 수 있는 능력을 갖게 되었다.

이것이 계시철학을 가능케 한다. 그 사람이 어떤 사람이든, 합리주의 사상가든, 기독교인이든 사람은 다 똑같이 초월적인 존재요 하나님의 형상을 따라 지어진 존재이다. 그래서 사람은 인문학적 고찰이나 성경적 고찰에서 다 똑같은 존재로서 사상과 신앙이 달라도 서로 만날 수 있는 이러한 접촉점을 갖고 있는 것이다. 그래서 계시철학은 모든 사람에게 열려 있는 학문이다.

3. 인간은 종교적 존재이다.

성경에 의하면 하나님은 천지를 창조하신 이래 온 세상에 충만한 자신을 계시하여 오셨고 이로서 인간은 하나님을 알고 자신이 하나님의 피조물이요 하나님과 교류해야 하는 존재임을 알게 되었다. 인간은 아담 이전이나 이후나 여전히 계시를 의존하며 하나님을 만난다. 그리고 이 하나님 안에서 만물을 이해하고 발전시켜 나갈 수 있게 되었다. 이런 점에서 인간은 철저히 종교적이다.

하나님의 계시를 아는 것은 이 땅의 삶에 진리를 확립하고 하나님이 주시는 계시 안에서 무한한 발전을 해나갈 수 있는 동력이 된다. 인간은 이 하나님 안에서, 특별히 그가 베풀어주시는 계시 안에서 자유하다.

이는 이성을 모든 것의 판단기준으로 삼고 하나님으로부터의 자유를 외치는 계몽주의적 인간관과 대조를 이룬다. 기독교인이 그리스도 안에서 자유인이라면 계몽주의적 인간은 이성을 기초한 자율적 존재이다. 이는 서론에 언급한바 신율(theonomy)과 인간 자율(autonomy)과의 대립이다.[39] 그런데 바빙크는 자신의 계시철학의 개념을 도입하기 위해 먼저 계몽주의 사상의 발전을 말한다. 이는 계몽주의 사상이 인간 자율에 기초한 대표적 사상이고 바빙크가 살던 그 시대 인본주의 사상의 뿌리이기 때문이다.

---

39) 한수환, "계시철학", *통합연구* 제5 권 1호:1992.

계시철학의 이해

계몽주의는 '이성은 빛'이라는 확신 하에 이성 중심의 합리주의 사고방식으로 기독교에 큰 타격을 주었다. 인간은 이제 계시보다는 이성에 의지하게 되었고 하나님과 교회를 멀리하게 되었다.[40] 그리고 인간은 모든 것을 자율적으로 구사하고자 하면서 본격적으로 인본주의 사상을 발전시켜 나가게 되었다. 이에 의하면 인간은 이제 비종교적인 존재가 되어간 것 같다. 그리고 인간은 이제 더 이상 '계시'라는 말을 필요로 하지 않는 것 같아 보였다.

그러나 바빙크는 그렇지 않음을 말한다. 그는 계몽주의 사상을 열거하면서 그 사상이 결국에 다시 계시를 찾는 방향으로 돌아옴을 이제 말하기 시작한다. 이는 결국 인간은 종교적 존재라는 것이다.

제5 절 계몽주의 사상의 흐름

이성 중심의 계몽주의 사상은 인간의 자율성을 강조하고 자유, 평등, 박애의 인권 선언을 하며 자신을 프랑스 혁명에서 꽃을 피우고자 하였다. 그러나 여기서 말하는 인간의 자유는 근본적인 면에서 그리스도인들이 그들의 신앙 안에서 누리는 자유와 차이가 있음을 알아야 한다. 바빙크는 그 차이는 루터와 볼테르의 차이이며, 칼빈과 루소의 차이라고 하며 이들의 자유는 근본적으로 그 출발점이 다름을 지적하였다.[41] 바빙크는 먼저 계몽주의에 기초한 주요 사상의 발전 상황을

---

40) 이성에 대한 강조가 계몽주의의 핵심이 되는데 이는 사람들이 세계의 신비를 인간의 이성으로 꿰뚫고자 했다는 점에서 더욱 그러하다. 그들은 기존의 종교를 이성으로 이해하려고 했고, 그런 만큼 계시 중심의 교회에서 멀어질 수밖에 없었다.(Alister E. McGrath, *역사 속의 신학(Christian Theology)*, 김홍기 외 역 (서울: 대한기독교서회, 2005), 126.)

41) PR, 4. **루터**는 카톨릭 교회 제도와 교황 중심의 집단성과 권위에 대한 반발로 개인의 신앙의 자유를 말하였다면 **볼테르**는 교회가 인간의 가한 잔혹한 억압에 대한 반발로 교회 자체를 부정하며 인간의 자유를 말했다고 볼 수 있다. 볼테르는 이신론의 영향을 받아 하나님은 인간을 떠났고 인간은 자신의 이성 안에서 자유하다고 주장한 것이다. **칼빈**은 인간의 전

제4 장 계시철학의 개념

간략하게 언급하면서 이성에 기초한 인간의 자유사상에 한계가 있음을 지적하고 비판하였다.

1. 이신론(Deism)

바빙크가 제일 먼저 언급한 사상은 바로 이신론적 사상이다. 이는 하나님이 이 세상을 창조하시되 창조가 완성된 후에는 더 이상 이 세상 문제에 개입하지 않으시고 모든 것을 인간의 자율과 이성에 맡기셨다는 것이다.[42] 이는 인간이 교회의 권위에서 벗어나기 위한 사상의 발전을 가져왔고 더 나아가서 무신론으로 이어지는 가교 역할을 하였다. 이 사상이 등장하면서 인간은 초자연주의에 등을 돌리면서 이제는 삶에 관한 모든 문제에 대해 하나님이 아닌 이 세상에서 답을 찾고 해결하고자 하였다. 인간은 더 이상 이 세상을 하나님이 주관하고 섭리하신다는 생각을 해서는 안 된다며, 계시보다는 이성을, 은총보다는 인간의지를 강조하였다. 이로서 인간은 하나님과 계시와 은총을 떠나 온전한 자율적인 존재가 되었다고 주장한다.[43]

그래서 이신론은 전통적인 계시(traditional revelation)의 신빙성을 이성의 비판적인 검증에 위임하였다. 그리고 계시의 내용으로서의 정경(正經)을 버렸다. 이신론은 계몽주의 시대 이전의 계시도 이성으로 확인되는 것만을 받아들였고 그렇지 않은 것은 배격하였다. 그들은 하나님의 창조가 완벽했던 만큼 인간은 이 세계 속에서 모든 것을 풍부하게 갖추고 자율적으로 움직인다고 생각했다.

그리고 이런 이신론적 사상의 열매로 제일 먼저 프랑스 혁명을 말한다.[44] 이는 기존의 하나님 중심의 사고체계, 사회질서를 무너뜨리고

적 부패를 말하므로 인간은 죄의 노예 되었으나 죄 사함으로 말미암는 자유를 누리게 되었다고 하는 반면 **루소**는 인간은 태어날 때부터 백지장 같은 상태에 있으므로 인간 교육을 통해 불신과 무지로부터 자유 할 수 있다고 말하므로 칼빈과 대조를 이룬다.

42) *PR*, 7.
43) *PR*, 7.

이제는 계몽주의적 사상에 기초해 모든 것을 새로 만들고 인간 이성 중심의 질서로 대치하고자 한 것이다. 이 이신론 사상으로 인해 인간과 하나님과의 교제는 끊어졌으며 이로서 하나님은 이제 더 이상 인간에게 인격적인 신이 아니다. 이는 결국 인간과 하나님 사이의 단절을 가져왔고 이제는 오직 인간 중심의 사상이 있게 되었다.

그러나 프랑스 혁명은 인간이 꿈꾸던 이상을 실현해주지 못했다.45) 프랑스 혁명의 결말에 대해서 말할 때 그 혁명은 성공한 혁명이니 실패한 혁명이니 하는 것에 대해 분분한 견해가 있지만46) 프랑스 혁명은 로베스피에로의 공포 정치로 인해 2만 명이 단두대에서 처형되었고 또 다른 2만 명이 감옥에서 죽거나 재판 없이 처형을 당했으며 공포정치 중에 50만 명이 투옥되었다.47) 프랑스 혁명의 결말은 '자유, 평등, 박애'가 아니었다. 이러한 프랑스 혁명은 인간들의 마음에 비통과 절망감과 깊은 수치심만 가져다 주었다.48) 왜냐하면 혁명으로 나타난 인간은 그 혁명 자체가 기대했던 이성 중심의 인간이 아니었기 때문이다.49)

2. 진화론

가. 아리스토텔레스의 진화 사상

그러나 18세기의 자율성의 원리는 진화론을 통해 다시 적용되고 발

---

44) *PR*, 8.
45) *PR*, 9.
46) J. Bronowski, Bruce Mazlish, *서양의 지적 전통* (*The Western Intellectual Tradition*), 차하문 역 (서울:학연사, 2003), 455.
47) Ibid, 445.
48) *PR*, 9.
49) 그러나 프랑스 혁명을 계기로 기독 교회의 국교 제도가 폐지되기에 이르렀고 대신 '이성의 여신'(Goddess of Reason)이 등극한 것은 사실이다.(Stanley J Grenz and Roger E.Olson, *20세기 신학*(*20th Century Theology*), 신재구 역 (서울: IVP, 1997), 61.)

제4 장 계시철학의 개념

전되었다. 보통의 경우 진화론은 다윈에게서 나온 것으로 알지만 사실 진화의 개념은 다윈에게서 시작되었다기보다는 이미 고대 그리이스 철학 속에서 아리스토텔레스에 의해 사물의 생성이론에서 나타난 바 있다. 그는 사물의 본질은 일정한 방향으로 발전하도록 움직이는 내재적인 힘(immanent power)이라며 여기서 사물이 유기적이고 목적론적인 진화를 한다고 주장했다.50) 이러한 아리스토텔레스의 진화론은 사유에 의한 철학적 진화론이라고 볼 수 있는데 이는 과학적 증거의 토대 위에 세워진 다윈의 진화론과 대조를 이룬다는 것은 주목할 필요가 있다.51)

나. 다윈의 진화론

다윈의 진화론은 초기에 기계적이고 반 목적적인 진화 개념 속에서 전개되므로 진화되는 세상이 겪는 불행을 설명할 길이 없어 잠시 '불가지론적인 자연주의'(agnostic naturalism)에 빠졌었다. 그러나 그는 곧 자연도태의 법칙으로 자신의 이론을 견고히 할 수 있었다.52) 이 이론에 의하면 창조에는 어떤 의식적인 계획이나 목적이 없어도 되었다. 하나님이 존재하든 안 하든 하나님이 문제가 되는 것이 아니었다. 자연은 불완전한 가운데서도 하나의 법칙을 가지고 움직이는데 이로 인해 세계는 우연히 이루어지지 않고 전반적으로 더 나은 상태로 진행되어 가고 있다는 것이다.53) 여기서 정립된 진화는54) 첫째, 아무런 초자연적인 요소를 첨가시킴이 없이, 둘째, 단순히 내재하는 힘으로부터, 셋째, 변함없는 자연의 법칙에 따라 진행되어나간다는 점에서, 인간과 종교와 도덕을 포함한 전 우주를 설명하는 위대한 이론이 되었

---

50) *PR*, 9.
51) Earle E. Cairns, *Christianity through the Centuries*(Grand Rapid: Zondervan Publishing House, 1996),423.
52) *PR*, 9.
53) *PR*, 11.
54) *PR*, 12.

계시철학의 이해

다. 이러한 진화론은 기적이나 초자연적인 세계나 신의 존재와 활동을 위해 아무런 여지도 남기지 않았다.

다윈의 진화론의 특징은 아리스토텔레스의 진화 개념과 사뭇 다르다. 아리스토텔레스의 진화 개념은 철학적인 것으로 앞에서 언급한 바대로 내재적인 힘에 의해, 그리고 유기적이고 목적론적이었다는 점에서 이것은 기독교의 입장과 충돌할 필요가 없었다. 왜냐하면 실제 만물은 내재적 힘에 의해 변화하고 있기 때문이다.

그러나 다윈의 진화의 개념이 점차 유물론적 사상을 배경으로 수정되어 가면서[55] 마침내 일원론(monism) 사상으로 변화되었다는 것이다. 이러한 다윈의 진화론은 마르크스에게는 과학적 사회주의의 기반이 되었다. 엥겔스는 다윈이 유기적인 자연 발전 법칙을 발견한 것처럼 마르크스는 인간 사회의 발전 법칙을 발견했다고 하였다.

진화론의 등장으로 인해 중세의 이원론, 곧 '하나님'과 '그가 창조된 세상'이란 말은 종지부를 찍게 되었고 이제 진화론에 기초한 일원론적인 자연주의가 영원한 승리를 얻을 것이라는 확신이 팽배하게 되었다.[56] 그래서 르낭[57]이나 헥켈[58] 등의 사상가들은 계시는 순전히 인간의 공상이 지어낸 허구요 혹시 계시가 있다면 그 유일한 참 계시

---

55) *RD* II, 513.

56) *PR*, 13.

57) **조제프 르낭**(Renan, Jeseph Ernest, 1823~1892) 프랑스의 사상가이자 종교사가 ·언어학자. 프랑스 실증주의 대표자의 한 사람. 주요 저서인 *그리스도교 기원사*(7권, 1863~1883)는 예수의 인간화, 그리스도교의 문화 사적 연구, 성경 세계의 심리적 ·문학적 재현을 다룬다.(네이버 백과사전)

58) **헥켈** (Ernst Haekel,1834-1919) 독일의 생물학자, 철학자, 예나대학 교수. 방산충, 해면, 강장동물의 연구에 업적을 쌓았다. 다윈주의를 일찍이 받아들여 진화론의 보급에 힘썼다. 생물학자로서는 개체 발생이 계통 발생을 반복한다는 '발생 반복설'을 주창, 19세기 후반의 세계에 커다란 영향을 주었다. 진화론이나 스피노자 철학에 입각하여, 정신과 물질, 생물과 무생물의 통일성을 주장해 독자적 유물론인 '일원론'(Monismus)을 제창하였다. 이 주장은 널리 보급되어, 신봉자들에 의하여 '독일 일원론자 협회'가 결성되었다. 그의 유물론, 무신론에는 일관되지 않은 점이 있으나, 관념론과 종교를 격렬히 공격하여 자연과학의 유물론을 옹호, 관념론자나 교회로부터의 반격을 불러 일으켰다.(네이버 백과사전)

제4 장 계시철학의 개념

는 자연 그 자체라며 다윈의 진화론 주창자가 되었다.[59] '진화'라는
이 말은 많은 경우에 있어서 아무런 초자연적인 요소를 첨가시킴이
없이 단순히 내재하는 힘으로부터 또 변함없는 자연의 법칙에 따라,
인간과 종교와 도덕을 포함한 전 우주를 설명하기 위해 사용되었
다.[60]

그러나 바빙크는 진화론이 계시를 배제하며 모든 것을 일원론적으
로 설명하려고 했지만 그럴 수는 없었다고 말한다. 한 세기 전에 등장
했던 헤겔 철학의 기본 개념이 진화론과 접목하게 된 것이다.

1. 헤겔의 절대정신

레싱[61]과 괴테, 헤르더,[62] 셸링,[63] 헤겔은[64] 자연을 죽은 장치로
여기지 않고 영원한 생명력이나 창조적 예술가로 생각했다. 그들은 자

---

59) *PR*, 13.
60) *PR*, 13.
61) **레싱**(Lessing, Gotthold Ephraim 1729~1781) 독일의 극작가 · 평론가 ·
    계몽사상가(1729~1781). 주로 계몽주의의 입장에서 종교상의 자유와 관
    용을 주장하였다. 만년에는 사랑과 관용을 테마로 한 비극 〈현자 나탄
    (Nathan der Weise)〉(1779)을 집필하였다. 레싱은 독일 계몽주의의 가장
    위대한 완성자인 동시에 독일 시민문학의 기초를 개척하였다.(네이버 백과
    사전)
62) **헤르더** (Johann Gottfried von Herder, 1744-1803) 독일의 철학자 · 문
    학자. 직관주의적 · 신비주의적인 신앙을 앞세우는 입장에서 칸트의 계몽주
    의적 이성주의 철학에 반대하였다. 주요 저서로 *인류역사철학*(1784~
    1791)과 *언어의 기원에 대한 논고* (1772)가 있다.(네이버 백과사전)
63) **셸링** (Schelling, Friedrich Wilhelm 1775-1854) 독일 고전철학의 대표
    자 중 하나. 예나, 뮌헨, 베를린 등의 대학교수를 역임. 피히테의 자아를
    기초로 하는 주관적 관념론에 대하여 근원적인 '절대자'를 인정하는 범신
    론적인 객관적 관념론을 주장하였다.(네이버 지식사전)
64) **셸링**과 **헤겔**은 피히테와 함께 독일의 대표적인 관념론 철학자들이다. 피
    히테가 주관적 관념론자였다면 셸링은 객관적 관념론자로서 자아는 절대
    적으로 하나이고 이 자아는 자연과 동일하다고 하였다. 그리고 예술을 유
    일하고 영원한 계시라고 하였다. 이에 비해 헤겔은 절대적 관념론자로 절
    대정신의 자기 전개를 주장한바 있다.(네이버 지식사전)

연계와 고등한 존재들을 생명의 무한한 창조력의 증거라고 생각했다. 특히 헤겔에게 있어서 진화는 그의 철학의 기본 개념이 되어 세계는 하나의 거대한 사고 과정으로서 정반합의 원리를 따라 진보되고 향상 된다고 보았다. 그는 존재하는 모든 것은 존재가 아니라 순수한 생성 이라고 보았다. 그는 이를 변증법적 원리를 따라 낡은 것은 새로운 것 에 양보하며 끊임없고 쉼 없이 생성되어 간다고 하였다.65)

헤겔에서 자연에 대한 기계론적 개념은 다시 한번 역동적인 개념으 로 되었고 유물론은 범신론으로, 진화는 절대정신(absolute spirit)의 개념으로 나타났다. 이때 계시의 개념이 절대정신을 통해 철학과 자연 과학의 영역에 다시 등장하게 되었다.66) 그리고 바빙크는 이런 헤겔 의 절대정신을 바탕으로 글자 그대로 새로운 신학이 등장하였다고 했 다.

4. 신신학(New theology)67)

신신학은 계시와 진화를 동일시하고 이를 위해 그 중심을 신의 초 월성으로부터 신의 내재성으로 옮기려는 열망에 고무되어 등장한 것 이다. 신신학에 있어서 신은 모든 존재 속에 함축되어 있는 것으로 모 든 현상의 배후에 있는 실체이며 우주에 있는 모든 힘의 총합(the sum of the forces of the universe)이었다. 이러한 신신학 운동은

---

65) *PR*, 10.
66) PR, 14. 19세기 초 철학에서의 계시에 대한 관심은 **셸링**과 **헤겔** 두 사 람에 의해 일어났다고 볼 수 있다. 초기 셸링에 의하면, 세계 전체가 하나 님의 자기 계시였다. 자연은 정신의 가시적 구현이었고, 정신은 자연의 비 가시적 형태였다. 헤겔의 경우 하나님은 자신을 인간 안에 계시하고, 그 인간 안에서 자신이 의식된다. 그리고 인간 안에서 하나님에 대한 이러한 자각은 인간의 하나님에 대한 지식이다.(RD I, 292) 이것이 헤겔의 계시 사상이다.
67) **신신학**은 1850년경부터 1920년까지 미국의 브쉬넬을 중심으로 일어난 운 동으로 신신학의 교리적 강조점은 '신의 내재성', '그리스도 중심', '계속적 인 창조(진화)', '축자적 영감', '기독교 교육과 전도', '현대과학의 용납' 등 이다.(*기독교대백과사전* 10권 (서울: 기독교문사, 1983), 200)

제4 장 계시철학의 개념

종교와 과학의 완전한 조화를 겨냥하며 '신의 인간성과 인간의 신성에 대한 복음'이라는 고상한 말로 나타났다.68) 이는 신앙와 이성 사이의 타협의 산물이 아닐 수 없었고 범신론적 세계관의 또 다른 반복에 불과했다.(nothing but a repetition of the pantheistic world-view.)

5. 범신론

헤겔의 절대정신에 나타난 계시 개념은 만물은 신의 현현(顯現)이라는 범신론의 발전을 가져왔다. 신은 자신을 실현하는 과정에는 뚜렷한 경로와 단계가 있는데 무생물로부터 생물로, 물질적인 것에서 심리적인 것으로, 자연에서 정신으로 상승하면서 그 정점인 인간까지 올라간다고 하였다. 그리고 '우리는 우주의 일부이며 우주는 신의 일부이다. 그러므로 인간과 신 사이에는 아무런 진정한 차이란 없으며 모든 영혼은 제각기 신적인 정신의 섬광이다'69)하는 주장이 생겼다. 인간의 무한한 발전 가능성을 믿으면서 인간은 단순히 현재의 그가 아니며, 아직 그 무엇일지 모르는 모든 것이라는 주장이다. 그들이 이제 대담하게 그리스도라는 말을 도입하면서 그리스도를 인간 발전의 상향으로 보기까지 하였다.70) 모든 인간은 잠재적인 그리스도라는 것, 그리고 앞에서 언급한 아리스토텔레스의 진화의 개념을 따라 인간은 그 본성적인 발전적인 힘으로 그리스도의 인격을 향해 전진한다는 것이다.71) 이러한 범신론적인 세계관, 인간관은 이미 스피노자의72) 체

---

68) *PR*, 14.
69) (영문 참조) "We are a part of the universe, and the universe is a part of God: there is no difference between humanity and deity: every soul is a sparkle of the divine spirit."
70) *PR*, 15.
71) *PR*, 15.
72) **스피노자**는 **일원론적 범신론**을 주장한다. 실체를 유한과 무한으로 나누는 데카르트의 이원론적 일신론에 반대했다. '모든 것이 하나'라는 것이 그의 입장이었다. 모든 것은 자연신 안에 있으며, 생성하는 모든 것은 오직 자

계 속에서 형성된 것이다.

이로서 그들은 위에 있는 신이 아닌, 세상 안에 있는 신을 찾으며 그의 본질을 피조물의 본질과 동일시하고 있다. 이러한 진화론적인 개념들, 모든 것은 하나의 물질에서 시작되었다는[73] 일원론적 사고방식은 진정한 과학으로서의 지위를 확보하면서 동시에 진정한 종교로서의 지위까지 주장하게 되었다.[74]

6. 바빙크의 비판

결국 바빙크가 1장 '계시철학의 개념'에서 비판적으로 분석한 인간 자율의 기초한 사상은 계몽주의에서 시작되어 바빙크 당대의 가장 맹위를 떨치고 있던 진화론과 함께 일원론적 사상의 발전에 초점이 맞추어져 있음을 알 수 있다. 바빙크가 언급한 이러한 일련의 계몽주의 사상들은 그가 앞으로 철학, 자연, 역사, 종교, 문화 등을 주제로 계시철학을 전개해 나갈 때 부딪치는 기본이 되는 사상들이다. 이만큼 모든 분야가 계몽주의 사상에 깊이 물들어 있는 것은 현실이었다.

이런 점에서 바빙크의 계시철학은 계몽주의, 특별히 바빙크 당시 그 시대 속에 팽배해 있는 일원론과의 싸움이라고 할 수 있다. 그래서 바빙크는 본 장에서 자신이 의도한 계시철학이 무엇인지, 또 어떻게 전개될 것인지를 말하기에 앞서 먼저 계몽주의 및 일원론 사상에 비판을 가한다.

그런데 바빙크의 비판은 처음부터 성경의 계시로 비판하지 않고 인간 실존에서 시작한다. 이것은 인본주의 사상과 대화를 위해 피할 수

연신의 무한한 본성의 법칙에 의해서만 생긴다. 또 자연이 지닌 본질의 필연성으로부터 생긴다. 스피노자에게 있어서 자연, 신, 그리고 단 하나뿐인 실체는 같은 개념이다. 무한자는 '능산적 자연'(산출하는 자연)으로서 무언가를 만들어내는 궁극적인 힘이다. 이에 대비되는 유한자는 '소산적 자연'(산출된 자연)이다. (위키백과)

73) 이는 앞에서 나온 바대로 헥켈의 주장이다. (*PR*, 15)

74) *PR*, 16.

없는 접근법이 아닐 수 없다. 그의 비판은 다음과 같다.

첫째, 이러한 일원론적 사상은 인간의 종교적이고 윤리적인 욕구를 충족시켜주지 못한다. 그가 분명히 주장하는 바는 인간은 종교를 통해 죄와 죽음에 대한 승리의 기쁨을 가져다주는 힘, 생명, 인격적인 힘을 찾는데 이러한 일원론적 진화 개념의 종교는 이것을 충족시켜주지 못한다는 것이다.[75] 사실 과학이 어떠하고 범신론이 어떠하든 죄와 죽음의 문제는 인간의 실제 문제인데 일원론적인 진화론이나 범신론 등은 이런 인간의 실존 문제를 외면하면서 앞으로만 나가려 하기 때문이다. 인간이 초월적인 존재라는 것은 바빙크가 자신의 계시철학을 진행시키고자 하면서 전제 삼은 것인데 그는 계몽주의 사상을 비판하면서 이 전제를 다시 확인하고 있는 것이다.

초월적인 존재로서의 인간은 모든 초월적 사고를 차단하여 이성을 중심으로 하는 계몽사상에 기초해 인간의 모든 것을 설명해 나갈 수 없다. 인간은 종교적 존재로서 이 땅에서 채워지지 않고 완성되지 않는 정신과 마음의 문제, 양심과 의지의 문제를 종교에서 만족하고자 한다. 그리고 인간은 자신을 이 세상에 가두지 않고 높은 곳을 사모해 나가고자 한다. 인간은 시간 속의 존재이지만 영원을 사모하며, 죽지만 생명을 부여 받고 싶어하고 불완전한 자기 존재를 위해 확고한 구원을 확보하고자 한다. 인간은 이런 갈구가 있기 때문에 누가 강요해서가 아니라 스스로 이성주의에 등을 돌리고 초월적인 신과 그로부터 오는 계시를 갈구하는 것이다. 결국 인간은 본질적으로 초월적이고 초자연적 존재로서 계시가 있는 종교를 구한다.[76] 이것이 인간 사회 속

---

75) *PR*, 17.
76) **도예베르트**의 **철학적 인간학**은 "모든 사상의 배후에는 종교적 전제가 숨어있다"는 주장과 함께 출발한다. 그는 이것은 실재하는 모든 세계는 하나님이 창조하셨다는 사실에 기초한다고 하였다. 인간은 이 사실을 하나님의 자기 계시에 의해 알게 되며 이러한 인간은 하나님과 불가분의 관계를 맺고 있다. 그래서 인간은 하나님에 대해 결코 중립적일 수 없는 존재로서 본질적으로 종교적이라는 것이다. 그리고 인간의 사상도 종교적 전제로부터 출발하게 되는 것이다. 인간의 마음은 종교적 중심점으로서 하나님의 계시에 접하고 있으며 인간은 다만 그에 순종할 것이냐 말 것이냐만 결정

에 교회가 존재하는 이유이며 성경이 교회 안에서 설교와 예배와 교리문답에서 그 독특한 지위를 견지하고 있는 이유이다.[77] 다시 말해 누가 아무리 그럴듯한 논리로 진화론을 말하고 범신론을 말해도 인간은 계시를 구하며 현실에서 여전히 초월적인 신앙, 곧 이것을 가능하게 하는 경전으로서의 하나님의 말씀, 성경을 필요로 한다는 것이다.

그런 만큼 현대문명, 예술, 과학, 문학, 윤리학, 법학, 사회, 국가, 정치학 등은 종교적이며 기독교적이고 초자연주의적인 요소들에 영향을 받고 있는 것이 사실이다. 그래서 현대의 범신론적이거나 유물론적인 세계관은 옛 유신론적인 세계관을 무너뜨리기까지는 많은 노력이 필요하고 사실상 불가능할 것이라고 바빙크는 말한다.[78] 20세기 말에 유물론적 사상에 기초한 공산주의가 무너지면서 러시아는 다시 성당을 세우고 교회의 문을 열었다. 통계에 의하면 2021년 현재 러시아의 국민 99% 이상이 종교를 가지고 있다.[79] 이것은 인간 마음속의 초월적인 신에 대한 동경은 결코 이념으로 없어지게 할 수 없음을 증명한 것이다. 바빙크는 모든 종교, 특히 기독교에서 주장하는 계시는 이성에서 시작하는 사변적인 신신학이나 철학이 우리에게 종용하는 것과는 본질적으로 다르다는 것을 쉽게 분별할 수 있는 것이라고 하였다.

둘째로 이러한 종교적 인간에게 성경의 독특성에 대해 말한다. 그는 자연 속에서 받는 그릇된 계시에 빠져들면서 형성하게 된 종교들과

할 뿐이다. 이러한 인간은 윤리적 주체이다. 도예베르트는 이를 통해 마음을 다하고 뜻을 다하여 하나님을 섬기고 이웃을 내 몸과 같이 사랑하는 것이야 말로 하나님이 친히 계시해 주신 인간 존재의 진정한 의미라고 주장하였다."(김정훈, 40) 이런 점에서 바빙크가 진화론에서 시작한 인간 철학을 정리하면서 다시 계시로 돌아올 수밖에 없는 인간에 대한 평가는 도예베르트의 주장과 같은 선상에 있다고 할 수 있다.

77) *PR*, 18.
78) *PR*, 18.
79) 고르바초프의 페레스트로이카로 인해 종교의 자유가 허용된 이후 2021년 현재 러시아의 종교 분포는 전체 인구의 약 82%가 러시아정교를, 약 14%가 이슬람교를 각각 신봉하고 있고, 로마 카톨릭이 약 1.5%, 유대교가 약 1.5%, 개신교가 약 0.5%를 차지하고 있다.(러시아에는 어떤 종교가 있을까? : 네이버 포스트 (naver.com)

제4 장 계시철학의 개념

선민 이스라엘에게 나타나신 여호와 하나님과의 차이를 분명하게 말한다. 성경은 이교도들의 신이나 우상과는 근본적으로 다른 하나님 여호와를 참으로 살아계신 하나님으로 강력하게 선언한다.[80] 이 하나님은 창조주이시며 구속주이시다. 그래서 성경이 초월적인 것을 추구하는 인간에게 답이 된다는 것이다.

그러나 일원론 사상에 대한 비판이 이런 정도에서 끝난다면 그것은 이제까지 일원론 사상과 종교가 대립해 온 것의 반복의 지나지 않게 될 것이고 이성과 종교의 논의는 사실 더 이상 진전시킬 수 없을 것이다. 기독교가 무엇이라고 주장해도 진화론적 사상은 이성으로 증명되지 않는 초월성을 부인하며 여전히 기독교의 진리를 거부하고, 역으로 기독교도 여전히 자신의 초월성을 가지고 유신론적인 사상을 주장해나갈 때 이들은 상호 접점을 찾지 못하고 이제까지 지내온 대립을 반복하고만 말 것이다.

이에 대한 문제의식 속에서 바빙크는 티티우스(Titius)의 말을 빌어 기독교가 계몽주의 사상에 대해 그 절대성을 확립하기 위해서는 초자연주의에 대한 더 엄밀한 연구가 있어야 한다고 하였다. 그러면서도 그는 이를 위해 계시의 실제성(reality)과 그 계시의 양식과 내용에 대해 명확한 통찰이 있어야 함을 말하고 있다.[81]

제6 절 계시철학의 시작

이상에서 우리는 계시철학의 개념부터 시작해 계몽주의 사상의 발달, 그리고 이에 대한 바빙크의 비판을 살펴보았다. 그러면 이제 계시철학은 실제 어떻게 시작되어야 하는지, 그리고 그것이 어떻게 가능한 것인지에 대해 살펴보아야 할 것이다.

---

80) *PR*, 19.
81) *PR*, 20.

1. 계시의 실제성(the reality of revelation)

적어도 기독교 신앙이 유지되고 있다면 거기에는 계시가 존재하기 때문이라고 말하지 않을 수 없다.[82] 왜냐하면 계시가 존재하지 않는다면 기독교가 존재할 수 없기 때문이다. 계시는 초월적인 존재, 곧 하나님으로부터 오는 것인데 이것이 없다면 이성적인 논리와 설명으로 모든 것에 만족을 누릴 수 없는 인간은 당연히 기독교로 나오지 않을 것이다. 그것이 무엇이든 기독교 이외의 어떤 종교라 해도 사람이 모이는 이유는 그 종교가 가지고 있는 독특한 계시, 다시 말해 초월적인 존재로부터 오는 메시지가 있기 때문인 것이다.[83]

그래서 계시가 있다고 말하는 것은 적어도 이신론이나 범신론이 옳지 않다는 의미가 된다. 이신론이 주장하는 대로 하나님이 이 세상 바깥에 거하여 피조물로부터 멀리 떨어져 있는 것이 분명하다면 계시는 존재할 수 없게 된다. 그러면 인간은 그 하나님과 교제할 수 없다. 반대로 하나님이 스스로 이 세계의 모든 일 안에 내재한다는 범신론적 주장에 기초하면 그 하나님은 사실 인간에게 실제적인 하나님이 되지 못할 것이다. 인간에게 있어서 범신론은 무신론에 다른 말일 수밖에 없기 때문이다.[84]

그러면 이런 이신론도 틀리고 범신론도 틀리다면 계시를 동반하는 하나님의 존재방식은 어떤 것인가 하는 의문을 갖게 되는 것은 당연한 것이다. 이에 대한 대답은 간단하다. 기독교에서 말하는 하나님은 초월적인 존재이면서도 인간과 함께 하는 존재이다. 이는 사도 바울에 의해 이해되는데, 곧 하나님은 만물의 속사정을 다 알고 그 만물은 그 뜻대로 통제하고 섭리하여 다스리신다는 개념에서(롬 11:36) 하나님의 초월을 생각하고 내재를 이해하여야 한다는 것이다. 바로 이런 하나님이 인간에게 계시를 주시며 인간과 소통하실 수 있다. 이것이 계

---

82) *PR*, 20.
83) *PR*, 21.
84) *PR*, 21.

제4 장 계시철학의 개념

시의 실제성이다. 우리가 여기서 분명히 알아야 할 것은 이런 계시는 하나님께로부터 오는 것으로서 인간 내부에서 일어나는 상상력이나 자기 확신과는 다르다는 것이다.[85]

2. 계시의 양식과 내용(the mode and content of revelation)

그러면 계시는 '어떻게 발생하는가', 그리고 '그 내용은 무엇인가' 하는 양식과 내용의 문제가 대두된다. 바빙크는 여기서 일반계시와 특별계시를 말하는데 그는 특별계시가 일반계시에 기초하고 있을 뿐 아니라 많은 요소들을 그것에서 인계 받고 있다고 말하며 계시를 구분하면서 그 연관성을 말하고자 한다.[86]

바빙크가 말하는 일반계시는 자연 만물을 통해 하나님이 모든 인간에게 자신을 공개적으로 드러내 주시는 계시이고, 특별계시는 인간을 구원하기 위해 하나님이 제한적으로 자신을 드러내주시는 계시이다.[87] 여기서 특별계시는 '오직 선지자를 통하여 하나님으로부터' 라는 분명한 양식을 가지고 있으며 그것은 역사 속에서 발생하여 하나님의 말씀의 형태로 전해진다고 말하고 있다. 특별히 이 특별계시에 대한 믿음이 기독교 신학의 출발점이자 초석이라고 말한다.[88] 이런 그는 하나님의 계시가 없고 또 그것에 의존할 수 없다면 모든 종교는 하나의 환상(illusion)이요 모든 신학은 공상(phantasm)에 불과하다고 선언한다.[89]

바빙크가 이렇게 계시의 양식과 내용을 확신하고 계시철학을 전개할 수 있는 이유는 바로 계시의 자증성에 있다고 볼 수 있다. 이신론에서 나오는 하나님과는 달리 성경의 하나님은 만물을 창조하신 후에도 '지극한 거룩과 지혜와 권능으로 그것들과 그 모든 행동을 보존하

---

85) *PR*, 21.
86) *PR*, 22.
87) 이에 관하여는 앞의 III 장, '일반은총론'에서 충분히 논하였다.
88) *PR*, 23.
89) *PR*, 24.

계시철학의 이해

며 다스리신다.'90) 이 하나님은 자충족적(self-contained and self-sufficient)이시고 계획과 목적을 가지신 분이요 특별히 영원한 목적을 가지신 분으로서 세상의 모든 것을 그의 경륜에 따라 규정하신다. 이 하나님은 일반적으로는 그의 창조와 섭리적 돌보심을 통해 계시하시고, 특별하게는 그의 말씀으로 곧 예수 그리스도를 통해 자신을 계시하셨다.91)

이렇게 하나님이 알려지기 위해서는 그가 자기를 계시하셔야 하고, 그에 대한 모든 지식이 그의 자기 계시에 근거한다면(마 11:27, 고전 2:11), 이 자기 계시는 반드시 자기 권위(self-authenticating)를 가진 것이고 자증적(self-attesting)이어야 한다. 왜냐하면 하나님만이 자신에 대해 가장 적절한 증인이시기 때문이다.92)

그 누구를 통해서가 아니라 스스로 증인이셔야 하고, 또한 스스로 증인이고자 하시는 하나님은 자신을 계시하시는 분이시다.

이런 점에서 바빙크가 계시를 기초로 자신의 계시철학을 전개한다는 것은 한마디로 진리에 기초하고 구원론에 입각한 것이라고 말할 수 있다. 왜냐하면 계시는 하나님과 세상과 인간에 대한 진리를 말해주고 사람의 영혼을 구원하기 위하여 하나님으로부터 나오기 때문이다. 그래서 그의 계시철학은 이 모든 요건을 충족시켜주는 계시의 책, 곧 성경에 입각하여 전개되므로 개혁주의적이라고 말할 수 있다. 개혁주의는 하나님이 주신 특별계시로서의 성경을 인간 신앙은 물론 모든 인간 사유와 행동의 기초로 삼는다.93)

3. 계시철학의 정의와 그 필요성

---

90) 웨스트민스터 소요리 문답 11번.
91) Reymond, 27.
92) Reymond, 27.
93) 웨스트민스터 신앙고백 (1.6) "하나님은 하나님의 영광과 사람의 구원, 믿음과 삶에 필요한 모든 것에 대하여 하나님께서 계획하신 모든 것을 성경에 명백히 기록해 두셨으며, 그렇지 않았을 경우는 선하고 필연적인 귀결을 따라 성경에서 추론할 수 있게 하셨다. … " (*개혁주의 신앙고백*, 대학생성경읽기선교회)

제4 장 계시철학의 개념

신학이 계시 위에 세워진다면 신학 작업은 영광스러운 작업이 된다. 신학은 계시의 내용을 주석을 통해 확인하고 또 그렇게 확인된 내용을 정리해 비신앙적인 모든 요소들에 대해 방어하고 공격하며 진리를 고수하며 인간의 양심에 권고하는 작업에 몰두한다. 바로 이런 신학의 정의를 기초해서 바빙크는 계시철학이란 인간이 활동하고 있는 제반 분야에서 그 안에 나타난 계시의 내용을 추적하고 그것을 우리의 지식과 삶과 연관시키는 작업이라고 하였다.94)

많은 기독교 사상가들이95) 신학적 사고를 하면서 이러한 계시철학을 의식적으로 지향하였다. 이는 그들이 기독교가 세계 전체의 중심 위치를 차지하고 있음을 입증하고 싶었기 때문이다. 그리고 합리주의가 역사적 기독교(historical christianity)를 전설(fables)이라고 제쳐놓은 후에는, 현대 신학과 철학을 통해서 이 우주 역사의 중심이 되는 사실(this central fact of universal history)을 공정하게 다루고, 계시와 창조된 우주의 몇몇 영역 사이에(between revelation and the several spheres of the created universe) 하나님 자신이 설정한 온갖 방면의 연결점을 거듭 추적하고 싶어 하였다.96)

그러나 이성과 분석을 통해 계시철학의 윤곽을 잡으려고 한다면 누구든 어리석은 사변 속에 자신을 빠뜨릴 수 있다는 것을 잊어서는 안 될 것이라고 바빙크는 경고하고 있다. 문화와 인간은 초월적인 신을 찾는다는 것, 곧 신의 이름을 부르고 있다는 현실 세계를 무시하고 모든 것을 이성에 의해서만 검증하고자 하는 철학은 사실 현실 세계에 폭력을 가하는 것과 마찬가지다. 이렇게 신을 찾는 인간을 부인한다면 이제까지의 역사와 자연은 추상적인 것이 되고 말 것이다.97) 왜냐하면 역사와 자연은 늘 신을 찾고 부르는 종교와 함께 해 왔기 때문이

---

94) *PR*, 24.
95) 바빙크는 여기에 Origen, Augustine 뿐 아니라 the Gnostics, the Scholastics 도 포함시키고 있다.(*PR*, 24)
96) *PR*, 24.
97) *PR*, 25.

계시철학의 이해

다. 그래서 역사 속에서 종교를 삭제하려는 시도는 역사 기만에 불과한 것이다.

역사 속에서 계시를 분리해낸다면 역사는 마른 껍질 밖에 아무것도 남지 못할 것이다. 예를 들어 중세 역사에서 신앙을 빼고 그 안에 나타난 다양한 계시 활동을 제외한다면 그것은 무엇이 될까? 이때 세워진 수많은 교회 건물만 생각하더라도 그렇다. 하나님으로부터의 계시가 없는데 어떻게 역사 속에 그 많은 교회가 세워지고 교회사가 가능했을까? 98) 계시를 부인하는 것은 역사를 부인하는 것이요, 그럼에도 불구하고 인간 역사 속의 계시를 부인한다면 그것은 역사의식의 부재요 역사로부터의 무지한 일탈이라고 밖에 달리 말할 수 없을 것이다.

사변적인 합리주의가 하나님의 말씀을 합리적인가 비합리적인가를 밝혀내려고 하는데 기독교는 합리 불합리를 떠나 계시에 의존하는 종교라는 사실을 잊어서는 안 된다. 기독교가 비이성적인 것 같이 보이지만 그 계시는 사실 이성과 충돌하지 않으면서도 크게 이성을 초월하는 내용을 담고 있는 것이다. 99)

계시가 이성이 발견해낼 수 있는 것만을 말한다면 계시도 값어치 없게 되고 기독교도 더 이상 신비한 종교도 아니다. 그렇게 된다면 인간 이성이 해결해 줄 수 없고 말해줄 수 없는 문제에 대해 기독교는 합리주의만큼이나 무기력에 빠지게 된다. 계시는 신의 신비를 드러내고 있다.(Revelation is a disclosure of *mysterion tou theou*.) 자연이나 역사, 정신이나 마음, 과학이나 예술이 가르쳐줄 수 없는 것을 계시는 깨닫게 해준다. 100) 넓은 의미에서 계시는 이해될 필요가 있는 사항에 관해 선물로서 받는 지식을 의미한다. 101)

이 계시는 세상을 멸망에서 구원하고 죄인을 구원하려는 하나님의 의지를 알게 해주며 또한 이 의지가 계시의 비밀인 것이다. 하나님은

---

98) 마찬가지로 동서양을 막론하고 세계 곳곳에 있는 수많은 신전과 사찰들, 그리고 각종 종교의식이나 종교철학을 제외하고는 역사를 생각할 수 없다.
99) *PR*, 25.
100) *PR*, 25.
101) *기원이론*, 87.

창조를 통해서 지적인 힘을 드러내며, 그 중심에 구원을 품고 있는 계시를 통해서 그의 크신 사랑을 드러내고 있다.102) 이것이 우리가 계시철학에 관심을 두어야 하는 또 다른 이유가 되는 것이다.

4. 계시철학의 방법과 궁극의 목표

그렇다면 계시철학은 어떤 방법으로 그 작업을 이어가야 하며 계시철학이 일원론과의 대화라면 이것이 궁극에 도달하고자 하는 목표는 무엇이 되어야 할까?

첫째, 역사철학이 역사에서 출발하듯이 계시철학은 계시에서 출발한다. 이 말은 처음부터 자율적인 철학적 사고를 무시하고 성경을 펴놓고 논의를 시작하자는 것이 아니라 계시철학에서는 계시가 당연히 전제되어야 한다는 의미이다. 사람이 어떻게 생각하든 계시 속에는 신의 지혜가 담겨있다. 그리스도의 십자가가 유대인에게는 걸림돌(stumbling block)이 되고 비그리스도인에게는 어리석은 것이지만 그것은 본질적으로 신의 능력이자 지혜인 것이다. 그래서 계시철학을 시작할 때는 계시에 대한 편견을 버려야 하며, 그 안에 담긴 계시자의 정신이나 지성, 지혜에 대한 확신을 가지고 움직여 나가야 한다.103)

둘째, 계시철학은 계시 속에서 찾는 지혜와 널리 전 세계에서 얻어진 것을 서로 연관시키는 작업을 한다.104) 계시는 그 중심을 그리스도에게 두지만 그 바깥 둘레는 창조의 최극단까지 뻗고 있다. 그래서 계시는 자연과 역사, 인류와 가족, 사회, 과학, 예술 등 제반 분야와 밀접한 관계를 갖는다는 사실을 전제한다.105) 그리고 우리는 여기서 계시된 지식을 발견한다.106)

셋째, 세계가 계시에 의존하고 있다는 사실을 잊어서는 안 된다. 즉

---

102) *PR*, 25.
103) *PR*, 26.
104) *PR*, 26.
105) *PR*, 27.
106) *기원이론*, 88.

계시는 온갖 형태 속에 존재하는 모든 것의 전제이자 기반이며 비밀인 것이다. 그래서 어떤 분야를 깊이 깊이 연구하면 할수록 계시가 모든 피조물의 기초를 이루고 있다는 사실을 더 분명하게 발견하게 될 것이다. 이는 피조물에 관한 지식은 하나님이 드러내신 것이요 이 지식은 피조물에 대한 이해의 전제가 되고 기반이 된다는 것이다. 그리고 여기서 인간은 이 지식 속에 자신을 드러내신 하나님을 발견한다.107)

이런 점에서 계시는 계시철학의 변증 작업에서 아르키메데스 기점(Archimedean Point, 혹은 입각점)이108) 된다고 할 수 있다. 계시철학은 인간의 사변과 그의 결과로서 나오는 각종 사상이나 철학에 기준하지 않고 먼저는 하나님이 모든 사람에게 보여주시는 계시를 근거로 진행된다. 모든 순간과 공간은 하나님의 편재로 채워져 있다. 그런 만큼 창조와 구속의 기반도 동일한 것이다. 육신이 된 말씀(the Logos)은 만물의 창조자이다. 죽은 자들 가운데서 먼저 나신 자는 또한 모든 피조물보다 먼저 나신 자이다.109) 하나님 아버지의 모든 것

---

107) 예를 들어 농부들은 땅을 경작하면서 관측한 바를 통해 하나님이 주신 지식을 얻는다. 즉 땅을 경작하는 과정에서 창조세계는 농부들에게 수확을 늘리고 많은 수확하는 방법, 비의 중요성을 드러낸다. '너희는 귀를 기울여 내 목소리를 들으라 자세히 내 말을 들으라 파종하려고 가는 자가 어찌 쉬지 않고 갈기만 하겠느냐 자기 땅을 개간하며 고르게만 하겠느냐 지면을 이미 평평히 하였으면 소회향을 뿌리며 대회향을 뿌리며 소맥을 줄줄이 심으며 대맥을 정한 곳에 심으며 귀리를 그 가에 심지 아니하겠느냐 이는 그의 하나님이 그에게 적당한 방법을 보이사 가르치셨음이며 … 이도 만군의 여호와께로부터 난 것이라 그의 경영은 기묘하며 지혜는 광대하니라'(이사야 28:23-29)

108) 문자적으로, 이는 '내가 설 수 있는 점'(a place where I may stand)를 뜻한다. 이는 그리이스의 수학자 아르키메데스가 지렛대 실험에 관련해 '내가 설 수 있는 점만 다오. 그러면 나는 지구를 움직일 수 있다'고 공언한데서 나온 말이다. 여기서는 우주 밖에서 초월적으로 존재하시는 하나님으로부터 오는 계시만이 지식에 본질적인 '입각점'을 제공해 줄 수 있다는 것이다.(Reymond, 46) 이 입각점은 '아르키메데스 기점'이라는 말로 자주 사용되고 있다. 본 연구에서 도예베르트가 '입각점'이라는 말을 사용할 때 이는 '아르키메데스 기점'이라는 의미이다.

109) *PR*, 27.

제4 장 계시철학의 개념

의 상속자가 되신 아들(the Son)은 세상을 만드신 분이시다. 죄로 인한 분리가 있지만 하나님은 그의 피조물에게 점진적으로 다가오신다.110) 초월은 사라지지 않으며 오히려 더 깊은 내재가 된다.111) 그래서 구속주가 되신 그리스도는 창조주로서의 신비와 능력 속에서 초월을 멈추지 않으며112) 동시에 인간에 대한 사랑을 보여준다.113)

그리스도는 창조 세계가 보여주는 일반계시를 너머 구속을 위한 특별계시를 보여주는데 우리는 이를 통해 그리스도에게서 창조의 능력을 발견할 뿐 아니라 구속을 이루시는 그분의 위대한 정신적 힘을114) 깨닫기도 한다. 우리는 여기서 일반계시와 특별계시가 서로를 필요로 하며 또 다른 하나가 없이 다른 하나는 불완전하고 이해될 수 없다는 사실을 발견하게 된다.115) 이는 천지를 창조하신 하나님이 없는 구속

---

110) 점진적으로 다가오시는 하나님은 점진적 계시로 다시 오신다. 창세기 3:15, 이어서 아브라함을 복으로 부르신 하나님, 다윗에게 이어지는 메시야 약속, 그리고 이사야를 통한 임마누엘의 표징, 그리고 고난 받는 메시야, 이어 미가서의 메시야 탄생의 장소와 목자 같은 왕 예언, 이어지는 이 예언의 성취, 동정녀 마리아의 성령 잉태, 베들레헴에서의 메시야 탄생, 선한 목자로서의 그의 사역과 십자가의 고난과 죽으심, 그리고 부활 등 결국 예수님이 약속된 메시야임을 증거되었다. 이렇게 하나님은 긴 세월을 통해 메시야가 어떻게 오실 것인지에 대해 점진적으로 보여주시고 또 그렇게 다가오셨다. 그리고 우리가 깨닫는 계시의 내용도 점진적으로 깊이를 더해 가며 우리에게 다가온다.

111) *PR*, 28.

112) 동정녀 탄생, 성육신, 바람과 파도를 잔잔케 하심, 귀신을 쫓아내심, 성전세를 위한 물고기 입 속의 동전, 죄인들을 인내하시고 십자가에서 죽으심, 그리고 부활, 재림의 약속 등은 그리스도 안에 있는 초월적이며 신비한 능력이며 또한 인간을 향한 그의 위대한 사랑이다.

113) *PR*, 28. (영문 참조) "Notwithstanding the separation wrought by sin, there is a progressive approach of God to his creatures. The transcendence does not cease to exist, but becomes an ever deeper immanence. But as a discloser of the greatness of God's heart, special revelation far surpasses general revelation, which makes known to us the power of his mind."

114) 창조주이시면서 성육신하신 것, 섬기시고자 죄인 가운데 오신 것, 그리고 죄 없는데도 인간을 위한 속죄제물로 죽으심 등은 인간이 상상할 수 없는 그리스도만이 가지고 있는 정신적 힘이다.

115) *PR*, 28.

계시철학의 이해

은 의미가 없기 때문이며 구속이 없는 천지창조 역시 인간에게 아무 의미를 가지지 못하기 때문이다. 그래서 우리는 '구속주가 되신 창조주'라는 한마디 진리 안에서 계시철학의 목표를 찾게 된다.

제7 절 정리

이상에서 우리는 계시철학이란 무엇인가를 주제로 계시철학의 개념을 시작으로, 문제가 되었던 일련의 계몽주의 사상의 발달, 그리고 이에 대한 비판을 간략히 살펴보았다. 그리고 계시철학의 목표와 방법론에 대해 말하였다. 우리는 본 장의 내용을 다음과 같이 정리해 보며 이를 이후 연구 내용의 기조로 삼을 필요가 있다.

첫째, 계시철학은 분명한 신학적 작업이다.

계시철학이 계시를 기초하여 이루어진다는 점에서 그 신학적 성격을 개혁주의적인 것으로 규정하였는데 이런 점에서 계시철학은 일반 인문 철학과 구별되어야 할 것이다. 계시철학은 창조주 되시고 구속주 되신 하나님을 드러내는 데 목적이 있음이 그러하다. 이는 단순하게 인간 사변에 기초해 신을 생각하는 자연신학과도 구별되어야 하는데 자연신학은 결코 구속주 되신 하나님을 아는 지식에 도달할 수 없기 때문이다.

둘째, 계시철학은 인본적인 사상과의 변증적 작업이다.

계시철학은 조직신학을 배경으로 하고 있지만 신학 교과서와 같이 그 내용을 정리하여 기술하는 작업이 아니다. 그것은 인본주의 사상의 한계를 드러내기 위한 기독교의 치열한 변증 작업으로서 인본적 사상과 논쟁하며 기독교의 진리를 드러내는 것을 목표로 한다. 특별히 바빙크의 계시철학은 바빙크 당시에 득세하고 있던 일원론과의 치열한 접전을 이룰 것이다. 그러므로 계시철학은 바빙크가 계시로 일원론을 어떻게 극복해 나갔는가에 대한 연구이다.

셋째, 계시철학은 경험적, 신학적 인간 이해를 바탕으로 전개된다.

인간이 없는 철학이 없고 인간 이해를 시도하지 않고 철학은 진행되지 않는다. 그래서 계시철학은 계시철학의 서두에서 말한 대로 초월적 인간, 하나님의 형상을 따라 지어진 인간을 잊지 않는다. 계시가 접점이듯 인본주의 사상과 기독교 사이의 접촉점은 이러한 인간이라는 것이다. 만일 이것이 잠시라도 잊혀진다면 계시철학은 그 원래의 목표를 떠나 그 의의를 상실하게 된다. 인간을 이해하려고 하지 않는다면 계시철학은 없다.

넷째, 계시철학은 철저히 계시 의존적이다.

계시철학은 그 토대로서 어떤 인간적인 사상을 거부하고 철저히 계시로서의 성경의 내용을 바탕으로 이루어진다. 계시를 의존한다는 것은 계시를 기초해 사상을 전개해 나가며 자기를 방어하며 계시의 진리를 드러내고자 하는 것이다. 계시철학은 이런 기조 속에서 진행되므로 계시철학은 철저히 계시 의존적이다. 계시철학은 계시로 뚫고 들어가 계시로 나온다. 이는 계시를 절대 진리로 믿으며 인본주의 학문 속의 빈 공간을 계시로 채우며 진리를 확립해나간다는 말이다.

다섯째, 계시철학은 그 자체로 신학의 한 분야로 자리 잡기 원한다.

바빙크가 이미 말했듯이 기존의 신학에 조직신학, 역사신학, 성경신학, 실천신학 등의 분야가 있는 것처럼 계시철학은 이런 신학의 한 분야가 될 필요가 있다. 이것은 학문과 삶의 제반 분야 속에서 자신을 계시하시는 하나님을 진지하게 다루며 검토하는 신학분야가 없기 때문이다. 계시가 없는 철학이나 학문은 사상누각과도 같다. 그러나 계시가 이 모든 것의 기초가 된다면 그것은 하나님 안에서 가치가 된다. 이런 점에서 계시로 출발하여 세상을 만나는 계시철학은 문화명령(창 1:28)에 응하는 신학의 새로운 시도이다. 그래서 본 서에서는 또 하나의 신학 분야로서 계시철학의 필요와 그 가능성을 타진한다.

제5 장 계시와 철학(I)

헤르만 바빙크는 그의 계시철학을 본격적으로 논함에 있어서 다른 어떤 것보다도 먼저 계시와 철학의 관계를 살피며 이 가운데 나타난 철학의 한계를 지적하며 결국에 철학도 하나님의 계시를 받아들이지 않으면 학문으로서 올바로 정립될 수 없음을 지적한다.

특별히 우리가 여기서 주목할 것은 그가 자연이나 역사, 문화, 미래 등의 분야와는 달리 철학의 문제를 두 번의 강의를 걸쳐 상세하게 다루고 있다는 것이다.[1] 이는 바빙크가 인간이 진리를 추구하는 과정에서 철학을 얼마나 비중 있게 생각하고 있는가를 보여준다고 할 수 있다. 그런데 그는 철학 속에서의 계시의 중대성을 말하기 위해 먼저 그동안 철학이 어떻게 발전해 왔고 여기서 계시를 배제한 철학의 한계가 무엇인지를 말한다. 다시 말해 철학의 진리는 계시 안에서 비로서 확립된다는 것을 말하고자 하는 것이다. 본 서에서는 바빙크가 어떤 논리로 강의를 이끌어 가는가를 파악해야 하므로 먼저 그 흐름에 따라 강의 내용을 구분해 제목을 붙여 요약 정리해 나갈 것이다. 그리고 바빙크의 논리의 흐름을 복잡하게 하거나 손상시키지 않기 위해서 내용 상 설명이나 보충을 필요로 하는 경우에는 이를 가급적 각주에서 처리할 것이다.[2]

그리고 본문을 보면 '계시와 철학'이 (I)과 (II)로 나누어져 있는데 철학 (I)은 이제까지의 철학의 유형과 그 한계를 말하고 철학 (II)에

---

1) 1909년 Longmans Green 사에서 출판된 *The Philosophy of Revelation*(*PR*) 은 총 315 쪽 중 53 쪽 분량에 해당한다.
2) 바빙크의 계시철학 강좌에는 수많은 철학자, 사상가, 과학자들의 이름과 그들의 학문과 사상이 많이 나오는데 본 연구는 이런 사람들에게 관심을 갖기보다는 바빙크의 계시철학의 논리를 찾고자 하는 방향에서 이들에 관한 내용은 각주에서 간략히 정리해 나갈 것이다.

서는 관념론을 기초로 철학에서의 계시 도입의 가능성과 그 중요성을 말하고자 한다.

제1 절 철학 사상의 반복과 순환

바빙크는 자연과학과 철학이 열렬히 호응 받던 시대를 지나 '르낭의3) 시대(period of Renan)'가 이어졌음을 말하고 이제는 다시 철학의 시대가 도래했음을 말하고 있다. 르낭의 시대란 지난 세기 자연과학이 놀라운 진보를 이루므로, 헤겔로 인하여 야기된 철학이나 형이상학에 대한 열정이 식어가고 정확한 과학만이 인간의 문제를 해결해 줄 수 있다는 환상을 갖게 된 때를 말한다. 그러나 그것은 잠깐 동안의 기대였을 뿐이다. 자연과학은 갈수록 더 크게 진보해나가지만 이런 자연과학이 인간의 문제를 해결해 줄 수 있으리라는 기대는 이내 무너지게 되었다. 그들은 '우리는 무지하며 앞으로도 무지할 것이다'(ignoramus et ignorabimus)는 생각을 하며 자신들이 과학에 대해 품고 있는 기대가 얼마나 어리석었는가를 곧 깨닫게 된 것이다. 그러자 이에 대한 반동으로 19세기 말 자연스럽게 문학에서 신비주의가 등장하고4) 또한 철학과 형이상학, 종교의 필요성이 새롭게 나타나기

---

3) **조제프 에르네스트 르낭**(Joseph Ernest Renan, 1823년~1892년)은 프랑스의 언어학자·철학자·종교사가·비평가. 1860년 그리스도교의 기원을 밝히기 위하여, 시리아로 가서 학술 탐험을 하고 돌아왔으며, 25년에 걸쳐 총 7권의 *그리스도교 기원사*를 완성하였다. 그 중에서 그리스도를 영감을 받은 철학자로 그린 *그리스도전*이 유명한데, 이것은 많은 물의를 일으켰다. 그는 종교에서 초자연적 설명을 배척하고, '자연이 곧 신적(神的)'이라 하였으며 인간 본래의 자연성을 도덕적이라고 보는 점에서 자연주의적 경향을 가지고 있었다. 저서에 *이스라엘 민족사* 등이 있다.(위키백과) 이는 르낭의 예수에 대한 탐구가 '자연과학'에 기초했음을 말하는 것이다.
4) '신비주의 문학'이란 과학과 현실을 초월해 심령의 세계로 들어가 신과 우주의 신비를 표현하는 문학으로 예이츠(1865-1936)나 헤르만 헷세(1877-1962)가 그 대표적인 작가이다. 예이츠는 문화와 민족정신의 부활을 목표로 하였

계시철학의 이해

시작했다.5) 이때는 자연과학자들도 자기 분야에서 철학을 말하였다.6) 그리고 심지어 철저한 다윈주의자였던 헥켈(Haeckel)과7) 같은 사람도 일원론적 세계관을 완성하기 위해서 '개념의 도움', '과학철학', '지식의 믿음' 등 철학적 개념을 도입하고자 하였다.8)

이런 현상은 당시의 몇몇 계층의 사람들에게만 일어난 것이 아니라 역사, 약학, 자연과학, 문학, 종교, 신학 등 각 분야에서, 각계각층의 모든 사람들에게 일어났다. 이때 새로운 교리, 새로운 믿음, 새로운 예술, 새로운 과학, 새로운 교육, 새로운 신, 사단 숭배, 신비학, 마술 천문학 등 셀 수 없을 만큼의 다양한 반응이 나타나며 개혁운동과 현대주의가9) 곳곳에 넘쳐났다.10)

바빙크는 이런 시대의 특징을 둘로 정리하였다. 첫째가 '자율의 원칙'으로서 여기서 사상의 무정부 상태가 야기되었고 '의지의 자력 구원' 주장이 나왔다. 이에 의하면 종교란 기껏해야 인간의 발명에 불과하게 된다. 그래서 모든 사람들은 다 자기 나름의 종교를 갖는다고 했다.

둘째는 이런 가운데서도 최고의 선, 행복, 진리, 절대가치를 찾기 위한 종교 현상이 나타났다는 것이다. 이때 '종교'라는 말 대신에 '세계관'이라는 말이 자주 사용되었고11) 그런 만큼 세계관에 대한 정의

고, 헷세는 신비적 개인 구원에 관한 소설을 많이 썼다.(네이버 사전)

5) *PR*, 29.

6) 오스트발트(Ostwald)의 '자연철학강좌(Lectures on Natural Philosophy)', '자연철학연보(Annals of Natural Philosophy)', 라인케(Reinke)의 '식물철학(Philosoohy of Botony)' 등이 그 예다.(*PR*, 30)

7) 오늘날의 맹렬한 진화론자요 무신론자로서의 '만들어진 신'(The God, Delusion)의 저자 도킨스(Richard Dawkins)가 과거의 헥켈을 대표한다고 할 수 있다.

8) *PR*, 30.

9) '현대주의'란 포괄적인 의미를 담고 있긴 하지만 여기서는 당대의 사조(思潮)를 따라 형성된 철학, 학문, 예술 등에 순응하려는 사상 운동이라고 볼 수 있다.

10) *PR*, 30-31.

11) 세계관은 우리가 사는 세계를 해석하는 인식의 틀이며 사물과 세계를 인지하는 방식이다.(J. Richard Middleton and Brian J. Walsh, *그리스도인*

143

도 아주 다양하였다.12) 여기서 철학이 등장하면서 실재에 대한 과학적 설명을 지나 인간의 보다 높은 이상에 대해 말하고 싶어하고, 인간의 가장 깊은 욕구를 만족시켜주고자 하는 시도가 있었다. 이런 가운데 철학은 이내 종교와 같은 역할을 하고자 하였다. 이 과정에서 철학은 모든 신학을 경멸하면서 스스로 신을 탐색하는 쪽으로 방향을 선회하게 되었다.13)

이렇게 새로운 종교나 새로운 철학 등의 말이 나오기는 했지만 이때 바빙크는 이 모든 현상에 대해 다음과 같이 말한다. 즉 역사를 살펴보면 해 아래 새것이 없다는 말과 같이 이 모든 것은 과거에 있던 것들이 다시 나타난 것에 불과하다는 것이다. 여기서 그는 인간 지성은 한계에 다다르고 인간의 독창적인 사고는 이제 고갈되었다고 말하였다.14)

이것은 바빙크가 역사 속의 철학과 세계관을 파악해본 결론이다. 이제 바빙크는 인류 지성사의 핵심과 그 흐름을 말하면서 명백히 드러난 인간 지성의 한계와 함께 이를 벗어나기 위해 인간에게 무엇이 필요한지 말하고자 한다.

바빙크는 먼저 트뢸치의15) 말을 인용하면서16) 역사 속에서 무엇인가 새로운 것을 말하는 사람들의 수는 언제나 적었고 인류는 이제까

의 비전(*The Transforming Vision*), 황영철 역 (서울:IVP,1987),18.)
이러한 세계관은 이 세상의 근본적 구성에 대해 우리가 의식적으로든 무의식적으로든 견지하고 있는 일련의 전제(혹은 가정)들이다.(James W. Sire, *기독교 세계관과 현대사상*(*The Universe Next Door*), 김한수 역 (서울:IVP,1985), 19.)

12) *PR*, 31.
13) PR, 32.
14) *PR*, 32.
15) 트뢸치(Ernst Troeltsch, 1865.2.17~1923.2.1) 독일의 프로테스탄트 신학자·철학자·종교역사학자. 종교사학파를 대표하는 조직신학자로서 두각을 나타냈다. 또 신칸트 학파의 영향을 받아들인 종교철학을 구상하였다. 또 M. 베버의 영향으로 그리스도교의 종교사회학적 연구에서 업적을 올렸다.(네이버 백과사전)
16) *PR*, 33.

지 의지하며 지탱해 온 사상도 지극히 빈곤하였다고 하였다. 우리가 보기에 혼란스러울 정도로 많은 종교나 세계관이 있는 것 같지만 정리해 보면 이 모든 것은 몇 개의 형태에 불과하다는 것이다.[17]

이에 따라 바빙크는 자연주의적 세계관과 이에 따른 진화론, 그리고 실용주의의 발생과 함께 이를 비판해 나간다.

제2 절 자연주의적 세계관 비판

바빙크는 먼저 세계관(world view)을 구축하는 세 개의 축으로 '신', '인간', '세계'를 말하였다. 그는 이것이 서로 어떻게 결합을 하느냐에 따라 세계관이 결정된다며 여기서 세 개의 세계관을 말한다. '유신론적 세계관',[18] '자연주의적 세계관',[19] 그리고 '인본적인 세계관'이 그것이다. 이는 역사 속에서 일정한 순환기를 타고 등장하기도 하고 다소 혼재되어 나타나기도 하며, 병존하기도 한다고 하였다.[20]

---

17) *PR*, 33.
18) 종교적, 신학적(religious, theological) 세계관이 여기에 속한다. (*PR*, 35.)
19) 범신론적, 유물론적(pantheistic, materialistic) 세계관이 여기에 속한다. (*PR*, 35.)
20) 예를 들어 그리이스 철학은 유신론에서 출발해서, 자연주의 철학으로, 그리고 소피스트를 통해서 인본주의적인 것으로. 그리고 플라톤을 통해서 이제는 다시 유신론적으로, 그리고 아리스토텔레스 이후로는 에피큐로스와 스토아 학파의 자연주의적 체제로, 이번에는 이에 대한 반동으로 회의주의, 신비주의 학파가 등장했다. 그리고 기독교 이후에는 데카르트와 베이컨의 등장으로 자연주의적 성격을 띠게 되었고 칸트와 피이테에 이르러서는 인본주의적으로 변하였다. 이러다가 유물론이 등장하고 이어 다시 칸트와 인본주의로 돌아왔다. (*PR*, 33-34)
　이와 관련해 도예베르트는 서양철학 발전을 이끌어 왔던 **네 가지 종교적 근본 동인**(動因)을 중심으로 생각하였다. 첫째 종교적 근본 동인은 그리이스의 형상-질료 동인(form-matter motive)이고, 둘째는 창조, 타락, 성령의 사귐 안에서 드러나는 예수 그리스도에 의한 구속이라는 근본적 성경적 동인, 셋째, 자연과 은총의 동인, 넷째는 자연과 자유라는 현대 인본주

바빙크는 이러한 현상을 기초로 왜 그 당시에 자연주의적 유물론이
- 여전히 지금까지 남아있고 또 이에 집착하는 사람들이 많은 것도
사실이지만21) - 명망 있는 지성인들 사이에 거절되었는가를 분석해
지적한다.

첫째, 좁은 의미의 다윈주의가22) 비평을 받았기 때문이다. 진화론은
다윈이 처음 주장한 것은 아니었다.23) 그것은 이미 계몽주의 이후 많
은 사상가들이 인간의 기원은 동물이라고 주장한 데서 시작되었다.24)
헤겔이 스피노자의 실체(substance)를25) 활동력의 한 원리로 바꾸면

의 동인이라고 하였다 첫 번째 동인은 그리이스의 형이상학적 의미에서
신과 자연의 결합이고, 두 번째는 성경적 동인으로서의 기독교이고, 세 번
째는 카톨릭의 스콜라적 동인이다. 이는 서로 배타적인 성경적 동인과 그
리이스와 인본주의적 근본 동인을 서로 수용하려는 것이다. 그리고 네 번
째 동인은 신을 뺀 인본주의, 계몽사상으로 대표 되어지는데 이는 인간 자
아의 종교적 충동을 인간 자아의 참된 기원으로부터 벗어나게 하는데 있
다.(Dooyeweerd, 서양사상의 황혼에 서서, 38-39) 이 네 가지 동인은 바
빙크가 말하는 신, 인간, 자연이 나름대로 결합되어 구성된 것이다.

21) 진화론에 대한 이같은 비판이 있었고 또한 적지 않은 부류의 사람들이
진화의 메커니즘으로서의 자연선택을 받아들이지 않았지만 *種의 起源* 이
출간된 후 10여 년 동안 진화론은 사람들에게 서서히 받아들여졌고 심지
어 이로 인해 심각한 종교상의 갈등을 불러일으키기까지 하였다. 무엇보다
도 이전의 철학적 진화 사상이 물질계나 동물계에 한정되어 있었다면 이
제 다윈의 진화론이 인간에게 적용되기 시작했다는 점에서 문제는 한층 더
심각해지게 되었다는 것이다.(Charles Hummel, 과학과 성경:갈등인가 화
해인가(The Galileo Connection), 황영철 역 (서울: IVP, 1991), 267.)

22) 여기서 좁은 의미의 다윈주의란 과학적 다윈주의를 의미한다. 철학적 다
원주의와 과학적 다윈주의의 차이에 대해서는 앞장 '계시철학의 개념'을
말하면서 이미 언급되었다.

23) 다윈이 '*種의 起源*'을 발표한 해는 1859년이다.

24) 이러한 주장을 한 사람으로는 보댕, 홉스, 몽테스키외, 볼테르, 루소, 칸
트, 쉴러 등이 있다.(*PR*, 24.)

25) **스피노자의 철학 체계**에는 실체(substance), 속성(attribute), 양태(mode)가
핵심을 이룬다. 여기서 양태는 개별적 사물, 사건을 말하며 실체가 잠시 동
안 취하는 특수 형태 또는 형상이다. 이런 것들은 영원 불변하는 실체
(substance)의 형식이고 양태이며 틀이다. 그러므로 스피노자가 말하는 실
체란 '밑에 있는 것'으로 영원히 변하지 않고 존재하는 것이다. 이런 점에
서 그 밖의 것은 일시적인 형태이다. 스피노자는 더 나아가서 이 실체를

서 사물은 불변하는 것이 아니라 끊임없이 변화되고 있다는 철학적 진화론을 주장하였다.26)

그리고 다윈이 이 진화론을 과학적 사실로 규명하고자 애썼고, 마르크스가 이를 과학적으로 이해하고자 하면서 사회적 희망을 유토피아적 사상에서 분리해 과학적 진화론과27) 접목시켰다.28)

그러나 다윈이 적자생존과 자연도태, 생존경쟁에 대한 과학적 기반를 설정하는데 성공하자마자 이에 대한 열렬한 호응과 지지가 있기도 했지만 반대로 다방면에서 비평이 쏟아져 나오기 시작했다. 비간트는29) 세기가 끝나기 전에 다윈의 이론은 존재하지 않을 것이라는 예언도 하였다. 마이어는 다윈의 이론은 사실을 설명하기 위한 가설이 아니라 가설을 옹호하기 위한 사실 구성이었다고 비판하였고 이 비판은 넓게 동의 되었다.30) 이는 지성인들 사이에 진화론이 받아들여지기 어려운 점이 많았음을 뜻한다.

둘째로 자연과학 그 자체가 근본개념에 있어서 상당한 수정이 가해졌다는 것이다. 예를 들어 물리, 화학 분야에서 아무리 작은 원자라도 우주를 채울 수 있다는 가정을 하였는데 유물론자들은 이 가설을 하나의 이론으로 정립하고 '원자'를 우주의 궁극적인 유일한 요소라고 생각하게 되었다. 그리고 세계의 모든 변화와 다양성은 이런 원자들의 분리와 기계적인 배합의 결과로 간주하였다.31) 이는 확실히 설득력

자연 및 신과 동일한 것으로 본다.(Durant, 190-191) 이 때문에 그의 사상은 자연이 신이고 신이 자연이라는 범신론으로 가는 길을 열어준다.

26) *PR*, 34.

27) '과학적 진화론'은 '신학적 창조론'에 대조 되는 개념으로 이해하면 될 것이다.

28) *PR*, 34.

29) **비간트**(Albert Julius Wilhelm Wigand, 1821-1886), 독일 식물학자, 다윈의 진화론을 반대하였음.(위키피디아)

30) *PR*, 35. (이 부분에 대한 바빙크의 각주는 다음과 같다: J. B. Meyer, *Philos. Zeitfragen*, 1890, p. 92.)

31) 이는 **원자론적 유물론**(Atomistic materialism, 原子論的唯物論)으로서 세계에 있어서의 모든 사물을 더 이상 그것 이상으로 나눌 수 없는 물질적 미립자(원자)의 집합이라 보고, 이와 같은 미립자의 형상, 크기 및 그

있는 주장이 될 수 있다는 것이었다.32)

그러나 현대 물리학과 화학은 여기서 더 나아가 빛의 연구를 통해 물질은 끝없이 분할될 수 있다는 생각과 함께, 원자와 원자 사이의 빈 공간이 있다는 것은 생각할 수 없다고 하였다. 결국 물질의 근원으로서의 원자는 하나의 허구라고 믿으며 오히려 에테르가33) 가득한 세상 (the existence of a world-aether filling all)이 더 그럴듯 하다는 생각에 확신을 더하게 되었다. 이로서 원자가 궁극적인 단위라고 말하던 기존의 자연과학의 개념이 흔들리게 되었다.34) 그리고 동시에 유물론도 흔들리며 그 확신도 깨졌다는 것이다.

셋째, 유물론이 유일한 일원론인 것 같지만 인식론적 관점에서는 이제 더 이상 그렇게 보지 않는다는 것이다. 유물론적 일원론(material monism)은 질료와 힘, 이 둘 사이의 관계에 대해 설명하지 못하므로 이분법을 온전히 극복하지 못했다. 그리고 오스트발트가35) 원자니 물질이니 하는 개념을 없애버리고 이를 에너지 개념으로 대체하여 '에너지 일원론(energetic monism)'을36) 주장했다.37)

<hr />

것들의 이합집산, 운동에 의해서 모든 현상을 설명하려고 하는 학설이다. 고대 그리이스의 레우키포스(Leukippos)에게서 시작되어 근대 원자론적 자연과학으로 계승되었다. 역사적으로는 비공간적, 관념적인 단자(單子)에 의하여 세계를 설명하려고 하는 라이프니츠(Leibniz, Gottfried Wilhelm)의 관념론적인 단자론에 대립한다.(네이버 지식 사전: 철학일반) 이를 볼 때 관념철학을 과학에서 무시할 것만은 아니다. 철학의 이러한 관념적 사유는 과학 연구의 또 다른 통찰이 될 수 있기 때문이다.

32) *PR*, 35-36.
33) 에테르(aether): 물리학에서 빛을 전달하는 물질을 에테르라고 부르는데, 이는 이론적인 우주의 물질로서, 1905년 상대성 이론이 정립되고 보편상수라는 아인슈타인의 가설에 입각하여 에테르 가설은 불필요하게 되었다.(Daum 백과사전)
34) *PR*, 35.
35) **오스트발트**(Ostwald, Wilhelm 1853~1932) 독일의 물리화학자, 철학자로 1909년 노벨 화학상을 수상하였다. 유물론인 볼츠만의 원자론적인 기체분자운동론이나 통계역학에 반대하고, 에너지 일원론, 즉 세계에는 형태 변화를 하는 에너지가 있을 뿐이라는 일원론적 세계관을 수립하였다. 이것은 '물질 없는 운동'을 주장하는 관념론적 입장이었다.
36) 이는 **알베르트 아인슈타인**(Albert Einstein 1879-1955)의 이론에서 확인 될

그러나 이번에는 오스트발트의 주장과는 달리 우리 자신을 포함한 외부 세계는 '의식'이라는 매개체를 통해 우리에게 드러난다며 사물의 긍극적인 요소는 물체나 에너지 등이 아니라 '감각'과 '인지'라고 주장하는 이론이 대두되었다.[38] 이로서 새로운 형태의 일원론으로서 '심리적 일원론'(psychical monism)이 등장하였다.[39]

바빙크는 이렇게 다양한 이름으로 나타나는 유물론은 단지 작업가설로서 기여할 뿐, 이제 더 이상 세계를 설명할 수 없게 되었다고 하였다.[40] 다시 말해 정신은 물질로 설명될 수 없고 의식 현상이 원자

수 있다. 물리학에서 질량-에너지 동등성(mass-energy equivalence)은 모든 질량은 그에 상당하는 에너지를 가지고 그 역 또한 성립한다는(모든 에너지는 그에 상당하는 질량을 가진다) 개념이다. 이는 그의 1905년 논문에서 처음 발표되었다. 특수상대성이론에서 이 관계는 $E = mc^2$ 등가 관계식으로 나타난다.(위키백과)

37) *PR*, 36.

38) *PR*, 36.

39) PR, 37. 그러나 이런 심리적 일원론은 쉽게 유아론(solipsism)이나 회의론(skepticism)에 빠져들어 가면서 보편적 인식을 간과하는 실수에 빠져 버렸다. *유아론(solipsism): 독아론(獨我論)이라고도 하는데 오로지 자기 자신 하나뿐이라는 의미이다. 모든 주관적 관념론은 철저하게 자신의 입장을 추진해 나가며 자기 자신의 그 의식만이 있을 뿐이라고 한다. 대표적 인물로 버클리를 들 수 있다. 주관적 관념론은 감각적 경험을 기초로 하여 출발하고 거기에서 감각에 나타난 것만 존재한다고 본다. 여기서 더 나아가 본래 존재하는 것은 이같이 감각하고 있는 자기뿐이라는 입장을 취하기 때문에, 유아론이라고 불린다. 영국의 실용주의 철학자인 실러(F.C.S. Schiller)는 유아론은 이론상으로는 성립하지만, 실제 생활에서는 통용될 수 없다고 하였다.(네이버 지식사전)

40) 현대 물리학의 발달은 바빙크의 이 말에 더욱 힘을 실어준다. 서울대 물리학자 김재완 교수는 우주 탄생의 순간을 말하면서 이렇게 글을 맺었다. "허공은 그냥 허공이 아니라 모든 물질의 기본 입자들이 순식간에 나타났다가 순식간에 없어지는 그런 곳이다. 순간적인 찰나는 태초에만 있었던 그런 물질들도 나타났다가 순식간에 없어지는 현장이다."(서울대학교 자연과학 교수 31인, 21세기와 자연과학 (서울: 사계절, 1997), 72-75) 그런 만큼 물리학에서의 빅뱅을 일으킨 태초의 그 무엇이 무엇이었는지에 대해 아무것도 모른다. 여기에 무엇이 있었다면 이는 과연 일원론이 말하는 그 물질인지 생각해보지 않을 수 없다. 그래서 많은 사람들이 창조론과 빅뱅이론은 서로 연결시켜보려고 하지만(Ian G.Barber, 과학이 종교를 만

로 설명될 수 없다는 것이다.

이런 식으로 일원론은 그 이름을 달리해 발달되어 가는 과정에서 상당한 비판을 받아왔다. 바빙크는 과학의 역사에서 이렇게 '일원론'이라는 단어만큼 함부로 남용된 적이 없다고 지적하면서[41] 결국 일원론이라는 개념은 너무 막연하고 무의미하게 되었고 또 일원론이란 말에 어떤 명료한 개념을 붙이기 어렵게 되었다고 하였다.[42]

이어 바빙크는 일원론이 특히 헥켈의 범신론적 유물론(pantheistic materialism)의[43] 영향을 많이 받았다고 하였다. 그는 헥켈이 자기와 견해를 달리하는 모든 것은 비과학적이라며 이원론으로 몰아버리고자 했음을[44] 지적했다. 헥켈은 순수 일원론(pure monism)을 따라 세상

날 때 (When Science Meets Religion, 이철우 역 (서울: 김영사, 2005), 87-90) 이런 시도는 창조론자나 유물론자 사이에 갈등을 일으킬 뿐이지 사실 여기에 대한 분명한 답은 아직 없다. 그래서 과학은 유신론과 무신론 사이에서 아무 말도 하지 않고 있다는 말은 옳은 것이다.

41) '… 유물론적, 범신론적, 평형주의적, 활동적, 심리적, 인식론적, 논리적, 자연주의적, 형이상학적 … 그리고 다른 여러 종류의 일원론 …' (*PR*, 39.)

42) *PR*, 39.

43) **범신론적 유물론**은 유물론 중에서 가장 오래되고 단순한 형태로서 범신론과 같은 말이다. 이는 신이 곧 만물이고 또한 신은 만물 안에 자신을 펼쳐 놓았다는 주장을 골자로 한다. 이는 존재하는 모든 것이 신이라는 말이다. 신은 만물 밖에 있는 창조주가 아니라 인간을 포함한 모든 실체의 총합이다. 따라서 인간이 구원을 받으려면 자연과 하나가 되어야 하고 그것과 동일하게 느껴야 한다. 노자(주전 550년경 탄생)가 창시한 도교(道教)가 최초의 범신론의 형태에 속한다고 볼 수 있다. 근대철학에서 스피노자가 이 사상에 대표한다고 볼 수 있다.(Brow, 118)

44) 앞에서 헥켈은 우리 시대의 **도킨스**와 비교된다고 하였는데 **맥그라스**는 도킨스에 대해 이렇게 말했다. '리처드 도킨스는 찰스 다윈 이후 신적 기원을 통한 세계 설명이 우주적 센티멘탈리즘, 사카린 같이 달콤한 거짓된 목적이 되었으며, 자연과학이 이 사실을 정화하고 폭로할 임무를 가진다고 생각한다.' (*도킨스의 신*, 41.) 그러나 헥켈이나 도킨스와는 달리 찰스 다윈은 '종의 기원'을 발표하면서 자신이 무신론자임을 말하지 않았다. 다윈의 진화론 그 자체는 무신론도 유신론도 아니다. 맥그라스는 과학은 신의 존재를 확증하거나 부정할 수 없다며 다윈주의가 신의 존재 혹은 본성에 대해 어떠한 입장도 가지고 있지 않다고 하였다. 그는 만약 다윈주의자들

계시철학의 이해

에는 오직 단일 실체만이 존재하는 것으로 이해했는데, 그 실체는 신인 동시에 세계요 정신인 동시에 육체요, 질료인 동시에 힘이라고 생각하였다.[45)]

그러나 바빙크는 이렇게 철저해 보이는 유물론자가 실제에 있어서 유물론과 범신론 사이에서 갈팡질팡하였다고 지적하였다. 그는 신인 동시에 세계로서의 실체를 말하는 것에서 이런 것이 드러났다고 한다.[46)] 이는 물질이면 끝까지 물질이지 거기에 신이라는 말이 왜 등장하느냐는 것이다.

그리고 바빙크는 일원론이란 미명하에 제공되는 모든 체계가 얼마나 자가당착적인가를 지적하였다. 다시 말해 일원론의 과학 체계가 궁색하다는 것이다. 이렇게 바빙크는 오스트발트의 말을 빌어 하나님과 세상, 존재와 생성, 물리적 에너지와 심리적 에너지의 차이를 설명하려 들지 않고 막무가내 식으로 모든 것은 하나에서 나왔다고 주장만

이 종교 문제에 대한 독단적 주장을 하려 든다면, 과학적 방법의 엄밀한 길에서 탈퇴하는 것이라고 하였다. (*도킨스의 신*, 111.) 그리고 뷜럼 뢰이뻔 (William A Luiipen)과 헨리 코렌(Henry J. Koren)은 그들의 저서인 '*현대 무신론 비판*'에서 과학은 신의 존재를 긍정도 부정도 할 수 없다며 (28~) 과거에는 근시안적 과학자들이 과학을 근거로 신의 존재에 대해 부정, 긍정을 함부로 말했다고 하였다. 그러나 현대 과학 이론은 과학자들이 신 존재에 대한 자신들의 주장에 더 주의하고 덜 절대적인 자세를 보이는 경향이 있다고 하며, 과학자들은 현대과학 이론들 앞에서 자신들이 과학자로서가 아니라 오히려 한 명의 인간으로서 자신들의 과학적 지식을 기초로 신을 거부하는 것이 더 어렵게 되었다고 하였다. 현대 과학 이론은 이렇게 과학자들 사이에 이런 심리학적 풍토를 조성하는 경향이 있다고 하였다. (Luijpen, William A and Koren, Henry J, *현대 무신론 비판* (*Religion and Atheism*), 류의근 역 (서울: 기독교문서선교회, 2005), 33.)

45) *PR*, 39.
46) 이는 사실 유물론이 범신론과 타협하면서 범신론적 유물론이 탄생하였음을 말한다. 유물론이 유물론 자체로만 남을 수 없는 이유는 본 연구의 전제에서 나온 것처럼 인간은 초월적인 존재라는 것이다. 그래서 인간은 이 땅에서 눈에 보이는 것 이상의 그 무엇을 찾되 모든 것이 물질에서 나왔다는 것에 만족을 느끼지 못하고 마침내 신을 상정한다는 것이다. 그래서 인간은 단순한 유물론에 만족하지 못하여 이를 범신론적 유물론으로 만드는 그런 존재라는 것을 증명한다고 볼 수 있다.

하는 것 자체가 일원론이 얼마나 궁색한 이론인가를 지적하였다.47)

그리고 바빙크는 과학과 철학으로서의 일원론이 사실 정확히 무엇을 의미하는가를 누구도 말할 수 없다고 반박하였다. 바빙크는 우주는 우리가 상상하는 것보다 훨씬 풍성하고 복잡하다고 말한다.48) 그의 주장은 이런 우주를 일원론으로 설명하고자 한다는 것 자체가 무리라는 것이다.

그는 여기서 라인케49)의 말을 빌어 일원론이 실패했음을 말한다.

> 나는 일원론으로 세계를 이해하려는 시도는 실패할 것이라고 생각한다. … 만물을 일원론적으로 이해하려는 통일에 대한 바람은 당연하겠지만 그것은 우리들의 세계관을 형성하는데 결정적인 무게를 실어주지 못한다. 우리가 중요시 여겨야 할 질문은 무엇이 우리를 즐겁게 하느냐가 아니라 무엇이 진실인가 하는 것이다.50)

바빙크의 주장에 의하면 현실 세계 속에 있는 사물들이나 현상들은 무한히 다양하며 사실 어떤 연구를 한다고 해도 일원론이 주장하는 '질료와 힘의 통일'(unity of matter and force)을 발견할 수는 없다는 것이다.51)

제3 절 진화론의 한계

바빙크는 이어 진화론의 한계를 말할 때 먼저 그리이스 철학의 이데아론에서부터 시작한다. 그에 의하면 그리이스 철학은 최초로 사물

---

47) *PR*, 40.
48) *PR*, 40.
49) 바빙크의 각주에 의하면 이 인용구는 라인케(Reinke)의 *'Die Walt als That'*(1903), P. 457에서 인용되었다.
50) *PR*, 41.
51) *PR*, 41.

의 원리를 이데아로 생각했으며,52) 그 안에서 시간적인 시작과 모든 현상의 동인(動因)을 동시에 발견한다고 하였다. 그런데 문제는 여기서는 현실적으로 나타나는 모든 특성이 배제된다는 것이다. 이러한 원리로 생각하면 사물이 지닌 독특성이 사라지고 남은 것은 없게 된다. 그래서 그리이스 철학의 이데아론적인 사고는 단순한 사고의 산물일 뿐 현실성이 없고 이것은 현실 세계 안에서 입증되는 것이 없다고 하였다.53)

이데아론은 만물이 이데아로부터 유출해 진화되었다고 하는데54) 이것은 다시 헤겔의 영향 아래에서 실체(substance)는 주체(subject)로, 그리고 존재(being)는 절대적인 생성(absolute becoming)으로 바뀌었다.55) 이러한 이데아론은 결국에 진화의 개념을 말하지 않을 수 없게 되고 여기서 다시 진화의 개념이 최상의 것이라는 주장이 나오게 되었다.56)

이로서 진화는 세계를 설명하는 마술적 공식(magic formula)이 되었고 그런 만큼 이 진화는 사물의 기원과 존재에 대한 의문을 푸는

---

52) **이데아**는 '현상', '형상', '특성'의 의미를 지니고 있는데 플라톤은 이데아라는 말을 '본질'에 대해 사용하였고 각각의 구체적인 양태들과 대조되는 것으로 사용하였다. 이데아는 변화와 지각의 한계를 너머 오직 이성에 의해서만 파악될 수 있다. 이런 이데아는 철학사 속에서 독특한 의미로 이해되어 사용되었다. 일례로, 독일 관념론에서 중요한 지위를 차지하고 있었는데 피이테는 이데아를 '하나님의 형상'으로, 셸링은 '절대자 자체가 되는 힘'으로 이해했다. 헤겔은 이데아를 스스로를 현실 속으로 드러내어 이념적인 것과 현실적인 것의 총체적 실체의 진리에 도달하는 절대정신 자체로 규정했다.(기독교대백과사전 12권 (서울: 기독교문사, 1984), 1123-1124.)
53) 이는 영어본문에 다음과 같이 표현되어 있음을 참조하면 이해하기 쉽다. " … Similarly the conception of ultimate being reached by abstraction is a mere product of thought, upon which nothing can be posited in the real world; nothing can come out because it is itself nothing."(*PR*, 42.)
54) *PR*, 42.
55) 이 개념은 위의 '이데아'에 대한 각주 하반부에서 '헤겔'에 대해 언급한 부분으로 이해될 수 있다.
56) 이는 헤겔의 정반합의 원리대로 만물은 결국에 이데아(이상, 궁극의 목표)를 향하여 나가게 된다는 의미에서 이해되어야 할 것이다.

153

열쇠와도 같은 것이 되었다.(Evolution is the key to the origin and existence of all thing).57)

여기서 바빙크는 이런 진화론적인 사고에 대해 비판을 가한다. 즉 어떤 단일한 정의도 모든 현상을 설명할 수는 없다는 것이다. 그는 많은 자연 영역과 역사 진행 과정에 나타나는 다양한 단계들 속에서 도처에서 발견되는 생성의 요소(element of becoming)는 폭넓게 다른 성격을 띄고, 비유기적 세계 속에서 관찰되는 변화는 생명체 속에서 발견되는 것과는 종류 자체가 다르다고 말한다.58)

그리고 생명체 속에 의식과 의지, 과학과 예술, 가족과 사회, 개인과 단체 등은 그 나름대로의 고유한 성격과 법칙을 가지고 있다. 물론 우리가 이를 볼 때 거기서 어떤 통일성을 찾아볼 수 있다. 그러나 그 안에 나타난 다양성을 분해해 단순화 시켜보려는 시도는 그 자체가 정당하지 못하다. 다시 말해 질료와 힘과 생명을 지닌 우주를 설명할 만한 공식은 없다는 것이다.59)

진화론에 대한 바빙크의 이러한 비판은 그의 통합적인 사고체계에서 나온 것이라고 볼 수 있다. 그의 주장은 진화론은 사물 이해를 위한 통합적 모델로는 부적격하고 그러한 진화론적인 사고로는 설명할 수 없는 일들이 너무 많다는 것이다.

바빙크가 이렇게 통합적 사고에 기초해 진화론을 반박하는 것은 바빙크가 이를 말한 지 100년이 지난 후인 오늘날 알리스터 맥그라스의 진화론에 대한 반박의 변과 똑같다. 맥그라스 역시 통합적 사고에 기초해 그의 책 *과학신학탐구*에서 다음과 같이 말하고 있다.

> 실재(reality)는 그보다 복잡하다. 과학의 '종교 제거'에 대해 언급하고 싶다면 한 사람이나 한 권의 책이 아니라 한 세기에 가까운 세월 동안 기존의 사고 패턴에 큰 변화를 가져온 수많은 요소들을 고려해야만 할 것이다. … 확실히 이런 비평은 인간의 관점에 복잡한 구조가 자연의 힘

---

57) *PR*, 43.
58) *PR*, 44.
59) *PR*, 44.

만으로는 설명할 수 없는 무엇인가가 있음을 보여주며 모든 설명을 신적 창조주에게 의존하지 않을 수 없게 만든다. 그렇지 않으면 우리가 자연에서 관찰할 수 있는 이 광대하고 복잡한 구조를 어떻게 설명할 수 있겠는가? 60)

여기까지 바빙크는 '우주의 설명의 도구'로서의 진화론의 실패를 말하였다.61) 그의 이제까지의 비판은 객관적인 입장에서의 비판이었다. 사실 그도 다른 사람들처럼 기독교적인 입장에서 진화론을 얼마든지 비판할 수 있었다.62) 그러나 그것은 바빙크의 계시철학의 목표가 아니다. 그가 진화론을 처음부터 유신론적 비판으로 접근하고자 한다면 이는 유신론과 무신론 사이의 쟁론이 되어버리고 말 것이다. 그래서 바빙크는 여기서 자신이 처음 의도한 대로 인간 자율에 기초한 철

---

60) Alister E. McGrath, *과학신학탐구* (*The Order of Things*), 황의무 역 (서울: 기독교문서선교회, 2010), 75-76.

61) 진화가 어떻게 오늘날과 같이 복잡하고 다양한 자연체계를 만들게 되었는가에 대해서는 **도킨스**의 한결같은 주장이 있다. 그는 그의 책 **오를 수 없는 산**(*Climbing Mount Improbable*)에서 은유적 이미지로 이에 대해 설명한다. 즉 산이 한쪽에서 보면 분명 도저히 오를 수 없는 것 같은 '높이 깎아지른 수직 절벽'으로 보이지만 반대편에서 보면 '조금씩 높이 올라갈 수 있는 완만한 목초지'로 되어 있어 일시에 다 이루어지지는 않아도 충분한 시간이 주어지면 가장 간단한 형태로부터 지금과 같이 다양하고 복합한 자연체계로 진화될 수 있다는 것이다. 도킨스는 이런 비유를 통해 진화를 주장하며 그러므로 신은 없다고 선언하지만 이에 대해 **맥그라스**는 설혹 그렇게 완만한 진행으로 이루어졌다 해도 왜 그것이 신이 없다는 증거가 되느냐며 과학은 유신론과 무신론 어느 것도 주장하지 않는다며 도킨스의 주장에 대한 반박하였다.(McGrath, *과학신학탐구*, 77-79.)

62) 다윈이 *종의 기원*을 내놓았을 때 그 시대의 대부분의 생물학자들은 *종의 기원*에 반대하였다. **헉슬리**(T.H. Huxley)는 자신을 제외하고 단지 두 세 명의 저명한 생물학자만이 다윈의 진화에 대한 견해를 수용했다고 하였다. 그래서 신학자들은 저명한 자연과학자들의 지지를 받아 그를 반대하는데 더욱 힘을 낼 수 있었다. 다윈의 이론을 반대했던 대부분의 과학자들은 매우 강한 과학적 질문들에 의하여 동기 지어졌는데, 특히 자연도태에 관하여서 그러하였다. 많은 경우 자연과학자들은 자신의 종교적 신앙과 일치하지 않는다는 점에서 반대를 하기도 했다. 이는 다윈의 이론이 신적 목적론을 거부한다고 보았기 때문이다.(Livingstone, 522-535)

155

학, 과학의 맹점을 지적하며 다만 진화론의 한계를 말한 것이다. 그리고 이제 실용주의에 대한 논의로 들어가 이의 한계와 맹점을 지적하고자 한다.

제4 절 실용주의

바빙크가 여기서 진화론에 이어 실용주의 비판에 들어가는 것은 실용주의 자체도 진화론과 마찬가지로 하나님을 배제하고 생각하기 때문이다. 그리고 이것은 실제 진화론의 실패를 실용주의 철학으로 만회하고자 하는 당시 사상계에 대한 비판이라고 볼 수도 있다. 바빙크가 이 강의를 할 때는 미국에서 각별하게 실용주의 사상이[63] 곳곳에 퍼져 있는 때였다는 점에서 그의 실용주의 비판은 의미가 있다.

1. 실용주의의 등장

바빙크는 일원론이 인간 이해를 폭넓게 수용하지 못하므로 실패하

---

63) **실용주의**(Pragmatism)은 19세기 후반에서 20세기에 걸쳐 공리주의를 응용하여 미국에서 발현한 철학 사조이다. 이러한 실용주의를 '진리의 이론'으로 전개한 사람은 **제임스**이다. 그에 의하면 우리의 관념이 참이냐 거짓이냐 하는 문제는 그것이 우리의 실생활에 있어서 어떠한 실천적 차이를 나타내는가에 따라서 결정되어야 한다는 것이다. 그러므로 시간과 공간을 초월한 절대적 진리는 없으며 진리의 기준은 오로지 우리의 실생활에서의 유용성에 두어야 한다는 것이다. 따라서 진리는 상대적이며 변화하는 것이다. 실용주의는 **듀이**에 의해서 그 행동적 요소가 더욱 강조되었고 개인적 관심에서 사회적 관심으로 발전하게 된다. 듀이의 철학은 보통 '도구주의(instrumentalism)' 또는 '실험주의(experimentalism)'라고 불린다. 우리의 모든 관념이나 사상은 우리의 현실 생활에서 일어나는 문제 해결을 위한 도구에 지나지 않는다고 보는 것이다. 이런 의미에서 실용주의는 공리주의이며, 경험주의적이며, 반주지주의적이라고 할 수 있다. 그러나 실용주의는 철학적 이념과 지향을 은폐하거나 호도함으로써 그것이 진정한 철학인지는 의문시되고 여러 비판을 야기했다. (위키백과)

였다면 이에 대한 반동으로서 인본주의적이고 활동주의적인 실용주의가 등장했다고 하였다. 그런데 실용주의는 인간의 인식과 행동 가치를 확신하는 데서 시작한다.[64] 다시 말해 진화론이 자연 속에서 사람을 설명하려고 했지만, 위에서 지적한 바와 같이 그것이 실패하므로 새로운 철학의 등장하게 되었다는 것인데, 이제 사람들은 자신을 자연 속의 진화의 산물로 보지 않고 자신의 자아(ego)를 강하게 대두시키며 새로운 철학을 전개해 나가기 시작하였다는 것이다.

이 운동의 선봉에 선 사람이 바로 카알라일[65]이다. 칸트가 인간 인식과 행동의 가치를 확신하면서 19세기 득세한 일원론에 대항해 인간성에 대한 새로운 이해가 등장하였을 때[66] 카알라일은 이를 기초로 인간 중심의 철학 운동을 전개한 것이다. 카알라일은 자연주의(naturalism)이나 주지주의(intellectualism) 등에 반대해서 신앙과 개인적인 확신에 근거하여 영혼의 경험 등을 변호했다. 그의 '자아'는 다시 살아났고 세계를 부정하는 데서 이번에는 강력하고 의기양양하게 세계를 긍정했다. 그는 이렇게 외쳤다.

나는 자연과 그대보다 더 위대하다. 나는 그대 위에 섰노라. 왜냐하면 나는 힘을 알고 있으며 또한 그것을 갖고 있기 때문이다. 내 영혼의 생명, 내 종교와 윤리, 내 과학과 예술 속에서 나는 나의 영원한 우월성을 입증하리라[67]

그의 영혼의 고통에서 나온 이 외침은 도처에서 메아리 되어 나왔

---

64) *PR*, 45.
65) **토머스 카알라일**(Thomas Carlyle, 1795.12.4~1881.2.5) 영국 비평가 겸 역사가. 대자연은 신의 의복이고 모든 상징, 형식, 제도는 가공의 존재에 불과하다고 주장하면서 경험론 철학과 공리주의에 도전했다. 저서 프랑스 혁명를 통해 혁명을 지배계급의 악한 정치에 대한 천벌이라 하여 지지하고 영웅적 지도자의 필요성을 제창했다.(네이버 백과사전)
66) **신칸트주의**의 발생을 말하는 것이다. 당시 유행하던 유물론적 사상이 인간을 너무 물질적으로 보자 정신을 지닌 인간으로서의 고귀함을 회복하고자 칸트의 인식론에 기초해 새롭게 대두된 철학을 말한다.
67) *PR*, 45.

다. 키에르케고르의 실존주의 철학이 등장하였고, 리츨이나 훼프팅 등은 가치를 중시하고[68] 오이켄은[69] 경험적인 세계보다 정신생활의 입장으로, 톨스토이, 입센, 니체는 사회의 부패에 대항하고, 그리고 예술가는 자연주의에서 상징주의(symbolism)와 신비주의(mysticism)로 전향하게 만들었다.[70]

이러한 성향들로 인해 이제 인간을 과거의 산물로서 보는 대신, 자신을 우주의 창조자로 여기게 되었다. 다시 말해 자연에서 인간을 생각하려는 대신에 이번에는 사람 안에서 세계를 풀어가려 한 것이다. 여기서 인간은 더 이상 진화하는 존재가 아니라 진화 상의 최고의 정점에 서 있으며 이 인간으로부터 세계의 수수께끼를 풀어가자는 제안이 나오게 되었다.[71] 그러므로 이제 중요한 것은 '인간이 어떻게 진화되었는가? 그 기원이 무엇인가?'가 아니라 '인간이 이제 이 세상

---

68) **알프레히트 리츨**(Albrecht Ritschl, 1822-1889)에게 있어서 신학은 그리스도인들의 삶에 미친 하나님의 영향과 그 영향이 그들이 추구하는 최고의 선을 위하여 어떠한 가치를 가지는가를 기준으로 가치 판단의 체계를 수립하는데 있다.(Grenz and Olson, 20세기 신학, 81.)
　　리츨에게 중요한 것은 그리스도의 인격이 아니라 '나를 위한 그의 가치가 어떠한가', 다시 말해 그리스도가 어떻게 나를 도덕적으로 더 나은 존재로 만들어주는가에 관심을 가지고 신학을 가치 면에서 연구하였다는 것이다.(정승원, "알프레히트 리츨 사상 연구", *05. 신학일반*, 신학자료)
　　그래서 이런 리츨에게 있어서 하나님은 순수 이론적 인식의 대상이 아니라 가치 판단을 통해 형성된 하나의 인식에 불과하다. 그에게 있어서 종교와 윤리는 가치를 기준으로 상호 밀접한 관계를 갖는다.(김성욱, *리츨의 신학적 고민* (용인: 웨스트민스터출판부, 2009), 91)
69) **오이켄**(Rudolf Christoph Eucken, 1846.1.5~1926.9.16) 독일의 철학자. '생의 철학'의 대표자로 꼽혀 많은 저작으로 이상주의적인 생의 철학을 옹호, 발전시켰다.(네이버 백과사전)
70) *PR,* 46. **키에르케고르**의 실존철학도 '나'는 누구인가 하는 것이며, 리츨, 헤프딩도 나의 가치를 찾는 것이고, **톨스토이**는 구도적이며(부활), **입센**은 한 개인의 가치와 존재의미를 추구했으며(유리동물원), **니체** 역시 참된 인간을 추구했다(인간적인 너무나 인간적인). 이는 모두 개인의 실존, 가치, 고뇌에 관한 것들이다. 이러한 고뇌들은 인간을 자연 이상의 존재로 보고자 했으며 여기서 싱징주의, 신비주의가 나왔다는 것이다.
71) *PR,* 46.

을 어떻게 보고 어떻게 다룰 것이냐?'하는 것이다.

바로 여기에 초점이 맞추어지면서 앞서 말한 실용주의가 등장하는 것이다. 이 실용주의는 기존의 어떤 교조(dogma)나 어떤 철학의 가치에 의무를 두지 않는다. 왜냐하면 그것에 대해 이미 회의적이 되었기 때문이다.72)

그러나 '해 아래 새것이 없다'는 앞의 말과 같이 실용주의 역시 새로운 것은 아니다. 그것은 경험주의와 실증주의를 배경으로 등장한 것이다. 다만 실용주의의 질문은 '이제까지 그것이 무엇이었든 앞으로 무엇이 되어 가느냐? 우리가 그것으로 무엇을 하고 만들어갈 수 있느냐?'(not what has it been but what is it becoming? What are we doing with it and making of it?)는 것이다.73)

2. 실용주의 사상

실용주의는 절대 사상이나, 절대 하나님, 전능하신 하나님과 같은 것에서 출발하지 않으며 또한 하나님의 통치도 필요로 하지 않는다. 실용주의는 더 이상 현실과 실제를 철학이나 신학 이론에 희생시키지 않는다. 실용주의는 과거를 염세적으로 보지만 미래는 낙관적으로 보는 독특한 진리관을 가지고 있다. 이러한 실용주의의 주장에 의하면 진화는 이제까지 인간을 만들어냈고 이제 더 나은 미래는 인간에게 달려있다고 한다.74)

실용주의에 의하면 세상은 스스로의 힘으로 구원받지 못하고 인간에 의해서 구원받는다고 보고75) 유일한 진리의 기준은 그것이 삶에서 유용하냐, 가치가 있느냐에 달려있을 뿐이다. 그리고 진리는 외적인 세계에 있지 않고 인간 안에만 있다고 본다. 이는 철저한 인본주의 사상이라고 말하지 않을 수 없다. 세상은 되어가고 있다, 그래서 진리는

---

72) *PR*, 47.
73) *PR*, 50.
74) *PR*, 50-51.
75) *PR*, 51.

변화한다. 사람이 어떻게 생각하며 어디에 가치를 두고 있느냐에 따라 진리도, 종교도, 도덕도, 문명도 변화한다는 것, 이것이 실용주의의 가치관이다.76)

바빙크는 실용주의를 비판하기에 앞서 그 장점에 대해 말한다. 그것은 실용주의가 일원론의 해독으로부터 우리를 구해주고 또 추상적인 개념의 황폐함을 노출시켜주었다는 것이다. 그리고 그는 실용주의는 사실들을 돌아보면서 모든 지식과 과학의 실천적인 요소를 새롭게 강조한다고 하였다.77)

그러나 그는 실용주의 자체는 사실 충분히 실용적이 못하다고 말한다. 그는 실용주의가 한결같이 플라톤, 아리스토텔레스, 스피노자, 헤겔, 브래들리, 테일러 등의 철학을 거절하면서, 사실상 소크라테스의 인본주의와78) 제휴하여 로크, 버클리, 흄, 칸트 등의 철학과 관련시켜 합리주의 철학을 경험주의 철학으로 대치시켰다고 하였다.79)

이는 실용주의가 절대자라든가 세계의 과정에 있어서 절대자의 자아 실현과 같은 추상적인 개념을 버린다는 것이다. 또한 그것은 하나님과 그 속성, 정신과 물질, 이성과 양심을 자기가 근거하고 있는 실재들로 인정하려고 하지 않으면서, 단지 이러한 모든 것들에서 오직 실천적인 가치를 지니는 좀 더 많은 일을 하기 위한 계획표를 갖는다는 의미이다.80)

---

76) *PR*, 52.
77) *PR*, 53.
78) **소크라테스 이전의 철학**이 자연을 대상으로 전개되었다면(탈레스, 피타고라스, 헤라클레이토스, 파르메니데스) 이와 대조적으로 **소크라테스 때부터** 그 철학의 중심 대상이 인간이 되었다. 소크라테스는 인간의 영혼을 연구 대상으로 하였으며, 그에 의하여 좀더 구체적으로 인간의 본질과 윤리상 문제에 관심을 두었다. 소크라테스의 이러한 관점은 이후 플라톤과 아리스토텔레스로 계승된다.(다음까페)
79) *PR*, 53.
80) PR, 53. 그러나 이 말에는 결정적인 단점을 지니고 있다. 실용주의는 거짓이라는 것도 진리 이론을 발전시켜 나간다는 점을 기억해 두어야 한다. 그러니까 실용주의는 진리는 유용한 것(what is useful), 활동하는 것(what works), 또는 좋은 실제적인 결과를 갖는 것(what has good practical

이러한 실용주의의 핵심은 어떤 절대적인 성격을 지닌 그 무엇을 알려는 모든 희망을 포기한다는 것이다.[81] 이는 기존의 철학에는 희망이 없다고 판단되었기 때문인데, 사실 아리스토텔레스, 칸트, 진화론이 어떠하든 이로 인해 나타난 내면의 공허감을 해결해주지 못한다고 판단한 것이다. 많은 사색을 해도 남는 것은 기껏해야 회의론이요 불가지론[82]이라는 것이다. 결국 실용주의란 그런 사변적인 것들을 그만두고 이 땅에서 실제적인 것으로 돌아가자는 것이다.[83]

　　그래서 실용주의는 최후의 수단으로서 궁극적이고 명백한 사실들로 간주되고 있는 것에 매달린다. 실용주의는 절대적 형이상학의 개념들로 가득한 철학의 역사를 묵살해 버린다.[84] 그리고 실용주의에는 어떤 선험적인(apriori) 이념이나 원리도 존재하지 않는다. 실용주의에 의하면 세계는 단지 인간의 지식과 활동을 통해서만[85] 점차로 '질서

---

results)으로서 정의된다고 주장한다. 그래서 분명히 거짓이라고 알고 있는 어떤 진술이, 실용주의적인 근거에서는 진리라는 것을 보여주는 일이 가능하다. 예를 들어 암환자의 정신 상태를 고려해 병명을 사실대로 말하지 않고 수술해 낫게 해준다면 이것은 실용주의적인 관점에서는 거짓말도 진리가 된다는 것이다.(Norman L. Geisler, 기독교 철학개론 (Introduction to Philosophy: Christian Perspective), 위거찬 역 (서울 :기독교문서선교회 ,1987),130.)

81) *PR*, 54.

82) 이는 어느 인간 사유나 과학의 주장이라도 확실한 진리의 보장이나 증거를 줄 수 없다는 의미에서 사용한 말이다. 이는 하나님으로부터 출발하지 않은 모든 인간 사유에 늘 따라다니는 어두운 그림자와도 같은 것이다.

83) 실용주의의 핵심은 지식의 본질에 대한 철저한 재해석에 있다. 실용주의에서는 전통적으로 지식은 정태적이고 영구적이며 '방관자적인' 용어로써 정의되어 왔다.(Norman L. Geisler, *기독교철학개론*(*Introduction to Philosophy: Christian Perspective*), 위거찬 역 (서울:기독교문서선교회, 1987), 128.)

84) 실용주의는 전후 관계로부터 지식을 추상화하려는 시도는 결코 하지 않는다. 실용주의는 인식론을 경험으로부터 단절시키지 않는다. 실용주의는 인간으로 하여금 자신의 경험 속에서 자신의 신념을 정당화할 수 있는 어떤 것을 찾게 한다.(Geisler, 129)

85) 실용주의자들에 의하면 사실상 지식은 아주 다르게 역동적인 것이다. 지식은 하나의 유기체(여기서는 인간)와 그 환경 사이의 상호 작용에서부터 발전해 나온다. 실용주의자는 인간이 끊임없이 자기의 환경과 상호 작용하고 또 그 환경에 적응해 나가는 존재로 간주하기 때문에, 그들은 모든 지식이 실제적이라고 생각한다.(Geisler, 128.)

와 조화의 세계'(cosmos)로 변형되는 하나의 혼돈 상태(chaos)이며, '거칠거칠하고 무질서한 덩어리'이다.[86]

3. 실용주의 비판

그러나 실용주의는 이런 대담한 주장을 항상 변함없이 고수하지는 않는다. 왜냐하면 제임스의[87] 말대로 형이상학이 말하는 공간이나 시간, 수와 질서, 의식, 인과율 등의 문제를 그렇게 가볍게 제거할 수 없기 때문이다. 이런 철학적인 개념들을 추상적인 것들이라며 실용적 차원에서 제거하려고 할 때 실용주의는 합리성을 결여해 버리기 때문이다.

그리고 실용주의의 또 하나의 단점은 그것은 충분히 경험적이지 않다는 것이다.[88] 현실은 실용주의 철학이 우리들 앞에 보여주는 것보다도 더 많은 요소들을 내포하고 있다. 다시 말해 실용주의는 전체적이고 풍요로운 현실을 설명해주지 못하고 있다는 것이다.[89]

여기서 나타난 사변의 한계와 실용의 한계는[90] 결국 모든 것은 하나님께로 돌아와서 자신의 문제를 해결해야 함을 말해주고 있다. 이에 바빙크는 사변보다 자연의 신비, 창조 속에 나타나는 신성, 그의 영원하신 능력을 발견하고 성경의 말씀에 귀 기울이며 해결해야 한다고 한다.

바빙크는 일방적으로 철학을 무시하지 않는다. 다만 철학 스스로가 철학사 속에서 노출시킨 사유의 한계를 지적하며 다시 계시로 돌아가

---

86) *PR*, 55.
87) 윌리암 제임스(William James, 1842~1910) 미국의 실용주의 철학자
88) 이는 실용주의가 결국에 주관주의와 상대주의의 가장 심각한 형태로 나타난다는 의미이다.(Geisler, 129)
89) *PR*, 55.
90) 바빙크는 진화론의 한계를 말할 때는 진화론은 방대한 우주의 현상을 다 말해줄 수 없다고 하였고, 여기서는 실용주의도 충분히 실용적이거나 경험적이지 못하므로 결국 철학이나 인간 사유는 한계적이라는 말로 결론을 내리고 있다.

계시철학의 이해

야 함을 말하는 것이다. 유물론이나 인도주의가 아닌 오직 유신론만
이, 그리고 유출(流出)이나[91] 진화가 아닌 계시만이 이 문제를 해결
할 수 있다는 것이다.[92]

제5 절 정리

여기까지 바빙크가 보여준 바는 어떠한 인간의 사상이나 철학도 진
리에 관한 인간의 물음에 만족할 만한 답변을 줄 수 없다는 것이다.
그는 여기서 일원론과 진화론을 집중적으로 다루면서 사람들이 얼마
나 일원론과 진화론에 집착하여 세계를 설명하고 자신을 이해하려고
애썼는가를 말하고, 그러나 결국에 이 모든 것이 실패로 끝났다고 말
한다.

그래서 답이 없는 이런 사변적인 철학에 매달리지 말고 이제는 더
이상 변하는 존재가 아니라, 변화시키며 자신에 맞는 가치를 창조하는
인간관을 확립한 실용주의의 필연적 등장에 대해 말하였다. 그러나 이
것 역시 인간 자율에 기초한, 하나님을 배제시킨 철학 사상 중에 하나
일 뿐이다.

기존 철학은 세계와 자기 설명에 대한 한계에 부딪칠 때마다 늘 새
로운 이름의 철학으로 자기 한계를 벗어나 보고자 하지만 철학이 원

---

91) 여기서의 '유출'이란 이데아에서의 유출을 말한다. 이는 신플라톤주의에
   서 나온 만물 생성의 원리에서 나온 말이다. 신플라톤주의는 이데아계와
   현상계로 2분(二分)하고, 전자 중에 '1자(일자)', '누스'(지성 내지 정신),
   '프시케'(영혼)의 3원리를 설정한다. 이 '1자'에 관해서는 '선한 것' '단
   순한 것' '자족적인 것' 등 갖가지 표현이 사용되고 있다. 여기서의 '1
   자'는 다양한 현실계의 배후에 그것을 통일하는 구극적(究極的)인 '1'
   ('多'에 대한 '1')이다. 자신이 성숙, 충실해지면 자기와 동형(同形)의 물
   건을 산출하려고 하는데 이때 유출이 일어나며, 이와 동시에 일체의 것은
   다시 일자에게로 회귀한다는 사상이다.(황인술, 아우구스티누스, "신을 향
   한 이성", 독서신문, 2011년 9월 9일.)
92) *PR*, 55.

래 목표했던 그 답을 가져다 준 것은 아니었다. 그래서 실용주의의 경우는 과거의 형이상학적인 철학을 아예 포기해버렸다. 실용주의 철학은 세계가 어떻게 형성되었는지, 신은 존재하는지, 인간은 누구인지, 무엇을 위해 살아야 하는지에 대한 철학 본질의 문제에 대해서는 묻지도 않는다. 이제 진리는 더 이상 인간 자율의 사유로부터 시작되어서 정립될 수 없음을 말한다고 볼 수 있다.93)

바빙크는 1장에서 계시철학의 개념에 대해 말하면서 그 초두부터 인간은 초월적인 존재요 인간은 하나님의 형상을 지닌 존재임을 전제하였다. 그러나 철학은 이 전제를 받아들이지 않았다. 그래서 철학은 여전히 신율과 자율의 충돌이 되어왔다. 일찍이 터툴리안(Tertullian)은 '도대체 아테네가 예루살렘과 무슨 관계가 있는가' 하는94) 유명한 말을 통해 신학과 인본적 철학의 뿌리가 근본적으로 다르기 때문에95) 이 둘은 결코 만날 수 없다는 생각을 하였다.

기독교는 구약성경에 기초를 둔 헤브라이즘에 입각한 유신론에서 출발하였고 그리이스 철학은 헬레니즘의 자연주의에 입각하여 출발하였다.96) 그러나 사도 바울 이후 서양이 기독교 국가들로 형성되면서

---

93) **도예베르트**는 인간의 자율적인 철학적 사유가 잘못된 독단이요 허위라고 주장하였다. 그 증거로서 모든 철학과 사상이 하나 같이 자율적 순수이성에 근거를 두고 있다고 주장하면서 서로 엇갈린 이론으로 맞서고 있는 사실로 증명된다고 하였다. 그의 주장은 순수이성적 사유로는 철학이 불가능하다는 것이다.(김정훈, 35) 그러므로 철학에 실망하고 실용주의 철학이 등장하는 것은 너무나도 당연한 일이다. 그러나 실용주의 역시 실패할 수밖에 없는 것은 종교적 존재로서의 인간을 거부하기 때문이다.

94) Allen, 20.

95) **터툴리안**은 '이성에 대한 계시의 우위'를 주장하는 강력한 계시주의자이다. 이는 현대의 **반틸**(Cornelieus Van Til)에게도 해당하는 말이다. 터툴리안은 철학자들은 '모든 이단의 창설자들'(patriarchs of all heresy)이라고 믿었다. 그는 철학이 아무런 도움도 되지 않고 신자에게 전혀 긴요한 것이 아니며 오직 계시가 중요하다고 하였다. 신자는 계시에 관하여 이성적으로 사유하지만 결코 계시에 반대하여 투쟁하지 않는다. 계시는 이성 위에 서 있으며 이성은 그렇지 못하다. 칸트와는 다르게 터툴리안은 '이성의 한계 내에서의 계시'를 믿는 것이 아니라, '계시의 한계 내에서의 이성'을 믿었다고 해야 할 것이다.(Geisler, 294-296)

이런 예루살렘과 아테네 사이의 갈등 자체가 없었다. 그러나 르네상스와 계몽주의 사상의 등장으로 15세기에 인본적인 서양의 근대 사상이 본격적으로 형성되면서 이 두 가지 전통 간의 실제적인 갈등이 날로 격화되어 갔다. 르네상스는 기독교를 인간 인격과 인간성의 종교로 바꾸려고 하였으며 인간이 성경적 의미가 아니라 전적으로 자유롭고 자율적인 인격으로 자신의 운명과 세계의 운명을 유일하게 지배하는 자이어야 한다고 보았다. 이런 의미에서 인간의 참된 재생을 요구한 것이다.[97]

이로 인해 시작된 신앙과 이성의 대립, 신율과 자율의 갈등, 이 사이에서 행하여진 수많은 인간적 사유는 현재까지도 계속 진행되고 있는 형편이다.[98] 이런 갈등과 대립은 역사의 고통이고 문화의 고통이다. 사상의 고통이고 궁극에서는 인간의 고통이다. 이 문제는 어디서든 해결이 되어야 함은 너무나도 당연한 일이 아닐 수 없다.

---

96) 최태연, *개혁주의와 과학 철학*, 13.
97) Dooyeweerd, *서양 사상의 황혼에 서서*, 58.
98) 신앙과 이성의 관계에 대해서는 노만 가이슬러가 다음과 같이 정리하였다. '1. 계시만으로.' 여기에 해당하는 철학자는 키에르케고르가 해당된다. 그는 인간은 죄 때문에 하나님으로부터 고립되었고 이때의 하나님은 전적 타자가 되었다고 하였다. 그래서 인간은 오직 계시에 의해서만 하나님을 알 수 있고 이성은 이에 대해 적극적인 역할을 하지 못한다고 하였다. 칼 바르트도 이에 해당하는 신학자이다. '2. 이성만으로.' 임마누엘 칸트가 이에 해당한다. 그는 모든 것을 이성의 판단에 기초하고자 하였다. 그의 '순수이성비판'이나 '실천이성비판'이 이를 말해준다. '3. 계시에 대한 이성의 우위.' 여기에는 알렉산드리아 학파의 교부들이 해당된다. 클레멘트는 철학은 히브리인들을 그리스도에 이르게 하는 규범으로서 몽학 선생이라고 하였고 심지어 그는 이성을 신의 계시와 동일하게 보기까지 하였다. 현대의 자유주의 신학자들도 여기에 속한다. '4. 이성에 대한 계시의 우위.' 이는 앞의 각주에서도 언급하였는데 터툴리안, 반틸에 여기에 해당한다. 끝으로 '5. 계시와 이성 모두로.' 이에 대한 대표적인 신학자로서는 이성과 계시 사이에 상관 관계가 있다고 믿은 아우구스티누스와 토마스 아퀴너스가 있다. 이들의 차이는 어느 쪽을 좀더 강조했는가의 차이라고 하였다. 여기에서 아우구스티누스가 '믿기 위해서 배워야 하고 믿으면 알 수 있다'고 한 말이 유명하다.(Geisler, 285-302.)

제6 장 계시와 철학 (II)

우리가 본 연구의 시작에서부터 반복해 언급하였지만 이런 헤브라임즘과 헬레니즘, 유신론과 자연주의의 만남, 다시 말해 신율과 인간 자율이 서로의 접점을 찾는 것, 이것이 바빙크의 계시철학의 의도이다. 이런 철학의 논의에서 바빙크는 초월적인 존재로서의 인간을 전제하며 이 논의를 시작했듯이 그 결과에서 인간은 초월적인 존재로서 답을 얻어야 한다. 그리고 이를 기초로 인간은 하나님의 형상을 가졌음을 말해주어야 한다.

이것이 설명되려면 인간은 계시 파악의 능력을 지닌 존재로, 그리고 인간은 늘 계시 파악을 하고 있음을 말해줄 수 있어야 하는데 바빙크의 '계시와 철학 (II)'은 이 방향에서 내용이 전개되어 간다.

그는 이를 위해 제일 먼저 관념론으로 접근하였다. 왜냐하면 관념론은 바빙크가 주장하는 계시 파악 장소로서의 자아의식에 대해 말해주고 있기 때문이다. 이에 대한 바빙크의 강의 속에 관념론에 대한 내용은 많고 복잡하다. 그러나 바빙크가 어떤 의도 속에서 강의를 전개해 나가고 있는가를 파악해 나갈 때 우리는 좀더 쉽게 바빙크의 결론에 도달할 수 있을 것이다.

제1 절 관념론(Idealism)[1]

그러면 인간은 어떻게 계시를 파악할 수 있는가? 바빙크는 이를 위해서 먼저 인간의 의식 세계를 이해해야 함을 말한다. 그는 계시 의

---

1) 관념론에는 많은 심리학적 용어들이 등장하고 또 이 용어들에 대한 분명한 정의가 필요하다. 본 연구에서는 각 용어들에 대한 사전적인 정의를 각 주에서 적극 설명하면서 본문 이해의 깊이를 더 해볼 것이다.

식 장소가 자아라고 말하면서 모든 인간이 사실상 계시에 노출되어 있다고 한다. 그는 이제 자아와 자아의식을 계시 인식과 연결시키기 위해 자아인식과 깊은 관련이 있는 관념론으로 들어간다. 그리고 이를 기초로 자아의식의 이해를 가져온다.

1. 관념론의 이해와 비판

바빙크는 관념론을 논할 때 먼저 자아의식(self-consciousness)에 대해 말하며[2] 우리가 실제에 도달할 수 있는 유일한 길은 자아의식을 통해서라고 하였다.[3] 그런데 관념론은 만일 객관적인 실체가 존재한다면, 그것에 대한 지식은 오직 나의 의식(意識)을[4] 통해서만 나에게 도달할 수 있다고 한다. 이런 의미에서 객체는 주체 속에만 존재하기 때문에 세계가 우리들의 표상이라는 주장은 매우 적절한 것이다. 이러한 생각은 만물은 원자와 에테르, 물질과 에너지의 형태로 보존되고 있다고 생각하는 '순수자연주의'(naive naturalism)에 반대하는 강력한 근거가 되었다.[5] 왜냐하면 이런 자연주의적 사고는 관념론과 배치되기 때문이다.

---

2) 노만 가이슬러는 그의 책 *기독교철학개론*, 141쪽에서 자아의식을 'self-awareness'로, 곧 '자신에 의한 자신에 대한 의식'으로 간략하게 정의하였다.

3) *PR*, 56. (영문 참조) "The only path by which we are able to attain reality is that of self-consciousness"

4) **'의식'**이란 '인간 특유의 심리적 활동의 총체'를 말한다. 그것은 객관 세계를 인식하는 기능이며, 미래를 예측하고 목표에 부합하는 행동을 위한 계획을 만드는 기능이다. 또한 결정하고 결단을 내리는 기능이며, 나아가 행동의 규범·가치의 설정·행동·그 목적과 수단에 대한 평가 기능이다. 이런 것들이 과학과 도덕 등 사회적 의식의 여러 형태를 만들며, 복잡한 사회생활을 통제하고 물질세계를 실천적으로 변혁시키는 기관으로서 역할을 한다. 철학사에 있어서 의식과 물질과의 관계에 대한 문제는 철학의 근본 문제였다. 그런데 관념론은 의식을 물질에서 독립된 것으로 간주하며 의식 일반이라든가 절대정신 등을 통해 세계를 설명하려 한다.(네이버 지식사전)

5) *PR*, 56.

그러나 현실은 의식의 중재를 통해서만 접근할 수 있다는 것이다. 이는 아주 명백한 사실로서 만일 관념론이 지각을 의식의 중재가 없는 지각 자체의 순전한 내재적인 행위로 여기고, 지각되는 대상도 정신 속에 내재한다는 결론을 내린다면 이는 잘못이다.6) 그 누구도 의식을 통하지 않고는 실제를 알 수 없고, 또한 '의식을 통한 지각 작용'이 성립되지 않는다면 우리에게 있어서 '무엇을 안다'는 것은 불가능하다. '의식'과 '지각 작용'은 구분된다. 의식 다음에 의식된 것을 '분별하는 것'이 지각 작용인 것이다.

그러므로 현실에서 우리가 무엇을 안다는 것은 의식에 따른 지각 작용의 결과로서, 이 지각은 관념론에서 말하는 정신의 내재적 현상과는 구별되어야 한다. 이 말은 관념론에서의 지식은 내재적인 의식의 결과이지만, 현실은 이와는 달리 실재가 의식의 중재를 통해 인간 안에서 지식으로 변한다는 것이다. 이점에는 '의식의 중재 없이' 현실과 실재를 관념 속에서 규정하려는 관념론은 비판된다.

관념론의 또 하나의 잘못은 관념론은 아직 주체가 현실적으로 지각되지 않는 부분까지도 감각과 표상을 통해 규정하는 것이다. 여기에서 객관적 오류가 발생하게 된다. 주체의 지각은 온전한 사실을 반영하지 못하고 감각과 표상도 이상적이어서 현실을 온전히 파악하지 못한다.7) 이런 비판 앞에서 관념론은 자기 지식의 객관성을 주장하기 위해 두 가지 방법을 택했다.8)

첫째, 인과율(causality)의 원리를 기초로 하나의 결과로서의 표상으로부터 그 원인으로서의 하나의 객관적인 실제에 이르기까지 추론해 나가는 방법이다. 간단히 말하면 이는 인과율의 원리를 기초 삼아 결과에서 원인을 추론하는 방법이다.9)

---

6) *PR*, 56.
7) *PR*, 57.
8) *PR*, 57.
9) *PR*, 57. 그러나 이런 식의 추론 방법은 많은 문제를 야기한다. 이렇게 결과를 역추적하여 원인을 발견하고자 하는 시도는 오류를 가져오기 쉽다. 근대과학의 방법론에서는 "동일한 조건(원인) 밑에서는 동일한 현상(결과)이 생긴다"라는 식으로 인과율을 기술한다. 그러나 동일하다고 여겨

둘째, 인간을 의식과 표상만이 아니라 힘과 충동과 의지의 존재로 보는 것이다. 우리가 실제를 표상으로부터 추론해 낼 수 없지만, 의지를 통해 당면 목표를 달성할 수 있다는 것이다. 즉 인간은 사유에 의해서 표상으로부터 실제를 추론해 낼 수 없지만, 힘과 충동과 의지를 통해 저항에 부딪치면서 표상의 배후에 있는 실제를 알게 된다는 것이다.10) 이 말은 인간이 지니는 관념의 한계를 실제와 의지로 극복하여 결국에 또 다른 실제를 관념 속으로 체득해 나간다는 주장이다.

그러나 이런 관념론의 실제 이해는 복잡할 뿐 아니라 사실 실제적이지 않다. 인식은 관념에서 출발하지 않고 먼저 객관적인 실제에서 시작하기 때문이다. 다시 말해 바빙크의 비판대로 표상과 의지에 관한 모든 추론에 앞서서, 유무식(有無識)간에 모든 사람들(심지어는 어린아이와 동물들까지도)은 객관적인 세계의 실제를 확신한다는 것이다. 과학적인 반성에 의해서(by scientific reflection) 관념론의 입장에 도달한 사상가까지도 이러한 실제에 대한 그의 믿음을 내버릴 수 없다고 하였다.11)

하르트만12)은 이러한 믿음이 없이 인간이 살아가는 것은 불가능하

지는 조건하에서 다른 현상이 발생하였다고 생각될 때 인과율이 깨어졌다고 생각하기보다는, 지금까지 동일한 조건이라고 생각하던 두 개의 사상이 사실은 무엇인가 다른 요소를 가지고 있었다는 식으로 생각하는 것이 보통이다. 사실에 있어 이렇게 함으로써 그때까지 보지 못하던 인자(因子)를 발견한 예가 과학의 역사에는 수없이 많다. 이런 점에서 볼 때 동일한 조건하에서 항상 동일현상이 발생하는 것을 기대하기가 실용적으로 불가능하거나 원리적으로 무리일 때가 있다. 이런 점에서 관념론이 인과율을 동원해 원인을 알고자 하는 방식은 실제 오류를 포함하고 있다. 그래서 결과에서 원인을 규명하고자 할 때 확률적 개념을 동원하기도 한다.(네이버 백과사전)

10) *PR*, 57.
11) *PR*, 58.
12) **하르트만**(Karl Robert Eduard von Hartmann, 1842.2.23 ~ 1906.6.5) 독일 철학자. 그의 두 번째 저서인 *무의식의 철학* (*Die Philosophie des Unbewussten*, 3권, 1870)으로 명성을 얻었다. 그는 여기서 A. 쇼펜하우어의 비관주의적 의지철학을 자연과학의 진화론으로 매개(媒介)하면서 F. 헤겔의 변증법적 발전 사상으로 결합시키고, 해탈(解脫)을 정점으로

다고 다음과 같이 선언하였다.

우리가 지각하고 있는 것의 연속성과 실제성에 대한 이 같은 믿음이 없
다면 우리는 잠시도 살아갈 수 없을 것이다. 따라서 지각 자체와 더불어,
직관을 통해서 분리 불가능한 하나의 행동과 연결되어 있는 이런 순전한
현실주의적인 믿음은, 우리의 정신적인 지식에 필수불가결하며 실제로 양
도할 수 없는 구성요소를 이루고 있다.13)

파울젠14)과 베르보른15) 같은 사람도 관념론의 실제적 한계에 부딪
쳐 서둘러서 우리에게 "우리의 철학이 관념론이든 현실주의이든 인생
에 있어서 모든 것은 똑같은 것으로 남아 있으며 과학은 이 모든 것
이 담긴 진리와 가치를 보유하고 있다."며 현실 속의 객관적 사실과
가치를 확인해 주었다.16)

하는 발전의 비전을 서술하였다. 그 밖의 저서로 *인식론의 근본문제* (*Das
Grundproblem der Erkenntnistheorie*, 1889) 등이 있다.(네이버 백과사전)

13) (영문 참조) "Without this faith in the reality and continuity of what we perceive,
we should be unable to live for a moment, and hence this naively-realistic faith,
coalescing with the perception itself, by way of intuition, into an indivisible act,
forms an indispensable, practically inalienable ingredient of our mental equipment"
(*PR*, 58)

14) **파울젠**(Friedrich Paulsen, 1846.7.16~1908.8.14) 독일의 철학자, 윤리학
자. 스피노자, 칸트, 페히너, 분트의 영향을 받았다. 윤리학을 철학의 근본
으로 하고, 형식적 윤리학에 대하여 '활동주의'의 입장을 취하였다. 교육
학적으로는 실학주의의 입장을 취하여 독일의 교육계, 교육 제도에 끼친
영향이 크다.(네이버 백과사전)

15) **베어보른**(Max Verworn, 1863~1921) 독일의 생리학자. 베를린, 예나의
두 대학에서 수학한 후 괴팅겐대학, 본대학 교수가 되었다. 자극 생리학에
대해 연구하고 그 성과에 근거하여 일반 생리학을 체계화하였으며 생명관
에 관해서는 자연철학적 해석에 의해 바이오겐 가설을 주창하였다. 또한
인과관계에 대해서는 조건주의를 주창하였다. 사람이 인식할 수 있는 것은
현상에서 일어난 조건뿐이라고 하여 자연과학의 인식론과 방법론에 대하
여 문제를 제기하였다.(강영희, 생명과학대사전 (서울: 아카데미서적, 2008)

16) *PR*, 58.

계시철학의 이해

2. 객관적인 실제의 실종

그러나 관념론에 대한 바빙크의 비판은 이것만이 아니다. 그는 관념론이 표상과 실재를 연결하는 의식 작용에 대한 이해를 잘못하고 있음을 지적한다. 문제는 이때의 의식 작용을 정신의 잠재의식 속에서 일어나는 것으로 본다는 것이다. 그것은 우리가 현실 속에서 실제가 무엇인지 파악하고자 할 때 이를 논증하거나 추리하는 과정을 의식하지 못하고 재빠르게 파악하기 때문에 이런 논증 과정이나 추리 과정이 우리 정신의 잠재의식 속에서 일어난다고 보는 것이다. 바빙크는 이런 잠재의식이 관념론에서 어떤 문제를 야기시키는지 말한다.17)

그는 먼저 무의식적인 추론이나 논증 과정을 수행하는 잠재의식이 어디서 왔는가를 묻는다. 그의 말은 만일 잠재의식이 무의식적 추론이나 논의 과정을 수행한다면 잠재의식의 능력은 오랜 세대의 경험이 이룩한 누적물이어야 한다는 것이다.18) 아니면 인간의 정신이 본래 그 표상을 즉각 실제에 연결시켜야 하는데 이 경우 우리가 그것이 무

---

17) *PR*, 59.
18) '잠재의식'은 '의식이 접근할 수 없는 정신의 영역, 또는 우리들에게 자각되지 않은 채 활동하고 있는 정신세계'로 정의되고 있다. 19세기 프랑스의 심리학자 P. 자네에 의하면 정신이 완전히 건강할 때는 의식의 통합력이 강해 모든 정신현상이 동일한 인격 안에서 통합되나, 정신적으로 건강하지 못하여 통합능력이 없어질 때 자아의 지배력이 약화되면 잠재의식이 생긴다. 이는 무의식이라는 말로 표현되기도 한다.(네이버백과사전) 이에 관해서는 **헤르만 바빙크**도 비슷한 생각을 가지고 있다. 그는 무의식 (unconsciousness)를 반의식, 약한 의식, 이중 의식(half, weak, double) 으로 표기하면서 무의식은 의식 중심의 밖에 있지만 의식으로부터 완전히 떨어져 나간 것은 아니고 약한 의식과 절대 무의식 사이에 위치한다고 여겼다. 바빙크는 잠재의식은 꿈이나 여러 가지 정신병적인 현상 등을 설명하기에 도움이 되기는 하지만 신비주의적 현상을 설명하기에는 여전히 부족하다고 하였다. 바빙크의 이 말은 1915년 7월 7일 암스테르담 자유대학교 학술 컨퍼런스에서 강의한 'Unconsciousness' 내용에 나오는 것이다.(Herman Bavinck, "Unconsciousness", *Essay on religion, science, and society* (Grand Rapids: Baker Academic, 2008), 196-197)

엇인지 파악하기 위한 어떤 연역적인 추론 행위도 구성하지 못한다고
하였다. 그렇다면 모든 것은 무의식 가운데 이루어져야 하는데 그렇다
면 심각하게도 우리의 사상이나 활동에 있어서 인간의 자기 활동은
사라져 버리고 만다.19)

   이렇게 관념론은 그 기원과 본질에 있어서 필연적으로 표상을 실재
로부터 절단하므로, 표상과 실재 사이의 내적인 연관성을 재구성할 힘
을 잃고 만다. 이때 인간의 정신은 표상의 테두리 안에 갇히게 되고
여기서 벗어나지 못하게 된다.20) 정신은 그 자신의 의식의 산물인 표
상들만 지각한다. 그리고 정신이 갖는 의지도 하나의 표상이고 의지가
만나게 되는 저항도 하나의 표상이 된다. 그리고 마침내 자아도 하나
의 표상이 된다.21)

   이렇게 되면 모든 것이 표상에 둘러 싸여 실제로 통하는 문이 아무
데도 없게 된다. 왜냐하면 어떠한 추론도 사유로만 남지 사유에서부터
존재로 이끌어 질 수 없기 때문이다.22) 이래서 바빙크는 파울센의 말
을 인용해 관념주의 철학은 모든 양분을 자기 가슴으로부터 끌어 올
리고 따라서 자신을 삼켜 버리는 암콤과 같다고 비판한다.23)

---

19) *PR*, 59. 이는 앞의 각주에서 언급된 헤르만 바빙크의 의식, 무의식에 관
   한 문제의식과 깊은 관련이 있다. 만일 사람이 어떤 생각이나, 말, 행동에
   대해 이 모든 것은 자기도 모르는 사이에, (실제로) 무의식에서 나왔다고
   한다면 인간은 그것에 대해 하나님 앞에서, 혹은 공동체 앞에서 무죄가 되
   는가 하는 의문이 남는다. 이는 신학적 문제로 남게 되는데, 그래서 바빙
   크는 심리 인문학의 연구를 존중하면서 무의식은 의식과 완전 무의식(이
   런 것은 사실 없다고 본다) 사이의 어느 지점에 위치한다고 여겼다. 그래
   서 무의식은 사실상 약한 의식, 반의식이라는 말과 연결되어 결국 그 모든
   것은 그 사람의 의식에서 나온 것으로 본다는 것이다. 무의식이 글자 그대
   로 무의식이라면 여기서 인간의 자기 활동이 사라져버리게 되니 바빙크가
   이를 문제 삼아 지적하는 것이다.
20) '정신'(mind)이 무엇인지는 본 장 뒤로 가면서 각별히 언급될 것이다.
   바빙크는 '정신'에 대한 이해는 계시 파악과 직접적인 관련이 있는 것으
   로 여기기 때문에 계시와 연관하여 정신을 다룬다.
21) *PR*, 59.
22) *PR*, 59.
23) *PR*, 60.

계시철학의 이해

제2 절 자아와 계시 인식

바빙크는 관념론의 문제가 결국에는 표상에서 모든 것을 출발하기 때문에 생기는 것이라며 우리가 그 출발점을 표상이 아니라 자아의식으로 한다면 사정은 완전히 달라진다고 말한다. 우리는 사물에 대한 표상을 지각하는 것이 아니라 표상 안에서 표상을 통해 사물 자체를 지각하는 것이다. 그렇기 때문에 이런 의식 현상 속에서 우리의 자아가 우리에게 지각된다.24) 그리고 이러한 자아의 지각은 우리에게 우리 자신의 존재를 확신시킨다.

1. 자아의 이해

이렇게 해서 바빙크는 관념론의 논의에서 벗어나 자아의식에서 자아로 자신의 논의의 초점을 맞추어 가고 있다. 이는 앞서 말한 바와 같이 계시철학을 논함에 있어서 계시 인식의 주체와 장소로서의 자아와 자아의식을 말하고자 하기 때문이다.

바빙크에 의하면 자아의식(self-consciousness)은 실제적이고 이상적인 존재의 통일성(the unity of real and ideal being)이다. 여기서의 자아(self)는 하나의 의식(意識)이지, 과학적인 지식이 아니며, 경험이고 확신이며 하나의 실재로서의 자아의식이다.25) 자아의식 속에

---

24) 좀 더 수월한 이해를 위해 다음 영문을 대조하면 좋을 것이다. "As our perception does not have for its object the representations, but in and through these the things themselves, so in the phenomena of consciousness our own ego always presents itself to us." (*PR*, 60.)

25) 바빙크의 자아에 대한 이러한 정의는 합리주의와 경험주의 양자의 주장을 종합 총괄한 것이다. 자아의식의 확실성에 대한 철학적 사유는 **데카르트**의 합리주의와 **로크**와 **흄**의 경험주의의 뚜렷한 대립이 있다. 합리주의에 의하면 생각하는 나, 의심하는 나는 부인할 수 없다는 점에서 반성적 증거(reflexive proof)를 들어 자아와 자아의식은 분명하다. 그러나 경험주의에서는 우리는 직접적으로 단순 관념들을 지각한다고 믿는데 바로 이런 관념을 지각하는 그 어떤 실체가 자아와 연관되어 있다고 한다.(Norman

서 우리의 존재는 모든 사유에 앞서서 모든 의지와 무관하게 즉시 직접적으로 우리에게 계시되는 것이다. 그러므로 자아의식은 모든 지식과 행동의 기초가 된다. 우리는 자아의식을 우리가 '그런 것이 있다'고 긍정하므로 존재하는 것으로 여겨서는 안 된다.[26]

또한 우리가 자아의식에 관한 이러한 사실과 모든 지식과 행동의 기초가 되는 이 자아의식을 무시하는 것, 그리고 자아의식을 우리 자신의 긍정에 의존하게 하는 것, 그리고 그것을 의심으로 손상시키는 것은 모두 우리 자신과 다른 사람들에게 논리적으로나 윤리적으로 죄를 범하는 것이다.[27] 그것은 과학의 기초를 흔드는 것일 뿐 아니라 모든 인간 행동의 필수 불가결한 기초마저 흔드는 것이다. 자아의식을 약화시키는 것은 모든 자신감과 자발성, 의지력, 그리고 용기를 약화시키는 것이다.[28]

이를 보면 우리는 바빙크가 자아의식을 얼마나 소중하게 여겼는지를 알 수 있다. 한마디로 그는 자아의식은 건강한 상태로 늘 보존, 유지되도록 해야 한다는 것이다.

Geisler, 141.) 흄은 그때그때의 감각·감정을 떠나서는 자아는 없고 그것들의 총체가 바로 자아일 따름이라고 하여 자아의 정신적 실체성을 부인하였다. 그래서 자아의 정신적 실체성을 주장하는 합리론의 입장과, 그것의 감각적 다양성을 주장하는 경험론의 입장이 서로 대립한다. 이것을 칸트는 인식론의 관점에서 해결하고자 했다. 칸트는 자아의 실체성은 이를 부인하지만, 그러나 인식의 가능성의 근거는 경험적 자아에 있는 것이 아니라 모든 경험적 표상(表象)에 필연적으로 수반되지 않으면 안 되는 '나는 생각한다'라는 통각(統覺), 즉 선험적(先驗的) 자아에 있다고 하였다.(네이버 백과사전) 그래서 바빙크가 자아를 경험적이고 또한 실재라고 한 것은 합리주의와 경험주의의 절충인 것이다. 그러나 바빙크는 실제로서의 자아의식을 더 강조하고 있음을 알 수 있다.

26) *PR*, 62. 이 말은 우리의 긍정 이전에 자아의식은 존재하고 있었다는 것으로 앞에서 말한 바와 같이 그 실체를 인정하자는 것이다.

27) **자아의식**을 약화시킨다는 것은 외부로부터 부정적인 압력(협박, 두려움, 실의, 염세적 사고, 무료함 등)을 가하므로 반성이나 자각 같은 순수한 내면 활동을 제한시키는 것으로 이해할 수 있다.(네이버 지식사전) 바빙크는 이러한 것을 자신이나 타인에 대한 논리적, 윤리적 범죄 행위로 보고 있는 것이다.

28) *PR*, 62.

그리고 바빙크는 여기서 자아의식과 의지를 구별하면서 의지란 무엇을 변화시키는 능력 자체는 아니라고 한다. 예를 들자면 우리가 무엇에 대해 의지적으로 노력한다고 해서 사상에 의해 생긴 상처가 치유되는 것은 아니라는 것이다. 믿으려는 의지(the will to believe)도 신앙에 필수불가결한 것이지만 결코 신앙의 근거는 될 수 없다. 의지는 신앙과 지식, 종교와 도덕의 토대가 되기 위한 권위와 힘을 결여하고 있다.29) 바빙크는 의지는 자아의식을 기초로 발생하는 것임을 말한다.

그러니까 지성적으로 행하는 모든 논증들은 의지가 아닌 자아의식의 직관적인 확신이 뒷받침되지 않으면 불가능하다는 것이다.30) 그러니까 바빙크의 이 말은 그 어떤 논증도 결국에는 자아의식에서 시작된다는 것이다.

그러면서 바빙크는 여기서 자아의식에 관한 아주 중요한 사실을 말한다. 그것은 자아의식 속에는 우리 자신(our own self)과 다른 그 이상의 어떤 것이 계시되어 있다는 것이다. 여기서 그 어떤 것은 우리의 자아의식 속에서 우리에게 계시되는 자아(the ego)인31) 것이다. 오히려 자아의식 속에서 우리에게 계시 되어 있는 자아(ego)는 차갑고 단조로운 것이 아니고 잠잠하거나 변치 않는 실체도 아니다. 그것은 내용이 풍부하고 생명과 힘과 행동으로 가득 차 있다. 그것은 심리현상들 속에 내재하고 있으며, 그것들 속에서 그것들을 통해서 그리고 그것들과 더불어 자아는 발전하고 있다.32)

2. 계시 인식의 장소: 자아

---

29) 현대 심리학에서도 '의지'란 단순한 자연적 욕구에 입각한 자발적 행동이 아니라 의도에 입각하여 자기 결정을 하는 목적 추구 행동을 일으키는 작용일 뿐이다.(네이버지식사전).
30) *PR*, 62.
31) 여기서의 **ego**는 self와 구별되는 것으로 사고, 감정, 의지 등의 여러 작용의 주관자로서 이 여러 작용에 수반하고, 또한 이를 통일하는 주체를 말한다.(네이버 백과사전)
32) *PR*, 63.

자아는 두려움과 전율로 자신의 구원을 이룰 수 있지만, 자아는 자신을 파멸시키거나 멸망시킬 수도 있다. 그러나 자아는 현재에 있으면서 동시에 형성되어 가며 성장하고 있다. 자아는 생명의 충만이고 재능과 힘의 총체로서 장막 뒤에서 그들의 역할을 행사하는 것이 아니라, 그의 모든 활동과 더불어 전인(全人) 속에서, 그리고 심리적인 생활의 활동들 속에서 자신을 계시하며 발전시켜 나간다.33) 바빙크는 자아에 대해 다음과 같이 말한다.

자아(the ego)는 부분들의 총합이나 의식 현상들의 덩어리도 아니다. ⋯ 그것은 모든 과학적인 반성을 앞서는 하나의 종합이요, 모든 구성 요소를 지닌 유기적 전체이다. 그것은 합성물(compound)이 아니라 복합체(complex)이다.34)

우리는 이런 자아를 어떻게 약화시키지 않고 긍정적이고 힘 있게 유지, 성장시켜 나갈 수 있는가? 바빙크는 이에 대한 해답을 어거스틴에게서 찾는다. 그는 바빙크가 말한 대로 자아를 자기 안에 있는 실체로 아주 잘 이해한 사람이요 그런 만큼 그가 계시 인식에서 탁월했다고 말한다.35)

---

33) *PR*, 63.
34) 바빙크는 자아의 통일성과 독립은 관념론에 반대해서 나온 것임을 존 맥타가르트(John Mctaggart)와 엘리스 멕타가르트(Ellis McTaggart)의 주장을 빌어 말하고 있다. 'The ego is not an aggregate of parts, not a mass of phenomena of consciousness, afterwards grouped together by man under one name. It is a synthesis, which in everyman precedes all scientific reflection, an organic whole posessing members. It is complex but not compound.'(*PR*, 61.) 네이버 사전에 의하면 자아(ego)는 다음과 같이 정의되고 있다. "사고, 감정, 의지 등의 여러 작용의 주관자로서 이 여러 작용에 수반하고, 또한 이를 통일하는 주체." (네이버 백과사전)
35) 바빙크는 소크라테스는 자아의식을 이해하지 못했다고 하였다. 그는 다만 지식과 행동의 참된 개념을 알고자만 했으며 후에 **데카르트**는 자신의 철학의 시작은 생각에서 시작하였는데 이는 생각을 영혼의 본질이라고 여긴 것이다. 그러나 **아우구스티누스**는 여기서 좀 더 깊이 나가 기독교의 계시의

바빙크에 의하면 그리이스 철학이 낳은 회의론은36) 하나님과 세계와 더불어 인간의 자기 확신(self-certainty)을 상실하게 하지만,37) 기독교는 우리에게 하나님의 위대한 마음을 계시해 주었다. 이 하나님이 부드러운 자비로 높은 곳으로부터 우리를 방문하였을 때, 그것은 인간과 인간 영혼의 풍성함과 그리고 인간의 가치에(on the riches and value of his soul) 빛을 비추는 것이었다.38)

이러한 기독교는 인간에게 새로운 확신, 신앙의 확신을 전하였으며, 또한 하나님에 대한 확신과 함께 인간 자신에 대한 확신을 회복시켰다. 다시 말해 '인간의 자아에' 하나님의 계시가 임하였고 자아는 이 계시를 인식하고 하나님과 자기 자신에 대한 확신을 얻게 되었다는 것이다.

바빙크는 어거스틴이 이런 계시의 빛에 의하여 깊은 내면 생활을 시작하였음을 말한다. 어거스틴은 오직 하나님과 자기 자신 외에는 아무것도 알려고 하지 않았다.39) 이러한 그는 사상만이 아니라 사상 아

빛 아래서 자기 자신 안에 있는 실체를 발견한 것이다(… he discovered reality within himself).(*PR*, 63.)

36) **그리이스 철학**에서의 **회의론**은 소크라테스의 "내가 아는 모든 것은 내가 아무것도 모른다는 사실이다"라는 말 속에서 가장 잘 표현되어 있다. 회의주의란 인간은 모든 것에 대해 아무것도 알 수 없다고 주장하는 완전한 회의주의와 인간은 자신이 직접 경험한 것 외에는 그 어떤 것도 알 수 없다는 식의 두 부류로 나뉠 수 있다.(Norman Geisler, 91) 근대 철학에서는 **데카르트**가 확고부동한 지식을 추구하고자 하는 과정에서 자의식에 입각한 비판적 분석의 태도를 일으킴으로 회의론이 시작되었다.(Diogenes Allen, *신학을 위한 철학* (Philosophy for understanding theology), 정재현 역 (서울: 대한기독교서회, 2003), 117, 290.)

37) *PR*, 63.

38) *PR*, 63.

39) *PR*, 63-64. (영문 참조) "And by the light of revelation Augustine descended deep into his own inner life; forgetting nature, he desired to know naught else but God and himself. … "(이 부분에 대해서는 칼빈도 그의 기독교 강요 초두에서부터 언급하였는데 아우구스티누스나 칼빈은 하나님에 대한 지식이나 자신에 대한 지식은 자아에 비추어진 계시의 빛에서 시작된다고 하였다. 칼빈의 *기독교 강요* 1권 1장의 제목은 이 부분에 대해 암시하는 바가 있다. "The knowledge of God and that of ourselves

래에 있는 영혼의 본질을 파고 들어갔다.40) 이렇게 하였을 때 그는 그 속에서 단순한 통합이 아닌 놀랍게도 풍부한 전체를 발견했다 (found on it not a simple unity, but a marvellously rich totality). 거기서 그는 진실과 선에 대한 개념과 규범과 법칙을 발견했으며, 또한 지식의 확실성과 만물의 원인과 지고선의 문제에 대한 해답을 얻었다.41) 그리고 그는 거기서 모든 지식과 과학과 예술의 근원과 기원을 발견했다. 심지어 그는 기억과 지성과 의지 세 가지 속에서 삼위일체 신의 존재에 대해 다시 생각해 보게 되었다. 어거스틴은 자기 성찰의 철학자였으며, 자아의식 속에서 새로운 형이상학의 출발점을 발견했다.42) 이렇게 어거스틴이 발견한 그 실체, 곧 자아는 바로 계시 인식의 장소가 되었다.

3. 자아(의식)과 정신

그러면 이렇게 자아와 함께 가는 정신은 무엇일까? 참으로 인간 정신은 백지와 같은 빈(empty) 형태로 있는 것이 아니라 바로 처음 순간부터 생명의 총체(totality of life)이다. 인간의 정신이 정신 그 자체를 의식하게 될 때, 자아의식은 존재에 대한 형식적인 이해가 아니다. 그 안에는 정신의 특별한 본성과 질에 대한 이해가 있다.43)

그러면 현실 속에서 활동하는 인간에게 자아의식과 정신은 어떤 역할을 하는가? 그런데 바빙크는 '정신'이 무엇인가에 대해 말하기 전에 정신은 진화의 산물이 될 수 없음을 단언한다. 이는 우리가 정신에 대한 깊은 이해를 얻게 될 때 인간 정신은 진화적 차원에서 결코 이

---

are connected. How they are interrelated." (*Institutes* (I.1.1))

40) 이 말은 그가 먼저 신앙, 지식, 자아의식, 반성(reflection), 경험, 그리고 과학을 거쳐 사상이 나왔다는 것이다. 즉 사상은 이 모든 것을 기초로 나온다는 것이다. 그래서 그는 사상을 가능케 하는 영혼이 무엇인지를 먼저 연구하였다는 것이다.(*PR*, 64.)

41) *PR*, 64.

42) *PR*, 64.

43) *PR*, 64.

해될 수 없는 전혀 다른 것임을 말한다. 바빙크는 이 사실을 요셉의44) 말을 인용해 확인한다.

사람이 상식(common sense)을 획득하기 위해서, 선행적으로 정신(mind)를 소유하고 있어야만 한다. 만일 이때에 정신이라는 것에 기본적인 개념들(fundamental categories)이 전혀 없다거나 혹은 이 정신이라는 것이 경험적으로 아주 혼돈 속에 있다면 그것은 더 이상 정신이 아니다.45)

이 말은 인간의 정신은 태생적으로 일정한 중요 개념들을 소유하여 나온다는 것을 의미한다. 이처럼 인간의 자아와 정신은 인간 존재에 고유한 것이다.46) 이에 대해서는 자아의식을 지닌 인간이 어떤 존재인가를 이해하면서 좀 더 논해야 할 것이다.

제3 절 자아의식을 지닌 인간의 특성.

이제 바빙크는 자아의식과 정신을 지닌 인간이 가지는 필연적인 특성을 따라 인간은 구조적으로 이미 종교적 존재임을 밝히는 결정적인 두 가지 사실을 말한다. 그리고 그는 이것을 슐라이에르마허의 견해와 칸트의 사상으로 뒷받침한다.

---

44) 바빙크는 요셉(W.B. Joshep)의 *Mind* 에서 그의 말을 인용하였는데 그가 어떤 사람인지는 구체적으로 검색되어지지 않는다. 이런 '정신'에 대한 연구는 현대 심리학과 철학에서 다루어지고 있다. 중요한 것은 '정신'에 대한 현대적 연구도 정신을 진화적인 면에서 이해하지 않고 있다는 것이다. (위키피디아 백과사전)

45) PR, 65. 요셉의 이 말을 다시 부연해서 설명하자면 사람의 정신이라는 것은 백지 상태에서 시작해 경험을 축적하여 개념을 정립해 가면서 다른 사람들과 공통된 의식이나 생각(commom sense)를 갖게 되는 것이 아니다. 정신은 이미 일정한 중요한 개념들을 소유하여 태어난다는 것이다. 만일 정신에 이런 기본적인 사고 양식(the fundamental mode of its thinking)이 구성되어 있지 않다면 그것은 곧 혼돈이요 정신이 아니라는 것이다.

46) *PR*, 65.

179

1. 의존적인 존재

바빙크는 우리가 정신의 본성을 면밀히 연구하기 위해 자아의식의
깊은 곳을 탐구해 들어갈 때 그 근원에 '의존감'이 있음을 발견한다
고 하였다(we found at its very root the sense of dependence). 여
기서 말하는 '의존감'이란 자신이 의존적이라는 것, 제한적이고 유한
한 피조물이라는 의식을 말한다. 바빙크는 자아의식의 핵심은 슐라이
에르마허가47) 칸트보다 훨씬 명확히 지각한 대로 의존감(a sense of
dependence)이라고 말한다.48) 이 말은 우리가 자기 자신에 대해 의

---

47) **슐라이에르마허**(Schleiermacher, Friedrich Ernst Daniel : 1768~1834)
독일의 프로테스탄트 신학자, 목사, 철학자. 할레대학의 교수였지만, 나폴
레옹의 침입으로 베를린으로 이주하였다가 베를린대학 창립에 참가하여
1801년 그 대학의 교수가 되었다. 독일 고전철학 시대에 태어나 스피노자
로부터 깊은 영향을 받고 낭만파와 교섭한 그의 사상은 다양한 면을 보인
다. 그러나 최대의 관심은 18세기적 자유정신을 유지하고 있는 종교의 영
역을 확보하는 것이었다. 그에 의하면, 교의나 전승은 종교에 있어서 제2
차적인 것에 불과한데, 종교는 인식이나 도덕의 문제가 아니라 심정의 문
제로서, 사고와 존재의 통일로서의 무한자(우주, 신)에 대한 '절대 의존의
감정'이 종교의 본질이다. 인간은 무한자에 매몰되지 말고, 도리어 각각이
무한자의 거울로서 자유롭게 자기를 실현하는 것이 옳다고 하였다. 그의
성경 연구는 후에 청년헤겔학파의 종교 비판과 연결된다.

48) **자아의식의 핵심으로서의 의존감**은 스텐리 그렌츠의 *20세기 신학*이 이에
관해 잘 언급해주고 있다. "슐라이에르마허의 신학의 문화적 맥락을 형성
해주었던 새로운 상황은 낭만주의 운동이었다. 이 운동은 권위라든가 교의
적 신앙 체계 같은 것에 대한 반동으로 자연이 가지고 있는 생동감이나
인간이 가지고 있는 감정의 힘, 상상력 같은 것을 회복하고자 했는데 바로
이런 시대적 분위기에서 슐라이에르마허가 "감정"을 기독교 재편의 단서
로 삼은 것이다. 여기서 슐라이에르마허가 종교를 "감정"이라고 했을 때
이는 단순의 영어의 감정(sensation)이 아니라 독일어의 Gefuhl이라는 어
떤 깊고 심오한 의식을 말한다. 이러한 슐라이에르마허가 주장하는 진정한
종교적 핵심은 유한한 모든 것들이 무한한 것 안에, 그리고 그것을 통해
존재하며, 모든 일시적인 것들이 영원한 것 안에 그리고 그것을 통하여 보
편적으로 존재함을 "직접적으로 의식하는 데" 있다는 것이다. 그리고 그는
또 모든 살아 움직이는 것들이 성장과 변화 속에서, 그리고 그들의 모든
행동과 열정 속에서, 이 무한하며 영원한 요인을 찾으려고 모색하는 것 그
리고 다만 무엇을 매개로 하지 않는 직접적 느낌 안에서 생명 자체를 소

식해 나갈 때 자신이 피조물이라는 것을 의식하게 된다는 것이다.49)

바빙크는 여기서 의존감에 대해서 다음 두 가지를 생각해 볼 수 있다고 하였다. 그 첫째가 우리는 우리가 우리 주변의 모든 것에 의존해 있음을 안다는 것이다. 우리는 혼자가 아니다. 그래서 유아론(Solipsism, 唯我論)은 관념론의 불가피한 결과지만 그것은 사실상 불가능한 이론이라는 것이다. 바빙크는 이 유아론을 비판하는데 실제 모든 사람은 자기가 홀로 존재하지 않으며 자기가 좋아하는 대로 행할 수 없고 또 모든 면에서 자기가 구속당하고 있고 갇혀 있고 저항에 직면하고 있다는 사실을 잘 알고 있다고 지적하였다.50)

둘째, 인간은 다른 모든 피조물과 함께 자신이 어떤 무한한 존재의 절대적인 힘에 전적으로 의존해 있음을 느낀다는 것이다. 그는 이런 힘이 어떻게 정의되고 있느냐 하는 것은 별도로 하고 여기서 중요한 점은 모든 인간이 모든 존재의 원인이자 근거가 되는 하나의 존재에 의존하고 있다고 느끼고 있다고 하였다. 이는 추상적이지 않고 확신의 면에서 가장 잘 확립된 자연과학적인 사실과 동등한 하나의 사실이다. 이는 참으로 경험적이고 보편적이며 인간적이고 직접적인 어떤 것으로서, 자아의식의 핵심인 것이라고 하였다. 결국 인간의 의존 감정이란 세계와 하나님의 존재에 대한 의존 감정이다.51)

2. 자율적인 존재

유하고 아는 것- 그것이 바로 종교라고 했다. 슐라이에르마허는 그러한 종교적 감정(경건)이 인간의 경험 안에 근본적으로 존재하며 보편적인 것이라고 믿었다. 바로 여기서 그는 기독교는 인간의 이런 보편적인 경건, 또는 절대적으로 의존적인 의식 내지는 하나님과의 관계 안에 있음을 표현하는 한 형태를 기독교적 '자아의식' 이라고 불렀다. 여기서 그의 절대 의존 감정이 자아의식의 핵심이 된 것이다." (Grenz and Olson, 62, 65, 66)

49) *PR*, 66.
50) *PR*, 66.
51) *PR*, 66-67.

그러면 인간의 자아의식의 핵심이 의존 감정이라면 인간은 전적으로 의존적인 존재인가? 이에 대해 바빙크는 인간은 의존적인 존재지만 동시에 자율적으로 판단하고 행동하는 주체적인 존재라는 것을 칸트의 인식론을 빌어 말하기 시작한다.

여기서 말하는 칸트의 인식론은 자아의식과 구별된다. 칸트는 인간이 어떻게 경험적인 세계에 대한 과학적인 지식을 얻을 수 있는가에 대한 관심을 가졌다. 칸트는 인간 정신이 이 무질서한 현상들에 질서를 도입하여 그것을 자신의 법칙에 종속시킬 때 과학적인 지식을 획득할 수 있다고 하였다. 이미 앞에서 언급한 바와 같이 정신 안에는 그 자체의 법칙이 내재하고 있는데 그것은 본질적으로 모든 형태의 선험적인 형식들을 지니고 있다고 하였다.[52] 칸트에 의하면 이러한 지각의 주체자로서의 인간은 결국 독립적이고 자유로운 존재인 것이다.

이렇게 인간은 절대 의존의 존재요 자율의 존재라는 것은 인간은 신앙적인 존재이면서도 그 안에서 자유한 존재임을 의미한다고 할 수 있다. 웨스트민스터신앙고백에 의하면 인간은 피조물로서 창조주 하나님과 계약을 맺으므로 하나님으로부터 결실을 얻을 수 있는 존재로 나타나 있는데 이러한 인간은 처음에는 행위 계약으로, 타락한 후에는 은혜 계약으로 하나님과의 관계성을 유지하고 있음을 말한다.[53] 이 계약이 의미하는 바는 계약이란 쌍방의 자유의사에 따라 이루어진다는 점에서 인간은 분명 자율적인 존재요 또한 이를 스스로 파기할 수도 있었다는 점에서 더욱 그러하다. 그러면서도 인간에게 이 계약이 필요했던 것은 인간은 이 계약을 통해 하나님을 의존할 때 비로서 결실을 얻을 수 있다는 점에서 인간은 의존적 존재이다.

이렇게 하나님은 본성적 자유와 함께 인간의 의지를 부여해 주시므로 인간은 누구에게 강요를 당하거나 절대적인 필연성에 의해 선이나

---

52) *PR*, 67.
53) 웨스트민스터신앙고백 (7.1,2,3)

계시철학의 이해

182

악을 택하도록 결정되어 있지 않으므로 사실상 인간은 무한한 자유의 존재이다.54) 또한 동시에 이러한 인간이 스스로 택하여 하나님과의 언약을 파괴할 때 죽음에 이를 수밖에 없다는 점에서 한없는 의존적 존재이다. 그러므로 슐라이에르마허와 칸트의 철학적 사유의 결과는 성경적 인간관, 곧 개혁주의적 인간관과 일치하고 있음을 보여준다고 말할 수 있다.

제4 절 인간의 계시 파악 능력

그러면 이렇게 의존적인 존재요 자율적인 존재로서의 인간은 무엇을 근거로 절대자를 파악하고 의존하며 자율행동의 동기가 무엇이어야 하는지를 살펴보아야 할 것이다. 절대 의존 감정이 인간에게서 출발한다면 구체적으로 무엇이 그 의존의 내용이 되고, 그 내용을 어떻게 파악할 수 있는가? 그것이 바로 계시인데 바빙크는 인간은 계시 없이는 의존과 자율의 존재로서 충족함을 이룰 수 없음을 말한다.

1. 인식하는 자아

바빙크는 칸트의 인식론을55) 기초로 인간의 과학적인 지각 능력을

---

54) 웨스트민스터신앙고백 9장은 인간은 자유의지를 부여받았으며, 타락했을 때 구원을 위해 하나님을 의존해야 하는 존재로 말해준다.
55) **칸트의 인식론**은 합리론과 경험론을 비판하며 종합해낸 것이다. 근대 서양 철학의 합리론은 인간의 이성이 태어날 때부터 지식(본유 관념)을 갖고 있으며, 경험의 역할은 이성이 본래부터 갖고 있던 지식을 일깨우는 데 머무른다고 본다. 반면 경험론은 모든 지식은 경험을 통해 얻는 것이라고 본다. 경험론은 상식에 부합되지만 끝까지 밀고 나가면 보편적 진리를 부정하는 회의주의로 흐르기 쉽다. 같은 것을 놓고서도 나의 경험과 너의 경험이 얼마든지 다를 수 있고, 같은 것에 대한 나의 경험이라는 것도 때에 따라 다를 수 있기 때문이다. 칸트를 가리켜 합리론과 경험론을 비판하고 종합한 철학자라 일컫는 것은, 그가 인식의 형식(또는 능력)은 본래부터

지지하기는 하지만 바빙크는 여기서 한발 더 나아가 칸트의 인식론이 지각하는 자아, 인식하는 자아에 대해 이해를 결여하고 있음을 지적하였다.

바빙크에 의하면 자아는 침묵 상태로나 심리 현상 바깥과 배후에 무감각한 채로 있는 것이 아니라, 그 현상들 속에서 내재적으로 활동하고 있으며, 그 속에서 계시되고 발전되고 있다. 이때 인간의 자아의식은 표상들과 떨어져서 존재하지 않고 그것들 안에서 살아 있으면서 자체의 확실성을 부여한다.[56]

그런데 바빙크는 여기서 자아의식의 문제점을 지적한다. 자아의식은 표상으로서 눈에 보이는 것, 의식되는 것에만 기초해 생각하고 소위 말해 보이지 않는 것들에 대한 믿음을 갖지 못한다는 것이다. 결국 눈에 보이는 표상으로서의 자연에 의존하게 되어 인간의 정신이나 종교, 도덕의 우월성이 손상을 입게 된다는 것이다.[57]

2. 인간 정신의 능력

이렇게 손상된 믿음이 치유되기 위해 필요한 것이 정신이 가지고 있는 계시 파악의 능력이다. 인간은 진화를 통해 무엇을 더 깨닫는 것이 아니라 바로 인간 정신이 계시를 파악하므로 이러한 계시를 통해 자아와 세계의 실제성을 알게 되고 이에 대한 믿음을 확립하게 되는 것이다.[58]

우리는 이 세상이 어떻게 존재할 수 있었는지, 또는 이 세상에서 의식이 어떻게 가능한지에 대해 아는 바가 없다. 다만 분명한 것은 이 모든 것, 즉 이 세상과 의식이 존재한다는 것이다. 이런 점에서 과학

갖고 있지만 인식의 내용(또는 재료)은 경험으로 얻을 수밖에 없다고 보았기 때문이다. 인간은 경험을 재료(내용)로 삼되, 경험과는 상관없이 타고난 인식 능력(형식)을 통해 보편적 진리를 알 수 있다.(네이버 캐스트)

56) *PR*, 68-69.
57) *PR*, 69.
58) *PR*, 69.

은 논리적으로나 윤리적으로, 사람 영혼의 내적 의식의 실제를 존중하지 않으면 안 되는 것이다. 이것을 부인하면 과학은 그 존재 기반이 흔들리게 된다.59)

이러 하 건데 인간이 내적 의식의 실제에 대한 계시 파악의 능력을 무시할 때, 인간은 인간이 지닌 도덕적, 종교적 우월성과 그 정신이 손상을 입고 과학은 인간을 지배하고 이끌며 인간은 과학의 결과물에 종속되어 간다. 예를 들어 인간의 계시 능력을 외면한 진화론의 과학적 설명이 인간의 존엄성과 자존감에 상처를 준다는 것이다.

그런데 인식론적 관념론(epistemological idealism)이 이러한 인간의 정신의 내적 의식에 대해 아주 분명하게 말해주고 있다. 이 이론에 따르면 실제성은 그 자체가 혼돈인데, 인간 정신의 지식과 활동에 의해 질서가 여기에 처음 도입된다는 것이다. 본래 세계는 참된 것도, 선한 것도 아니었는데 인간이 이 세상을 서서히 참되고 선한 것으로 만들고 있는 것이다. 세상은 인간과는 별도로 불완전하고 아직 미완성의 것이었다.60)

모세오경에 나오는 창조에 대한 기사에서 땅은 바로 이러한 관점에서 묘사되고 있다. 세상은 선하지만 아직 완성되어 있지 않다. 그것은 다시 채워지고 정복되고, 지식의 대상이 되어 존재하는 것이다. 이런 점에서 이 세상을 참되고 선하게 만드는 것이 인간의 과제라고 말하는 것은 적절하다.61) 바빙크가 여기서 말하고자 하는 것은 인간 정신이 지닌 능력이 혼돈한 세상 속에서 질서를 잡아준다는 것이다.

3. 계시의 장소로서의 의식

창세기 1, 2장에서 땅은 본래 인간과 떨어져서는 하나의 황폐하고 공허한 혼돈으로서 아무런 형태도 없으며, 물질 지원 체제도, 법률도

---

59) *PR*, 69.
60) *PR*, 69.
61) *PR*, 70.

없고 빛과 색상도 없게 된다. 이런 상태에 대한 이해에서 관념론자는 두 부류로 나누인다.62)

먼저는 철저한 관념론자들(throughgoing idealists)로서 이들은 창세기 1장 2절에 대한 이해에서 심지어 질료까지 필요 없는 것으로 만들며, 전 세계를 인간 정신의 산물로 그리고 인간을 단순한 규제자(혹은 질서를 부여하는 자, orderer)가 아닌 세계의 창조자로 간주한다. 그래서 자아가 비자아를 단정하고 외부 세계는 '주관적 창조물'이라고 선포한다.63)

그러나 대부분의 (온건한) 관념론자들(half-hearted idealists)은 유아론에 빠질 수밖에 없는 이러한 현상론(現象論)으로부터64) 물러섰다. 이는 인간은 창조자가 아니라 단지 세계의 규제자(혹은 질서를 부여하는 자, orderer)라는 것이다.65) 이때 인간은 전적으로 자율적이지 못하다. 왜냐하면 그는 이미 현상 속에 나타난 인식의 대상들에 대해 지적 활동을 하게 되고 이로 인해 자기 자신의 존재가 규정되기 때문이다.

다시 말해 (철저한) 관념론에서 인간은 인식의 주체자 이상으로 사실상의 창조자이었지만 인식론에 의하면 인간은 의식하는 존재로서 객체에 질서를 부여해야 하는 등 더 이상 관념론에서 말하는 식의 주체자가 아니라는 것이다.

인식론은 생리학적으로 당연한 것이다. 지각되고 표상되는 것이 없다면 지각이나 표상 자체가 없는 것이다. 그래서 객관적 실제는 환상이나 망상이 아니다. 자아의식이 의식의 내용 안에서 자아를 전제하듯이 똑같은 법칙에 의해, 그리고 똑같은 확실성을 가지고, 자아의식의 산물이요 내용으로서의 표상은 대상을 되지시 한다(point back to a object). 의식 속에서 우리 자신과 세계의 존재는 우리의 사상과 의지

---

62) *PR*, 71.
63) *PR*, 71.
64) **현상론**(phenomenalism, 現象論)은 인간이 인식할 수 있는 것은 현상뿐이기에 현상만이 실재라고 주장한다
65) *PR*, 71.

계시철학의 이해

에 앞서서 우리에게 노출되며 엄밀한 의미에서는 우리에게 계시되고
있다.66)

제5 절 계시철학의 근거

바빙크는 이제 자아의식과 계시와의 관계를 말하기 시작하며 자신
의 계시철학의 철학적 근거를 마련하기 시작한다.

1. 계시 분석의 장으로서의 의식

바빙크에 의하면 세계는 인간이 경제적 이유로 형성한 일단의 지각
들(a group of perception)이 아니라고 한다.67) 그의 이 말은 세상은
인간이 자기 유익성에 따른 어떤 경제적 대상으로만 파악될 수 없다
는 것이다. 세상은 그것 이상으로 인간의 경제적 지각을 너머 객관적
으로 존재하며 서로 묶여 있는 성질들의 복합체(a complex of
qualities)인 것이다.68)

그리고 그것은 우리의 다른 어떤 표상으로도 확인될 수 없는 총체
성(a totality)인69) 것이다. 다시 말해 우리의 외부 지각 세계는 일단
의 표상들로 축소될 수는 없는 것이다. 이 말은 우리의 사상과 의지에

---

66) *PR*, 75.(영문 참조) "In our consciousness our own being, and the
being of the world, are disclosed to us antecedently to our thought
or volition; that is, they are revealed to us in the strictest sense of
the world."

67) *PR*, 74.

68) *PR*, 75.

69) 이에 대해 바빙크는 돌(stone)을 예로 들고 있다. 돌이란 딱딱한 것이다
(hard). 무겁다(heavy). 차갑다(cold). 회색이다(gray). 그렇다고 딱딱하고
무겁고 차갑고 회색이면 그게 다 돌일까? 그것이 돌을 온전히 설명해주
는 것인가? 그래서 바빙크는 이런 말을 한다. 'What I call a stone is
nothing but a specific combination of sensations.'(*PR*. 74.)

앞서서 세상은 우리에게 노출되어 나타나 있다는 것이다. 다시 말해 계시되어 있다는 것이다.[70] 바로 여기서 인간은 대상을 의식하고 세상에 노출된 계시에 대해 분석을 하게 된다고 본다. 이런 점에서 바빙크에 의하면 의식은 계시 분석의 장이 된다. 그리고 의식은 의미로 가득하기 때문에 의식은 풍부한 계시 해석을 도출한다.

2. 계시 파악의 절대적 기준 (보편성과 필요성)

그렇다면 여기서 중요한 것은 의식이라는 것이 어떻게 형성되어 있느냐는 것이다. 이는 어떻게 의식은 외부세계로부터 들어오는 계시를 파악하고 분석할 수 있느냐는 질문이다. 그런데 먼저 여기서 한가지 분명히 지적하고 넘어가야 할 것은 바빙크는 인간의 정신적 재능과 감각들은 모두 가르침과 훈련을 통해 성장 발전한다고 본다는 것이다. 그래서 이 훈련이 잘 될 때 계시 분석의 능력이 그만큼 증진되며 또한 풍부한 계시 분석이 이루어지는 것이다.[71]

이는 우리가 하나님을 더 잘 알기 위해 지적 훈련을 쌓아나가야 함을 말하며 신앙적으로 성경에 익숙할 때 성령을 통한 조명 속에서 세상에 나타난 계시를 더 잘 파악하게 됨을 의미한다. 즉 바빙크가 말하는 일반계시는 특수 계시에 익숙한 사람에게 더 풍부하게 나타나고 이렇게 일반계시 속에 담긴 풍부한 은혜를 통해 특별계시는 더욱 깊어진다.

그러면 인간이 절대적인 기준을 가지고, 다시 말해 보편성을 가지고 외부의 객관적인 세계를 볼 수 있게 하는 것은 무엇일까?

말브랑슈는[72] 그것을 인격적인 하나님이라고 하였다. 우리는 이 하

---

70) *PR*, 75.
71) *PR*, 73.
72) **니콜라 말브랑슈**(Nicolas de Malebranche, 1638.8.6~1715.10.13) "프랑스의 철학자, 수도사. 주요 관심은 신앙의 진리와 이성적 진리를 어떻게 조화시킬 것인가 하는 일이었다. 그 목적을 위해 아우구스티누스의 신학과

나님 안에서 만물을 보게 된다고 하였다. 그린은73) 영원한 의식 (eternal consciousness)에 대해 말하였다. 마르부르그 학파는74) 본래 선험적인 형태를 띄고 있는 초월적인 의식을 가정하고 있으며75) 파울 젠과 하르트만은 유일한 참 존재인 하나의 절대적인 실체를 말하였는데 모든 실제적 사물은 이 절대적인 실체로부터 나온 비실체적인 우연

데카르트의 철학을 교묘히 융합시켰다. 데카르트적 이원론에서 생기는 난제를 해결하기 위해 기회 원인론을 제창하였다. 2 개의 실체로 확연히 구별되는 정신과 물체 사이에 인식이 성립되기 위해서는 매개자가 필요하며, 그 매개자가 관념이다. 다시 말하면, 참된 인식은 신의 이성(理性)에 힘입어, 하나님 속에 있는 '관념'을 통해서만 얻을 수 있다고 한다. 모든 것은 무한한 정신의 하나의 양태로서의 하나님 속에 있다며, 일체의 현상의 진정한 원인은 오직 하나님에게만 있다고 한다. 인식론적으로는 '만물을 하나님에게서 본다'는 명제로 요약된다고 주장하였다.(네이버 백과사전)

73) **토머스 그린**(Thomas Hill Green, 1836.4.7~1882.3.26) "영국 철학자 겸 정치 사상가. 옥스퍼드대학을 나온 뒤 이 대학의 도덕철학 교수로 평생을 지냈다. 그는 독일의 관념론, 특히 칸트와 헤겔의 영향을 받아 당시 지배적이었던, "인간은 자연의 일부가 아니며, 이성과 오성(悟性)도 선험적이며 자유로운 것"이라고 주장한 벤담, 밀의 경험주의 인식론·공리주의 윤리학과, 콩트, 스펜서의 실증주의, 자연주의를 이상주의적인 입장에서 포괄적으로 비판했다. 체계 및 인간의 본질은 정신적인 것이며, 지식 및 도덕적 활동은 유일 영원한 정신이 우리들 안에 재생되는 곳에 성립된다고 하였다. 저서로는 윤리학 서설(1883)이 있다." (네이버 백과사전)

74) **마르부르크 학파**(Marburg school) "모든 인식의 내용은 우리의 사유(思惟)에 의해 생겨난다는 사유일원론의 입장을 취하는 학파. 신칸트 학파의 2대 주류를 이룬다. 문예부흥 이후 자연과학이 급속도로 발달하게 되자, 19세기 중엽부터 독일에서는 모든 현상을 기계적인 유물론(唯物論)의 입장에서 해석하려는 경향이 두드러졌다. 이러한 유물론을 비롯한 형이상학 전반을 비판하고 동시에 자연과학적인 인식의 기초를 밝히려는 운동이 나타났다. 이러한 움직임은 칸트의 비판철학적인 정신을 계승한 것이라고 해서 신칸트 학파라고 했다. 이 중 하나인 마르부르크 학파는 코헨(H. Cohen)에서 시작하여 나토르프(P. Natorp), 카시러(E. Cassirer) 등에 의해 계승되었다. 코헨은 엄격하고 순수한 사유에 의해서만, 감각으로 주어지는 경험을 타당한 과학적 인식 내용으로 규정할 수 있다고 생각했다. 또한 그는 이러한 순수 사유는 감각적인 것을 스스로 욕구하는 것이라는 사유 일원론을 주장하여 칸트의 직관과 사유 이원론을 극복하려고 하였다." (네이버 백과사전)

75) *PR*, 75.

(unsubstantial accidents)이라고 생각하고 있다.76) 이 말은 사물은 절대적 실체가 아니라 절대적 실체의 뜻에 따라 인간의 의도와는 관계 없이 우연히 발생한다는 것이다.

제6 절 절대 의존 감정과 절대자

관념론에서 이렇게 절대적인 것에 대한 믿음에 도달했다는 것은 놀라운 일이 아니다. 그것은 그렇게 될 수밖에 없는 것이다. 왜냐하면 관념론은 사유와 존재를 잇는 다리를 붕괴시켜 놓고 시작하므로 그후로 지성의 어떤 추론도 메울 수 없고 어떤 의지 행위도 도약할 수 없는 깊은 구멍을 만들어 놓으므로 사유가 존재를 내려놓게 만들었다. 그래서 관념론은 자신의 사유가 실제 진리임을 말하기 원한다면 사유와 존재, 주체와 객체 사이의 일정한 연관성을 재수립하는 것은 필연적인 일이 되어버렸다.77) 이러한 연관성을 수립하기 위해서 관념론은 바로 여기서 절대적 어떤 기준이 필요했던 것이다.

바빙크에 의하면 절대적인 것은 인간 사상의 진실성을 보증하는 기능을 한다.(The absolute thus serves to guarantee the truth of human thought.) 여기서는 절대적인 것이 사상의 객관적인 규범에 지나지 않는다 해도 그것으로 충분하며, 또 인간이 그 절대를 의식할 수 있다는 것으로도 충분하다. 78)

그러나 바빙크는 이렇게 사유와 존재의 통합을 회복하려고 하는 시도는 인정할 가치는 있지만 문제는 절대가 과연 있는 것인지, 있다면 어떻게 그것을 알 수 있느냐는 것이다. 79)

사실 철학은 이제까지 절대자의 존재에 대한 많은 사유와 함께 그

---

76) *PR*, 76.
77) *PR*, 76.
78) *PR*, 76.
79) *PR*, 76.

계시철학의 이해

존재를 증명하고자 하는 논증을 펴왔다.[80] 이런 절대자의 존재에 대한 증명이 있는가 하면 이와는 반대로 절대자(이후 신이라는 말로 대신 하기도 할 것이다)는 존재하지 않는다는 논증도 있다. 그러나 이런 신 존재에 대한 논증들은 신이 없다는 논증뿐 아니라 신이 존재하는지 알 수 없다는 불가지론적 증명이 있기도 하고 심지어 우리는 신이 존재에 대해 알 수 없으므로 판단을 중지해야 한다는 논증도 있다. 이만큼 신 존재 증명은 사람들의 사유와 논리에 따라 이렇게도 저렇게도 된다.[81]

문제는 여기서 끝나는 것이 아니다. 설혹 신 존재 증명을 하였다 하여도 그 신이 나와 무슨 관계가 있는지가 문제다. 그 신을 내가 인격적으로 느끼지 못하고 다만 절대자는 존재한다는 확신만 있다면 그것은 이신론의 범주를 벗어나지 못하는 허망한 논증이 되어버리고 만다. 설혹 누가 실존적인 신에 대해 논증한다 해도 그 신이 나의 실존과 인격적인 관계를 맺는 신인지는 또 전혀 별개의 문제가 되어버린다. 나와 만나지 못하는 신, 내 지성과 감정에 호소하지 못하는 신의 존재는 무의미한 것이 되어버릴 것이다. 이렇게 철학적 사유에서 나오는 절대자는 다분히 관념적인데 내가 느끼고 체험하는 그 절대자를 어디서 확인할 수 있는가?

---

80) 신의 존재에 관한 소위 이성적인 논증들로서 1 존재론적 증명, 2. 우주론적 증명, 3. 목적론적 증명, 4. 도덕적 증명, 5. 역사적 혹은 인종학적 증명 등이 있다.(Berkhof, 213-216)
81) 노만 가이슬러는 그의 책 *기독교 철학 개론* 9장 '신은 존재하는가?'에서 다양한 논증 사례를 정리하였다. 그는 '1. 우리는 신이 존재함을 확실히 안다, 2. 우리는 신이 존재하지 않음을 확실히 알 수 있다, 3. 신이 존재하는지 우리는 알 수 없다, 4. 우리는 판단을 중지하여야 한다, 5 우리는 신을 믿을만한 충분한 증거가 있다.' 등을 말하였다. 그러나 이 논쟁이 단지 사변적인 것일 뿐, 그런 만큼 반대 논리에 입각한 또 다른 증거가 등장한다고 하였다.(Geisler, 327-348.) 무엇보다도 이 논증들의 결정적인 단점은 이 논증 속의 신이 우리에게 인격적으로, 절대자로 다가오지 않는다는 것이다. 이런 식이라면 결국은 논증은 논증으로 끝날 뿐이다. 이런 점에서 슐라이에르마허가 말하는 절대 의존 감정이라는 말은 이런 논증들과는 달리 각 개인에게 실존적인 하나님을 가져다 준다.

그런데 바빙크는 이 문제를 자아의식의 증거에서 찾는다.[82] 바빙크는 여기서 슐라이에르마허의 절대 의존 감정을 말한다. 이것이 그가 말하는 절대에 대한 증거이다. 슐라이에르마허는 자아의식을 절대 의존 감정으로 정의했을 때, 그는 자아의식의 본질을 칸트 보다 더 잘 이해했다는 것을 이미 우리는 관찰하여 왔다.[83] 모든 사람이 절대 의존 감정을 가지고 있다는 것, 이로 인해 인류 역사 속에 인간에게는 늘 종교가 있었다는 것, 이것이 바로 신이 있다는 증거가 된다는 것이다. 슐라이에르마허의 인간 연구의 결과로 절대자가 존재한다는 증거는 그 동안의 수다한 신 존재 증명에 비해 너무 단순한 증거가 되겠지만 인간 실존적인 측면에서 본인의 의식과 감정이 확인하는 참된 증거가 된 것이다.

바빙크가 이제까지 허다한 철학자들의 이름을 들어 그들의 각가지 사변들에 대해 말하면서 그 한계를 지적하였다. 그리고 이어서 관념론을 시작으로 자의의식의 세계로 파고 들어와 슐라이에르마허의 절대 의존 감정을 말한 것은 바빙크의 탁월한 신 존재 증명 방법이 된다고 말하지 않을 수 없다.

이렇게 인간이 절대 의존의 존재임을 파악한 것은 참으로 획기적인 일이다. 비록 슐라이에르마허가 신앙을 절대 의존 감정이라고 말하므로 현대신학의 창시자로 비판을 받고 있지만 이점에서의 그의 인간 이해는 탁월한 통찰이 아닐 수 없다. 이로서 인간은 어떤 존재인지 좀 더 명백하게 이해하는 계기가 되었기 때문이다.

이제 남아 있는 것은 이러한 의존 감정에서 자아의식이 동시에 인간의 독립성과 자유를 가정하고 있다는 사실을 첨가하는 것이다. 분명히 절대 의존과 자유는 화해할 수 없는 이율 배반이지만, 자아의식의 이들 두 증거가 서로 배타적이 아니라 상호 포괄적이라는 사실이다.[84] 앞에서 말한 대로 바빙크가 슐라이에르마허의 절대 의존 감정

---

82) *PR*, 76.
83) *PR*, 76.
84) *PR*, 76.

과 칸트의 인식론을 들어 인간은 의존적 존재요 동시에 자율적 존재로 파악한 것은 성경적 뒷받침이 있어[85] 우리는 바빙크의 논증에 깊은 신뢰를 더 해줄 수 있다.

제7 절 도덕과 예배의 존재로서의 인간

그러면 인간이 의존과 자율의 존재라는 것이 실제 인간에게 의미하는 바가 무엇인지 생각해 보아야 한다. 이는 신앙적인 존재로서도 물론이요 도덕적인 존재로서의 인간 이해에 직결되는 것이다.

1. 인격적인 신과의 관계

바빙크는 인간의 신앙과 도덕률을 인격적인 절대 신에서 찾는다. 우리가 이제까지 살펴보았듯 슐라에이르마허는 의존적 존재로서의 인간을 파악했으나 자율적 존재로서의 인간을 간과하였다. 그러나 칸트는 인간 이해에서 있어서 인간의 지식과 행동의 자율성을 확고하게 확립하였다. 왜냐하면 배웠든지 못 배웠든지 간에 차별 없이 우리 모두는, 우리 스스로가 지각하고 생각하고 추론하고 결론 내리며 심사숙고하고 의욕하고 행동하기 때문이다. 종교와 도덕, 의무와 책임, 과학과 예술, 인간의 모든 노동과 문화들은 인간의 자율성이라는 기본 가정 위에 세워져 있다고 볼 수 있다.[86] 왜냐하면 이 모든 것은 인간의 자율이 없을 때 결코 성립될 수 없는 것이기 때문이다.

따라서 절대 의존 감정에서 상정되는 절대자는 '하나의 무의식적이고 비자발적인 힘'(an unconscious and involuntary force)으로 생각될 수 없다. 이 절대자는 인격적인 신이다. 그래서 이것은 인간의 신

---

85) 이는 창세기 1, 2, 3장, 그리고 웨스트민스터 신앙고백 7장과 9장에 기초한 것임을 앞의 각주에서 이미 말하였다.

86) *PR,* 77.

앙과 도덕에 결정적이다. 인간은 이 절대자에게 예배하고 이 절대자에 대한 의식 속에서 공동체를 이루어가는 것이다. 범신론은 절대자를 무 의식적이고 비자발적인 절대자로 상정하므로 범신론이 이제까지 사람 들의 신앙신조가 된 적도 없고 또한 교회의 신앙고백이 된 적도 없다. 범신론의 이러한 생각과는 달리 신의 인격성은 항상 어디서나 모든 국가와 종교에서 견고하게 남아 있었다.87) 인간은 자기의 자아의식 속에서 그 자신의 존재와 세계의 실재를 굳게 확신하고 있듯이, 역시 신의 실재와 인격성을 믿고 있다.88)

2. 의존과 자유의 상호성

이러한 믿음은 인간의 자아의식 특히 의존(dependence)과 자유 (freedom)에 대한 이중 증거들과 뒤섞여 있다.89) 이것들은 적대적인 것이 아니라 서로가 서로를 요구한다. 의존 감정은 자아의식 (self-consciousness)의 핵심이고 종교의 본질이다.90) 이 의존 감정 속에서 인간은 자아를 인지하고 항상 자기의 존재를 유지한다.91) 그 러면서 이 의존은 한편으로는 이성적이고 도덕적인 존재로서의 인간 이 취하는 감각적이고 의식적이고 자발적인 것이다.92)

만약 인간이 자신의 의존을 거부하여 이러한 절대 의존적인 요소를 배제시킨다면, 그리고 그 의존이 의식적이고 자발적인 의존이라는 것

---

87) 그러므로 우리가 범신론을 주장한다는 것은 신의 인격성과 인간의 종교 성을 무시하는 것이요, 역사 속에서 수많은 교회와 사원을 세운 인간을 부 인하는 것이며, 이는 곧 역사를 부인하는 것이 된다.
88) *PR*, 77. 여기서 하나님이 '인격적'이라는 말은 인간과의 상호관계성 속 에서 사용되는 말이다. 하나님은 인간이 객관적인 계시를 이해하고 그것에 반응하는 능력을 갖도록 하나님의 형상대로 만드셨다.(Berkhof, 124.)
89) 이는 인간의 의존 감정은 의존과 자유로 구성되어 있다는 것이다.
90) 그러나 그것은 무의식적이고 비이성적인 피조물이 신에 의존하듯 그런 단순한 의존이 아니다. 다른 피조물에게는 의존(dependence)이지만 사람 에게 있어서 그것은 의존 감정(a sense of dependence)이다.(PR, 77)
91) *PR*, 77.
92) 바로 이러한 이유에서 인간의 의존은 절대 의존 감정이 된다.(PR, 78)

을 모른다면, 그 의존은 절대적이 되지 못한다.93) 왜냐하면 인간에서 있어서 가장 중요한 요소인 의식과 의지가 의존에서 떨어져 나가고 오히려 의존과 대립하게 되기 때문이다.

결과적으로 인간이 의존을 거부하고 거기서 떨어져 나간다면, 인간은 바로 그것 때문에 독립적인 존재가 되지 못한다. 그의 의존은 자연 속의 의존으로 바뀌어버린다. 이때의 인간의 의존은 그 의존이 가지고 있는 합리적이고 도덕적인 성격을 상실하고 목적을 위해 굴욕적인 것으로 변해 버린다. 인간은 죄인이 되어서 높은 수준의 도덕적 존재로 상승하지 못하고 떨어지며 신과 같이 되지 못하고 동물과 같이 된다.94) 그러므로 의식적이고 자발적인 의존 감정에서 인간의 자유가 나오는 것이다. 이것은 '신이 준비하는 자유 즉 진리의 자유'(Deo parere libertas; Libertas ex veritate)이다.95) 의존과 자유를 하나로 연결하는 자의의식의 이러한 증거는 종교와 도덕의 기반이다. 그것은 인간을 항상 어디서나 그리고 아주 자유롭고 자발적으로 인격적인 신에 대한 믿음과 그에게 봉사하는 방향으로 이끌어 준다.96)

---

93) *PR*, 78.
94) 우리의 삶의 현장인 피조계에는 부유와 가난, 기쁨과 슬픔, 정지와 운동 등과 같은 무수한 상반 현상이 있는데 이것은 하나님의 영, 흑암의 영에도 적용된다. 악령은 활동하고 있으며 그것은 인간의 마음과 그 삶의 모든 부분에 침투해 들어간다. 도예베르트는 이러한 영적 상반이 인간의 마음에서 발원한다고 주장한다. 그는 인간의 마음은 신의 계시에 접하고 있는 지점으로서 신에 대해 결코 중립적일 수 없다고 한다. 인간의 마음은 신에 대해 복종하든지 반항하든지 뿐이다. 도예베르트는 여기서 기독교 철학이란 그리스도 안에 있는 신 계시를 수납하는 마음을 아르키메데스 기점으로 삼으며 비기독교 철학은 그것을 거부하는 마음을 아르키메데스 기점으로 삼는다고 한다. 도예베르트는 절대적 상반이 발원하는 마음에서부터 철학적 사유의 방향이 결정된다고 하였다.(김정훈, 31) 이는 인간이 의존을 거부할 때 죄의 존재가 된다는 바빙크의 말은 기독교적이냐 비기독교적이냐 하는 영적 상반은 마음에 임하는 계시에 의존하느냐 않느냐로 결정된다는 것이다.
95) *PR*, 78.
96) *PR*, 78.

3. 계시와 예배

인간의 지성과 이성, 마음과 양심, 욕망과 의지, 그리고 뿌리 깊은 의존과 자유의 의식을 가진 인간 정신은 계통 발생적으로나 개체 발생적으로 후천적으로 습득되는 것이 아니다.97) 그래서 인간은 태어날 때부터 자기가 속한 환경 속에서 자기 안에 있는 본성을 따라 성장하고 개발되어 갈 때, 그는 자신의 존재와 세계의 존재를 믿는 것만큼 자유롭고 불가피하게 인격적인 하나님을 알게 되고 그에게 예배하게 된다. 그는 신 개념을 고안하지도 생산하지도 않는다. 그것은 인간에게 주어지며 그는 단지 그것을 받아들인다. 이런 점에서 무신론은 본성상 인간에게 적절한 것이 아니다. 무신론이 인간이 철학적 사색을 하게 되는 근거로 발전되었지만 그것은 결국에 변태적인 지성과 윤리를 가져왔다.98)

본래 모든 인간은 그의 본성에 의해 하나님을 믿게 된다. 만물의 창조자인 하나님은 사람이 알 수 없도록 자신을 감추지 않으신다. 그리고 모든 본성(인간의 본성과 외부 세계의 본성)을 통해 인간에게 적극적으로 말씀하시므로 인간은 하나님을 믿게 된다. 진화가 아니라 계시 때문에 인간은 하나님께 대한 인상적이고 명백한 예배를 드리는 것이다. 하나님은 우리의 자아의식 속에서 세계와 그 자신에 대해 우리 인간에게 알리신다.99)

제8 절 철학의 기반으로서의 계시

이렇게 인간이 절대 의존 감정을 지닌 초월적인 존재요 이러한 사실에 기초한다는 것을 우리가 이해할 때 이제 인간의 철학이 무엇

---

97) *PR*, 79.
98) *PR*, 79.
99) *PR*, 79.

에 기반을 두어야 하는지가 명백해진다. 그것은 유신론적 기반이요, 철학은 계시를, 그리고 그 계시는 그리스도로의 최종 방향을 잡게 된다.100)

1. 유신론적 기반

계시는 종교뿐만 아니라 철학(특히 인식론)에게 가장 중요하다. 모든 인식은 주체와 객체의 특별한 관계에 있으며, 그리고 이들 두 가지의 일치 위에 세워진다. 사유와 존재의 형태는 모두 동일한 창조적인 지혜에 기원을 두고 있기 때문에 그것들이 일치하지 않으면 지각과 사유의 확실성은 보장받지 못한다.101) 그러므로 계시에 기초한 사유만이 존재를 창조자이신 하나님 안에서 통합적인 이해를 가져오는 것이다.

그러므로 철학은102) 그 출발이 잘못되었다. 헤겔은 사유와 존재를 동일시하며 논리를 형이상학의 지위로까지 부상시켰고103) 칸트나 인

---

100) 본 서에서는 계시철학의 개념에서 이미 철학적 사유의 진정한 아르키메데스 기점은 바로 계시라는 도예베르트의 말을 살펴본 바 있다. 본 장에서는 이제 인간을 자율적인 존재요 계시 의존적인 존재로 파악하며 계시 인식의 장소로서 인간의 자아를 말하였다. 도예베르트는 앞서 인간의 아르키메데스 기점은 종교적 영역에서 추구된다고 하였는데 바로 그 종교적 영역이 무엇인가 하고 묻는다. 그리고 이에 대한 답으로 '인간의 마음'을 말하며 이것이 인간 존재의 중심점이라고 하였다.(도예베르트는 인간의 마음과 자아를 혼용해서 사용하고 있다.) 그는 아르키메데스 기점은 인간 자신의 주관적 자아로부터 분리되어서는 안 된다고 하였다. 그는 아르키메데스 기점이 자아 존재의 구심적 법칙(centric law)으로부터 분리되면 주체아는 혼란에 빠지고 무(nothing)에 빠진다고 하였다. 그는 인간의 마음은 창조주 하나님과 절대적 관계에 있고 인간 존재의 종교적 뿌리를 이루며 인간 본질의 초이론적 뿌리를 이룬다고 하였다.(김정훈, 28) 그러므로 바빙크가 계시 의존적 존재로서의 인간이 자아의식 속에서 계시를 파악한다는 말과 도예베르트가 아르키메데스 기점을 계시로 파악하고 그 장소를 인간 자신의 주관적 자아라고 한 것은 서로 같은 말이다.

101) *PR*, 79.

102) 여기서의 철학은 인격적인 하나님을 제외한 철학, 곧 인본적 철학을 의미한다.

본주의의 경우 사상을 존재로부터 분리시켜 순전히 형식적인 성격의 논리로 모든 것을 전개해나갔다.104) 각 경우 사유와 존재의 진정한 관계와 모든 인식과 지식의 올바른 원리(the correct principle of all cognition and knowledge)가 불완전하게 인식되었다. 105)

존재의 형식들과 사유의 법칙, 행위의 형식은 하나님의 지혜 속에 공통 기원을 두고 있다.106) 철학이 온전한 조화를 이루기 위해서 철학의 세 분야, 즉 물리학, 논리학, 윤리학이 함께 다루어져야 하는데107) 이것은 계시를 기초할 때 비로서 이루어진다. 일원론이 하나님과 그의 계시를 부정한 잘못된 방향에서 전체를 설명하려고 했지만 이때 이룰 수 없었던 것을 여기서는 이루었다. 다시 말해 계시철학이 철학의 다양성과 체계를 포괄하며 통합에 도달한 것이다.108)

2. 계시와 진리의 점진성

이런 확고한 유신론적 기반 위에서는 결국 과학의 진보와 진리의 실현을 믿을 여지가 있게 된다. 진리는 있는 것이 아니라 형성된다고

---

103) 이는 헤겔의 절대정신과 정반합의 원리에 입각한 것에 대한 지적이다.

104) 칸트의 경우 인간은 사상을 가지지만 자신이 누구인가에 대한 깊은 사색이 부족해 그 사상이 형식에 치우쳤다는 것이다.

105) 바빙크는 이에 대한 하르트만의 다음 말을 인용했다. "감각 속으로 질서를 도입하는 원리로서 인식 안에서 활동하고, 또한 자체적으로 사물들을 종합하는 원리로서 객관적인 세계 속에 활동하고 있는 것은 유일하고 동일한 이성이라는 사실을 인식하지 않고는 주체와 객체를 모두 정당화하는 다른 방법은 없다."(As even von Hartmann admits, there is no other way of doing justice to both subject and object except by recognizing that it is one and the same reason "which is active in consciousness as a principle introducing order into the sensation, and in the objective world as the principle of synthesis for the things in themselves.") (*PR*, 80)

106) 보충하자면 '그러므로 하나님의 계시를 배제한 존재와 사유와 행위는 조화를 이룰 수 없고 통합적인 사고에 이르지 못한다.'는 것이다.

107) 이 말에서 '존재의 형식'은 물리학, '사유의 법칙'은 논리학, '행위의 형식'은 윤리학에 해당한다.

108) *PR*, 80.

계시철학의 이해

하는 주장에는 어느 정도 근거가 있다.

인간은 차츰차츰 그리고 조금씩 모든 노력을 다하여 이마의 땀으로 진리를 정복해야 한다. 지식의 분과들은 예외 없이 모두 생활 관습 자체 속에서 성장해 왔다. 그것들은 모두 필요성에서 나왔으며 실용적 경제적 가치를 지니고 있다.109) 그러나 진리의 경우는 다르다. 진리는 실재의 단순한 복사나 초상화가 아니며 '지성의 영역'(globus intellectualis)과도 다르다.110) 바빙크가 여기서 하고자 하는 말은 완제품으로서의 진리를 기대하지 말고 계시를 통해 서서히 알아가야 한다는 것이다. 이것은 인간의 정신력은 지식과 훈련을 통해 성장한다는 말과 상통하며, 실제 이러한 정신력의 성장으로 계시 이해 능력이 풍요해질 때 진리도 좀 더 명확하게 파악할 수 있는 것이다.

누구든지 진리의 왕국에 들어가기를 원한다면, 천국에 들어가기를 원하는 사람 같이, 베이컨이 말한 것처럼 반드시 순종함으로써 배우는 어린아이같이 되어야 한다. 우리는 진리를 창안해 낼 수 없고 우리의 두뇌를 쥐어 짜 만들 수 있는 것도 아니다. 우리가 진리를 발견하기 위해 사실들과 실제성과 근원들로 되돌아가야만 한다.111)

과학이 실제성을 현상과 공존하는 것으로 가정하지만 실제성은 하나님의 섭리가 실현될 하나님의 지혜의 핵심을 포함하고 있다. 그래서 진리는 일정 기준 그 실제성에 상응하고 있다. 요컨대 과학적인 탐구는 그것의 본질까지 더 깊숙이 내려가서 실제성에 담긴 하나님의 지혜의 핵심을 더욱 철저하게 간파하는 것이다. 그래서 과학에 의해 발견된 진리는 우리가 의식적으로 수용할 수 있게 된다. 그러므로 우리의 인식 대상(the object of our knowledge)과 우리의 의식 요소(an element of our consciousness)가 만들어져야만 진리가 생긴다는 말은 적절치 않은 말이 아니다.112)

3. 진리의 계시자 그리스도

---

109) *PR*, 81.
110) *PR*, 81.
111) *PR*, 81.
112) *PR*, 82.

실제성(reality)은 진리를 찾을 수 있게 하는 도구의 하나이다. 진리 속에서 실제성은 실용주의의 목적과 다른 것으로 보다 높은 존재 양태로 치솟는다. 그래서 진리는 그 자체의 독립적인 가치를 획득한다. 그것의 표준은 실용주의 철학이 목표로 하는 생활의 유용성에 있지 않다. 그런 유용성이 진리의 기준은 아니다.

우리의 삶을 고려해 볼 때 중요한 것은 단순한 존재(existence)나 기쁨(pleasure)이나 강도(intensity)가 아니라 무엇보다도 내용과 질이다. 그리고 내용과 질을 결정하는 것은 정확하게 말해서 진리이다. 진리는 경험적인 삶(empirical life)보다 더 가치가 있다.113) 그것은 세상은 무엇이고 그 안에 있는 우리는 누구냐는 존재와 사유에 대해 명확히 규정하는 것이어야 한다. 진리는 이에 대한 답이다.

그런데 하나님은 진리를 우리의 인식 대상과 의식 요소로서의 자연(일반계시)과 성경(특별계시)에 묻어놓으셨다. 그래서 우리는 진리를 가질 수 있고 또한 그 진리를 앎으로써 다스릴 수 있다.114) 하나님이 계시하시는 목적은 우리가 진리를 알게 하는 데 있다. 이는 결국 계시를 통해 진리 탐구라는 철학의 목표가 이루어진다는 것이다. 그리스도는 길이요 진리요 생명으로서의 진리의 계시자이다. 바로 이 그리스도 안에서 철학의 목표가 이루어진다. 곧 그 안에서 세상과 우리가 의심 없이 확립된다.

그리스도는 진리를 위해 오히려 그의 생명을 희생했다. 그럼에도 불구하고 그는 그렇게 함으로써 그의 생명을 다시 얻었다. 진리는 실제성보다 더 많은 가치가 있다. 그것은 사물의 보다 높은 질서에 속해 있어 그 안에서 자연(physis)와 지식(gnosis), 정신(ethos)이 화해를 이루고, 또한 참된 철학이 지성의 요구들과 마음의 욕구들에 완전한 만족을 준다.115)

---

113) *PR*, 82.
114) *PR*, 82.
115) *PR*, 82. (영문 참조) "Christ sacrificed his life for it. None the less, by doing so he regained his life. Truth is worth more than reality: it belongs

계시철학의 이해

제9 절 정리

이제까지 바빙크는 철학의 등장과 그에 따른 비판을 반복하면서 각 철학이 지니고 있는 한계를 말하였다. 바빙크의 계시철학의 내용을 실제 접하면 수많은 철학자와 사상가가 나오는데 본 서에서 이들의 사상에 대해 일일이 언급할 수 없고 다만 바빙크가 이 모든 사상들을 어떤 의도 속에서 어떻게 열거하며 자기가 말하고자 하는 바를 이루고 있는지를 살펴보는데 주력하였다. 본 서에서는 이 방대한 내용을 어떻게 정리하며 제목을 달고 바빙크의 논리의 흐름을 잡느냐가 중요하였다.

이러는 가운데 본 '계시와 철학'에서 결국에 바빙크의 결론은 각각의 철학은 나름대로의 비범한 통찰에도 불구하고 존재와 사유, 그리고 행위라는 통합적인 측면에서 결정적인 결점을 가지고 있음을 지적하였다. 이 모든 것은 결국에 '계시의 부재'의 문제임을 진단하고 모든 철학이 진리에 이르고자 한다면 계시를 받아들여야 함을 말하였다. 다음은 본 장에서의 흐름을 다시 확인해보면서 바빙크의 계시와 철학을 정리해 보고자 한다.

첫째, 과학이 모든 것에 해답을 줄 수 있는 것 같았지만 과학이 더 이상 설명해 줄 수 없는 형이상학의 문제에 부딪쳐 결국 철학의 시대가 다시 도래하였음을 말하였다. 사람들은 과학에 대해 품고 있던 기대가 얼마나 어리석은가를 깨닫게 되었을 때, 신비주의, 철학, 형이상학, 종교 등의 필요성이 대두되었다는 것이다. 결국 인간은 철학적 사유를 통해 정신적 만족을 추구하는 존재임을 말하였다.

둘째, 구체적으로 바빙크 시대에 유행하던 일원론과 진화론에 대한 비판이 전개되었다. 헥켈의 강력한 일원론적 사고와 주장은 과학의 시

---

to that higher order of things in which physis, and gnosis, and ethos are reconciled, and in which a true philosophy gives full satisfaction both to the demands of the intellect and to the needs of the heart."

대, 한때 사람들의 호응을 가져왔지만 결국에는 일원론을 설명하기 위해 다시 철학의 형이상학적 개념을 도입하지 않을 수 없음을 지적하였다. 진화론 역시 과학적 설명 가설로서 상당한 주목을 끌어가며 기독교에 상당한 충격을 가하였다. 그러나 바빙크는 이러한 일원론이나 진화론은 결정적으로 세계에 대해 총체적, 통합적 이해를 가져다주지 못하다는 것을 지적하므로 세계의 설명 도구로서 부적합함을 지적하였다.

셋째, 일원론이나 진화론, 그리고 철학의 형이상학적 이해가 여전히 세계의 설명도구로 만족을 주지 못하자 이에 대한 실망으로 역사 속의 철학을 포기하고 인간이 주인이 되고 실용적 가치 중심으로 사고하는 실용주의 철학이 등장하였음을 말하였다. 그러나 바빙크는 실용주의 철학은 충분히 경험적이지 못하고 합리적이지 못하다는 것, 또한 실용주의 철학이 전체적이고 풍요로운 현실을 설명해주지 못한다는 점을 지적해 비판하였다. 바빙크가 이렇게 역사 속의 철학과 일원론과 진화의 한계를 통해 인간 사유의 한계와, 이제 인간 사유의 한계에 실망하고 나타난 실용주의 철학이 지니는 또 다른 한계를 지적한 것이다. 결국 사유든 실용이든 어느 면에서도 계시가 제외된 철학은 진리를 찾고자 하는 인간의 철학적 욕구를 채워줄 수 없음을 말하였다.

넷째, 바빙크는 이에 철학적 사유에 계시가 있어야 함을 말하기 위해 관념론을 도입하여 관념론 안에서 자아에 대해 집중 탐구하였다. 그는 이런 가운데 자아가 계시를 인식하고 인간 정신이 계시의 내용을 파악한다는 것을 설득력 있게 말하였다. 이로서 자아를 지닌 모든 인간은 하나님으로부터 계시를 받고 있음을, 그리고 하나님이 선험적 사고의 틀을 담아 인간에게 부여한 정신을 통해 의식 속에 담긴 계시를 분석하고 그 내용을 파악할 수 있다고 하였다. 여기서 그는 인간의 의식 속에 계시를 파악하는 본유적 기능이 있음을 말한 것이다.

다섯째, 이렇게 인간의 계시 인식 능력을 말한 후 바빙크는 슐라이에르마허의 절대 의존 감정과 칸트의 인식론을 가져와 인간은 절대 의존의 존재요 자율적인 존재임을 말하고 이 둘이 상호 의존적임을 말하였다. 그리고 그는 실존적인 측면에서의 인간의 절대 의존 감정이 절대자가 있음을 증거한다고 하며, 때문에 인간은 계시를 갈망하고 인간의 인식이 지닌 정신 능력은 계시의 내용을 파악한다고 하였다. 이로서 그는 인간은 종교적이면서 도덕적인 존재임을 말하였다. 이는 인간이 계시를 통해서 자신과 외부 세계와의 연관성을 파악하며 절대적 진리와 기초를 인식하고 행하는 존재라는 것이다.

여섯째, 바빙크는 결론으로서 계시와 철학은 불가분의 관계가 있음을 말하면서 계시가 있어야 이 계시 안에서 인간은 총체적 사유를 하며 진리에 이른다고 하였다. 결국 철학은 계시에 바탕을 둔 유신론적 기반에서 진리를 탐구하고 이 진리는 자연과 성경, 곧 일반계시와 특별계시로 탐색 된다고 하였다. 이때의 진리의 핵심은 그리스도인데 그리스도는 자연과 성경을 통해, 다시 말해 계시를 통해 진리의 계시자로 우리 가운데 나타나게 된다는 것이다.

이는 앞서 논의한 바빙크의 일반계시론을 생각해볼 때 계시는 자연을 총체적으로 사고하게 하여 그 창조주를 기억하게 도와주며 이를 배경으로 인간은 특별계시로서의 성경을 탐구하면서 진리인 그리스도를 알게 된다고 하였다. 바빙크는 하나님이 진리를 자연과 성경에 묻어두었다고 하였는데 이는 자연과 성경은 상호 보완적으로 함께 가는 진리 탐구의 보고임을 말하며 진정한 철학의 진리는 자연과 성경, 곧 계시에 의해 그리스도를 발견하므로서 확립된다고 말하는 것이다.

이상이 바빙크의 '계시와 철학' 내용의 핵심이다. 우리는 바빙크의 계시철학이라는 개념 자체를 그의 특이한 철학 방법론이라고 말한 바 있다. 확실히 바빙크는 인간의 자율적 사유로 출발해, 그 사유가 미처 간파하지 못한 자아의 계시 인식 능력 안에서 신율적 사고와 자율적 사고의 접점을 찾고 여기서 일반계시와 특별계시를 말하며 진리에 이르는 길을 제시했다.

이런 점에서 바빙크가 제시하는 계시철학은 보다 분명한 확신 속에서 연구 진행될 필요가 있다. 왜냐하면 포스트모더니즘 시대 속에서의 철학이 기존의 합리적, 경험적 사고의 한계와 전통적인 종교에 대한 반발로 탈 현대화하면서 새로운 것을 찾는 때에 바빙크의 계시철학은 우리 시대의 기독교 변증 철학의 새로운 형태로 추구될 수 있기 때문이다. 계시의 도입은 이제 인류 역사가 남겨둔 마지막 가능성이고, 이제까지의 모든 진리 문제를 해결할 열쇠가 된다. 그런 만큼 계시를 인정하고 받아들이지 않는 한 인류는 또 다른 한계에 부딪칠 것이다. 분명한 것은 이제까지의 인류에게 새로운 시도가 없어서 그 역사에 한계가 나타난 것은 아니라는 것이다. 문제는 계시를 받아들이지 않았기 때문이다.

계시철학의 이해

제7 장 계시와 자연

바빙크는 자연에 나타난 하나님의 계시를 말하고자 할 때 먼저 모든 과학과 철학이 몰두하고 있는 세 가지 실체인 '신'과 '세계(혹은 자연)'와 '인간'을 말한다. 바빙크는 우리가 이 세 가지를 어떤 개념을 가지고 이해하며 또 이 셋을 어떻게 배치해 그 상호 관계를 설정하느냐에 따라 우리들의 세계관과 인생관의 성격이 결정된다고 하였다. 더 나아가 이것은 우리의 종교와 과학과 도덕의 내용을 결정한다고 하였다.[1]

이 세 가지 요소는 상호연관성을 떠나 신을 연구하면 신학이 되고, 세계를 연구하면 자연과학이 된다. 그리고 인간을 연구하면 그것은 당연히 각종 인간학이 된다. 만일 자연을 연구하되 거기에 신을 포함시키면 그것은 신학적 고찰이 되지만, 거기에 신을 배격하고 연구가 진행된다면 그것은 철저히 인본적 자연과학이 되어야 할 것이다. 그래서 자연이나 인간을 연구함에 있어서 '신'을 포함시키느냐 않느냐는 적어도 연구의 시발점에서 결정되어야 한다. 그것은 그 연구의 전제 요소가 되기 때문이다.

앞에서 우리는 계시철학은 계몽주의 사상에 맥락에서 그 사상을 연구하고 그 한계를 찾으며 여기에 기독교 변증을 시도하는 것이라고 했다. 그런 점에서 '계시와 자연'이라는 제목으로 그 관계성을 연구할 때 먼저는 신을 배격한 자연주의 세계관의 발전과 함께 그 한계를 살펴보고, 이어 이를 바탕으로 우리는 이 세상은 신이 창조한 것임을 증거하는 방향으로 본 논의를 진행시켜야 할 것이다.[2]

---

1) *PR.* 83.
2) 맥그라스와 도킨스 간의 논쟁은 본 장의 주제인 '자연과 계시'와 일맥 상통하는 부분이 많으므로(사실은 바빙크의 계시철학 전반에 걸쳐 그러하다) 이들의 주장을 적극 활용하면서 바빙크가 자기 시대에 가졌던 통찰을 살펴볼 것이다.

그리고 결론에 있어서 신을 배격하고 자연을 설명하고자 하는 시도와 자연을 신이 창조한 것으로 보고 자연을 보는 시각 사이의 간격이 얼마나 큰 것인가를 발견하며 그 간격을 좁히기 위한 계시의 위치를 설정할 것이다.[3]

본 장도 '계시와 철학'의 경우처럼 바빙크의 이러한 전개 논리를 중심으로 연구를 진행하며 결론에 이르고자 한다.

제1 절 계시의 확신: '계시는 모든 사람에게 말을 걸고 있다.'

바빙크는 계시와 자연에 대해 본격적으로 말하기 전에 먼저 '이원

---

3) 이러한 간격을 좁히기 위해서는 과학과 신학은 서로 전혀 다른 부분을 다룬다는 생각이 수정되지 않으면 안 될 것이다. '사실 판단'과 '가치 판단'을 엄격히 구분하는 현대의 학문성은 신학과 과학 간의 다음의 견해는 잘못된 것으로 본다. 첫째, 과학은 보이는 실제를, 신학은 보이지 않는 것을 취급한다. 둘째, 과학은 사실(fact)을 취급하고, 신학은 감정이나 느낌을 취급한다. 셋째, 과학은 객관적 확신에 기초하고 신학은 주관적 확신에 기초한다.(John Polkinghorne and Michael Welker, eds., *The end of world and the ends of God. Science and Theology on Eschatology* (Arrisburg, Pennsylvania: Trinity Press international, 2000), 3) 그러나 현재는 과학도 과학주의자들이 생각하는 것만큼 객관적이지도 않고, 종교도 전적으로 주관적이라고 말할 수 없다는 의견이 지배적이다.(Barbour, 56) 하나님이 창조한 세계는 다면적이므로, 우리가 이 세계에 관한 진리를 보다 깊이 파악하기 위해서는 다양한 분야에서의 지식이 필요하다. 이런 점에서 과학은 자연에 대해 보다 깊은 이해를 가져다 주는데 크게 기여할 수 있다. 시편 104편의 시편 기자가 자연에 대한 관측을 통해 하나님의 성품과 사랑에 관한 통찰을 얻었듯이 현대과학 연구는 우리로 하여금 이 통찰을 심화하고 확장하며 만물의 창조주이자 구속자에 대한 우리의 시각을 확장하게 만들 수 있다.(*기원이론*, 20.) 계시는 통찰을 가져온다. 이런 점에서 계시의 위치와 역할이 강조되는데 이는 과학과 종교 사이의 간격을 좁혀 줄 수 있는 것은 계시 밖에 없기 때문이다. 과학은 계시의 통찰을 통해 종교로 갈 수 있고 종교는 계시를 통해 과학 연구의 결과를 보다 통찰력 있게 접촉할 수 있다.

계시철학의 이해

론은 불가능하다'는 선언을 한다.4) 여기서 이원론이란 신과 자연과의 분리 내지는 신과 인간과의 분리를 의미한다. 그러니까 바빙크의 말은 하나님과 세상은 서로 분리되어 생각할 수 없고, 더 나아가서는 하나님과 인간의 분리는 더 이상 말할 가치도 없다는 것이다. 바빙크는 자신의 논리를 전개하며 변증해 나아가고자 할 때 먼저 이러한 자신의 입장을 분명히 밝힌다. 그가 '이원론은 불가능하다' 하며 이렇게 확실히 말할 수 있는 것은 그가 가진 계시에 대한 확신 때문이다.

그는 '계시는 모든 사람에게 말을 걸고 있다'며5) 계시와 인간에 관한 사실을 말한다.6) 그래서 그는 신에 대한 지식은 특별한 신학의 영역이 아니라고 한다. 신학자는 다만 신학이라는 자신의 학문의 내용을 과학적으로 이해하기 위해 이러한 계시에 몰두하고 있는 것이다. 그래서 신학뿐 아니라 신앙 그 자체는 '계시는 모든 사람에게 말을 걸고 있다'는 말을 자신의 전제로 삼는다. 이렇게 계시가 말을 걸어오니 사람들은 종교에 관심을 갖기 마련이다.7) 그래서 사회학적 측면에서 '인간은 종교적 동물'이라는 말은 언제나 진리이다.

바빙크에 의하면 많은 사람들이 신을 안다는 것을 영생에 이르는 길로 생각하며 신앙을 갖고자 하고,8) 과학에 열중하는 사람이라도 자신의 신앙을 그의 지식으로부터 분리시킬 수 없다고 한다. 바빙크는 인간이 진리와 도덕을 구하는 것은 인간이 모든 선한 일을 하도록 구비되어 있는 신인(a man of God)이기 때문이라고 말한다.9)

---

4) *PR.* 83.
5) 이때의 계시는 일반계시를 말한다. 그리고 이 말은 일반계시는 크리스챤이든 비크리스챤이든 모든 사람들이 서로 만날 수 있는 접점이 된다는 의미를 내포하고 있다.(*RD* I, 321.) 사실 이 일반계시로 인해 바빙크의 계시철학이 가능함을 본 서 III 장 '일반은총론'을 다루었다.
6) *PR.* 84.
7) *PR.* 84.
8) 이는 일반계시의 빛 속에서 사람들은 신을 안다는 것과 영생을 연관 지어 생각한다는 것이다. 다만 분명한 것은 이 일반계시만으로는 영생의 길을 알 수 없다는 것이다. 그리고 신을 알 때 영생에 이를 수 있는 것은 분명하다. 이는 예수님의 말씀으로 확인할 수 있다. "영생은 곧 유일하신 참 하나님과 그가 보내신 자 예수 그리스도를 아는 것이니이다"(요 17:3)

제7 장 계시와 자연

그는 인간은 신을 떠나 존재할 수 없다고 말하면서 평범한 사람이든 사상가든 철학자든 사실 자신의 일 속에서 신에게 예배하고 있으며 이런 가운데 하나님께 영광 돌려야 한다고 말한다.10) 이는 제반 학문 분야에서 인간이 가져야 할 태도로 그가 단언한 것이다.11) 이는 앞서 신칼빈주의의 영역주권에 해당하는 주장으로서 하나님이 인간이 하는 모든 분야에서 자신의 영광을 나타내고 계시기 때문이다. 이것이 바로 계시철학을 전개해 나갈 수 있는 바빙크의 확신이다. '계시는 모든 사람에게 말을 걸고 있다'는 이 말은 바빙크가 모든 학문, 삶의 제 분야에서 기독교 변증 작업을 해 나갈 수 있는 확고한 토대이며 본 장에서도 처음부터 신학의 도움 없이 자연과학을 대상으로 기독교를 변증 작업해 나갈 수 있는 전제이다.

제2 절 자연과학으로서의 진화론

바빙크는 자연과학은 독자적인 분야인 것 같지만 사실 그 과학이 어떤 과학이든 과학은 차례차례 잇달아 발달하는 것이 아니라 다소 다른 것과 연관을 가지면서 나란히 발전하고 있다고 하였다. 이러한 과학은 서로 영향을 주면서 지지해주고 촉진시켜주는데12) 이점에서 진화론도 나름대로의 독자 노선 속에서 탄생하고 발전된 것은 아니라

---

9) 이는 '인간은 하나님의 형상을 따라 지어졌다'는 본 계시철학의 두 번째 전제를 지지해 준다.

10) *PR.* 84.

11) 이에 대해서는 천문학자 **요한네스 케플러**의 말을 예로 들어볼 수 있다. 그는 1598년 3월 26일 헤르바르트 폰 호헨부르크에게 보낸 편지다. "우리 천문학자들은 자연이라는 책에 관해 가장 높은 하나님의 제사장들이기 때문에 우리는 우리 자신의 역량을 자랑할 것이 아니라 하나님을 찬양해야 한다. … 그런 법칙들은 인간의 지성이 파악할 수 있는 범위 안에 있다. 하나님은 우리가 그분의 생각을 공유할 수 있도록 우리를 자신의 형상대로 창조함으로써 우리가 그것들을 인식하기 원하셨다."(기원이론, 88.)

12) *PR.* 84.

계시철학의 이해

고 한다. 바빙크의 이 말은 진화론 역시 다른 과학과의 상호 연관성 속에서 발전되어 나온 것으로 그것 역시 많은 과학 이론 중에 하나라는 것이다.13)

그래서 바빙크는 전 역사 과정을 포괄하려는 어떤 단일한 보편적인 공식이란 없다고 말하므로 진화론으로 모든 것을 설명하려는 시도 자체가 잘못된 것임을 지적하여 준다. 우리가 무엇을 이해하든 그것이 가진 독특한 차별성과 함께 그것이 속해 있는 전체를 함께 생각하여야 한다고 말한다.14) 이런 점에서 바빙크는 진화론의 독특성을 인정하지만 그것이 과연 전체성을 가지고 있는가를 묻는다.15)

1. 작업가설로서의 진화의 개념

진화의 개념은 자연과학의 작업가설(a hypothesis of working)이다. 과학으로서의 자연과학은 현상들의 연속성뿐만 아니라 그것들의 원인들을 다루는데 분주하다. 이러한 원인들을 찾는데 있어서 작업가설로서의 진화 개념은 현저한 공헌을 하였다. 만일 진화론이 아니었다면 유추와 관계를 추적하는데 많은 어려움이 있었을 것이다.16)

그러나 바빙크는 진화가 세계 체계를 설명해 준다고 보면 그것은 잘못임을 지적한다.17) 만일 자연과학이 진화의 개념을 이용해 세계를

---

13) 바빙크가 여기서 본 연구의 주제 '계시와 자연'을 말함에 있어 다른 자연과학(천문학, 물리학, 화학 등)을 택하지 않고 먼저 진화론을 택하여 말하는 것은 바빙크 당시의 진화론은 곧 무신론과 직접적으로 연결되어 있고 기독교와 늘 논쟁적이었기 때문이다. 이런 진화론에 관하여는 이미 '계시철학의 개념'과 '계시와 철학' 부분에서 많이 다루었다. 본 장에서는 이에 따른 반복을 피하고 꼭 필요한 부분만을 언급하고자 한다. 그리고 진화론의 한계에 대해서는 이미 본 서의 5 장에서 말하였으므로 여기서는 생략하기로 한다.

14) *PR.* 84.

15) 이미 '계시와 철학'을 다루면서 진화론이 만물이 지니고 있는 전체성을 설명해줄 수 없다는 점을 지적해 진화론은 세계에 대한 설명도구가 될 수 없음을 지적하였다.

16) *PR.* 85.

설명하려고 하면18) 그것이 이미 자신의 영역을 철학으로 만드는 것이
된다는 것이다.19) 그런데 문제는 다른 과학과 학문에서 진화의 개념
을 포괄적으로 사용하므로 모든 세속적 학문이 진화론을 기초로 철학
을 형성하게 되었고 이로서 기독교가 설 자리가 자꾸 좁아지고 있다
는 것이다.20) 그래서 신앙은 이제 과학이 건드리지 못한 부분에서만

---

17) 일반적인 추론 방법은 다음 3가지가 있다. **연역법**(deduction)은 일반 진
리에서 특정 사실에 관한 결론으로 이동한다. 이는 실험으로 검증된다. **귀
납법**(induction)은 같은 부류의 현상에 대한 관측에서 일반화를 추론한다.
뉴턴의 만유인력 법칙이 귀납법적 접근법으로 중력이라는 보편 진리를 추
론한다. 그러나 **귀추법**(abduction)은 어떤 현상에 대한 최선의 설명을 할
뿐 그것은 여전히 진리는 아니다. 이런 점에서 진화론으로는 세계 체계를
설명할 수 없는 것이다.(*기원이론*, 95-96)

18) 이것은 도킨스와 맥그라스 사이의 논쟁에서 부각되는 문제이기도 하다.
도킨스는 자연과학(특히 진화론)이 우주를 설명하는 능력이 있으므로 이
발달로 인해 신화를 위한 개념들은 제거되었다고 하였다. 그에게 있어서
다윈의 세계관을 받아들이는 것은 곧 무신론자가 되는 것을 의미한다고
하였다. 그는 과학은 우리가 우주를 파악하고 이해할 수 있는 유일한 수단
이라고 하였다. 이런 점에서 도킨스는 진화론의 옹호자요 그래서 그의 진
화론은 '보편적 진화론'에 해당한다.(McGrath, *과학신학탐구*, 72. 74.)

19) 왜냐하면 세계를 설명한다는 것은 세계관을 형성한다는 것이요 이는 곧
철학이기 때문이다.

20) 과학이 우주의 질서와 조직적인 면을 발견하고 그것이 신 존재 증명에
활용되기도 하였지만 진화론의 등장으로 말미암아 이런 기계적 세계관은
흔들리게 되었다. 이로 인해 유신론적 세계관을 갖는 기독교는 이 부분에
서 힘을 잃었다. 이에 대한 가장 큰 예가 바로 **페일리**(Paley)의 **설계론적
신 증명**(design argument)이다. 페일리에 의하면 '설계자(designer)가 없
이는 설계된 것(design)이 있을 수 없다는 것이다. 이런 페일리의 세계는
정태적이고 기계적인 자연의 모델에 근거한 뉴턴적 세계이다. 뉴턴적 세계
는 특히 자연신학에 적합하였다. 그러나 다윈의 자연도태의 이론이 발견되
자 페일리의 사상은 전복되었다. 이는 자연 속에 있는 섭리적 설계에 대한
신앙을 허용할 수 없는 증거를 찾았기 때문이다. 페일리는 자연을 보고 하
나님의 영광을 선포하며 이를 노래했지만 **테니슨**(Alfred Tennyson)은 자
연은 끊임없는 생존경쟁에서 경쟁의 대상이 될 수 없는 모든 것을 파괴시
키는 맹목적이고 냉혹한 발전을 보게 되었다. 테니슨의 말은 여기에 어디
거룩하고 전능한 신의 사랑을 생각해볼 수 있느냐는 것이다. 이렇게 자연
토태설은 창조론, 설계증명론을 무력화 시켰다.(Livingstone, 523.) 즉 다
윈의 이 이론으로 인해 기독교의 입지가 그만큼 좁아지게 된 것이다. 맥그

겨우 의미를 지니게 되었다.21)

자연과학으로서의 진화론은 공세적이 되었고 특히 창조신앙을 갖는 기독교는 수세적으로 몰려 이제 기독교가 가지고 있던 권위는 날이 갈수록 위축되어 가기 시작했다. 그러므로 기독 진리를 믿는 자는 진화론을 연구하고 이와 싸우면서 기독 진리를 적극 변증해나가야 할 상황이 되었다. 이것이 바빙크가 살던 그 시대의 상황이었다. 사실 이는 우리시대의 상황과 다르지 않다. 그러나 바빙크는 자연과학으로서의 진화론과 싸우며 기독 진리를 변증해 나간다.

2. 자연과학의 한계

이에 대한 바빙크의 반론은 '세계 자체는 신에 근거하고 있다'는 말에서 시작된다. 즉 세계의 법칙과 질서가 그것을 증언하고 있기 때

라스도 이러한 페일리의 설계 논증은 자연선택이론에 대해 설명해주지 못하는 점이 있다고 하였다. 그러나 그는 '신앙을 과학으로 설명하려는 시도 자체가 잘못되었다며 페일리의 설계론적 증명은 거부되어야 한다'는 존 **헨리 뉴먼**(John Henry New Newman)의 말을 인용해 자연도태 이론은 하나의 이론일 뿐 이것이 신이 존재하지 않는다는 증거는 되지 못한다고 하였다.(McGrath, 도킨스의 신, 120 ~) 위의 테니슨(1809-1892)은 과학 시인으로 당대의 **윌리암 워즈워드**(William Wordsworth)와 대조된다. 워즈워드는 자연을 종교적, 공감적 직관으로 보았다면, 데니슨은 진화 사상에 친숙해있던 진화론주의자이다. * **존 헨리 뉴먼**(1801-1890) 영국성직자, 교수, 신학자, 철학자, 역사학자였다.

21) *PR.* 85. 신앙의 세계 속에서는 아침에 해가 뜨고 저녁에 해가 지는 것을 하나님이 하시는 것으로 믿고 고백하지만 지구의 자전이 발견되면서 해는 하나님이 뜨고 지게 하는 것이 아니라 지구 자전 때문에 생기는 것으로 '날마다 해를 뜨게 하시는 하나님'이라는 말은 이제 과학 앞에서 설 자리를 잃게 되었다는 것이다. 사계절이 반복 순환되는 신비도 지구가 23.5도 기울어진 체 공전하기 때문으로 이해하게 되므로 과거와 같은 계절의 신비가 사라지게 되었다. 그러나 이렇게 설계하여 사계절과 밤과 낮이 있게 하여 그 안에서 자연 만물이 심고 거두며 생존하게 하신 하나님은 여전히 전능하고 신비하고 놀라운 창조주이시며 언약과 섭리로 인간 앞에 나타난 자비하신 하나님이시다. 이 하나님에 대한 신앙의 표현은 과학으로 함부로 분석 비판할 일이 아니다.

문이라는 것이다. 이 증언이 바로 모든 사람에게 말을 걸고 있다는 계시이다.22)

그는 또한 자연과학이 세상을 설명할 수 있는 유일한 과학이 아니라고 하며, 그것이 물리 화학적, 수학 기계적 형식을 빌어 종교와 윤리 문제를 다룰 수 없다고 하였다.23) 과학이 아무리 발달해도 신앙의

---

22) 바빙크는 이렇게 세계의 법칙과 질서가 신이 있는 증거가 된다며 이것이 계시의 내용이라고 말하지만 도킨스의 말은 전혀 다르다. 도킨스는 이미 헥켈과 같은 철저한 진화론자로서 하나님을 아예 안 믿기로 했기 때문에 바빙크가 한 이와 같은 말에 대해 자기 나름대로의 반박 논리가 있다. 그것은 그의 책 *불가능해 보이는 산(Climbing Mount Improbable)*에서 나타난다. 한 쪽 각도에서 보면, '높이 치솟은 절정의 낭떠러지'를 오르는 것은 불가능해 보이지만 다른 각도에서 보면, 그 산은 '저 멀리 보이는 고지까지 꾸준하고 완만하게 높아지는 부드러운 경사로의 목초지'라고 하며 충분한 시간 속에서 진화가 조금 조금 이루어지면서 마침내 저 정상에 도달하였다고 말한다. 그러니까 바빙크가 말하는 세계의 법칙이나 질서는 낭떠러지 아래서 보면 신의 창조를 생각하지 않을 수 없겠지만 도킨스의 말대로 반대 쪽의 완만한 진화의 경사를 생각해보면 그것은 하나님 없이 진화로 얼마든지 가능하다는 것이다. 이에 대한 맥그라스의 반박은 설혹 점진적으로 그렇게 완만한 경사를 오르면서 진화가 그렇게 진행되었다 하더라도 왜 그것이 신이 없다는 증거가 되느냐는 것이다. 이어 맥그라스는 진화론은 과학 이론인데 과학은 그 성격상 유신론적 입장과 무신론적 입장 사이에 중립적인 위치에 있어야 한다고 주장한다.(McGrath, 도킨스의 신, 103-107.) 그러므로 바빙크가 신 존재 증거로 말하고 있는 '세계의 법칙과 질서'는 과학의 입장에서 보면 분명 신비한 것이지만 사실 이것도 도킨스의 주장처럼 진화론에 입각해본다면 세계의 법칙과 질서를 신의 존재 증거로 삼는 것도 문제인 것이다. 그러나 여기서 바빙크는 그것을 과학으로 증거 삼은 것이 아니라 '계시로 안다'고 했다는 점에서 과학의 증거를 초월해 신 존재 증명을 말하는 것이다. 우리가 이미 충분히 살펴본 바처럼 계시는 사유에 의한 것이 아니라 그 자체가 이미 초자연적인 것이기 때문이다.(All revelation is supernatural.) (RD I, 307)

23) 맥그라스는 도킨스의 '보편적 진화론'을 반박하기 위해 베넷(Bennet)과 헤커(Hacker)가 '과학이 모든 것을 설명한다'는 말의 어리석음 보여주고자 제시한 세 가지 중요 원리를 소개한다. 첫째는 우주는 인간이 설명할 수 있는 것이 없으며 다만 우주 안에서 일어나는 현상을 설명할 수 있을 뿐이다. 둘째, 과학 이론은 우주의 목적과 같은 것을 기술하거나 설명할 의도가 없다. 셋째, 본질적으로 적법한 과학적 방법의 범주를 넘어서는 문제들 - 가령 로마제국의 몰락이나 세계 1차 대전의 발발, 개신교의 생성

계시철학의 이해

수준으로 올라갈 수 없는 것은 인간은 과학적인 법칙을 따라 움직이는 존재도 아니고 인간 내면에 있는 그런 사악한 경향(과학이 발견한 세계를 신격화 시키려는)을 신앙적으로 용납하지 않기 때문이다. 실제 인간 내면의 죄의 경향은 과학이 다스리고 말해 줄 수 있는 부분이 아니다.24) 자연은 인간의 심혼(psyche)과 정반대 되는 비자아(non-ego)로서 관찰과 지식의 객체일 뿐이다.25)

여기서 바빙크는 오스트발트(Ostwald)의26) 말을 인용한다. 이는 자연과학은 세계를 하나의 거대한 기계로 생각하고 있는데 이는 터무니없는 모순이라는 것이다. 왜냐하면 사람이 이런 세계관에 정신적 만족

등 - 이 있다는 것이다. '자연에 목적이 있느냐' 하는 것도 자연과학 논쟁에서 배제된다는 것이다.(McGrath, 과학신학탐구, 75-76.) 맥그라스의 이 말은 과학은 자연의 목적을 알고자 하지 않으므로 신의 존재, 유무에 관해 말할 수 없고 바빙크의 말대로 자연과학은 종교나 윤리학과 같은 형이상학의 문제를 직접적으로 다룰 수 없다는 것이다. 그러나 이러한 자연 과학에 특별계시가 더해져서 이를 의존할 때에는 과학으로만은 입수할 수 없는 요소를 구할 수 있게 된다. 우리가 마음을 열고 특별계시에 귀를 기울이면 특별계시는 인간의 이성에게 말하고 인간의 이성을 형성한다.(기원이론, 91.)

24) 이 말은 과학이 스스로 윤리적 성격을 추구하며 신의 도움 없이 세계를 설명하려 하고 또 세계를 자립적이고 자급자족적인 신성(a self-supporting and self-sufficient divinity)으로까지 승격시키려는 노력은 불가능하다는 것이다. 인간은 과학에 기초해 신앙을 갖지 않고 또 신앙적으로 볼 때도 이것은 불가능하다.(PR, 86)

25) PR, 86.

26) **오스트발트**(Friedrich Wilhelm Ostwald : 1853 - 1932) 독일의 화학 자이며, 과학철학자. 도르파트대학을 졸업하고 화학 연구에 몰두하였다. 1877년에 리가대학 강사를 거쳐 1881년 라이프치히대학 교수가 되었다. 아레니우스의 이온설에 실험적 근거를 부여했으며, 백금을 촉매로 하여 암모니아로 질산을 합성하는 반응을 연구하는 등, 물리화학이라 불리고 있는 분야의 개척자의 한 사람이다. 산(酸)의 강도 등에 관한 물리화학적 연구로 학위를 받았으며, 아레니우스의 이온설(1884년 이후)을 실험적 증명으로 뒷받침하여 그 설의 확립과 보급에 크게 공헌하였다. 화학평형, 반응속도, 촉매(특히, 그 현상적 개념의 확립), 백금 촉매에 의한 암모니아 산화의 공업적 방법(영국, 미국, 프랑스, 오스트리아에서 특허를 받은 오스트발트법)에 관한 연구로 1909년 노벨 화학상을 받았다.

제7 장 계시와 자연

을 느끼지도 않았으며 이런 기계적 세계관이 인간을 지배해 왔다는 것도 이해하기 어려운 부분이기 때문이다. 영원히 스스로 움직이고 앞으로도 결코 활동을 중지하지 않은 기계에 대한 생각은 경험적으로나 상식적으로 용납될 수 없는 것이다. 세계는 지성적으로 이해하기에는 너무 신비하며, 그것이 존재한다는 것 자체가 하나의 수수께끼이고 하나의 커다란 기적이라고 말하지 않을 수 없기 때문이다.27) 우리는 지금 과학에서 새롭게 배우고 이해하지만 언제 그것을 재해석하거나 수정해야 할지 모른다.28)

이렇게 진화론과 자연과학의 입장(세계를 신으로 격상시키고자 것)에 대한 바빙크의 비판이 설득력이 있는 것은 확실히 인간은 어느 한 이론이나 법칙에 매인 세계관(여기서는 진화론)을 부정하고, 통합적29) 사고와 인식 속에서 세계를 이해하고자 하기 때문이다. 이 세상에는 과학적 질서가 있지만 그것 이상으로 과학이 말할 수 없는 신비가 있는 것이다. 그래서 세계에 대한 과학적 해석에는 권위가 없다. 과학은 이성과 경험에 기초할 뿐 이것을 넘는 것에는 침묵하며 신비해야 할 따름이다.30)

여기에 인간이 통찰하는 계시의 개념이 있다. 계시철학의 전제로서 우리가 말했던 대로 인간은 초월적인 존재로서 과학이 말하지 못하는 부분에 대해 끝없는 관심을 가지고 이를 이해하고자 한다. 그리고 과학이 성립된 그곳에서는 '무엇이 그것을 가능하게 했는가? ' 하며 그것이 지닌 질서와 법칙에 경이감을 갖는다. 바로 여기서 자연과학과 신앙과의 대화가 시작된다.31) 이것은 전혀 이상한 것이 아니다. 자연

---

27) *PR.* 87.
28) *기원이론,* 88.
29) 앞 장에서도 언급하였지만 바빙크의 계시철학을 논할 때는 늘 통합, 전체, 복합체 등의 말에 유의하며 본 논의를 살펴볼 필요가 있다.
30) *기원이론,* 90.
31) 이안 바버(Ian Barbour)는 자연과학이 자신의 한계를 발견하였을 때 종교와의 대화를 필요로 하는 경우에 대해 두 가지를 말했다. 첫째는 윤리적 문제에 부딪칠 경우, 둘째, 자연의 연구의 전제조건이 갖는 한계에 부딪칠 때를 말하였다.(Ian G. Barbour, 55) 여기서의 윤리적 문제는 자신이 발

계시철학의 이해

과학이 자신이 발견한 법칙 이상으로 설명할 수 없는 신비를 느끼거나, 수수께끼 같은 일이 발견되면 이는 과학의 사고를 뛰어넘는 기적에 해당하기 때문에 인간은 그 신비 속에서 신과 자신의 근원을 알고자 한다.

결국 진화론이나 자연과학이 고도로 발달하여 자신의 연구 결과에 과학적 설득력을 담아 인간에게 접근한다고 해도 그것이 인간을 위한 세계 설명의 도구가 될 수 없는 것은 인간의 특이성 때문이라고 말할 수밖에 없다.[32] 세상에는 하나님 외에 그 어떤 것이 신으로 등장하여 인간의 영혼을 만족시킬만한 것은 없다. 인간은 초월적인 존재요 하나님의 형상을 따라 지어진 존재다. 이러한 인간은 지극히 인격적인 존재다. 그래서 인간은 자신과 대화할 수 있는 인격적인 신이 필요하고 자연과학이 세상의 신비함을 드러내면 낼수록 인간은 그 신비의 주체가 되는 신에 대해 더 목마르고 그 신을 알고자 한다. 그래서 인간에게는 계시가 필요하고 다행히 지금도 계시는 모든 과학을 초월해 인간에게 말을 걸고 하나님은 이를 통해 인간에게 다가 오신다.

제3 절 자연과학과 형이상학

형이상학(metaphysics)이란 말은 그리이스어 'meta to physika'에서 유래된 것으로 그 의미는 '자연학의 뒤에 놓인 것'을 의미한다.[33] 이는 자연학 뒤에 놓인 신비에 대한 탐구로서 우리 역시 과학이 말해주지 못하는 부분에 대해 거기 무엇이 있는지 탐구해 나가고자 한다. 즉

견한 연구 결과가 갖는 사회적 영향력을 무시할 수 없다는 것이고, 다른 하나는 자신이 설정한 전제조건이 의심되고 경이감을 느끼게 될 때이다.(53-55) 인간은 과학의 발견에서 느끼는 신비감에서 자연히 종교적 대화에 이르게 된다.

32) 라인케(Reinke)는 "과학은 인간의 기원에 대해 아무것도 모른다.(Science knows nothing about the origin of man.)"고 하였다.(*PR*, 148)

33) *기독교대백과사전* 16 권 (서울: 기독교문사), 1985: "형이상학." 496.

인간은 과학이 말해주지 못하는 부분을 형이상학적 사변을 통해 그 답을 얻고자 한다는 것이다.[34] 그러므로 바빙크가 자연과학의 한계를 말한 후 자연과 형이상학의 관계를 말하는 것은 내용의 순서 상 당연한 일이 아닐 수 없다.

이제 바빙크는 자연과학이 형이상학을 자신에게서 분리할 수 없음을 말한다.[35] 그 예로 그는 '사물', '성질', '물질', '힘', '에테르', '운동', '공간', '시간', '원인', '설계' 등의 개념들이 자연과학에 절대 필요한 부분들인데 이런 개념들이 모두 형이상학에서 도출된 것임을 말한다.[36] 이는 과학은 결코 홀로 설 수 없으며, 자연과학 그 자체는 필연적으로 철학에 도달할 수밖에 없음을 역설한 것이다. 그래서 바빙크는 자연과학은 철학에서 유래했기 때문에[37] 철학으로 돌아갈

---

34) **'형이상학'**이라는 말은 고대철학과 중세철학에서 아리스토텔레스의 저작들을 지칭하기 위해 헬레니즘과 후대 주석가들에 의해 '자연학 뒤에'라는 말로 처음 사용되었다. 그러다가 중세와 현대철학에서 초자연적인 것, 즉 자연으로부터 분리되어 존재하며 자연학보다 더 본질적인 실체와 가치에 관한 연구를 의미하기 위해 이 '형이상학'이라는 말이 본격적으로 사용되었다.(*기독교대백과사전* 16권 (서울: 기독교문사, 1985): "형이상학." 496.)

35) *PR*, 88.

36) 실제 형이상학의 주제에는 다음과 같은 것들이 포함된다. '존재, 사물, 속성, 사건에 관한 개념; 개별자와 보편자들 사이의 구별과 개체와 유(類) 사이의 구별; 관계, 변화, 인과성의 본성; 정신, 물질, 시간, 본성' 등이다. 18, 19세기에는 '형이상학'이란 용어는 더 광범위하게 사용되어 외부세계의 실재, 다른 정신들의 존재, 선험적 지식의 가능성, 그리고 감각, 기억, 추상 등의 본성에 관한 물음들을 포함하였다.(*기독교대백과사전* 16권 (서울: 기독교문사, 1985): "형이상학." 496)

37) 이 말은 **'사변적 우주론으로서의 철학'**을 말하는데 *기독교대백과사전*은 다음과 같이 과학과 철학의 관계를 말하고 있다. "실제로 철학은 과학과 마찬가지로 우주론에 기여하고 있다. 이 문제에 대한 일반적인 견해에 의하면, 우주론은 확실히 철학이 처음 발생하였을 때의 형태이다."(*기독교대백과사전* 14권, 665) 이는 실제 철학과 자연과학이 함께 가고 있음을 의미한다고 할 수 있다. 이를 볼 때 자연을 연구하면서 궁극의 지식으로서의 철학적 질문을 던지는 것은 자연스러운 일이다. **프톨레미**(Ptolemy)의 자연관은 지구 중심의 철학을 가져왔지만 **코페르니쿠스적 전환**은 태양 중심의 철학을 가져오는 것은 너무나 당연한 일이다.

수밖에 없다고 한다.38)

바빙크는 이어 사람들이 가지고 있는 '사실들에 대한 갈증'(thirst for facts)은 '원인에 대한 굶주림'(hunger for causes)을 표방하고 있기 때문이라고 한다. 이는 사람들은 자신의 마음으로부터 사물에 대한 기원의 문제를 추방할 수 없다는 것이다. 바빙크는 헥켈이 진화론자로서 자연과학에서 물질은 '영원한' 것이라고 간주할 때39) 헥켈이 사용한 '영원'이라는 말 자체로 인해 자연과학은 철학이 되었다고 하였다. 그리고 그것은 이내 신앙이 된다고 하였다.40) 그리고 이제 바빙크는 '자연과학과 철학', '자연과학과 신앙'의 상호 관계에 대해 말한다.

1. 자연과학과 철학

바빙크는 자연과학이 철학과 필연적으로 연결될 수밖에 없다고 한다. 이에 대한 그의 논리는 다음과 같다. 자연과학은 공간, 시간, 질(quale)을 그 핵심 요소로 다루어가는데 사실 인간은 시간과 공간이 본래 무엇인지 알지 못한다는 것이다. 바빙크에 의하면 우리는 시간과 공간이 어떻게 물질과 힘을 지탱하는지, 이것들의 상호관계가 무엇인지 알지도 못하고41) 또한 시간과 공간의 유한성이나 무한성에 대해서도 가장 간단한 개념조차도 형성할 수 없는 형편에 있다.42) 시간

---

38) *PR.* 88.
39) *PR.* 88.
40) *PR.* 89.
41) 자연계에 존재하는 모든 상호작용들을 하나의 체계로 통일하는 **통일장이론**(unified field theory)을 구축해보고자 하는 물리학계의 시도는 이미 행해지고 있다. 1960년 대에는 복잡다단한 우주를 간단한 법칙으로 통일시키려는 이론이 물리학계의 화두였다. 이것은 옛 그리이스 시대부터 과학자들이 탐구해 오는 것으로서 현대에서는 모든 힘의 이론적 통합을 아인슈타인이 처음으로 시도해보았다. 이러한 아인슈타인의 선구적인 업적으로 인해 세계의 물리학자들은 '만물의 이론(theory of everything)'에 대한 희망을 갖기 시작하고 이를 탐구해 가고 있다.(Michio Kaku, *평행우주*(*parallel worlds*), 박병철 역 (파주: 김영사, 2011), 138~)

과 공간은 세계의 존재 형식(existence-form)이며 인간 의식의 개념
형식(concept-form)인 것이다.[43] 그렇다고 이것들이 모든 존재의 근거
나 원인이 되는 것도 아니다. 이런 의미에서 시간과 공간은 '실제
성'(reality)에 속한 것이 아니라 '외양'(appreance)에 속한 것
이며, 오히려 창조물(creation)에 속한 것이지 창조자(Creator)인
것은 아니다.[44] 현대 물리학에 의하면 시간과 공간은 빅뱅(Big
Bang)으로 발생한 것으로서[45] 이것이 존재의 근거와 원인이 될 수
없는 것은 자명한 일이다.

---

42) *PR.* 89.
43) 흔히 '**시간**'과 '**공간**'은 존재를 규정하는 것으로 철학적으로 이해되고
   있으며, 이는 본격적인 과학의 시대에 접어들면서 물리학의 부단한 연구의
   대상이 되어왔다. 뉴턴은 시간과 공간을 "운동법칙에 따라 모든 사건이 일
   어나는 방대한 무대"로 생각했지만 시간과 공간이 왜 존재하는지 알 수
   없어 단지 시간과 공간은 인간으로서는 조용히 바라보는 소극적인 무대이
   기만 했다. 그러나 아인슈타인에게 와서는 생각이 완전히 달라졌다. 그는
   시간과 공간을 소극적인 개념으로 생각하지 않고 자연현상에 매우 적극적
   으로 개입하며 자연을 만들어가는 주체자로 보았다. 아인슈타인에게 있어
   서 시간과 공간은 기묘한 방법으로 휘어지거나 구부러질 수 있는 그런 것
   이었다. 아인슈타인은 시간과 공간은 '물체의 존재 여부에 따라 다양하게
   휘어지는 변화되는 양'이라고 하였다.(Kaku, 71-72.) 그리고 일반적으로
   시간과 공간은 처음도 없고 나중도 없어 보이는 인과의 체계로 여겨진
   다.(Erich Frank, *철학적 이해와 종교적 진리 (Philosophical understanding
   and religious truth).* 김하태 역 (서울:대한기독교서회, 1962), 63.)
44) *PR.* 90.
45) 허블(Hubble)의 발견에 의하면 별빛에서 얻어지는 선스펙트럼의 적색편
   이는 우주가 팽창하고 있다는 것을 알려준다. 이렇게 우주가 팽창하고 있
   다는 것은 역으로 과거 어느 시점에 우주의 시작이 있었음을 의미한다. 그
   래서 물리학은 그 시작점에 대폭발(빅뱅)이 있었고 이로 인해 우주가 시
   작되었다고 한다.(김흡영, *현대과학과 그리스도교* (서울: 대한기독교서회,
   2006), 205) 이러한 빅뱅이론에 의하면 시간과 공간은 빅뱅에 의해 비로
   서 탄생된 것이다. 그래서 빅뱅 이전에는 무엇이 있었느냐는 질문은 성립
   하지 않는다. 왜냐하면 무엇이 있다는 것은 시간과 공간의 개념 안에서 가
   능한 것인데 빅뱅 이전에는 시공의 개념이 불가능하기 때문이다. 최신 물
   리학의 이론들은 빅뱅이 어디서 왔는지에 대해 침묵한다. 그러나 많은 사
   람들은 무로부터의 창조와 빅뱅 사이에 기본적인 일치가 있음을 인정한
   다.(*기원이론*, 218.)

계시철학의 이해

그리고 인간은 '상대적'이란 개념과 함께 '절대적'이란 개념도 갖는다. 여기서 바빙크는 인간은 '영원한', '광대한', '무한한' 등과 같은 단어를 사용하면서 의식, 무의식 간에 초월적인 존재를 생각하고 있음을 지적한다.46) 이렇게 인간이 사용하는 언어 자체가 인간은 형이상학적인 존재임을 증거하고 있다. 그래서 바빙크는 이렇게 물리학이 그 성격상 결국에 가서는 형이상학으로 끝나게 되면 신을 향하여 곧장 올라간다고 말한다.47)

자연과학은 옳든 그르든 간에 수학적인 공식 안에서 모든 변화의 운동을 이해하려고 하며, 또 모든 질적인 차이들을 양으로 환원시키고자 하지만 이런 식으로 자연과학이 대상으로 하고 있는 것들의 실제성이 이해되지는 않는다.48) 실제성은 다른 어떤 것으로서 수학적으로

---

46) *PR.* 90.

47) *PR.* 90. 그러나 이 말은 인간이 형이상학을 통해 신을 알게 된다는 것은 결코 아니다. 이에 대해 다음 말을 기억할 필요가 있다. "인간의 이성을 통해서 알 수도 있는 그런 하나님은 하나님이 아니라 다만 우상일 뿐이다. 하나님은 논리상의 개념을 통해, 혹은 그 어떤 다른 종류의 추론적인 증명에 의해 알 수 있는 분이 아니다. 하나님께서는 친히 먼저 시작하시는 직접적이고도 개인적 관계를 통해서 자신을 알리시는데 바르트는 이것을 계시라고 인지했다."(Milliard J. Erickson, *신학은 어디로 가고 있는가(Where is theology going?*), 김성봉 역(서울: 나눔과 섬김, 2002), 182.)

48) PR. 90. 뉴턴의 운동의 법칙에도 $F = ma$ 라는 공식이 있고 아인슈타인의 상대성 원리도 $E = mc^2$ 이라는 수학적 설명이 있다. 이와 같은 물리학은 모든 것을 수학적으로 설명하고자 한다. 그러나 "양자역학과 중력 사이에는 수학적 모순이 있다."(Michio Kaku, 309-310.) 이는 양자역학과 중력은 각각 다른 형식으로 존재한다는 것을 의미한다. 다시 말해 양자역학에서는 중력의 법칙이 적용되지 않는다는 것이다. 그런데 여기서 중요한 것은 이제 과학주의적 결정론(determinism)이 바로 양자역학으로 인해 타격을 입게 되었다는 것이다. 지난 시대의 자연과학에서는 현실 세계 안에서 '우연성'(contingence)의 중요성을 발견하지 못했다. 아인슈타인 조차도 "신은 주사위를 던지지 않는다"는 말로 자연세계의 질서를 합리성과 결정론으로 동일시했다. 그러나 양자물리학의 등장으로 이제 자연 안에는 필연과 함께 예측할 수 없는 우연성이 함께 작용하고 있음이 밝혀졌다. 결정론이 적용되는 거시세계는 우주적 현실의 무수한 차원들 중 특수한 차원일 뿐이며, 다른 많은 차원에서는 결정론적 법칙이 일반적으로 통용되지 않는다는 것이다.(김균진, 152-153) 과연 그렇다면 외양(appreance)으로서의

표시되는 양적인 관계(quantitative relation)의 복합체 이상의 어떤
것이다.

그래서 본질은 항상 신비로 남는다.[49] 천문학은 천체들의 운동들을

우주의 실제성(reality)은 무엇인가에 대한 답은 더욱 미궁에 빠져버리고
만다.

49) '만물의 근원'이 무엇이고 그것의 '본질'이 무엇인지에 대한 궁금증은
고대 그리이스 시대부터 지금까지 해결되고 있지 않다. 그래서 여전히 우
리는 21세기가 지난 이때도 똑같은 질문을 던지면서 이를 위한 연구를 진
행하고 있다. 무엇보다도 물리학자들은 자연에 존재하는 모든 힘들을 하나
의 우아한 이론 체계로 통일하고자 시도하면서 10차원, 또한 11차원의 초
공간이 도입되어야 한다는 주장을 한다. 이 이론은 인류의 영원한 근원의
문제에 해답을 제시할 수 있는 유일한 후보라고 한다. '우리가 태어나기
전에는 무엇이 있었을까? 시간은 거꾸로 흘러갈 수 있는가? 우리를 우
주 저편으로 데려다 줄 차원 입구는 과연 존재하는가?' 등의 의문은 오
늘날에도 계속되고 있다. 그래서 과학자들은 지금도 이 신비를 파헤쳐 나
가고자 연구에 몰두하고 있다. '만물의 이론'을 창출하여 만물을 설명하고
자 하는 시도 속에서 아이슈타인이 말한 대로 '신의 마음을 읽을 수 있
는' 가능성을 가진 소위 'M-이론'이 등장하였다. 이는 끈 이론(string
theory)의 최신 버전 이론으로 물리학계에서 새롭게 부각되는 이론이다.
이는 과거 마냥 신비하게만 여기졌던 만물의 궁극이 무엇인가에 대한 해
답을 제시하고자 하는 이론으로 인간은 부단하게 이런 신비에 도전하여
온 것이다.(Kaku, 296-297) 초끈 이론(super-sring theory)에 의하면 물
리적 존재의 가장 깊은 차원에서는 대체로 플랑크 길이(10^-33cm) 이하
의 1차원 존재인 끈(string)이 진동하고 있는데 이때의 파장의 차이로 인
해 각기 다른 특성을 가진 소립자들이 형성된다고 한다. 끈의 진동에 의하
여 형성되는 소립자들 중에 중력을 전달하는 중력자(graviton)도 포함된다
는 사실이 이제 모든 물리적 우주를 설명하는 만물의 이론(theory of
everything)의 가장 유력한 후보로 부상하였다.(김균진, 56.) 이에 대해
김균진은 히브리적 의미에서 말씀은 분명히 인간의 음성과 유비를 가지는
'진동'의 의미가 포함되어 있음을 말하면서 초끈의 진동과 성경의 '태초
의 말씀'의 개념과 연관시켜 창조 이해를 시도하고 있다.(김균진, 56-57)
이렇게 물리학이 더 놀라운 이론을 발견하면서 만물의 근원에 대해 그 이
해가 더 가까워지고 있는 듯 여겨지는 것은 사실이다. 그러나 그래도 여전
히 본질은 신비로 남는다. 무엇보다도 김균진이 초끈의 진동과 '태초의 말
씀'과 연결시켜 이해해보려는 시도가 과연 물리학적으로나, 신앙적으로나
정당한 것인지 판단하기도 어렵다. 이 끈 이론은 우주는 하나만 존재하는
것이 아니라 10,500개까지 존재할 수 있다고 암시하는데 이것을 태초의
말씀과 연결시켜보기에는 무리해 보인다. 우리가 다중우주의 개념에서 인

추정할 수 있을지 모르지만, 그것들의 본성과 구성에 관해서는 가르쳐 주지 못한다. 그래서 자연과학은 우리를 다시 철학으로 인도한다.[50) 그러니까 철학이 없는 자연과학은 생각할 수 없는 것이다.[51)

간의 생명을 지지하는 특별한 우주에 살고 있다는 것은 우연히 복권에 당첨된 일로 보아야 하는가? (*기원이론*, 215-216)

50) PR. 91. 이렇게 천체의 본성과 구성을 알 수 없지만 인간은 그 안에서 발견되는 일정한 보편적 법칙을 통해 우주에 대한 나름의 이해를 추구하며 자신의 철학 체계를 구성하는 것이 사실이다. 이러한 예로서 **라이프니쯔**(Leibniz)는 예정 조화라는 개념을 발전시켜 우주에 대한 질서 개념 즉 법 개념(law-idea)을 발전시켰다. 사람은 누구나 삶의 경험을 통해 우주 안에 존재하는 법칙성을 감지한다고 하는데 이는 과학적 연구나 심오한 철학적 사색으로서가 아니라 전이론적 순수 경험을 통해 그것을 감지한다고 한다. 이에 라이프니쯔는 이러한 법칙성을 '예정 조화'라는 개념으로 발전시켰다. 이는 인간의 육체가 나타내는 물질적 현상과 마음에서 일어나는 정신적 현상과의 가상적 조화를 언급한 것으로 인간의 육체와 정신은 완전히 독립적인 것이지만 하나님의 예정에 의해 상호 조화를 이루고 있다는 이론이다.(김정훈, 22)

그리고 **도예베르트**는 라이프니쯔의 이러한 예정 조화 이론에 충격을 받고 '**우주법칙 이론**'(cosmonomic idea)이라는 용어를 만들고 이를 철학 체계화하여 '우주법칙 이념'이라고 하였다.(Herman Dooyeweerd, *이론적 사유의 신 비판 서론* (*A New Critique of Theoreical Thought*), 김기찬 역 (서울: 크리스챤다이제스트, 1995), 136-137) 이 우주법칙 이념에 의하면 우주의 근원을 창조주 하나님으로 보고 우주 안에 존재하는 모든 것은 각자의 법 양상에 의해 구성되었는데 우주 안에 모든 개체는 자기가 속한 법 양상에 종속되어있으며 (이 법적 측면은 죄에 의해 침해 받지 않는다.) 이 법칙들은 모든 피조물들이 하나님을 섬기도록 제정된 것이며, 이 법에 순응하는 것이 하나님을 섬기는 것이요 각 양상들은 가감할 수 없는 요지부동의 특유성을 지니고 있으면서도 다른 양상들과 긴밀한 결합성을 갖는다.(김정훈, 22-23) 도예베르트의 이러한 우주법칙 이념은 영역 주권과도 깊은 관계가 있다. 바빙크가 우주는 진화론으로서가 아니라 통합적 사고 체계를 요구한다고 하였을 때 도예베르트는 라이프니쯔의 철학개념을 발전시켜 우주법칙 이념을 창안해 바빙크의 이러한 요구를 좀 더 구체적인 철학적 이념으로 발전시킨 것이다.

51) 고대 그리이스 철학에서는 '만물의 근원이 무엇인가', 그리고 '우리가 사는 세상은 어떻게 구성되어 있는가'를 생각하였다. 즉 이는 철학적 주제가 되었다는 것이다. 실제 아리스토텔레스는 '비존재에게서 존재가 나올 수 없다'는 말을 하므로 '무로부터는 아무것도 나오지 않는다(nihil ex nihilo fit)'는 말이 일반 물리학의 개념으로 자리 잡게 되었다. 그러나 이것이

제7 장 계시와 자연

2. 자연과학과 신앙

바빙크는 이제 자연과학의 문제에 형이상학의 개념을 도입하므로 자연과학의 문제는 결국 신앙의 문제로 전환된다고 한다. 그는 인간은 자연과학을 통해 실재 사물의 본질이 무엇인지를 아는 것이 아니라 오히려 이해의 한계에 부딪쳐 결국은 형이상학적 추론을 하게 되는데 이때 질료(matter)을 결정하는 것은 우리의 신앙이며 인격성이라고 말한다.52) 이런 그가 자연과학의 문제를 신앙으로 끌고 가는 논리는 이러하다.

첫째, 우리는 물질이든, 에너지이든, 사물의 궁극적인 본성을 여전히 완전히 모른다는 것이다.53) 예를 들어 사람들이 '힘'을 이해하려고 하지만 힘은 여전히 하나의 신비스러운 현상으로서 그것이 정말 무엇인지 이해할 수 없다는 것이다. 그리고 '중력'이라는 힘은 현상에 대한 설명이 아니라 단지 그것에 대한 이름에 불과한 것으로 사람들은 아직도 중력이라는 이름이 정확하기나 한 것인지 조차도 의심할 수밖에 없는 지경에 있음을 말한다.54)

만물의 근원을 시원하게 설명하지 못하자 이런 그리이스 철학에 대응하기 위하여 '무로부터의 창조'(creatio ex nihilo)라는 신앙적 철학이 우리 앞에 나타나기 시작했다.(Frank, 84-85) '무로부터의 창조'든 '유로부터의 창조'든 사람은 어느 것이든 생각한다. 그리고 창조론자들은 창조에 다가가는 철학과 물리학을 구성하며 나간다. 이런 물리학은 아직 수학적 증거가 없지만 초끈 이론으로 만물이 유에서 창조된 것인지 무에서 나온 것인지 열심히 탐구하고 있다. 이렇게 근원의 문제를 두고 사람은 유신론적 철학과 무신론적 철학 사이에 서 있다. 그런데 이런 과학의 발견들은 실제 철학과 세계관 형성에, 신앙적 태도에 변화를 준다. 프톨레미의 지구 중심의 우주관과 중세의 코페르니쿠스의 지동설은 인간에게 다른 세계관을 갖게 하였다는 것 등을 이러한 예로 삼을 수 있을 것이다. 그리고 그리이스 철학에서의 일원론이나 이원론 자체도 만물이 어떻게 구성되었는가의 탐구에서 나온 것으로 이런 식으로 각각 다른 철학이 형성되어 인간 사상을 지배해 온 것이 사실이다.

52) *PR.* 92.
53) *PR.* 92.
54) *PR.* 93.

또 다른 예로서 사람들은 '생명력'의 근원이 무엇인지를 두고, 기계론(mechanism)과 활력론(vitalism)이 서로 대립하고 있지만 생명의 근원을 어떤 특별한 유기체의 힘 안에서 찾을지, 아니면 이러한 유기체를 지배하고 통치하고 있는 어떤 개념이나 형식 속에서 찾을지 하는 문제를 놓고 서로 다투고 있다.[55]

이렇게 사물의 본질을 파고들어 감에 있어서 지식의 한계에 도달하면 이를 극복하고자 인간은 철학적이 되고, 여기서 만족할만한 답을 얻지 못하면 마침내 신앙으로 나가게 된다.

둘째, 우리는 피조물의 끝없는 차이점과 상상할 수 없을 정도의 다양성을 접하게 되며, 또한 무진장한 본질과 생명을 접하게 된다는 것이다.[56] 이러한 피조물의 세계에서 모든 것이 무질서해 보여 과학은

---

55) *PR.* 94.

56) 바빙크의 이 말은 한마디로 진화론으로 이 세상은 결코 설명될 수 없다는 것이다. 그가 말한 대로의 피조물의 끝없는 차이점과 상상할 수 없는 다양성에 관해 우리가 조금만 자세히 살펴본다면 그의 말을 충분히 이해할 수 있다. 생물과 무생물의 구분과, 생물에서도 동물과 식물의 구분, 이 모든 생물들이 통일하게 가지고 있는 암수의 구별과 교배로 인한 번식 능력, 그리고 그 동물과 식물들이 자기에게 주어진 환경 속에서 생존해나가는 능력과, 그 생존의 환경을 이루어주는 자연 시스템들, 지구의 물이 수증기도, 구름으로, 다시 비로의 순환을 통해 이루어지는 지구 표면으로의 물의 공급, (지구의 자전에 의한) 낮과 밤을 필요로 하는 동식물들의 생리 구조들, 지구의 공전을 통한 계절을 변화로 인해 식물들이 열매를 맺고 이로 인해 동물들이 이를 먹고 산다는 것. 이 지구의 모든 생물을 위한 이러한 통합적인 시스템은 진화로서 설명할 수 있는 성질의 것이 아니다.
앞에서 언급한대로 도킨스가 '오를 수 없는 산'에서 말한 완만한 경사로서의 많은 시간을 통한 진화 작용이 이 세상의 이 모든 자연법칙과 동식물의 생존과 번식과 그들의 먹이가 공급되는 체계를 있게 하였다는 것은 비상식적인 일이 아닐 수 없다. 우리는 자연을 더 깊이 들여다 보면 볼수록 '이것은 전능한 신의 작품인 것 같다'고 말을 하기보다는 '이것은 전능한 신의 작품이다.'라고 단정하여 말할 수밖에 없음을 바빙크는 말하고 있는 것이다. "입증할 수 없지만 언제나 '참'인 진술이 존재한다"(McGrath, 과학신학탐구, 20.)라는 명제를 우리가 부인할 수 없듯이 신의 존재가 그런 것이다. 이것은 로마서 1장 20절에 나온 대로 창세로부터 그의 보이지 아니하는 것들 곧 그의 영원하신 능력과 신성이 그가 만드신 만물에 분명히 보여 알려졌다는 그 말씀 그대로이다. 우리는 하나님의 존재, 그 능력

제7 장 계시와 자연

여기서 질서를 찾는 것을 의무로 삼지만,57) 자연과학이 내어놓을 수 있는 과학의 설명이라는 것은 언제나 일원론이라는 가느다란 줄을 잡고 진행될 수밖에 없다. 자연과학이란 기껏해야 물질과 물질 사이의 인과관계 속에서 관찰하고 정리하는 정도 밖에 지나지 않는다는 것이다. 이렇게 자연과학은 피조 세계에 나타나는 상상할 수 없을 만큼의 그 다양함을 설명하지 못하므로 관찰자는 다만 경이에 빠지기만 하는 것이다.58)

결국 바빙크의 말대로 과학에 대해 본 장에서 말하고자 하는 바는 과학은 사물을 설명하지 못한다는 것이다.59) 그에 의하면 세계는 의지와 지성이 겸비된 유일한 인격적인 신에 의해서만 설명될 수 있고60) 의지와 지성을 겸비한 유일한 인격적인 신만이 하나이면서 다양

의 무한하심을 자연 속에 이렇게 나타난 계시로 아는 것이지 하나님의 얼굴을 보고 하나님이 계신 줄 아는 것은 아니다.

57) *PR*. 94. 과학의 정의는 "보편적인 진리나 법칙의 발견을 목적으로 한 체계적인 지식"이라고 말하고 있다.(네이버 국어사전)

58) 생물학자 **러셀 찰스 아티스트**(Russell Charles Artist)는 "조(兆) 단위의 세포가 인간에게 주는 교훈"에서 세포에 나타난 자연의 경이에 대해 다음과 같은 말을 하였다. "엘로디아라는 작은 수초 잎사귀 끝을 현미경 아래에 올려 놓고 보라. 가장 아름답게 짜임새가 짜진 생명의 한 형태가 나타나리라. … 세포 자체가 하나의 단위를 이루고 있는 것 같으며 같은 모양의 이웃 세포들과는 독립적으로 제각기 생의 활동을 영위할 수 있는 능력이 갖추어져 있음이 한 눈에 들어온다. … 그리고 여기에 또 운동이란 것이 있을 줄이야! … 원형질의 유동에서 보는 바와 같이 우리의 육안에 뚜렷이 나타날 수 있는 것이다. … 명확히 타당성 있는 결론, 곧 우리가 하나님이라고 부르는 위대한 이지, 지능, 사유의 존재가 실재함을 웅변으로 증명한다고 나는 확신하고 … "(*자연과학을 통해 본 하나님*(*The Evidence of God in an Expending Universe*), John Clover Monsma 편역, 조해수 역(서울: 기독교문서선교회, 1990), 132-139)

59) 현대 과학은 만물에 대한 설명을 더 해온 것이 사실이다. 특별히 물리학은 우주의 수수께끼를 풀어가면서 빅뱅이니 블랙홀, 화이트홀 등 많은 것을 발견하고 우주의 신비를 헤쳐나가고 있는데 그럴수록 그 연구 결과는 신비를 더해 간다. 최근에 물리학자들이 발견한 초끈 이론(super string -theory)이나 M-이론 등은 우주 생성의 원리 연구에 깊은 진전이 있는 것으로 보이나 과학은 여전히 이 모든 것이 어떻게 가능한지 설명하지 못한다.

하게 분화된 세계를 생기게 할 수 있다.61)

바빙크는 이와 같은 논리로 유물론자들이 부딪친 자연과학의 한계의 경계선에서 그들을 그 경계선 밖으로 끌어내면서 형이상학으로, 그리고 신앙으로, 특별히 이 모든 것의 창조자로서의 신에게로 나오게 한다.

제4 절 인격적인 신(The personal God)

바빙크는 이렇게 유물론자나 진화론자들이 주장하는 선에서 대화를 멈추지 않고 그들의 주장을 지성적으로 검토하면서 그들을 자기주장 밖으로 나오도록 하기 위해 이 모든 것에 대한 설명으로서의 인격적인 하나님을 말한다.

1. 창조의 다양성

---

60) 하버드대학교의 천문학자인 **오언 킹거리치**(Owen Gingerich)는 지구가 인류가 번성하도록 허용된 환경조건과 자연자원을 지닌 놀라운 행성이라는 것에 대해 좀 더 고무적인 견해를 제공한다. 그는 현대과학과 기독교 신앙이 어떻게 서로에게 정보를 제공할 수 있는지에 대해 다음과 같은 절묘한 예를 들었다. "네게는 최종 원인인 창조주 하나님께 대한 믿음이 우주가 지적이고 자성하는 생명의 존재에 적합하게 설계된 것처럼 보이는 데 대한 논리 정연한 이해를 제공한다. 많은 물리상수들이 조금만 변해도 우주가 거주할 수 없는 곳으로 바뀔 것이다. 아무튼 프리먼 다이슨의 말을 빌자면 이것은 우리가 오고 있던 것을 알았던 우주다. 나는 이런 고려사항들이 창조주가 존재한다는 증거라고 주장하지 않는다. 나는, 내게는 이렇게 이해할 때 우주가 좀 더 일리가 있다고 주장할 뿐이다."(*기원이론*, 370.) 욥기 38장~40장에는 이런 말이 나온다. 하나님이 만물을 들어 '누가 이 모든 것을 만들었는가' 하며 욥에게 '너는 대답하여 보라' 하고 물으신다. 이 하나님은 대화하시는 인격적인 분이시면서도, 만물을 만드신 하나님으로서 인간이 마땅히 경외할 분이시다.

61) *PR.* 94.

그는 모든 물질과 힘, 존재와 생명이 우리의 사유 속에서 유일한 궁극적인 원리로 환원될 수 있다고 잠시 가정을 해도 일원론은 진리로서는 여전히 문제가 많다고 한다. 최초의 원소가 존재하였는데 그것이 어떻게 존재할 수 있었고, 또한 그것이 어떤 작용을 통해 다른 원소를 만들어내고 그런 것들이 어떻게 무수한 기계적인 결합을 통해 서서히 현존하는 물질을 만들어냈는지를 말하지 못한다.62) 모든 것이 유일한 한 원소와 하나의 힘이 존재해 그것에서부터 점차적으로 발전해 나왔다는 사실을 인정한다고 해도 세계의 다양성이라는 수수께끼는63) 해결되지 않은 채 계속 남는다. "하나의 균일한 최초의 원소로부터 어떤 가능성에 의해 어떻게 세계는 끝없는 차이점을 가진 채 만들어질 수 있었는가? " 자연과학은 이 질문에 대해 대답할 수 있어야 하지만 그렇지 못하다는 것이다.64)

---

62) *PR.* 95.
63) 바빙크는 일원론으로는 설명되지도, 이해되지도 않는 세계의 다양성의 수수께끼를 신의 인격성에서 찾는데 그는 이 하나님을 인격적인 하나님 '(the personal God)으로 말하였다. 문제는 이 인격적인 하나님을 어떻게 이해하는가에 있다. 알리스터 맥그라스는 그의 책 *한 권으로 읽는 기독교* 에서 하나님의 속성에 대해 말하면서 '인격적인 하나님'을 다루고 있다. 그는 기독교가 '사랑', '신실', '목적' 같은 매우 인간적인 일련의 속성을 하나님께 돌렸다고 하면서 이 용어를 관계성 측면에서 설명하였다. 초기 기독교가 하나님을 말할 때 사회적 관계 개념으로서의 인격성을 말하며 이것을 개별적인(individual) 것과 구별하였다고 하였다. 왜냐하면 개별적이라는 말에는 사회적 관계가 암시되지 않기 때문이라는 것이다. 그리고 맥그라스는 여기서 인격적인 하나님의 반대개념으로 '비인격적인 하나님'(impersonal God)을 말하면서 만일 이 하나님이 있다면 이 하나님은 인간의 개성을 전혀 고려하지 않은 채 모두를 똑같이 대하시는 하나님을 암시한다고 하였다. 그러므로 인격적인 하나님의 개념이 사랑과 신뢰와 성실 같은 성경의 핵심 주제에 의미를 부여하는 틀을 세운다고 하였다.(Alister McGrath, *한 권으로 읽는 기독교 (Christianity:Introduction, Second Editon),,* 전의우 역 (서울: 생명의 말씀사, 2009), 226-227) 결국 바빙크가 창조의 다양성과 관계해 하나님을 인격적인 하나님으로 표현한 것은 적절한 표현이었다고 볼 수 있다. 그러므로 공중에 나는 새가 떨어지는 것도 하나님이 허락하지 않으면 안 된다는 것이나 들에 핀 백합화도 하나님이 친히 입히신다는 그리스도 예수의 말씀을 생각할 때 하나님은 창조물 모든 것에 대해 분명히 인격적이시다.

계시철학의 이해

바빙크가 일원론으로 모든 것을 이해하고 설명하고자 할 때 인간의 이해를 초월해 존재하는 세계의 다양성을 두고 수수께끼라는 말을 사용했던 것과 같이 과학이 더 발달한 오늘날에도 그 다양성이나 총체성, 혹은 통일성에 관한 한 이 모든 것은 여전히 수수께끼로 남는다.[65] 물리학이나 생물학, 지질학 등에 관한 전문적인 지식이 쌓이고 쌓인다고 해도 이 모든 것은 모든 사람에게 여전히 수수께끼다.[66] '어떻게 이것이 가능한 것일까?'에 대한 해답을 우리는 과연 일원론에서 찾을 수 있는 것일까?

세상에 있는 수많은 개체의 다양함과 여기서 발견되는 일관된 통

---

64) *PR.* 96.

65) 예를 들어 생태계에 순환과 구조 하나만 생각해도 그러하다. 이 생태계 속에서 탄소(C)가 무생물, 식물, 동물 사이를 오가면서 순환해 나가는 구조도 그렇고, 생물들의 세계 속에서 다양한 유기체 군을 지탱하는데 필요한 영양소의 순환과 에너지가 처리되는 체계가 그러하다. 생물과 생물 사이, 생물과 환경 사이의 에너지와 무기물, 흙, 물 같은 물질들의 상호전달 과정도 그렇다. 태양 에너지를 이용하여 식물의 세포에서 일어나는 복잡한 광합성 작용과 식물의 성장, 그리고 먹이사슬에 따라 모든 것이 균형 있게 존재해 가는 신비도 그렇다.(Hazen and Trefil, *교과서에서 배우지 못한 과학 이야기*(*Science Matters*), 이창희 역 (서울:고려미디어, 1996), 312 ~) 진화론자들은 과학의 논리를 따라 이 모든 것이 진화의 산물이라고 과학 중심의 확신하지만 그렇지 않은 자들에게는 모든 것이 신비이다. 이 모든 것의 순환과 체계는 인격적인 그 누군가의 창조가 아니라면 이해할 수 없는 신비 그 자체이다. 이것은 신앙 중심으로의 이해이다.

66) 이러한 제 학문들이 나타내 주는 결과물로서의 이런 축척되어가는 지식들이 인간에게 더 수수께끼가 된다는 말은 이러한 것들이 세상에 대하여도 물론이거나와 인간 자체에 이해를 가져다 주지 못한다는 점에서 지식이 쌓일수록 세상에 대해서 스스로에 대해 미궁에 빠진다는 말이다. 결국 학문은 궁극적인 것에 대한 설명 능력이 없다는 것이다. 이에 대해 화란의 철학지 도예베르트도 같은 말을 하였다. 인간의 각 개별 학문은 개별 관점이나 측면에서만 인간 생활을 살필 뿐이다. 우리는 물리학, 화학, 생물학, 심리학, 역사 기술, 사회학, 법률학, 윤리학 등 모든 분야의 학문에서 흥미로운 정보를 제공받을 수 있지만 이것은 인간이란 무엇인가에 대해 통일성 있는 말을 해주지 못하고 세상 이해에도 여전히 한 측면에서만 말할 뿐 그 이상은 아니라는 것이다.(Dooyeweerd, *서양 사상의 황혼에 서서*, 136-137) 통합성을 가져오지 못하는 이 모든 현상들은 하나님을 떠난 자율적 인간관에 기초해 이성 중심의 사유가 가져오는 한계이다.

일성과 체계 등, 이 모든 것이 사실 과학적인 견지에서 다 연관이 있다는데 어떻게 이것이 가능할까?

이에 대해 바빙크는 '이것은 인격적인 신에게만 속한 전능한 속성들을 부여받을 경우에만 가능한 것이다'라고 대답한다.[67] 물리학은 사물의 근원이나 사물의 법칙을 연구하면서 이 모든 법칙은 어디서 오는가에 대해 대답해야 하는데 이에 대답할 길이 없는 물리학의 최종 도피처는 결국 그들의 무지함을 숨기는 도피처로서 '신의 존재'라고 하였다.[68] 그래서 과학과 신앙, 물리학과 신학의 대표적인 갈등은 '자연이란 무엇인가'가 아니라 '신이란 무엇인가'라는 문제와 관련되어 있다는[69] 바빙크의 말은 전적으로 맞는 말이다.[70]

결국 자연세계를 어떻게 볼 것인가의 문제에 부딪쳐 이 모든 것에 대해 '과학 중심'으로 생각할 것인가, 아니면 '신앙 중심'으로 생각할 것인가의 질문이 나온다. 바빙크는 여기서 제논의[71] 말대로 생성(becoming)이 존재(being)에게 희생이 되는가 아니면 헤라클리토스(Heracleitus)의[72] 말대로 존재가 생성에 희생되는가 하는 질문을 던

---

67) *PR.* 96.

68) *PR.* 96.

69) *PR.* 97.

70) 앞에서 언급한 물리학자들의 '통일장 이론'이 출연해 우주의 신비를 해석해 준다 하더라도 그 이론은 우주 자체에 관한 것일 뿐, 그것은 실제 우주를 마주 대하여 서술하는 이론적 정보에 지나지 않게 된다. 이것은 '왜 우주가 존재하는지'라든가 더 나아가 '왜 자신이 존재하는지'에 대해서는 결코 설명해주지 못할 것이다. (김균진, 36.) 결국 이것은 신학의 문제가 되어 인간에게 남는 질문은 '신이란 무엇인가'가 될 수밖에 없게 된다.

71) 제논(Zeno, BC 490? ~BC 430?) 고대 그리스의 철학자. 불생불멸(不生不滅)의 유일한 실재(實在)를 인정하고, 사물(존재)의 다원성(多元性)과 운동을 인정하지 않는 파르메니데스의 설을 옹호하여, 다원성과 운동을 인정하면 어떠한 자가당착(自家撞着)이 일어나는가를 역설적인 논법으로 증명하였다. 이 때문에 아리스토텔레스는 그를 '변증법(辨證法)의 발견자'라고 하였다. (네이버 백과사전)

72) 헤라클레이토스(Hērakleitos, BC540~BC480년경) 고대 그리스에서 변증법 사상을 가장 잘 표현한 철학자. 밀레토스 학파의 세계관에서 이미 보여지던 생성, 변화의 사상을 발전시켜, 불을 만물의 근원으로 파악하고, 불이

진다.73) 앞의 제논의 말은 신앙 중심의 사고이며 뒤의 헤라클레이토스의 말은 다분히 과학 중심적 사고이다. 그러나 이 둘의 말은 결코 분리해서 생각할 수 없다며 그 이유로 생성은 존재를 전제하고 있기 때문이라고 말한다.74) 이렇게 해서 바빙크는 고대 철학자들의 질문을 현대 물리학에 접속시켜 과학이 신의 존재 안에서 가능함을 말한다.

우리는 바빙크의 계시철학의 전제로서 인간은 하나님의 형상을 따라 지어진 존재라 하였다. 그런 만큼 신의 형상대로 창조된 인간도 신과 같은 지각과 의지를 가지고 지식을 쌓고 도구를 만들어내는데75) 그 다양성과 심원함은 창조주 하나님의 반영인 것이다. 이렇게 만물 속에 나타난 다양함을 대하며 이를 누리고 탐구하는 인간은 인격적인 존재이며, 더욱이 다양한 외모와 성격의 소유자를 만나 서로 대화하는 인간 역시 인격적인 존재이다. 인격성은 인격성에서 비로서 탄생될 수 있지 이것은 단순한 일원론적인 물질의 세계에서 가능한 것이 아니다. 이렇게 일원론에 인격적인 것이 불가능하다면 그것은 인격적인 신으로부터만 나올 수 있다고 생각하고 확신하는 것은 전혀 이상한 일이 아니다. 실제 성경의 하나님은 인간과 대화하시는 분이시다. 그래서 그분의 이름은 '말씀'이라고 한다.

2. 자연의 입법자

만물로, 만물은 불로 전환한다는 근본사상 아래서 '투쟁은 만물의 아버지'라고 설명하는 것처럼 만물은 그 반대물로 전화, 생성하고, 부단히 유전한다고 보았다. 이 생성, 변화야말로 세계의 진리이며, 사물의 정지적, 동일적인 존재 양태는 단지, 일시적인 임시의 모습에 지나지 않는다고 하면서 이 생성, 변화를 지배하는 영원한 법칙을 그는 로고스라 불렀다. 그는 "세계는 신이나 인간에 의해 만들어진 것이 아니라 로고스에 의해 타오르고, 그에 의해 꺼지는 영원히 살아 있는 불이었으며, 현재도 그렇고, 앞으로도 그럴 것이다"라고 말하였다. 레닌은 이 말을 '변증법적 유물론의 대단히 우수한 서술'이라 평하였다.

73) *PR.* 97.
74) *PR.* 97.
75) *PR.* 95.

229

바빙크는 세계의 독특성과 다양성을 말하면서 인격적인 하나님을 말했는데 이제는 입법자로서의 하나님을 말한다. 그는 이에 대한 변증을 위해 먼저 헤겔의 철학을 도입한다. 헤겔은 우주의 실체는 물질과 에너지라는 두 가지 속성을 가지고 무한한 공간을 채우고 있고 또 영원히 움직여 나간다고 단언한다.76) 이에 대해 바빙크는 헤겔의 말대로 우주가 '하나의 거대한 기계'(a vast machine)라면77) 이 말은 두 가지 점에서 잘못되었다고 지적한다. 그것은 첫째, 영원히 계속 작동하는 기계란 없으며, 불가능하다는 것이요, 둘째는 세계가 영원하다면 그것은 결코 기계가 될 수 없다는 것이다.78)

여기서 바빙크가 던지는 질문은 과연 우주가 '거대한 기계'라면 이러한 거대한 기계를 존재하게 하는 것은 무엇이냐는 것이다. 결국 우리는 유신론의 입장에서 자연법칙들을 말할 수밖에 없다는 것이다. 입법자가 없는 법칙이 없듯이 자연법칙들 역시 그 입법자로서의 하나님이 없을 수 없다. 하나님은 자연 위에 계시며 땅이 있을 동안에는 심음과 거둠과 추위와 더위와 여름과 겨울과 낮과 밤이 쉬지 않을 것을 명하고 있다.(창 8:22)79) 이로써 세상에는 이 명령을 따라 체계적인 계절의 변화가 생기게 되었고 그 안에서 인간은 심었고, 그리고 계절을 따라 거두게 되었다. 이 모든 것은 하나님이 자신의 확정된 목적을 위해 영원부터 만물을 정돈했던 하나님의 지성과 의지의 행위로 정의될

---

76) *PR.* 97.
77) **기계론**(mechanism)은 모든 현상은 기계적 원리, 즉 물질의 운동과 그 법칙으로 설명될 수 있다는 주장으로서 우주는 마치 하나의 거대한 기계와 같아서 어느 한 부분의 기능이 다른 부분과의 관계에서 자동적으로 움직여 간다는 이론이다. 최초의 형태는 고대 그리이스의 유물론자들인 **레우키포스**(Leukippos)와 **데모크리토스**(Demokritos)에게서 볼 수 있는 것으로 자연을 원자의 운동으로 설명한 것이다. 근대에 와서 데카르트는 물질적인 것의 본질은 연장(extension)이라고 하면서 모든 물리적 현상은 기계론적 법칙에 의해서 설명된다고 하였다. 칸트도 사건 혹은 사상(事象)의 시간적 필연성은 자연법칙으로서의 인과율(因果律)에 일치한다고 하였다.(네이버 지식사전)
78) *PR.* 98.
79) *PR.* 100.

수 있는 것이다.80)

이런 현상들에 대해 설명하고자 할 때 이 모든 것의 입법자이신 신을 제외하고 설명하고자 한다면 그것은 필경 오류에 빠지고야 말 것이다. 그리고 바빙크는 재미있게도 이러한 법칙을 따라 움직이고 있는 세계 속에 예외가 많이 발견된다는 것 자체가 입법자로서의 신의 존재를 더욱 증명해 주는 일이라고 말한다.81) 이것은 자연법칙을 세우신 살아계신 하나님의 초자연적인 섭리적 기능을 말해주고 있기 때문이다. 그렇다고 기적이 하나님의 속성을 벗어나 있는 것은 아니다. 기적은 하나님의 다른 능력과 마찬가지로 하나님의 속성과 법칙을 따라 나타나는 것으로, 그 나름대로의 고유한 결과를 낳는다.82)

제5 절 자연과 기독교

이렇게 자연의 법칙이 하나님의 존재를 말해주고 그 하나님을 인격적인 하나님으로 파악할 때 이제 자연에 대한 인간의 자세가 어떠해야 하는가 하는 문제가 대두된다. 하나님은 자연 만물의 창조자이고 인간이 이 자연을 탐구해 갈 때 사변적인 이해로는 그 한계에 부딪친다는 것을 생각해 보면 우리는 자연에 대한 일정한 태도를 가져야 할 것이다. 더욱이 창조를 믿는 기독교의 입장에서 기독교와 자연의 관계는 깊이 생각해 볼 필요가 있다.

---

80) 우리는 또한 이것은 하나님의 영원하신 경륜이라고 말한다. 하나님의 경륜은 무의식적인 자연까지 다 포함해 존재하고 발생케 하신다. 그리고 모든 것은 다 하나님의 정하신 규례를 따라 정돈되고 배열된다.(RD II, 375)

81) PR. 100. 바빙크는 법칙의 제정자는 임의로 경우에 따라 예외 사항(이를 우리는 기적이라고 한다.)을 창출할 수 있다는 점에서 '인격적'인 신의 존재를 증명한다는 것이다.

82) RD II, 610. 이에 대해서는 이미 앞의 제10 장 각주에서 언급된 도예베르트의 '우주법칙 이념'의 의미가 더욱 새롭다. 죄로도 손상되지 않는 하나님의 우주법칙은 하나님의 전능하심과 섭리의 결과이다.

1. 과학의 정신

바빙크는 이제 자연을 대상으로 과학하는 자세가 어떠해야 하는가를 말한다. 이는 인간이 발견한 어떤 법칙에 대해 지나친 자만을 경계하고자 함이요 더 나아가서는 모든 과학적 탐구는 하나님이 만든 거대한 자연 안에서 아주 작은 부분에 해당하는 것이기 때문이다. 메이어[83]는 에너지 보존 법칙을 발견하였지만 이 법칙을 물리적인 면에서만 적용해야지 정신적인 생활의 영역에 까지 확대하여 적용할 수는 없는 것도 바로 이런 이유 때문이다.[84]

그래서 바빙크는 과학의 정신은 겸손이라고 말한다.[85] 그의 말에

---

83) **율리우스 로베르트 폰 마이어**(Julius Robert von Mayer, 1814~1878) 독일의 물리학자·의학자. 정맥의 피가 열대 지방에서 더 붉은 빛을 나타내는 것을 관찰하였다. 또 선의(船醫)로서 자바를 항해할 때의 경험에서 체내의 물질대사가 외계의 기온과 관계 있음을 알고, 1841년 귀국 후 작업량과 발생 열량과는 밀접한 관계가 있음을 알아냈다. 1842년 '에너지 보존 법칙'을 발표하였다. 이 법칙은 열역학의 발달에 큰 공헌을 하고, 물리학뿐만 아니라 자연 과학 전반에 적용되는 근본 법칙이 된 19세기의 큰 업적이다.(위키백과)

84) *PR.* 101.

85) '과학의 정신은 겸손'이라는 말은 과학적 진술을 기초로 함부로 그 결과에 대해 단언할 수 없다는 의미를 지닌다. 이 문제에 대해서는 맥그라스와 도킨스 간의 논쟁에서 맥그라스의 주장과 일치한다. 맥그라스는 왜 진화론과 같은 순수한 자연에 관한 서술이– 물론 이 말은 맥그라스가 진화론을 옹호한다는 말은 아니다– 도킨스의 주장처럼 신이 없다는 결론으로 이어지는가 하며 반박한다. 그는 가장 일반적인 차원에서 과학적 방법은 신에 대한 가설에 대해 부정적이거나 긍정적인 판결을 내릴 수 없다는 사실에 대해서는 광범위한 공감대가 형성되어 있다고 주장한다. 과학은 오직 자연에 관한 설명을 할 뿐이라는 것이다. 자연은 무신론적 방법과 유신론적 방법, 불가지론적 방법으로 해석되는 것을 참을 수 있지만 그 중 어느 것도 요구하지 않는다고 한다. 도킨스의 무신론주의 가운데 가장 놀라운 것 중에 하나는 그것의 불가피성에 대한 확신이다. 맥그라스는 노벨 물리학상을 받은 **페인만**(Richard Feynman, 1918-1988)이 종종 지적했듯이 과학적 지식은 확실성의 정도에 대한 진술로써 도킨스가 '자연이라는 책'으로부터 무신론을 추출해내 진화론을 무신론적으로 해석하고 이를 강력하게 주장하는 것에 대해 비판한다.(McGrath, *과학신학탐구*, 78-80.) 과

의하면 우리가 발견하는 법칙들이란 기껏해야 현재 우리가 알고 있는 힘들에 대해서만 한정적으로 적용될 수 있을 뿐이다.[86] 바빙크의 이 말은 20세기 현대물리학에서도 그대로 적용된다. 뉴턴의 중력의 법칙은 이제까지 물리학과 모든 과학에 절대적으로 적용되어 왔지만 양자역학의 발견은 뉴튼의 물리학은 원자 이하의 현상에는 적용되지 않음을 알게 되었다.[87] 그것은 거시세계에는 적용되지만 양자역학에서는 허용되지 않는다는 것이다. 실제 이러한 양자역학과 중력 사이에는 수학적 모순이 발견되었다.[88] 하이젠베르그의 '불확정성의 원리'가 바로 그것이다.

얼핏 보면 이 불확정성의 원리는 전혀 믿어지지 않지만 이는 실험에 의하여 반복적으로 입증된 것이다. 우리가 움직이는 입자(粒子)를 그릴 때 그 위치와 운동량을 동시에 측정할 수 없다고 상상하기란 대단히 어려운 일이다. 이렇게 상식과 모순되는 양자역학 현상은 비단

학적 방법들은 결코 하나님의 존재나 창조세계에서 하나님의 활동과 같은 세계관의 문제를 건드릴 수 없다.(*기원이론*, 576.)

86) 바빙크도 이에 대한 실례로 뉴톤의 만유인력의 법칙을 들고 있다.(PR. 101.) 최근 미국의 저명한 시사 주간지 TIME(2011년 10월 10일 판, 13)은 "Faster than Light"에 일단의 유럽 과학자들이 빛보다 빠르게 움직이는 소립자를 발견했다고 주장하는 기사를 실었다. 이는 빛보다 빠른 것은 있을 수 없다는 아인슈타인의 주장을 무력하게 만드는 것으로 이것이 사실로 증명된다면 이제 아인슈타인의 특수상대성 이론과 그에 관한 서적은 폐기 처분되어야 할 운명에 놓이게 되는 것이다. '빛보다 더 빠른 것은 없다'는 이 절대 명제가 이제 새로운 발견으로 도전받고 있는 것을 생각할 때 우주에서 인간이 알고 발견하고 자신하는 것에는 늘 한계가 있음을 생각하지 않을 수 없다. * 이 논문을 정리하던 2012년 1월 17일(화) 조간 경향신문 1면 톱기사로 "'양자역학 뿌리' 불확정성 원리 결함"이라는 제목의 기사가 나왔다. 본 논문에서 뉴톤의 법칙의 한계를 지적하며 말해왔던 하이젠베르그의 '불확정성의 원리'가 이렇게 하루 아침에 결함이 있음이 발견되었다는 것은 인간이 발견한 과학의 법칙이라는 것은 그것이 잘못되었다는 것이 발견될 때까지만 진리라는 것을 말해준다. 이것이 인간의 과학 인식의 한계이다. 인간은 알게 된 것 같지만 여전히 모르고 있다.

87) Zukav, 70.

88) Kaku, 309-310.

이것 하나만이 아니다. 사실 상식과 모순이 새 물리학의 복판에서 자리잡고 있다. 이러한 모순들이 이 세계는 우리가 그러리라고 생각하고 있는 대상과는 다르다는 점을 거듭 말해주고 있다. 실제로 그 차이는 훨씬 클지도 모른다.89)

인간은 철학 하는 존재이다. 그는 보고 듣고 배우고 자신이 생각하는 것에 기초해 자기 철학을 형성해 간다. 그러나 우리의 철학적 입장이 어떠하든 - 뉴턴의 법칙이든 불확정성의 원리이든 - 이 모든 자연법칙이란 만물의 근거와 원천이며 모든 힘의 근원이 되는 존재의 본성에 의해 결정되는 것이다.90)

그래서 바빙크는 세계 발전이 목적과 의미를 갖기 위해서는 창조주가 필요하다고 주장한다. 진화론은 신적인 지성이 없는 목적 진화를 말하지만 자연 자체 안에서 목적 진화가 가능한 것인가? 91) 사람들은 진화론에 기초한 진보 이론(the theory of progress)을 좋아하지만92)

---

89) Zukav, 70.
90) *PR.* 101.
91) 맥그라스는 진화 - 생물학적이든 교리적이든 - 는 자신이 원하는 특정 결과로 향하는 경향이 있는가 하는 질문을 하면서 목적 진화 사상을 비판한다. 그는 표준 진화론 패러다임을 적용하는 많은 저자들은 본질적으로 진화 과정의 무작위적이고 우발적인 특성을 주장한다고 하였다. 그는 굴드(Stephen Jay Gould)도 "역사적으로 흥미로운 사건의 거의 대부분은 우발적 범주에 해당한다."고 했음을 인용한다. 이는 목적이나 역사적 필연성 및 방향성에 관해 말하는 것은 의미 없으며 모든 진화 과정은 처음부터 끝까지 우연에 의해 진행된다는 것이다.(McGrath, *과학신학탐구*, 238-240.) 맥그라스는 목적 진화에 관한 이 문제에 대해 그의 책 과학신학탐구 6장에서 상세히 다루고 있다.
92) 진보 사상 및 진보 이론은 다윈의 진화론 이전에도 존재했었다. 이는 기독교 역사관 속에서도 나타나는데 현재와 천년왕국 시대 사이에는 인간의 점진적인 진보만이 있을 뿐이라는 주장이 그것이다. 인간은 지식뿐만 아니라 도덕적으로도 진보하면서 천년왕국을 향해 간다는 것이었다.(David Bebbington, *역사관의 유형들(Patterns in History)*, 김진홍, 조호연 역 (서울: IVF, 1997), 119-120). 그리고 **허버트 스펜서**(Hubert Spencer)는 진화론적 사회 이론의 토대를 놓으며 진보는 우연이 아니라 필연으로서 우리가 악과 부도덕이라고 부르는 것은 반드시 사라지고 인간은 완전

모든 재난, 불운들은 이런 주장이 맞지 않음을 말해주고 있다. 무의식적이며 맹목적인 적응은 없다는 것이다.

헥켈은 '눈과 귀는 놀라운 구조를 이루고 있기 때문에 그것들은 분명히 (누군가가) 고안해낸 구조 계획에 따른 창조를 믿게끔 유혹할 수도 있었다'고 말한 바 있다.93) 그러나 헥켈은 창조론으로의 유혹을 냉혹하게 물리쳤는데 이는 사실상 이런 만물을 다스리는 신의 존재를 생각하지 않을 수 없음을 보여준다고 할 수 있다.(롬 1:20) 그래서 바빙크는 자연과 우리와의 관계는 우리가 신을 무엇이라고 생각하고 있으며 또 그 신이 우리에게 어떤 존재인가에 따라 결정되는 것이라고 (What nature is to us is determined by what we think of God and who he is for us.) 하였다.94)

2. 미신의 발생

해지리라는 것은 명백한 사실이라고 주장하였다.(Ibid, 137-138.)

이러한 낙관론적인 사상은 근대의 합리주의 사상을 기초로 더욱 확대되었는데 결정적인 것은 찰스 다윈의 *種의 起源*이 발간되면서 강력한 과학적 토대를 구축하게 되었다. 다윈은 *種의 起源*에서 "자연적인 선택이 각 개체의 유익에 의하여 그리고 유익만을 위해 작용하는 것처럼, 모든 육체적이고 정신적인 자질은 완전을 향하여 진보하는 경향이 있다."고 하였다.(재인용: Charles Darwin, *The Origin of Species* (London, 1859), 402) 이런 그의 진화론은 **칼 마르크스**가 진보적 역사관을 구성하는데 결정적인 역할을 하였다. 이에 대해 **엥겔스**는 "다윈이 유기체로 구성된 자연의 발전 법칙을 발견한 것과 같이 마르크스도 인간 역사 발전의 법칙을 발견하였다. … "고 말할 정도로 다윈의 진화론은 마르크스에게 큰 영향을 끼쳤음을 말하였다.(Bebbington, 201.) 이러한 진보 이론은 20세기에 들어 1차 대전과 2차 대전 등 두 번에 걸친 큰 전쟁을 치르면서 큰 타격을 받게 되었지만(Ibid, 143-144) 다윈의 이런 진화론적 사고는 끊임없이 발전을 추구하고 있는 현대의 각종 분야에서 여전히 중요한 진보이론의 기초가 되고 있는 것이 사실이다. 학문에서뿐 아니라 예술, 문화, 철학, 교육, 과학 등 각 분야에서 다윈의 진화론은 모든 발전 이론의 토대가 된 것은 사실이다. 심지어 한 개인의 운동 기술의 발달도 '진화'라는 말을 빌려 표현하기도 한다.

93) *PR*. 103.
94) *PR*. 103.

그러면 문제는 이제 어떻게 자연 만물과 하나님을 연결시켜 만물의 질서를 바로 잡을 수 있겠느냐는 것으로 귀착된다. 만일 자연과 창조주 하나님을 분리시키고 자연을 신의 작품이나 계시로[95] 생각하지 않을 때 어떤 일이 일어날까? 이에 대해 바빙크는 신에 대한 믿음 대신 곧 바로 미신에 빠진다고 말한다.[96] 앞서 말한 대로의 '존재'를 부정하면 피조물이 신의 위치에 올라간다는 것이다. 자연을 있게 한 신을 부인하게 될 때 자연 안에 모든 것에 대한 설명은 다양해지기 마련이다.[97] 그러나 이런 설명들이 인간에게 만족을 주지 못하면서 결국에 신화가 탄생하고 자연은 정령주의적으로 설명되고 예술은 심미적 신비주의로 복귀한다.[98] 그리고 이러한 것이 종교에 침투해 결국 로마 카톨릭의 예배로 발전했다고 하였다.[99]

바빙크는 인간이 이렇게 자연이 지니고 있는 신비한 힘과 분위기에 압도되어 그만 자기 자신을 자연적인 존재의 지위로까지 낮추게 되었다고 주장한다. 하나님은 인간을 창조하고 자연 세계를 정복하고 다스리라고 하셨지만 이 하나님을 알지 못하는 인간은 이제 자연에 대해 노예적인 존재로 전락한다는 것이다. 자연의 창조자인 신을 상실할 때 결국 인간은 창세기 1장에 나오는 하나님의 형상을 지니고 만물의 관리자로서의 인간으로서의 높은 이상을 상실하고, 욕망과 자기 열정적

---

95) '자연은 그 자체가 계시'라는 것에 대해서는 앞의 '일반은총론'에서 충분히 다루어졌다. 바빙크의 그의 *개혁교의학*에서 이에 대해 아주 분명하게 말하였다. "자연과 역사는 하나님의 전능하심과 지혜, 선하심과 의로우심에 대한 책이다."(Nature and history are the book of God's omnipotence and wisdom …) *(RD* I, 310.)

96) *PR.* 103.

97) *PR.* 104. 신을 부인할 때 무신론자들은 만물이나 나타나는 현상에 대해 그것이 무엇이라고 설명을 해야 했는데 **페흐너**(Fechner)는 자신의 물활론을 역설하며 우주를 하나의 살아 있는 유기체로서 문자 그대로 생각했다. **보그트**(Vogt)는 고통의 의미를 원자들의 탓으로 돌렸고 **헥켈**은 사랑과 고통의 힘을 원자들의 인력과 반발 작용 속에서 보았다. 또 세포들의 성질을 무수한 영혼들과 정신들로 보았다.(*PR.* 103.)

98) *PR.* 105.

99) 바빙크는 이에 대한 예로 프랑스의 'Neo-Chretiens'(신기독교)가 있다고 하였다.(*PR,* 105)

계시철학의 이해

인 놀음에 빠지고, 자발성과 자유, 개성을 빼앗기게 되고 들판의 식물 같이 살아남게 된다.100) 인도, 중국, 바벨론과 이집트, 그리이스와 로마의 다신교적인 종교들에서 인간은 자연에 대항하는 자유를 얻을 수 없었다. 왜냐하면 모든 피조물은 하나님이 아닌 제신(諸神)들이나 영들에 의해 존재하게 된다고 생각하고 있기 때문이었다.101) 그리고 이 모든 것에 반항하면 인간은 계속적인 두려움과 해소되지 않는 걱정으로 인해 괴로움에 빠지게 되었다.102)

현대사회에서 과학이 발전되어가지만 여기서 하나님에 대한 이해, 그 존재를 배제할 때, 현대인은 그만큼 더 신비주의에 빠진다.103) 실제 우리시대 속에서도 만물의 창조자, 자연의 창조자를 부인하는 사람들이 정신감응(telepathy)이나 점성술, 정령숭배, 소위 도사의 예언에 자신의 미래를 의탁하는 현상들이 나타나는데, 그 이유가 바로 여기에 있는 것이다.104)

---

100) *PR*, 105
101) 트로이 전쟁 때는 그리이스 군의 총지휘관으로서 출전하는 아감메논은 여신 아르테미스의 노여움을 사 거센 풍랑 때문에 출항(出港)할 수 없게 되자 여신의 노여움을 풀기 위하여 자기의 딸 이피게니아를 산 제물로 바치고자 하였다. 이로 인해 바다가 잔잔해져 그는 트로이 원정을 할 수 있게 되었다고 한다.
102) *PR*, 106.
103) *PR*, 105. 여기서 더 나아가 '자연을 있게 한 신'을 부인할 때 초월적 존재로서의 인간은 인간 자신의 내면이나 자연 안에 있는 신비한 능력이 자신의 욕구를 채워줄 수 있다고 여겨 이를 예배의 대상으로 삼음으로 미신이 발생한다고 하였다. 바빙크는 '미신'은 참 종교의 사생아적 대리인이라고 하였고 참된 믿음에 대한 삽화 같은 것이라고 말하였다. 그는 사람들이 천지를 만드신 하나님에 대한 무지로 인해 정령주의, 신비적 직관주의, 정신감응, 최면술 등에 빠진다고 하였다. 인간에게 이런 현상이 일어나는 것에 대해 바빙크는 세익스피어의 말을 인용하여 설명하였다. "하늘과 땅에는 당신의 철학이 꿈꾸는 것보다도 더 많은 것이 있다"(There are more things in heaven and earth than are dreamt of in your philosophy.) (*RD* I, 326-327.)
104) 이러한 형태의 미신으로서 한국의 예를 들면, "① 미래의 길흉을 미리 알아서 이것을 예방하려는 점복(占卜), 토정비결, 사주법(四柱法) 등 많은 점속(占俗)들이 있다. ② 예상되는 재액을 미리 예견하고 면해보려는

제7 장 계시와 자연

3. 기독교의 우월성

여기서 바빙크는 인간이 이 문제를 어떻게 극복할 수 있는가에 대해 말한다. 그것은 바로 인간이 하나님과의 참된 관계(the true relation God)를 맺는 것이라고 한다.105) 이때 인간은 비로서 자연과의 참되고 자유로운 관계에 도달할 수 있으며106) 그리고 이것은 기독교 안에서 이루어진다고 한다.107)

여러 가지 금기(禁忌)는 행동이나 표지(標識)로써 하는 것과 말로써 하는 것이 있다. 해산(解産) 때 금줄을 치거나 대문 위에 가시나무를 올려놓는 일, 또는 제의(祭儀) 때 대문 옆에 황토(黃土)를 놓는 일 등은 전자에 속하며, '갓난아기를 무겁다고 하면 살이 빠진다', '길을 가다 칼을 주우면 해롭다', '밤에 손톱을 깎으면 해롭다' 등 수많은 금기어는 후자에 속한다. ③ 적극적인 주술(呪術)로는 여러 가지 굿을 들 수 있으며, 이 밖에도 주물(呪物), 부적(符籍) 등이 있다. 안택(安宅)과 고사(告祀), 풍수지리, 귀신, 도깨비 등 과학이 극도로 발달한 현대에도 우리 주변에는 많은 미신적 요소들이 있는데, 이러한 미신은 장수와 행복을 위하여 제액(除厄), 초복(招福)을 원하는 인간의 갈망이 있는 한 지속한다고 할 수 있겠다."(네이버 백과사전)

105) *PR*. 105.
106) *PR*. 105.
107) 바빙크는 그의 *RD* II에 나타난 '인간론' 중 '인간의 기원'(Human Origins)을 살펴보면 이에 대해 충분히 이해할 수 있다. 바빙크는 인간은 '창조의 절정'이라고 하였다. 짐승은 하나님의 명령의 말씀으로 땅에서 만들어진 반면, 인간은 성 삼위 하나님이 서로 의논한 후 하나님의 형상을 따라 만들어졌다는 것이다. 그리고 이때의 인간 창조의 목적은 만물을 다스리는데 있었다. 창세기 1장은 인간의 탄생은 모든 자연의 마지막이고 창세기 2장의 설명은 인간이 역사의 시작이다. 그리고 이때의 모든 피조물은 인간이 이름하는 대로 그 이름이 지어지므로 여기 하나님에 의한 인간의 우월성이 있다. 이렇게 창조론에 의하면 인간은 만물 위에 있어 만물은 두려워할 하등의 이유가 없었다. 그러나 이러한 특별계시 밖의 인간은 이와는 대조적이다. 인간의 기원을 진화론에 입각하여 생각한다면 인간은 만물의 진화과정에서 그저 생겨난 존재이다. 이 인간은 스스로 땅에서 출현했거나, 아니면 다른 동물에서 진화된 것이고 된다. 이런 인간은 상대적으로 자기보다 강한 동물들을 두려워하고 그 안에 나타난 신비로 인해 이제는 자신을 어떤 피조물보다도 작게 여기기도 한다. 바로 여기서 범신론이 나오고 유물론의 폐해가 나온다.(*RD* II, 511-513) 여기서 바빙크가 말하

바빙크의 말은 인간이 창조주 하나님을 믿음으로서 비로서 이러한 미신적 요소, 운명과 자연에 대한 두려움을 극복할 수 있다고 말한다. 그는 자연과 인간 사이의 이런 미신적 관계는 모세나 선지자들, 그리스도나 그의 사도들의 말을 경청할 때 완전히 바꿔질 수 있다고 하였다.108) 그들이 자연에 대해 자유로울 수 있었던 것은 그들이 천지를 창조하신 신과 교제하므로 스스로 자연 이상으로 승격될 수 있기 때문이었다는 것이다.109)

그 대표적인 예가 이스라엘 민족이다. 그들은 천지를 만드신 창조주 하나님을 믿으므로 탁월한 자아의식을 가지고 세계와 자연에 직면하였다. 그들은 세계에 대한 두려움이 없었으며, 그러면서도 아주 고결한 책임감을 가지고 세계를 대하였다. 이렇게 인간은 창조주 하나님에 대한 믿음을 가질 때 자신을 신의 대리자로 여기고, 또 그런 자격으로서 세계를 다스릴 수 있다. 인간은 오직 계시된 신의 뜻에만 복종하여 이렇게 할 수 있는 것이다.110)

이것이 바로 자연과의 관계에서 나타난 기독교의 우월성인 것이다. 기독교의 이러한 자연관은 자연을 두려워하고 신을 숭배했던 고대인들에게 자연을 객관화하여 실험하고 연구할 수 있는 대상으로 삼을 수 있는 사상적 기조를 제공해 주었다. 그리하여 과학기술은 기독교

는 바는 아주 분명한다. 인간이 자신을 특별계시에 비추어 이해할 것인가 아니면 진화론에 기초해 볼 것인가에 따라 인간은 자연에 대해 탁월한 자아의식을 가지고 자연을 대할 것인가 아니면 두려움으로 자연을 볼 것인가 이것이 결정된다. 여기서 우리는 왜 이스라엘 백성이 자연을 두려워하지 않고, 이교도들은 자연을 두려워하는지 분명하게 이해할 수 있게 된다. 초월적인 인간이 이렇게 하나님을 제대로 믿지 못할 때 피조물의 형상을 우상으로 만들고 경배하는 것은 너무나도 당연한 일인 것이다.

108) 이는 인간은 특별계시로서의 성경을 믿으면서 천지를 창조하신 하나님을 믿게 되고 또한 창세기 1 장의 말씀을 따라 만물의 정복자로서의 자기 정체성을 확보하게 되기 때문이다. 인간은 특수 계시 안에서 하나님의 말씀을 듣고 일반계시를 통해 하나님의 실제성을 파악하고 이제는 특별계시와 일반계시 속에 나타난 하나님의 뜻을 따라 자연에 대해, 역사에 대해 적극적인 소명의 삶을 살게 된다.

109) PR, 106.

110) PR, 106.

문화 안에서 급성장할 수 있었고, 인류의 복지 향상에 엄청난 기여를 했다.[111]

결국 창조론에 기초한 인간관을 갖느냐, 아니면 진화론을 기초한 인간관을 갖느냐에 따라 사람의 생각과 철학, 삶의 목적이 달라질 수밖에 없음을 알 수 있다. 인간은 하나님이 주시는 계시 안에서만 올바른 세계관 속에서 만물에 대한 우위성을 확보하고 소위 정복하고 다스리는 창세기적 삶을 살 수 있게 된다. 여기서 기독교는 타종교에 대해 자기 우월성을 확보한다.

제6 절 자연의 통합성

그러면 이제 우리는 창조주 하나님 안에서 자연을 바라보면서 이 자연의 특징이 어떠한가에 대해 생각해보는 것이 중요할 것이다. 자연이 어떠한가를 파악할 때 이를 만드신 창조주 하나님이 어떤 분이신가를 비로서 생각할 수 있을 것이다. 이는 창조는 하나님의 성품의 반영이기 때문이다.

1. 다양성과 통일성

바빙크는 자연 속에 나타난 다양성과 통일성을 말하고자 할 때 먼저 '물질과 힘', '정신과 물질'을 위한 통일성은 세계 내에서는 발견될 수 없으며, 또한 물질적인 것과 정신적인 것, 윤리적인 것, 개성과

---

111) 그러나 동시에 이것에 대한 역기능으로서 인간중심주의가 발생해 인간과 자연이라는 이원론적 대결 구도가 생겼고 자연은 과학기술에 의해 무자비하게 파괴되었고 지구촌 생태계의 총체적 파멸이라는 위기 상황에 봉착하게 되었다. 많은 경우 이것은 다 기독교의 세계관 때문이라는 비판이 가해졌다. 그러나 김흡영은 기독교 보다는 오히려 서양문화의 기조를 이루고 있는 인간중심주의적 그리이스 철학과 근대 계몽주의의 이원론이 이러한 결과를 더 초래했다고 말한다.(김흡영, 232.)

단체는 서로 환원될 수 없다고 말한다.112) 이는 어떻게 정신적인 것이 물질적인 것이 되고 물질적인 것이 정신적인 것으로 바뀔 수 있으며, 어떻게 물질에서 윤리가 나오고 인격 안에 존재하는 윤리가 물질로 표현될 수 있겠느냐는 것이다. 바빙크는 그것들은 각각 존재하며 점차로 서로 함께(with) 존재한다고 말한다. 이러한 것들을 서로 반대 방향으로 환원시키려고 하면 - 다시 말해 함께 존재하지 않는 별개의 것으로만 생각하면 - 통일성은 다양성과 충돌하고, 존재는 생성과, 정신은 물질과, 인간은 자연과 충돌하게 된다는 것이다.113)

만물은 다양성 속에서 통일성을 유지하고 그 통일성은 다양성을 유지하고 있다.114) 이는 신비에 속한 것이 아닐 수 없다. 그러나 바빙크

---

112) *PR.* 106. 바빙크가 여기서 말하고자 하는 바는 범신론은 유물론으로, 이에 대한 역으로 유물론은 범신론으로 환원될 수 없다는 것이다. **범신론**은 세상이 곧 신이라고 하면서 세상을 역동적으로 해설하고자 했고, **유물론**은 세상을 기계적으로 설명하고자 노력했다. 하지만 이 둘이 추구하고자 하는 것은 세상의 모든 것을 범신론이나 유물론 중 하나의 원칙으로 지배하고자 한 것이다. 범신론에서 세상은 하나의 유기체가 되고 하나님이 그 영혼이 되는 반면, 유물론은 세상의 모든 것이 단지 원자들의 결합으로만 된 기계 장치로 이해하려고 한다. 그러나 이 두 가지 사상은 세상의 다양함과 부요함을 결코 설명하지 못한다. 하늘과 땅, 물질과 정신, 영혼과 육체, 인간과 동물, 지성과 의지, 영원과 시간, 존재와 비존재 사이의 경계선을 없앨 수는 없는 것이다. 그래서 세상은 범신론으로나 유물론으로만 설명할 수 없는 것이다. 그렇게 세상은 범신론이나 유물론으로 설명할 수 있을 만큼 단조로운 것이 아니다. 무엇보다도 이런 식으로 생각한다면 세상은 목적 없이 존재하고 더 이상 역사도 존재하지 않게 된다. 그래서 바빙크가 갖고 있는 세계관은 **창조적 세계관**(creation-based worldview)이다.(*RD* II, 435.)

113) *PR.* 106.

114) 이는 창조 속에 만물은 **다양성과 통합성 속에서** 서로의 역할을 하면서 존재하고 있음을 뜻하는 것이다. 이에 대해 바빙크는 해와 달과 별들은 그들 고유한 임무를 가지고 빛나고 있고 식물과 동물, 그리고 사람은 본성상 구별된다고 하였다. 세상에는 대단히 많은 다양성이 존재하지만 그 다양성 가운데는 최상의 통일성이 있다. 이 다양성과 통일성의 토대는 하나님이라고 하였다. 창조세계는 하나님의 지혜의 반영이다. 하나님의 창조물은 구별되지만 분리되지는 않는다. 바빙크는 **아우구스티누스**가 이에 대해 가장 깊고 광범위하게 이해하였다고 하였다. 그가 생각하는 우주는 놀라운 조화

는 이 신비를 신비로만 끝내지 않고 이러한 다양성과 통일성의 근거를 삼위일체 하나님에서 찾고 있다. 그는 그의 *RD* II에서 삼위일체 하나님을 논하면서 하나님의 삼위에서 다양성(diversity)를, 그리고 일체 되심에서 통일성(Unity)를 말한다. 하나님의 이러한 삼위일체 되심으로 인해 피조물 속에 다양성과 통일성이 있다고 하였다. 그리고 삼위 하나님의 조화는 만물이 다양함과 함께 통일성을 이루면서 서로 조화를 이루는 것과도 같다.115) 그러므로 통일성과 다양성, 이는 자연과학적으로 이해하기 어려운 것이지만 이는 전능하신 삼위일체 하나님의 성품의 반영인 것이다.116)

2. 계시를 통한 통합적 사고

바빙크는 자연은 저절로 존재하지 못하며, 또 진화에 의해 생긴 것이 아니라 계시에 근거를 두고 존재하고 있다고 하였다. 이는 자연 속에는 하나님의 계시가 나타나 있고 이 계시로 인해 그 존재가 비로서 창조물로서 통합적인 의미를 갖는다는 것이다. 계시는 신의 전능과 지혜와 주권과 권고 속에서 인간의 정신이 갈구하는 통일성을 우리에게 준다.117)

다. 그는 "우주는 '통일'이라는 말에서 나온 것"이라고 하였다. 하지만 그 통일체는 획일이 아니라 끝없이 풍부한 다양성이다.(In Augustine the world is a unity: the universe derives its name from the word "unity". Nevertheless, that unity is not a uniformity but an infinitely varied diversity.) (*RD* II, 435-437.)

115) *RD* II, 331-332.

116) 바빙크는 이러한 만물의 다양성을 하나님의 영원하신 경륜에서 파악하고 있다. 다양성은 하나님의 영원하신 뜻이다. 그리고 이러한 다양성은 오직 하나님의 기뻐하시는 뜻에서만 해설될 수 있다고 한다. "인류의 창조, 민족들의 나누임, 이런 민족들의 연대와 거주의 경계가 정해진 것, 민족들과 사람들이 가진 은사와 재능, 지위, 사회적 신분까지, 부하고 가난한 것, 교회 안의 다양한 은사들까지 이 모든 근본 원인은 하나님의 뜻에 있다. 이 모든 존재와 다양성들은 오직 하나님의 기뻐하시는 뜻에서만 설명될 수 있다."(*RD* II, 375-376)

그런데 인간이 이런 유신론적인 일원론을 포기하게 되면 그 자리에 갖가지 형태의 다신론이 들어오고 세계는 그 통일성을 상실하게 된다.118) 세계가 통일성으로 환원되지 못할 때 각각의 개념 속에서 신들이 탄생한다.119)

그러나 그리스도 안에서 우리에게 도래하는 계시는 이 모든 것들로부터 우리를 보호한다. 계시를 통해서 창조 교리가 생기고 여기서 모든 다신론과 모든 이원론의 뿌리가 절단된다. 정신뿐만 아니라 물질, 그리고 인간뿐만 아니라 자연도 신적인 기원을 갖고 있는데, 그것들은 존재하기 전에 이미 신의 생각 속에 있었던 것이다.120)

그래서 창조 교리는 모든 피조물의 신성함을, 그리고 그것의 선함을 주장한다. 이 세계 속에서 인간은 지금 그 자신의 독립된 신분을 누리고 있다. 그러면서도 인간의 존재는 자연적인 것과 생소하지 않다.121)

---

117) *PR.* 106. 이에 대해서는 제6 장 철학(II)의 제 2 절 '자아와 계시 인식'에서 논하였다.

118) *PR.* 106.

119) *PR.* 107.

120) *PR.* 107. 이는 하나님의 영원한 경륜에 관한 것으로 바빙크는 이 세상의 모든 피조물은 범신론적으로나 유물론 사상과 단절되어 이미 창조 이전에 하나님의 뜻 안에서 계획된 것들임을 장엄하게 묘사하고 있는 것이다. 바빙크는 하나님의 경륜을 시간 속에 존재하고 발생하는 모든 것에 대한 하나님의 작정으로 이해한다. 그는 세상의 모든 존재와 발생은 하나님의 생각과 뜻에서 출발한 것으로 그 영원하신 경륜의 실현으로 보았다. 만물은 하나님의 지성과 지혜로 창조되었다. 그래서 피조계 안에도 생각이 존재하는 것이다. 하나님의 마음속에 있는 생각들, 예정하고 미리 정하신 것들과 목적, 그리고 그 기뻐하시는 뜻을 따라 때가 되면 모든 것은 그대로 실현된다. 하나님의 작정은 만물의 모태라고 하였다. 만물이 왜 존재하며, 또 왜 그래야만 하는가에 대한 궁극적인 답변은 '하나님이 원하셨다'는 한마디이다. (*RD* II, 372-374.) 그래서 만물은 유물론적 사상이 말하듯 원자의 이합집산도 아니고 범신론이 말하는 대로 하나님 그 자체도 아니다. 우리가 만물을 오직 하나님의 영원하신 경륜 속에서 때가 되어 나타난 것으로 생각할 때 창조물은 신성하고 선한 것이다. 계시는 이 사실을 말해주고 있다. 바빙크가 이미 말한 바처럼 하나님은 이 모든 것을 자연과 성경 속에 묻어두셨다. 인간은 자연과 성경을 통해 이런 하나님의 경륜과 이행하심과 그 뜻과 목적을 알아가며 하나님 안에서 살아가는 것이다.

121) *PR.* 107.

그는 자연에서 태어났으며 자연의 혜택을 입고 있으며 이 땅에서의 생애가 끝나면 자연으로 돌아간다. 그는 이 땅에 사는 동안 지극히 자연적이고 자연과 잘 어울린다. 그는 자연의 일부이다. 여기에 인간과 자연과의 통일성이 있다.

그러나 그는 하나님과 유사한 하나님의 아들이며 하나님의 형상이며 하나님을 꼭 닮았으며 그의 후손인 것이다.(He is the son, and the image, the similitude of God, his offspring.)[122] 그러므로 그는 동물과 천사 위로 올려졌으며 전 세계를 지배하도록 운명 지어졌으며 또 그 일의 적임자이다.[123]

그는 하나님의 뜻을 따라 이 땅에 태어났으며 하나님의 뜻을 행하고 하나님이 창조한 세계 속의 모든 혜택을 누린다. 그는 하나님의 성품을 가지고 세상을 바라보고 하나님의 성품으로 세상을 다스린다. 이런 점에서 인간은 하나님과 통일성, 일체성을 지닌 존재다. 결국 인간은 계시를 통하여 하나님과 자연과 함께하는 통합적인 존재임을 깨닫게 된다. 여기에 바빙크의 위대한 인간관이 있다.

3. 신, 인간, 자연의 유신론적 세계관

신과 세계에 대한 인간의 이러한 관계 속에서 모든 과학과 예술의 토대가 놓여졌으며 또 그것들은 거기에서 시작되는 것이다. 인간은 그의 감각을 통해 세계를 관찰할 수 있으며 또 그의 지성을 통해 세계를 알고 이해할 수 있다는 사실은 어떻게 설명될 수 있을까? 지식과 존재의 이 놀라운 일체는 어디로부터 올까? 인간의 두뇌 속에 있는 사상과 개념이 상상이나 환각이 아니라 실재와의 일치라고 하는 신념의 근거는 무엇일까? 그리스도가 자연 상징에 근거해서 천국 비유를 말할 수 있는 이유는 무엇일까? 비유와 은유와 시와 예술, 그리고 모든 과학과 문화는 무엇에 바탕을 두고 있는 것일까? 하나의 말씀과 하나

---

122) *PR.* 107.
123) *PR.* 108.

의 정신과 하나의 신적인 지성이 모든 것들의 기초 위에 있으면서 그
것들의 통일성과 상호관계를 견지하고 있다.124)

진화를 주장하고자 박물관에서 생명을 다른 것 옆에 놓거나, 아니면
어떤 가설이나 개인의 건축양식에 의해서 '유인원과 인간의 중간 생
물들(missing links)'를 채워 넣는 일은 매우 쉬운 일이다.125) 피조물
들은 발달 과정의 일직선상에서 서로 연속적으로 존재하는 것이 아니
라 나란히 존재하고 있다. 그것들은 그럭저럭 살아남은 것이 아니라,
서로 함께 살아 있고 유기적인 다양한 호혜적인 관계를 견지한다. 보
다 연약한 표본과 종들은 자연도태(natural selection)의 법칙을 따라
멸종하는 것이 아니라 계속 오늘날까지 강자와 더불어 나란히 존재하
고 있다. 존재란 만물에 대한 만물의 투쟁일 뿐 아니라 끊임없는 상호
지지와 상부상조인 것이다.126)

이는 결코 자연을 일원론적으로 볼 수 없다는 것이며 오히려 그것
들은 처음부터 다양한 개체들의 모임인 하나의 체계였음을 일깨워준
다. 그래서 바빙크는 여기서도 다시 "세계의 다양성은 그 조화와 관련
해서 생각해 볼 때 오직 인격적인 신 안에서만 초월적으로 설명할 수
있다"고 한다.127)

---

124) *PR*. 108. (영문 참조) "One word, one spirit, one divine intelligence
lies at the foundation of all things and maintains their unity and mutual
relation."

125) 션 B.캐럴(Sean B. Caroll)은 *Making the fittest* 라는 책을 썼다. 이 책
은 우리말로 '한 치의 의심도 없는 진화이야기' 라는 제목으로 출간되었다.
이 책은 진화에 대한 확신의 책으로 이를 증명하고자 하는 의도에서 저작
되었는데 그 주 내용은 바빙크가 말하는 대로 개인 건축 양식에 의해 중간
생물을 세련되게 끼워 놓는 작업이다. 그리고 거기에 쉬운 연결논리가 동반
된다. 저자는 이 책의 서문에서 이렇게 말한다. "내가 이 책에서 소개할 새
로운 증거들은 진화가 생명 다양성의 밑바탕이라는 주장에 대해 '한치의
의심도 남지 않도록' 해줄 것이다." (Sean B. Caroll, *한치의 의심도 없는
진화이야기* (Making the fittest: DNA and the Ultimate Forersic Record
of Evolution), 김명주 역 (고양: 지호, 2008), 12-13)

126) *PR*. 109.

127) *PR*. 108.

우리는 본 장을 시작하면서 신과 세계, 그리고 인간이라는 이 세 가지 요소가 서로 어떤 관계를 구성하느냐에 따라 세계관과 인생관이 형성된다고 하였다. 자연과 인간만으로 세계관을 형성하고자 할 때 우리는 만물의 원리로서의 일원론적 사고에 빠지고 이 세상에서 인간의 우월성을 확보할 수 없다. 그러나 본 장을 통해 우리는 신으로부터 세계와 인간이 창조되었다는 것과 이 창조 속에서 인간이 신과 세계와의 관계를 확립할 때 비로서 자연을 신 안에서 통합적으로 이해할 수 있음을 알게 되었다. 이 통합의 개념 속에서 인간은 자신의 위치를 발견하고 그리스도를 만나며 비로서 원래의 존재의미를 발견하고 문화 창달의 활동을 할 수 있음을 알 수 있게 된다.

제7 절 인격적인 하나님과 계시의 필연성

이제 바빙크는 본 장의 결론에 이른다. 그는 인간 실존의 문제를 물으며 여기에 계시의 문제가 어떻게 적용되는지를 말한다. 그는 인간이 세계를 유기적으로 파악하고 하나님과 인간과 자연의 통일성을 확립하였지만 이런 통일성에 반대하여 나오는 한 가지 문제가 있다고 하였다. 그는 그것은 다름 아닌 죄와 고통이라고 말한다. 왜냐하면 죄와 고통은 통합이 아니라 분리를 의미하기 때문이다. 그러면 계시와 자연 속에서 이 불행의 문제를 어떻게 이해해야 할까? 이때 그는 계시의 필연성에 대해 말한다.

1. 인간의 실존과 하나님의 노여움

거대한 불가사의한 고통은 자연 전체에 깔려 있다. 살펴보면 고뇌가 모든 생물의 기본적인 특징이라는 것을 알 수 있다. 하나의 통합체를 이루고 있는 자연 속에 무법과 혼돈이 자리 잡고 있는데 바로 허무와 죽음이 모든 만물 위에 나타난다. 앞에서 살펴본 바대로 이 거대한 자연에서 우리가 인격적이고 전능한 하나님을 가정한다면 인류의 이러한 고통은 하나님의 노여움이요 인간은 그 아래서 괴로워하고 있고 멸망하고 있는 것의 다름 아니다.128)

기독교는 이런 인간의 고통과 고뇌, 그리고 하나님의 진노가 바로 인간이 하나님 앞에서 범죄함으로 말미암은 것이라고 한다. 이렇게 죄로 인한 혼돈과 무법의 세계가 어떻게 하나님의 지혜와 선함과 전능과 화해될 수 있겠는가? 철학과 신학은 모두 이러한 문제를 해결하려고 여러 가지로 시도해 왔다. 인간의 죄와 죽음의 문제를 타락후선택설로 주창하는 사람들은 하나님의 공의로부터 죽음을 포함한 이 모든 고통을 추론해냈다.129) 하나님의 공의가 아니면 죄와 죽음이라는 현상을 설명할 수 없기 때문이다.130)

2. 죄를 드러내는 계시

---

128) 바빙크는 **고난**(suffering)과 **죽음**(death)에 대해서 그의 *개혁교의학*(*RD*) III, 176 이하에서 자세히 말하고 있다. 그는 죄책과 오염, 고난이 죄의 형벌로 온 것이라고 하였다. 인간은 죄로 말미암아 참된 지식과 의와 거룩, 그리고 통치권과 영광도 상실하게 되었다. 죄로 인해 본래 동물 세계를 다스리도록 주어졌던 통치권을 원칙적으로 박탈당했다고 했다. 지상에서 사람이 겪는 모든 고난, 급작스런 극단적인 죽음, 기근, 흑사병, 전쟁, 패배, 자식 없음, 재화의 박탈, 곤궁, 흉년, 가축의 죽음 등의 원인이 다 죄에 근원을 두고 있다고 한다. 그는 죄가 없이는 고난도 없다고 하였으며, 심지어 이성이 없는 피조물들의 고통 조차 인간의 죄로 말미암은 것이요 다 썩어질 것과 허무한 것에 굴복한다고 하였다.(롬 8:22) 헤겔은 이런 고난과 죽음의 문제도 그의 철학을 따라 합리적인 것이었으나 셸링은 이 이성적인 것, 무질서와 어두움, 혼란이 만물의 기초가 되어 있다고 생각하고 세계의 과정을 고난의 길로 인정했다.(*RD* III, 176-177)

129) 인간의 타락이 신적인 작정 속에 어떻게 포함되었는가에 따라 **타락전 선택설**(supralapsarianism)과 **타락후 선택설**((infralapsarianism)로 나뉘는데 이는 개혁주의 신앙에서 예정의 문제와 아주 밀접한 관계가 있는 것으로(이에 대해서는 Berkhop의 *조직신학*(상), 320 이후 잘 설명되어 있다.) 바빙크의 경우 이것이다 저것이다 말하지 않고 계시철학 본문에서는 중립적인 표현을 쓰며 타락후 선택설을 취하는 자들의 입장에 대해 말한 것이다.

130) *PR.* 110.

문제는 인간이 어떻게 자신이 죄인인 줄 깨닫고 하나님 앞에 나가 속죄하느냐는 것이다. 세계의 불행은 너무 크고 다양하여 어떤 단일 원인에서부터 설명되거나 단일 공식 아래 포함시키기 어려운 것이 사실이다. 이러한 예는 "오늘날 누가 샌프란시스코의 지진을[131] 기계적인 사건이 아닌 신의 행위로 생각하는가?"라는 데서 발견된다.[132] 이러한 문제는 인간과 자연 사이의 문제가 아니라 인간 자신의 마음 가운데 존재와 당위 사이에 있다. 사람들은 이런 고통을 단순히 기계론적으로만 이해하는 데서 그치지 않고 신의 행위로도 생각한다는 것이다. 이런 사건은 인간에게 있어서 단순히 물리적인 자연에 속한 것이기보다는 오히려 근본적으로 윤리적인 것이다. 인간이 아무리 문화 획득을 풍부하게 누린다 할지라도 이러한 사건들을 볼 때 인간 마음 속의 불안감, 양심의 소리를 잠잠하게 할 수는 없다. 이때 인간에게 다가온 계시는 인간으로 하여금 이에 대해 저항하고 반역하도록 자극하는 것이 아니라, 인간 자신의 생활 가운데 있는 죄를 그의 의식 속에 드러낸다.(But revelation does not incite man to resistance and rebellion, but lays bare to his consciousness the guilt in his own life)[133] 그리고 계시는 인간 스스로 자신이 천박하다는 것을 깨닫게 하며 인간에게 말한다. "그대는 누구인가, 오 하나님을 거스르는 인간이여!"[134]

  하나님은 자연의 경이로운 질서와 법칙으로 인간에게 자신을 계시하시고, 또한 자연 속에 만물이 허무한데 굴복하는 고통을 통해 인간에게 또 다른 계시를 보이시고 이를 통해 인간 내면에 숨겨진 깊은

---

131) 1906년 4월 18일 리히터 규모 8.3의 강진으로 샌프란시스코에서 발생한 지진을 말한다. 지하 단층 중 약 450km가 최대 6m까지 어긋난 강진으로 최소 3,000명 이상이 사망했고 당시 가치 1억 달라에 해당하는 피해가 있었다. 그리고 화재로 인해 샌프란시스코 구 시가지의 2/3가 다 타버렸다.(나무위키)
132) *PR.* 110.
133) *PR.* 111.
134) *PR.* 111.

계시철학의 이해

죄의식을 드러내신다. 그리고 자연 속의 재앙, 혹은 인간으로 인한 재앙을 통해 인간 내면 깊은 곳에 숨겨 있던 죄인으로서의 실존의 두려움과 죄의식을 드러내신다. 이러한 것은 '너희도 만일 회개하지 아니하면 다 이와 같이 망하리라'(눅13:3)는 성경의 말씀에서 더욱 명백하게 나타난다.135)

이렇게 보면 바빙크의 말대로 자연은 그 자체가 계시이고 인간을 향한 하나님의 계시로 가득 찬 것을 알 수 있다. 자연은 인간의 죄를 드러내고 하나님은 이 자연을 통해 인간을 자신에게로 부르시고 초청하신다.

3. 세계를 구원하시는 하나님

계시는 이렇게 인간을 죄의식 속에 처하게 하고 그의 죄를 경고하면서도 동시에 인간을 굴욕으로부터 일으켜 세워준다. 계시는 말씀을 통해, 모든 불행에도 불구하고 세계를 구원하려는 하나님의 뜻을 알게 하며, 성령을 통해서 인간이 믿음의 인내를 할 수 있도록 해준다.136) 이로서 인간은 나약해도 모든 고통을 참을 수 있게 되며, 시련 속에서도 하나님께 영광을 돌리고 하나님과 더불어 이 세계를 이길 수 있는 것이다. 만일 하나님이 우리 편을 든다면 과연 누가 우리를 대항할 수 있겠는가? 137) 이 하나님만이 인간을 온전히 구원하시는 은혜의 주가

---

135) 이는 누가복음 13:1-5에 나오는 대로 사람들은 재앙을 죄와 연결시켜 생각하였고, 또 예수님은 '너희도 만일 회개하지 아니하면 다 이와 같이 망하리라'고 경고하셨다. 이를 볼 때 재앙은 죄에 대한 하나님의 심판과 연결될 수 있음을 알 수 있다. 그리고 욥기에서 나온 대로 욥이 겪는 처절한 고난을 보고 그의 친구들이 이 모든 것이 죄 때문이라며 욥의 죄를 추궁하는 내용은 재앙과 죄를 인과응보적으로 판단하는 것이 사람들의 생각에 일반화되어 있는 것을 알 수 있다. 물론 인간이 겪는 모든 불행이나 재앙이 다 죄 때문에 생기는 것이라고 보는 데에는 문제가 있지만(요 9:3-5) 자연 재앙(기근, 병충해), 전쟁 등이 구약에서 하나님의 심판으로 해석되는 경우도 많이 있다.
136) *PR* 111.
137) *PR*, 112.

되신다.

이렇게 바빙크는 계시로부터 오는 죄 사함과 하나님의 자녀로서 누리게 될 승리에 대한 확신 속에서 로마서 8:31-39에[138] 나오는 사도 바울의 승리의 찬가를 부르고 있다. 그러므로 인간이 자연 속에 나타나는 하나님의 계시를 알고 성경 속에 나타나는 특별계시를 알 때 인간은 내면의 죄를 이기고 하나님의 계시로 가득한 자연을 정복하고 다스리는 존재로 환원된다.

제8 절 정리

'계시와 철학'에 이어 '계시와 자연'에서도 줄기차게 등장하는 진화론과 유물론과의 논쟁은 사실 계시철학의 주요 목표이기도 하다.

그러나 진화론과 창조론 논쟁은 바빙크 당시 때만 있었던 것이 아니요 오늘날에도 과학이 발달하면서 이 둘 사이의 논쟁은 더 격렬해졌다. 우리 시대에 진화론과 창조론 논쟁은 리차드 도킨스와 알리스터 맥그라스 사이의 논쟁으로 더욱 격렬해졌다.

또한 오늘날은 자연과학 분야에서도 과학의 눈부신 발전 덕에 예전

---

138) 로마서 8:31-39 "그런즉 이 일에 대하여 우리가 무슨 말 하리요 만일 하나님이 우리를 위하시면 누가 우리를 대적하리요 자기 아들을 아끼지 아니하시고 우리 모든 사람을 위하여 내주신 이가 어찌 그 아들과 함께 모든 것을 우리에게 주시지 아니하겠느냐 누가 능히 하나님께서 택하신 자들을 고발하리요 의롭다 하신 이는 하나님이시니 누가 정죄하리요 죽으실 뿐 아니라 다시 살아나신 이는 그리스도 예수시니 그는 하나님 우편에 계신 자요 우리를 위하여 간구하시는 자시니라 누가 우리를 그리스도의 사랑에서 끊으리요 환난이나 곤고나 박해나 기근이나 적신이나 위험이나 칼이랴 기록된 바 우리가 종일 주를 위하여 죽임을 당하게 되며 도살 당할 양 같이 여김을 받았나이다 함과 같으니라 그러나 이 모든 일에 우리를 사랑하시는 이로 말미암아 우리가 넉넉히 이기느니라 내가 확신하노니 사망이나 생명이나 천사들이나 권세자들이나 현재 일이나 장래 일이나 능력이나 높음이나 깊음이나 다른 어떤 피조물이라도 우리를 우리 주 그리스도 예수 안에 있는 하나님의 사랑에서 끊을 수 없으리라"

계시철학의 이해

에 상상하지도 못한 발전을 이루었고 위대한 발견도 많이 이루어졌다. 물리 천문학의 발달 역시 그러하다.

그래서 본 연구에서는 바빙크의 주장과 논리를 검토해 나감에 있어서 바빙크 시대 이후 새롭게 등장한 현대물리학과 도킨스와 맥그라스의 논쟁을 피해갈 수 없었다. 그래서 바빙크가 일원론과 진화론, 그리고 창조론 사이에 기독교 변증을 해나갈 때 자연히 이들의 주장을 인용하게 되었다. 그런데 지금부터 100년 전의 자연과학에 대한 바빙크의 유신론적 관점은 오늘날의 현대 과학에 기초해 보아도 흔들림이 없었다. 그만큼 그의 주장은 시대를 꿰뚫는 통찰을 지니고 있었던 것이다. 이것이 그의 계시철학의 가치이다. 이런 점에서 그의 전개 논리는 탁월하다. 여기서 그의 계시에 기초한 사유는 힘을 얻는다.

이상의 내용에서 우리는 다음과 같이 본 장의 내용을 정리해 볼 수 있다.

첫째, 인간이 궁극적인 진리에 도달하지 못하는 것은 계시를 배제하면서 사유하기 때문이다. 인간이 하나님은 모든 사람에게 계시로 말을 거신다는 사실을 모르고 부정하면 진화론은 자연을 설명하기 위한 가장 적합한 작업가설이 되지만 그것은 자연이 지닌 긍극의 신비에 대해 아무 말도 해주지 못한다.

둘째, 인간은 형이상학적인 존재라는 것이다. 인간은 자연에 대해 만족할만한 설명을 얻지 못할 때 자연 뒤에 무엇이 있는지 이를 알고자 형이상학적으로, 종교적으로 접근하며 신을 만나고자 종교를 찾는다. 결국 만물의 이해와 설명을 위해 인간에게는 창조주 하나님이 필요하다.

셋째, 하나님은 전능하시나 인격적인 창조주시라는 것이다. 자연 속에 있는 수많은 다양성과 이와 동시에 존재하는 통합성이 이를 말해준다. 무엇보다도 인간이 인격적인 존재로서 인격적인 신을 갈구하는 것은 당연한 일이고 이 점에서 창조주 하나님이 이러한 인간을 인격적으로 만나시는 것은 자명한 일이다.

넷째, 바빙크는 '계시와 자연'의 문제를 다루면서 결국에는 이를 구원론적으로 이해하고 있음을 알 수 있다. 다시 말해 계시는 구원론적이다. 그는 자연 속에 모든 피조물이 겪는 고통과 고뇌를 통해 창조주의 진노로 생각하며 인간은 하나님 앞에서 죄인이며 그런만큼 구원이 필요한 존재임을 말하였다. 결국 계시는 하나님의 영광을 드러내기 위한 것임과 동시에 또한 그 계시에는 인간을 구원하기 위한 하나님의 목적이 담겨있다.

바빙크의 구원론적인 견해는 피조물의 구원은 하나님으로부터 온다는 것, 다시 말해 하나님의 일방적인 은혜로 이루어진다는 것이다. 바빙크의 이런 구원론에는 알미니우스적인 요소도 없고 카톨릭의 이원론적인 자연, 은총의 구별도 없다. 구원은 자신의 피조물을 불쌍히 여기시는 하나님의 일방적 은혜의 행위인 것이다. 우리는 여기서 바빙크의 개혁주의적 구원관을 찾아보게 된다.

다섯째, 바빙크는 자연과학의 일원론이나 진화론과 싸울 때 합리성을 기초로 싸우지 않았다. 다시 말해 바빙크는 일원론이나 진화론은 결코 자연을 설명해주지 못하고 오직 계시를 통해 자연을 이해할 수 있음을 말한 것이다. 자연과학이 '자연이란 무엇인가?'를 주제로 연구할 때 한계에 부딪치면서 "신이란 어떤 존재인가?"라는 질문으로 나갈 수밖에 없음을 말했다. 인간은 자연(진화론)으로 설명될 수 없고 계시와 창조주 하나님으로 설명될 수밖에 없다는 것이었다. 이로써 바빙크는 신, 자연, 인간을 통합하여 유신론적인 관점에서만 자연을 이해할 수 있다고 한 것이다.

결국 바빙크가 '계시와 자연'에서 보여주는 것은 인간이 궁극적인 진리에 도달하지 못하고 있는 것은 신을 제외시킨 잘못된 전제에 의하여 사고하기 때문임을 말한 것이다. 자연의 문제를 인간 사유에 기초해서만 알고자 할 때, 다시 말해 인간의 문제를 과학적 사고로만 풀고자 할 때, 인간은 결국 '만물의 근원은 무엇인가' 하는 과거와 똑같은 철학적 질문을 던지며 자신의 사유의 한계 속에서 똑같은 말을 반복해나갈 수밖에 없다는 것이다.

그러나 인간이 자연 속에서 계시를 발견할 수 있는 한, 인간은 자연

을 긍정적으로 바라보며 그 안에서 자신의 실존의 한계를 너머 희망 속
에서 하나님을 향한 동경의 발걸음을 내디뎌 나갈 수 있다. 왜냐하면
하나님은 자연을 통해 구원과 희망의 메시지를 전하며 이것이 성경의
계시와 만날 때 이 모든 자연의 창조자인 하나님과 인간의 만남이 비로
서 이루어지기 때문이다.

제8 장 계시와 역사

철학과 자연에 관한 연구에 이어 바빙크는 이제 '계시와 역사'에 관해 강의한다. 역사는 철학이나 문학 등과 함께 인문학 분야의 주요 학문으로서 인간 자체의 사상의 흐름을 연구한다. 이는 경험과 실험을 통해 이루어지는 자연과학과 달리 실험이 불가능한 학문으로 전적으로 인간의 사유를 중심으로 이루어지는 학문 분야이다. 이런 자연과학과 인문학은 서로를 보완하며 세계와 인간에 관한 이해의 통일성을 확보하고자 부단한 노력을 가한다. 그런 만큼 인문학으로서의 역사는 세계와 인간 이해에 중요한 비중을 차지한다고 여겨 지성인들의 끊임없는 연구와 관심의 대상이 되어 왔다. 그래서 바빙크도 계시와 제 학문을 논함에 있어서 먼저 철학을, 그리고 자연에 이어 역사를 다룬다.

바빙크는 '계시와 역사'를 강의함에 있어서 먼저 계시의 필수 불가결성과 그 중요성은 자연에서 보다 역사 속에서 더욱 고차원적이고 풍부하게 나타난다고 한다.[1] 그런데 문제는 우리가 이 역사의 영역에 발을 들여 놓자마자 우리는 역사가들의 흥미로운 논쟁에 빠져버린다

---

[1] *PR*, 113. 우리가 이미 앞에서 살펴보았듯이 인간 자율의 상징같이 나타나는 이성 중심의 계몽주의 사상은 이신론을 배경으로 이제 하나님은 자신의 창조 세계에 관여하지 않으시며 더 이상 역사 속에서 자신을 계시하지도 활동하지도 않으신다고 생각하였다. 이들에 의하면 하나님은 인간의 역사 속에 내재하지도 않고 인간의 삶의 주권자도 아니고 섭리자도 아니시다. 그러나 성경은 하나님은 지금도 역사 가운데 일하시고 간섭하신다고 말한다. 볼테르는 '역사는 인간의 그림자'라고 하여 인간이 역사의 주체인 것처럼 말했지만 성경은 역사의 주체로서의 하나님을 말해주고 있다. 그래서 하나님은 인간과 대화하기 위해 역사 속에서 자신을 계시하신다. 하나님은 역사에 개입하고 통치하신다. 그래서 바빙크는 역사를 깊이 살펴볼 때 그 안에서 하나님의 계시가 고차원적으로, 그리고 풍성하게 나타난다는 것이다. 역사 속에 나타나는 하나님의 계시를 읽을 줄 아는 영적 통찰력은 역사 이해에 가장 중요한 요소가 된다고 볼 수 있다.(이상규, "역사의 배후에 계시는 하나님의 손길", *목회와 신학*, 2004년 9월호, 67-69)

고 말한다.2) 이러한 논쟁은 사실 이런 역사가들의 역사 판단이나 해석에는 소위 '인간'이란 요소와 '관점'이란 요소가 내포되어 있기 때문인데3) 이것이 서로 다른 만큼 동일한 사건을 두고도 역사가들의 해석은 늘 상이하다.4) 특별히 역사가는 자신의 독특한 역사철학을 형성하면서 역사의 전 과정을 사변적으로 논하며 역사의 비밀을 단번에 벗겨내고자 시도한다.5)

이러한 역사철학의 문제와 이에 따른 역사 해석의 혼돈과 충돌의 문제에 대해서 카알 뢰빗트는 그의 책 *역사의 의미*(*The Meaning in History*)에서 역사를 보는 눈을 크게 두 가지로 분류하였다. 그는 오늘의 현대인의 역사관이 혼미 속에 있는 이유는 한 눈은 '이성의 눈으로', 다른 눈으로는 '신앙의 눈'으로 보기 때문이라고 하였다.6)

그런데 이러한 카알 뢰빗트의 역사를 보는 '이성'과 '신앙'이라는 두 눈은 본 계시철학의 연구 내용과 일맥상통하는 면이 있다. 이는 계시철학이 인간 자율에 기초한 인본적인 시각을 갖느냐, 아니면 계시를 기초해 신율적으로 판단하느냐의 문제를 다루고 있기 때문이다. 실제 바빙크는 '계시와 역사' 부분에서 인본적인 역사 방법론과 이에 대한 비판을 제기하면서 올바른 역사 해석을 위한 계시의 필요성을 말한다.

---

2) *PR*, 113.
3) E.H.카(Carr), *역사란 무엇인가*, 서정일 역(서울: 열음사, 1992), 12.
4) 역사가들이 논쟁에 빠지는 이유는 다양하다. 그 중에서도 사료의 문제와 역사가의 문제가 늘 주된 비평의 대상이 되는데 이는 그 사료가 과연 진실된 사료인지 아닌지, 기록된 역사 서술이 역사가의 개인 사상이나 편견에 얼마나 영향을 받았는지는 늘 검토 대상이 되기 때문이다. 또한 똑같은 역사적 사실을 두고 한 세대와 다음 세대의 관점이 다르다. 역사가 개인의 관심과 그 시대의 관심이 다르기 때문에 역사는 또 다르게 비판되고 이것은 다시 다른 시대, 또 다른 역사가의 비평거리가 된다.(Bebbington, 8 ~.)
5) W.H. Walsh, *역사철학* (An Introduction of Philosophy of History), 김정선 역 (서울: 서광사, 1989), 16.
6) Karl Lowith, *역사의 의미* (*The Meaning in history*), 이석우 역 (서울: 탐구당, 1990), 3.

제1 절 자율에 기초한 역사 이해의 한계

진화론은 자연과학에서만 적용되는 것이 아니라 '계시와 철학' 강의에서도 등장했듯이 역사 이해에서도 등장한다. 바빙크의 계시철학의 '계시와 역사'를 이은 후속 강의에서도[7] 진화론은 매번 등장하며 많은 쟁점을 불러일으킨다. 이러한 다윈의 진화론적 사고는 발전의 개념이 있는 어느 곳에서든지 쉽게 적용되어 그것은 과학뿐 아니라 인문학에서도 매우 유용한 작업가설이 되었다. 이에 바빙크는 이러한 자율적 사고에 기초한 역사 이해를 열거하며 이에 대한 한계를 지적하면서 이를 역사와 계시의 관계로 풀어나간다.

1. 자연과학적 방법에 의한 이해

바빙크에 의하면 역사가들은 지난 세기의 모든 것은 자연과학의 귀납법적 적용을 통해 연구할 수 있다는 역사 인식을 가지고 있다고 한다.[8] 이에 대해 바빙크는 정말 역사가 자연과학으로 환원될 수 있는

---

7) 여기에는 '계시와 종교', '계시와 기독교', '계시와 종교체험', '계시와 문화', '계시와 미래'가 있다.

8) 18세기에는 뉴턴(Newton)의 새 물리학적 방법론을 따라서 경험의 내용을 조사하고 연구하여 얻은 것을 원리로 혹은 연구의 안내로 삼아가게 되었다. 즉 추상적인 선험이나 가설을 학문의 출발점으로 삼거나 원리의 연구로 삼지 않았다. 이때는 새로운 과학적 방법론적 질서가 18세기의 모든 사상과 학문의 방법의 특징을 이루고 있었기 때문이다.(이장식, *기독교 사관의 역사* (서울: 대학기독교서회, 1992), 221.) 이는 화란의 도예베르트의 말에서도 확인 된다. 이런 자연과학적인 사고방식, 곧 수학적 자연과학적 사유는 데카르트 때부터 발달해 온 것으로 이는 기계적 세계관과 함께 이성조차도 그 안에서 기계적으로 작동하는 것으로 생각하게 되었다. 이는 **라이프니치**(1646-1716)가 미적분을 발견하면서 우연의 경우도 수학적으로 분석할 수 있다고 하므로 수학을 우상화시키기까지 발전하였다. 그러나 이는 후에 **칸트**(1724~1804)의 실천이성 비판에서 초감각적 윤리 의식이 등장하여 자연과 신앙이 분리되면서 비로서 비판되었다.(Dooyeweerd, *서양 사상의 황혼에서*, 58-63)

가, 역사가 자연과학과 같은 기계적인 과정을 통해 진행되는가에9) 대해 의구심을 표시한다. 그리고 이에 대한 반론을 제기하기에 앞서 바빙크는 먼저 역사 속의 사건들의 근본적인 원인이 무엇인가에 대한 역사가들의 이해를 열거한다.

첫째는 기후, 토양, 음식, 인류 지리학 등이 역사를 움직인다고 이해하는 부류가 있고10) 둘째, 종족이 역사 사건의 원인이라며 민속학에서 그 해결 방안을 찾는 방법,11) 셋째, 심리학과 사회 환경 속에서 원인을 찾기도 하고12) 넷째, 고도의 질서를 가진 유기체들에 의해 생물학적 법칙을 따라 생존경쟁 속에서 역사가 발전해 가고 완성된다는 주장이 있다.13) 다섯째, 모든 것을 계급투쟁의 관점에서 이해하고자 하고,14) 그리고 끝으로 사회심리학적 방법(social -psychological), 다시 말해 민족혼 속에 기반을 가지는 문화 역사적 방법으로15) 역사를 이해하기도 한다고 했다.16)

바빙크는 이상의 여섯 가지 역사의 요인들에 대해 말하면서 각 경우에 대해 그에 해당하는 실제적인 역사가나 사상가들의 이름을 들었는데 이는 실제 그렇게 생각하는 사람들이 많았다는 것을 보여주고자 한 것이다. 이 외에도 역사를 움직이는 요인에 대해 여러 가지로 말할 수 있을 것이다.

예를 들자면 파스칼이 말한 대로 클레오파트라의 코가 조금만 낮았어도 세계의 역사는 달라졌을 것이라는 식의 생각이 그러하다. 최근에 재러드 다이아몬드는 *총, 균, 쇠(Guns, Germs and Steels)*라는 책을17) 통해 지리적 조건이 지난 13,000년 동안 전 세계인의 역사에

---

9) *PR*, 113.
10) 벅클(Buckle), 드 그리프(de Greef), 몽게올(Mongeolle)
11) 테인(Taine), 고비뇨(Gobineau), 챔버린(H.St. chamberlain
12) 르봉(LeBong), 타르드(Tarde), 보름스(Rene Worms), 라젠호퍼(Ratzenhofer), 시겔러(Sighele)
13) 홉스(Hobes), 루소(Rousseau), 꽁트(Comte), 스펜서(Spencer) 등
14) 마르크스(Marx), 엥겔스(Engels), 카우츠키(Kautsky)
15) 헴프레흐트(Karl Lamprecht)
16) *PR*, 114.

미친 영향을 밝히고자 하였다.18) 그는 이 책에서 역사에 영향을 미치는 다양한 요인에 대해 말하면서 특별히 유럽인들이 다른 민족을 죽이거나 정복할 수 있는 직접적인 요인으로서 유럽의 총기와 전염병, 철기 등을 나열하였다.19) 그리고 이것이 인류 역사에 미친 영향에 대해 살펴보고 있다. 이것 역시 재러드 다이아몬드의 역사에 대한 나름의 과학적 분석이다. 그는 역사를 과학적으로 분석할 수 있고 이해할 수 있다는 주장을 하였다.20)

그러나 이에 대한 바빙크의 반론은 자연과학적인 방법이든 사회과학적인 방법이든 적어도 역사는 이런 과학적인 방법으로 실험하고 조사할 수 있는 것이 아니라는 것이다. 왜냐하면 역사는 실험할 수 있는 조사 대상을 가지고 있지 않다는 점에서 물리학 등의 과학과 다르기 때문이다.21) 그리고 이상과 같은 방법으로 역사를 이해한다고 해도 그것은 여전히 부분적인 이해와 설명을 할 수밖에 없다고 한다. 역사 이해는 통합적이어야 하는데 위에서 열거한 6가지 방법만을 가지고 이해하려고 해도 이를 과학적으로 연결해 통합적 구성을 하는 것 자체가 이미 인간 능력의 한계를 넘는다고 하였다.22)

---

17) **재러드 다이아몬드**(Jared Diamond)는 케임브리지대학에서 생리학 박사 학위를 취득하고 현재는 UCLA교수로 재직 중이다. 그는 생리학자로 시작해 조류학, 진화생물학, 생물지리학으로 자신의 영역을 넓혀 왔으며 진화생물학과 인류학에 대해 방대한 지식을 바탕으로 많은 글을 썼다. 그의 저서 *제 3의 침팬지*(*The third Chimpanzee*)와 함께 *총, 균, 쇠*가 유명한데 특히 *총, 균,쇠*는 1998년 퓰리처상을 수상하였다.(Jared Diamond, *총, 균, 쇠* (*Guns, Germs and Steels*), 김진준 역 (서울: 문학사사상, 2007), 표지글)

18) Diamond, Jared, *총,균,쇠*(*Guns, Germs and Steels*),김진준 역(서울: 문학사사상, 2007), 44.

19) Ibid, 31.

20) 그는 그의 책 *총, 균, 쇠* 의 에필로그의 제목 '과학으로서의 인류사의 미래'에서 "나는 인간 사회에 대한 역사적 연구도 공룡에 대한 연구에 못지 않게 과학적일 수 있음을, 그리고 그것은 어떤 일들이 현대 세계를 형성했고 또 어떤 일들이 우리의 미래를 형성하게 될 것인지를 가르쳐줌으로써 오늘날의 우리 사회에 보탬이 될 것을 낙관하고 있다."라고 말하고 있다.(Ibid, 592.)

21) *PR*, 114.

계시철학의 이해

이는 과학자들이 동식물의 관한 연구만으로 지구를 이해할 수 없고 하늘의 해와 달과 별들, 그리고 그 움직임만으로 우주를 이해할 수 없는 것과도 같은 것이다. 자연과학은 세상을 이해하기 위한 통일장 이론을 구축하고자 한다는 것을 앞의 '자연과 계시'에서 언급한 바 있는데, 역사를 온전히 이해하기 위해 과학적으로 구축할 수 있는 통일 이론이나 법칙 역시 불가능하다는 것이다.

2. 개인적 신앙 요소에 의한 이해

바빙크는 이렇게 역사를 자연과학적인 방법으로 이해할 수 없다고 주장하면서 역사 연구는 개인적인 신앙 요소에 의해 시작되어야 한다고 주장한다. 우리가 공정한 관찰자는 아니지만 기독교나 종교개혁, 프랑스 혁명을 판단하는 데 있어서 우리의 확신과 마음과 감동들은 중요한 역할을 한다는 것이다. 이는 역사 속의 사건들은 우리가 가진 자기 관심과 흥미를 바탕으로23) 비평되고 또 묘사되고 있기 때문이라는 것이다. 예를 들자면, 그리스도의 신성을 믿는 자와 그것을 부인하는 자가 모두 신구약 성경의 내용을 동일하게 판단할 수 없다.24) 또한 개신교인들이 생각하는 종교개혁을 로마 카톨릭에서 결코 기대할 수 없다. 이렇게 역사 연구에 있어서 개개인이 가지는 있는 개성이나

---

22) 역사에 영향을 주는 것으로 위의 여섯 가지를 말하지만 각각의 경우에도 그 안에서의 셀 수 없이 존재하는 다양함을 인간은 다 이해할 수 없고, 또한 이러한 것 여섯 가지가 한데 어우러져 움직여 나가는 것에 대한 이해도 인간에게는 불가능하다. 또한 역사 속에는 역사가가 알아차리지 못하는 역사적 사건이 있을 수 있고, 또 안다고 해도 이해되지 않는 많은 일들(과학, 전쟁, 정치, 문화, 경제 등의 다양성)이 있어 인간은 사실상 역사를 통합적으로 이해할 수 없어 역사는 불가해하다는 것이 바빙크의 주장이다. 그러나 이 말은 역사 탐구가 의미 없다는 말이 결코 아니다.

23) 이에 대해서는 뒤에 다시 언급되겠지만 역사는 모든 것을 다룰 수 없을 뿐만 아니라 모든 것을 다루지도 않는다. 왜냐하면 역사는 결국 역사가가 가지고 있는 관심과 흥미를 바탕으로 다루어지기 때문이다. 역사가는 자기가 가지고 있는 보편적, 윤리적 가치를 기준으로 사료를 선택한다.(*PR*, 128)

24) *PR*, 115.

사상은 자연과학에서보다 훨씬 강하게 느껴진다.25)

이 방법의 문제는 우리가 역사를 편협한 자기 주관성에 가두고 이를 기초해 이해하게 될 위험이 있다는 것이다.26) 여기서 바빙크는 그러면 우리가 역사를 이 주관성으로부터 어떻게 구출해27) 객관적이고 정확하게 만들 수 있겠느냐는 질문을 던진다. 바빙크는 역사는 개인의 이데올로기적 선입관에 의해 해석되어서는 안 된다고 주장하면서 그 예로 헤겔의 역사관의 문제를 들었다.28) 헤겔의 역사관은 한때 인기

---

25) *PR*, 115.

26) 이는 역사가 개인이 가지고 있는 배타적 철학이나 세계관의 문제를 지적한 것이다. 역사 해석에 있어서 인간과 관점이 다양하므로 역사 해석의 객관성을 확보하는데 어려움이 있다는 것에 대해서는 이미 앞에서 지적한 바 있다. 사료의 진위와 정확도, 그리고 역사가 개인이 안고 있는 문제점으로 인해 역사는 실제 과거와 정확히 일치 할 수 없다는 것이다.(Bebbington, 16) 베빙톤은 역사가의 개인 이해에 따라서도 역사 기록이 얼마나 달라질 수 있는가에 대해 다음을 예로 들었다. 레키(W.E. Lecky)는 아일랜드의 독립을 지지하는 그의 정치적 관심을 따라 아일랜드의 독립운동에 동원된 의용군의 수가 1861년 처음에는 8만이라고 기록하였는데 1871년에 그의 이 기록은 6만으로, 그리고 1903년에는 4만명으로 줄여 기록하였다. 이는 그가 1886년 이후 영국과 아일랜드의 병합을 주장하는 열렬한 옹호자가 되었기 때문이라는 것이다.(Bebbington,13)

27) *PR*, 115.

28) **헤겔과 튀빙겐 학파**가 이데오로기적인 역사관을 제시했는데 이는 역사 취급에 선입관을 개입시키는 것이다. [예를 들어 헤겔의 말대로 역사를 움직이는 절대정신이 있어 모든 것이 정반합이라는 과정을 통해] 진화한다는 주장과 또한 인과율을 따라 역사는 진보적 발전(progressive development)을 한다는 주장들이 그것이다.(*PR*, 117) 이는 철학이나 이데오로기에 역사를 끌어와 맞추어 해석하는 것으로 소위 편견의 역사 이해를 가져오게 된다는 것이다. 이에 대해 바빙크는 이런 선입관을 앞세우기 보다는 사실들의 발전과정에서 그것들을 조정했던 법칙들을 그 사실로부터 배워야 한다고 주장하였다.(*PR*, 116)

  * **튀빙겐 학파**(Tubingen school) 18~19세기 독일 튀빙겐대학 교수들로 구성된 학파. 카톨릭적 구 튀빙겐 학파와 프로테스탄트적 신 튀빙겐 학파로 구분된다. 구 튀빙겐 학파를 창시한 G.C. 스토르와 그의 제자들은 근대 계몽사상을 신학에 도입하였고, 역사적 방법과 사변적 방법을 유기적으로 통합시켜 신학의 독특한 방법론을 개발하였다. 또한 합리주의와 경건주의의 영향을 받아 신앙의 개인적 내면성을 강조하였다. 이 견해는 헤겔,

가 있었지만 세계 항해를 통한 지리상의 발견과 인간의 연구를 통해 새로운 지식과 법칙들이 많이 발견되면서[29] 헤겔의 이데오로기적 역사관은 퇴조하고 이제 자연과학적인 방법에 기초한 역사가 등장하게 되었다고 하였다.[30] 이때 사실들의 발전 과정에서 그것들을 조정하는 법칙이 어떤 것인지 자연 탐구를 통해 일원론과 진화론에 기초한 역사 이해가 등장하였다. 이에 바빙크는 일원론과 진화론에 기초한 현대 역사 원리와 그 이해 방법을 비판한다.[31]

3. 일원론과 진화론적 역사 이해

현대 역사학이 일원론과 진화론에서 그 발달의 원리를 찾고자 하는데 바빙크는 이 '발달'의 개념 자체가 과학의 시장에서 사용되는 '시장 우상'과도[32] 같은 용어임을 지적하면서 이 '발달'이라는 말의 적

셸링 등이 튀빙겐대학 신학연구소에서 연구할 무렵에는 거의 지배적 학설로 자리잡았다. 그 뒤 1830년 대에 **신 튀빙겐 학파**(청년튀빙겐학파)가 나타났다. 창시자 F.C. 바우어와 그 추종자들은 신약성경에 기록된 원시 그리스도교에 대한 당시의 공인된 해석에 반대하고, 원시 그리스도교의 역사를 변증법적으로 해석하였다. 또한 신약성경의 4복음서 사이에 있는 상호 모순된 부분을 찾아내고 많은 그리스도교 문헌에 있는 오류를 지적하였다. [바우어는 마태복음은 유대-기독교적 문서이므로 최초의 복음서이고(正), 바울의 기독교는 로마서, 고린도전후서, 갈라디어서에 표현되었고(反), 나머지(마가복음, 요한복음, 누가복음, 사도행전, 히브리서, 나머지 바울 서신)은 AD 150년경의 종합적 관점을 반영한다고 보았다(合). 바우어가 신학에 적용한 역사적 방법론은 E. 젤러, A. 시베글러 등에 의하여 계승, 발전되었다.(파란사전)

29) 이전에는 역사적인 지식이 몇몇 나라와 민족들에게 국한되어 있었지만 이제는 모든 민족들에게 널리 확장되었으며 모세보다 훨씬 이전 과거 시대까지 거슬러 올라가게 되었다. 자연히 처음에 혼돈 속에 널려 있던 지식과 수많은 자료들에 대한 연구를 통해 각종 법칙을 발견하면서 역사 이해가 달라진 것이다.(*PR*, 116.)

30) *PR*, 116.

31) *PR*, 117.

32) **베이컨**(F. Bacon)이 인간이 올바른 지식을 획득하기 위해서 버려야 한다고 한 우상으로서 여기서 우상이란, 정확한 사고(思考)를 방해하는 일

용이 부적절함을 지적한다. 예를 들어 '발달'이라는 말이 민족이나 인류에게 적용될 때 무엇이 발달의 주체인가. 이 발달의 시작은 어디인가, 즉 발달의 배(胚)와 태아는 무엇인가에 대해 묻게 되는데[33] 그렇다면 도대체 민족이나 인류가 발달했다면 그 시작점에는 무엇이 있었느냐는 것이다.[34] 이 경우 발달이라는 말은 과연 적절히 선택된 것인가, 그것이 옳은 것인가를 생각해보지 않을 수 없게 된다.

그래서 바빙크는 모든 것은 하나에서 시작하여 발전했다는 일원론적 사고방식은 이 세상 유기체 사이에 존재하는 생물학적, 정신적, 윤리적 차이를 간과하고 있다고 지적한다. 모든 것이 일원론적으로 발달했다면 어째서 개체 간의 이런 차이가 존재하는지에 대해 설명이 되지 않고 있다는 것이다.[35]

그는 민족이나 인류 그 자체는 발달하지 않았음을 말하고자 벅클과 드브리스의 주장을 인용한다. 벅클에 의하면 문명국가의 아이들이 야만국가의 아이들을 능가하는 것은 아니라고 한다. 즉 문명국가의 아이들이 보다 더 나은 환경에 있을 수 있으나 아이들이 가지고 있는 그 능력 자체가 야만국가의 아이들보다 더 나은 것은 아니라는 것이다.

종의 편견(偏見)이라는 뜻으로 볼 수 있다. 베이컨은 그의 저서 *노붐 오르가눔*(*Novum Organum*)에서 인간이 버려야 할 편견을 '종족(種族)의 우상', '동굴(洞窟)의 우상', '시장(市場)의 우상', '극장(劇場)의 우상' 등의 우상으로 구분하였다. **'종족의 우상'**이란 모든 인간의 종족에게 공통된 편견을 말한다. 인간은 자신의 감각이 실재(實在)에 대한 직접적이고 진실된 지식을 제공한다고 생각하나 실제로 우리의 판단은 우리가 믿기 원하는 것을 믿으려는 공통된 경향이 있다는 것이다. **'동굴의 우상'**은 각 개인의 특유한 편견으로 자신이 배운 것을 자신의 특수한 성향이나 자신이 좋아하는 이론의 입장에서 해석하려는 경향을 뜻한다. **'시장의 우상'**은 사회적 단체와 언어에 의해서 생기는 편견으로, 마치 시장에서처럼 의사소통이 잘못되고 있는 경향을 말한다. **'극장의 우상'**은 여러 종류의 철학의 독단에 의해서 생기는 편견으로, 철학은 연극과 마찬가지로 하나의 허구(虛構)이며, 우주를 사실 그대로 보여주지는 못한다는 것이다. (네이버 지식사전)

33) *PR*, 117.
34) *PR*, 117.
35) *PR*, 118.

계시철학의 이해

그러면서 그는 평균적으로 볼 때 오늘날의 문화수준이 고대 그리이스, 로마, 바벨론, 앗시리아인들 보다 더 위대하지는 않다는 것이다. 종교 나 예술에 있어서도 더 진보한 것이 없다고 한다. 그리고 드 브리스 에[36] 의하면 개인 간의 특성들은 항상 예전과 같이 균형을 이루고 있 다고 한다.[37] 여기서 바빙크가 말하고자 하는 것은 어느 시대, 어느 장소를 막론하고 인간의 차이는 없다는 것이다.

경험은 유전적 전승이 이루어지지 않는다는 것과[38] 식물이나 동물, 인간들은 일정한 방향으로 계속 변화하려는 경향이 사실 없다고 한 다.[39] 그래서 인류문화에서 나중 세대가 이전 세대의 문화, 기술, 과 학을 물려 받는다고 해서 이것을 두고 인류가 진화한다고 말하지는 않는다.[40] 이는 후 세대가 전 세대가 이룩하여 넘겨준 문화, 기술 환

---

36) 드 브리스(Hugo de Vries, 1848-1935) 네덜란드의 식물학자·유전학자. 식물생리학에서는 호흡작용·팽압·원형질 분리 등을 주로 연구하였고, 유전 학에서는 식물의 잡종에 관한 연구를 하여 유전현상에 대해서 세포 내 팡 겐설(Pangenesis)을 제창하였다. 나아가 멘델 법칙의 재발견과 돌연변이 설을 제창하여, 그 후의 유전학과 진화론에 영향을 끼쳤다. 그는 '원형질 분리'라는 학술어를 만들었다.(네이버 백과사전)

37) PR, 118.

38) 이렇게 경험이 유전자를 통해 전승된다는 주장은 바빙크 당시 때뿐만 아 니라 현대 생물학에서도 주장되고 있다. 그 대표적인 예가 바로 리차드 도 킨스인데 그는 그의 책 '이기적 유전자'에서 정상적인 유전자 사이에서 기생하는 문화 바이러스 밈(meme)을 말하면서 이를 사실상의 문화유전자 로 다루고 있다. 그는 인간이 문화적으로 경험하는 것들이 밈을 통해 후대 에 전달된다고 주장하였다.(Richard Dawkins, 이기적 유전자(The Selfish Gene), 홍영남 역(서울:을유문화사, 2006), 330 ~.) 그러나 알리스터 맥 그라스는 도킨스의 이러한 '밈' 유전자는 실제 생물학적으로 발견된 적이 없다고 말하며 '밈'은 도킨스 자신의 '보편적 다윈주의' 사상을 기초로 나온 자기의 주장을 관철하기 위한 조작적 언어임을 지적하고 있다. 그리 고 맥그라스는 인류학자들은 인류문화의 발전에서 '밈'은 근거 없는 개념 이라고 주장하였음과 과학공동체가 그것은 아주 특이하고 주변부에나 잘 어울리는 [하급]개념으로 취급한다는 사실을 언급하고 있다.(Alister E. McGrath, 도킨스의 망상 만들어진 신이 외면한 진리 (Dawkins Delusion?), 전성민 역 (서울: 살림, 2007), 112-123.)

39) PR, 118.

40) PR, 119.

경 속에서 자연스럽게 살아가며 또 그러한 것을 학습하기 때문에 그러한 것들이 유지되고 발전되는 것이지 이것이 생물학적 유전자 속에 담겨 전달되는 것이 아니라는 것이다. 누가 어느 문명에서 태어나든 그가 그 문화를 누리려면 감각 훈련을 받아야 하고 읽고 쓰고 셈하는 법을 처음부터 배워야 하고 그 문화를 소유하기 위해 일해야 하기 때문이다.41)

그리고 바빙크는 역사 속의 발명과 발전은 한 개인이 지니는 독특성에 의해서 이루어지며,42) 그리고 문화는 그 구성원이 배우고자 하면 진보하기도 하고 배우지 않고 낭비하고자 하면 퇴보하는 것은 엄연한 사실이라고 한다.43)

그러니까 바빙크가 여기서 말하고자 하는 바는 역사는 일원론으로나 진화론으로 이해될 수 없다는 것이다. 바빙크는 역사는 이런 식으로 하나의 일반적인 공식을 가지고 그 원인을 설명할 수 없으며 다만 인류 생활의 다채로움과 복잡한 그 무엇으로 얽혀있음을 보여줄 뿐이라고 주장하고 있다.44)

바빙크에 의하면 렘프레흐트는45) 민족정신 속에서 역사를 이해하려고 했다. 그러나 바빙크는 민족정신 자체가 복잡한 것으로 그것이 어디서 시작되었는지, 어떻게 형성되었는지 알 수 없고 그 민족이 지닌 정신을 그렇게 단순하게 설명할 수 있는 것이 아니라며 그를 비판하

---

41) *PR*, 120.

42) *PR*, 120.

43) *PR*, 120. 이어 바빙크는 이러한 문화는 전쟁이나 재난을 통해 파괴되고 전멸될 수 있으며 또 민족과 민족의 전쟁에서 항상 문화 민족만이 승리하는 것도 아니라고 말하며 그 예로서 프랑크족과 게르만 족의 역사가 이를 가르쳐준다고 하였다.(*PR*, 121)

44) *PR*, 121.

45) **카를 람프레히트**(Karl Gottfried Lamprecht, 1856~1915) 역사가. 경제사 연구에 획기적인 영향을 끼쳤고 인간생활의 기본요인을 심리 속에서 발견했으며 역사의 대상을 정치, 경제, 사회, 문화의 광범위한 분야로 확대하여 통일적, 법칙적으로 파악하려 했다. 법칙과학으로서의 역사학의 수립을 주장하여 독일 사학계에 유명한 '문화사 논쟁'을 유발시켰다.(네이버 백과사전)

였다.46) 왜냐하면 민족정신을 생각하다 보면 이와 관련된 기후, 토양, 식량 등 우리는 다시 민족정신과 관계된 것들이 끝없이 다양하게 (infinite diversity) 펼쳐져 있다는 것을47) 알게 되어 이에 대해 통일된 어떤 이론이나 법칙을 발견할 수 없기 때문이라고 하였다.48)

이어 바빙크는 우리가 한 시대의 일정 기간 동안 이런저런 특징을 들어 주저함 없이 그 기간을 고대와 중세, 현대의 역사 및 종교개혁과 계몽주의의 시대를 말하고 있지만 한 시대에 대해서도 우리가 총체성을 가지고 이해할 수 없다고 주장한다.49)

예를 들어 종교개혁 시대는 르네상스 시대, 철학과 자연과학이 부흥한 시대, 세계 교통과 무역이 발생한 시대로 이 모든 것 속에서 종교개혁에 대해 말한다는 것은 쉬운 일이 아니라는 것이다. 우리가 무엇으로 종교개혁 시대에 대해 설명할 수 있는가? 또 18세기의 계몽주의 시대에는 경건주의, 모라비안주의, 감리교가 활동한 시대다. 이때는 자연과학, 상업, 교통의 증가, 무정부, 민주주의, 이성, 신비주의, 민족의식이 혼재해 있었는데 이 중 어떤 것이 18세기의 현실을 제대로 말하고 있느냐는 것이다.50)

또한 역사는 진화가설에 따라 이해할 수 없다. 랑케의51) 말대로 모든 후속적인 기간이 선행하는 기간보다 더 위에 있는 것은 아니며 헤겔의 체계가 말하는 대로 시간 상의 앞선 기간이 전적으로 후속적인 기간을 위해 예비적인 것도 아니다. 역사 속에 존재하는 그 무엇은 개별적이고 독립적, 독자적인 것이다. 역사 속의 개인도 각자의 방식으

---

46) *PR,* 121.
47) 바빙크는 민족정신에 대해 "자연의 경우보다 훨씬 높은 정도로 우리는 역사 속에서 그것의 본질과 상호 관계를 완전히 모르고 있으며, 한마디로 우리는 이해할 수 없는 작용의 합성물에 서 있다"고 하였다.(*PR,* 121.)
48) *PR,* 122.
49) *PR,* 122.
50) *PR,* 123.
51) **레오폴트 폰 랑케**(Leopold von Ranke, 1795~1886) 독일의 역사가. 역사 서술 시 원사료에 충실하면서 사실을 객관적으로 기술하였다. 역사학의 독자적인 연구 시야를 개척했다는 점에서 '근대 역사학의 아버지'라 불린다.(네이버 백과사전)

제8 장 계시와 역사

로 각 시대 속에 존재하고 있는 것이다.52)

그래서 역사 속에는 역사를 이해할 수 있는 법칙이 없다는 것이다.53) 다시 말해 역사의 질서와 목적을 이런 식으로는 도저히 생각해낼 수 없다고 본다.54) 있다면 우리는 역사 속에 어떤 리듬이 있다고 할 수 있겠는데 이 이상의 것을 역사 속에서 얻어낼 수 없다는 것이다.55) 역사 속에 어떤 요소도 – 가령 개인이나 위인, 민족도 – 역사 이해의 통로가 되지 못한다.

이상에서 본 바와 같이 우리가 역사의 심판자로 설 수 없는 것은56) 우리가 개인이나 사건에 대해 중립적인 태도를 취할 수도 없을 뿐 아니라, 또한 역사를 이해할 수 있는 어떤 분명한 기준이나 과학적 법칙을 가지고도 있지 않기 때문이다. 그렇다면 우리가 어떻게 의미 있고 방향성 있는 역사 이해를 시도할 수 있겠는가? 57) 그렇다고 해서 우리가 역사에 대한 이해를 포기할 수도 없는데, 그러면 우리는 역사에 대한 해답을 어디서 추구해나갈 것인가? 역사의 대답 없이 인류는 살아갈 수 있는가?

---

52) *PR*, 124.
53) *PR*, 125.
54) 어떤 학자들은 역사 속의 개인 자신이 각자 독립된 행동의 근거가 된다는 점을 강조하며 '역사는 혼돈이다' 하는 역사관을 갖기도 한다. 이는 인간의 본성은 연약하고 그 결정은 예측할 수 없다는 것을 전제한다. 따라서 역사적 사건 속에서 인간은 지혜롭다가 우둔하게 되기도 하고, 악하기도 하다가 덕으로 아무 체계나 일관성 없이 우왕좌왕한다며 인간은 이러한 혼돈주의에 입각해 역사를 이해한다는 것이다.(Roy Swanstrom, *역사란 무엇인가* (*History in making*), 홍치모 역 (서울: 성광문화사, 1982), 73)
55) *PR*, 126.
56) 우리가 역사의 심판자가 될 수 없는 것은 우리가 심판을 위한 기준을 가지고 있지 않다는 뜻이다. 바빙크에 의하면 우리는 역사에 대한 방관자이면서도 동시에 '심판자'로서 개인과 사건들을 면밀하게 감시하고 있는데 적용 기준이 어디에 있는지, 있다면 그것을 어떻게 적용할 수 있는지 그것을 모른다는 것이다.(*PR*, 126.)
57) *PR*, 126.

계시철학의 이해

4. 역사철학에 의한 이해

바빙크는 여기서 결국 역사는 역사과학 이상으로 역사철학으로 끌어 올려져 이해하고자 시도하게 되었다고 한다. 역사에 대해 우리가 무엇인가를 묻고 있는데 이것을 과학적으로 대답할 수 없다면 이제 그 대답을 형이상학에서 찾고자 하는 것은 당연한 것이 아니라고 할 수 없다.58) 그래서 역사과학은 역사철학으로 끌어올려지는 것이다. 왜냐하면 역사의 원인과 목적, 본질과 발달은 형이상학 없이는 이해할 수 없기 때문이다.59)

보편적 법칙을 찾는 자연과학적인 방법으로 역사를 이해하려는 시도는 불가능한 것이지만 역사과학은 자연과학과는 달리 역사 속에서 '특수한 것'을 찾고 다룬다.60) 우리가 알지만 역사는 모든 것을 다루지 않는다. 역사가는 자기가 가지고 있는 윤리학이라는 보편적 가치를 기준으로 사료를 선택한다. 그래서 윤리학은 '역사과학의 인식론'이다. 그리고 역사가는 과학이 제공하는 '가치'들의 체계를 따라 역사의 사실들을 추리고 정돈하고 평가한다.61)

바빙크는 이런 점에서 역사는 그 목적과 내용면에 있어서 자연과학과 다르다는 것이다.62) 역사과학은 '문화과학'이 되고 또한 자연과학과 반대된다는 점에서 오히려 '정신과학'에 해당된다고 한다.63) 그래

---

58) 인간의 형이상학에 대한 욕구는 본 서 3장 '일반은총론'에서 다루었다. 인간이 형이상학적인 욕구를 분출할 수밖에 없는 것은 바로 일반계시가 있기 때문이라고 하였다.
59) *PR*, 127.
60) *PR*, 128.
61) *PR*, 128.
62) 자연을 지배하려는 충동에서 생긴 수학적 과학-이상은 경험의 역사적 측면을 향하는 다른 철학적 사유 유형으로 바뀌었다. 이리하여 시간 세계에 대한 역사주의적 관점이 생긴다. 이 역사주의적 관점은 우리 경험의 다른 모든 것을 역사적 측면으로 환원한다. 새로운 역사적 사유 양태는, 수학적 기계론적 과학-이상에서 생긴 합리주의적 개인주의적 사유 방식과 양극으로 대립한다. (Dooyeweerd, *서양 사상의 황혼에 서서*, 49)
63) 역사는 인간의 정신적인 기능과 능력에 관심을 가지고 연구되기 때문에

267

서 바빙크는 역사는 변증법적인 방법으로 자기 발전하는 자연 과정과
는 다른 그 이상의 어떤 것으로, 인간의 의식과 의지와 목적에서 독립
해 있으며, 전체로서 활동하는 어떤 힘의 필연적인 산물이라고 한
다.64)

　그렇다고 역사가 특수한 것에만 몰두하는 것이 아니다.65) 역사가는
숲은 보지 못하고 나무만 봐서는 안되며, 건물이 아닌 벽돌만 봐서도
안 된다.66) 그래서 바빙크는 트뢸치의67) 말을 인용해 역사 속의 '사
소한 일'은 목적으로서가 아니라 수단으로 이용되어야 한다고 했
다.68) 역사는 사소한 일의 의미를 경시하지 않으면서도 문화과학이요

　자연과학과는 방법이 다르다는 점에서 이렇게 '정신과학'이라는 명칭을
　갖는다.(*PR*, 129)
64) *PR*, 129.
65) *PR*, 129.
66) 이는 역사인식 이론에 해당하는 것으로는 역사가는 일반적인 상황 속에
　서 개별적인 것을 볼 수 있어야 하고 개별적인 것(das Individuelle)에 담
　긴 일반적인 것(das Allegemeine)과의 연관성을 동시에 볼 수 있어야 한
　다는 것이다. 여기서 개별적인 것에는 역사적 인물이나 사건, 혹은 특정한
　민족, 국가가 있고 이것을 조금 더 확대하여 특정한 역사적 시대와 문화
　등이 여기에 해당한다. 일반적인 것은 그 당시의 인간 생활의 일반 상황이
　나 물리적 조건들로서 언제, 어디서나 비슷한 형식 또는 경향성을 지니고
　나타나는 것을 말한다. 19세기 역사학은 특수한 것을 서술할 때 일반적인
　것에 대한 인식과 해명을 동시에 하면서 균형을 잡아가고자 하였는데 (이
　상신, 역사학 개론(서울: 신서원, 2005.), 221~3.) 이런 점에서 바빙크는
　19세기 역사학의 흐름을 잘 이해하고 있다고 볼 수 있다.
67) **트뢸치** (Ernst Troeltsch, 1865~1923) 독일의 프로테스탄트 신학자, 철
　학, 종교역사학자. **역사주의**(歷史主義, Historismus)의 이론의 기초를 놓
　았는데, 이는 모든 사상(事象)을 역사적 생성 과정으로 보고 그 가치 및
　진리도 역사의 발전 과정에서 나타난다고 주장한다. 그의 역사주의는 개
　체성(個體性)과 발전이라는 두 가지 개념으로 이루어져 있는데, 양자는
　서로 직접 관련되어 있으며, 개체성은 발전에 의해서만 나타나고, 발전은
　개체의 자발성에 입각해 있다고 하였다. 역사주의는 인간생활에 있어서 최
　고의 규범(規範)을 도덕률 속에서 찾는다.(네이버 백과사전)
68) *PR*, 131. 바빙크는 여기서 역사주의 사상가인 트뢸취의 말을 인용하기는
　하지만 바빙크의 역사관은 역사주의가 아니다. 그는 역사 속의 사상, 사건
　들을 역사의 결과물로 보지 않고 역사 배후에 있는 보이지 않는 어떤 힘
　의 필연적 산물(*PR*, 129) 혹은 신의 섭리의 결과로 믿는다는 점에서 역

정신과학으로서 역사의 이념과 의미에 대한 인식을 지향해야 한다. 왜냐하면 우리는 역사를 봄에 있어서 '그대로의 사실'(bare facts)에 만족하지 않고 그 배후에 있는 이념들을 보기 원하기 때문이다.69)

이런 점에서 바빙크는 역사의 본질은 '가치 실현'에 있다고 한다. 그런데 문제는 역사 속에서 '무엇이 가치인가'하는 문제에 부딪쳐 역사가가 재판관과 같이 가치 판단을 해야 할 때70) 그는 이미 앞에서 언급한 바와 같이 객관적일 수 있는가? 역사 속의 모든 것은 분명히 상대적이다. 그러나 역사가들의 이런 평가들 속에서 나온 역사는 서로 비교되며 여기서 삶의 규범과 이상, 내용을 밝히기를 견지한다.71)

트뢸치가 말한 대로 역사가 모든 것을 상대적인 것으로 만들고 특수한 것과 개별적인 것에만 몰두하고 보편적인 적용 기준을 발견할 수 없다면, 그것은 사실들과 개인들을 평가할 수 있는 규범들과 이상들을 우리에게 제공하기란 불가능함에 틀림없다.72) 역사 속에는 자기 희생이라는 숭고한 행동뿐 아니라 죄도 발생한다. 죄와 덕은 하나의 소산물이다.

이런 가운데 역사가 삶의 이상들과 규범들을 실현할 수 있다고 기대한다면, 그것은 역사가 '끝없는 변형의 연극'(a play of endless variants)이 아니요, 어떤 주도적인 이념과 신의 섭리에 의해 활기 있게 움직여 가며 하나의 전체를 이루게 된다는 가정이 있을 때나 가능한 것이다.73)

역사 내에서 개인들과 사실들을 비교하는 일은, 역사가가 처음부터

사주의와 다르다.(*PR*, 132) 트뢸취의 역사주의는 모든 것은 하나님의 뜻과 목적에 따라 생성, 발전, 소멸한다는 목적론적 이해와 유사하다.
69) *PR*, 131.
70) *PR*, 131.
71) *PR*, 132.
72) *PR*, 132.
73) *PR*, 132. 이 말은 삶의 이상이나 규범이 실현되기 위해서는 역사가 끝없이 많은 변형들이 등장해 이루어지는 혼란스러운 연극무대와 같아서는 안 되고, 하나의 전체를 이루어 줄 수 있는 어떤 주도적인 이념이나 일정한 신의 섭리가 있을 때나 가능하다는 것이다.

재판관이며 다른 곳에서 얻은 판단 기준을 그의 과제로 삼을 때에만 가능하다. 문제는 우리가 역사를 올바로 평가할 수 있는 보편타당한 가치에 대한 측정 기준을 발견해낼 수 있는가 하는 것이다.[74]

사회 전체가 행복해야 한다는 공리주의적인 것이 측정 기준이 되어야 하는가? 그러면 진리와 덕은 유용성에 종속되어야 하는가? 역사 속에는 모든 것을 위한 확정된 가치가 있는가? 그것이 문화가치인가? 역사적 사실들과 인물들을 판단할 수 있는 기준은 어디서 발견될 수 있는가? 이러한 것들을 역사 자체는 제시하지 않는다. 이런 것은 역사의 현상계 속에서 발견되지 않는다.[75]

역사가 진정한 역사가 되고, 보편타당한 가치를 실현하려면 우리는 철학이나 우리의 인생관, 세계관(즉 신앙)으로부터 확신을 빌려 올 수 밖에 없다.[76] 형이상학이 없는 물리학이 없듯이 철학과 종교와 윤리학이 없는 역사란 없는 것이다.[77] 그러나 여기서의 문제는 철학이나 윤리학이 여전히 최종적인 것에 대한 대답을 주지 못한다는 것이다.

그러면 세계의 본질은 무엇인가? 우리가 역사를 판단하며 자유, 진리, 선, 미의 이념들을 끌어오는데 이런 것이 도대체 무엇을 근거로 생긴 것인가? 이러한 것들이 본질적으로 존재하는 것들인가?[78]

바로 여기서 인간 사유의 한계가 나타난다. 이는 인간이 철저히 이성에 입각하여 역사를 분석하고 나름대로의 법칙과 가치를 창출하려고 하지만 여전히 그 본질에 대해 이해를 가져올 수 없는 것이다. 그래서 인간의 이성이 영원의 세계를 투시하지 못한다면 역사는 무의미한 것이 되어버리고 만다.[79]

그런데 이성은 한계적이다. 인간이 자신의 운명을 주관할 수 있다거나 또 진보를 보증할 수 있다는 식의 근대적인 관점은 인간의 이성과

---

74) *PR*, 133.
75) *PR*, 133.
76) *PR*, 133.
77) *PR*, 134.
78) *PR*, 134-135.
79) 이는 역사주의가 가지고 있는 한계요 그 결과로 나타나는 회의론이다.

자유를 지나치게 강조한 것이다. 이런 점에서 인간의 역사를 이끄는 가장 중요한 요인을 바로 계시로 보는 것이다. 하나님은 역사를 지배하고 계시기 때문이다.80)

그래서 도예베르트는 계시인 하나님의 말씀에 의지하여 살지 않는 사람들은 영적인 거세 상태에 희생물이 되기 십상이라며 이런 사람들은 절대 진리의 신념을 잃어버린 극단적 상대주의에 굴복한다며 인간이 빠지는 극단적 역사주의의 폐해를 지적하였다.81) 이에 바빙크는 계시 의존적 역사 이해에 관해 말하기 시작한다. 이것은 역사를 들여다볼 수 있는 '계시'라는 창문에 관한 것이다.

제2 절 계시 의존적인 역사 이해

바빙크는 이에 대해 먼저 이렇게 선언한다. 신적인 지혜와 권세에

---

80) PR, 135. 이는 일반적인 기독교 사상으로서 **니버**(Reinhold Niebuhr)의 주장이기도 하다. 그러나 니버에게 있어서 계시적인 역사의 의미는 모호한 면이 있다고 비판 받는다. 그는 창조를 사건보다는 상징으로 해석하므로 역사의 출발점을 무시하고 있다. 그는 역사를 단선적인 것보다는 일원적인 것으로 보고 종말을 역사의 마지막 때에 오는 사건으로 보지 않고 모든 역사적 순간을 변형시킬 수 있는 영생의 안내 표시 같은 것으로 보고 있다.(Bebbington, 211-212) 이렇게 니버의 역사 속에서의 계시가 일반적인 기독교 속의 계시와 구별되지만 그가 의미 있는 역사의 이해와 해석을 위해 계시 개념을 도입한 것은 초월적인 존재로서의 인간 실존의 반영이라고 볼 수 있다.

81) **극단적 역사주의**는 우리의 모든 과학적, 철학적, 윤리적, 미적, 정치적, 종교적 기준과 개념들을 개별 문화나 문명에 속한 정신의 표현으로 간주한다. 인간은 자신의 세계와 삶을 영원을 내다보는 창문이 없는 역사적 관점으로만 본다. 그래서 사람은 역사에 전적으로 갇혀 있으며 초역사적 사색 수준으로 높아질 수 없다. 결국 모든 것은 상대적이 되고 역사는 인간 실존의 목적이 된다. 이때 역사는 운명을 헤어나올 수 없는 숙명에 의해 지배된다. 도예베르트는 오스왈드 쉬펭글러의 서양의 몰락(The Decline of the West)의 내용을 빌어 이러한 극단적 역사주의의 결과로 인해 서양 문화가 기울게 되었다고 하였다.(Dooyeweerd, 서양 사상의 황혼에 서서, 56-57)

대한 신앙이 없이는, 그리고 종교가 없이는 역사는 있을 수 없다. 우리는 왜 역사를 보면서 선, 정의, 지혜에 대해 말하는가? 이런 것들은 어디서 오는가? 여기서 바빙크는 이러한 속성들은 신의 속성으로서 여기서 인간은 역사는 신이 주도하는 것으로 본다고 한다.[82] 무엇보다도 '선'이라든가, '정의', '지혜' 등은 인격적인 속성에서만 나온다는 점에서[83] 역사와 신, 역사와 계시는 역사 이해에 배제할 수 없는 관계임을 말한다.

1. 당위(當爲)로서의 역사 인식

선과 정의와 지혜, 여기에 더하여 사랑과 진리를 말하고 이것을 추구하는 인간은 어디서부터 이러한 추상적이고 형이상학적인 개념들을 가져왔으며 이에 감동을 받고 있는지에 대해 역사는 인간에게 말하지 못한다. 인간도 자신이 왜 역사를 보면서 이러한 것에 대해 말하게 되는지 모른다. 역사 판단과 평가에 대한 이러한 기준을 어디서 가져온 것일까? 그리고 이러한 것이 신의 속성이라면 인간과 신은 어떤 관계에 있는 것이고 인간은 어째서 역사를 보면서 신이 역사를 주도한다고 보는 것일까?

우리는 본 서의 시작점에서 계시철학의 두 가지 전제를 세웠던 것을 기억한다. 그것은 인류 역사 속에서의 경험적 진리로서 인간은 초월적인 존재라는 것이고[84] 다른 하나는 신학적인 전제로 인간은 하나님의 형상을 따라 지어진 존재라는 것이었다.[85] 이 두 가지를 전제로 이제까지 본 서의 논의가 진행되어 왔는데 우리는 인간이 초월적인 존재라는 것을 본 서의 내용과 논리 속에서 진리임을 확인하였다. 그리고 실제 인간이 초월적인 존재라는 전제에서 논의를 풀어나가기도 했다.

---

82) *PR*, 134.
83) *PR*, 135.
84) *PR*, 1.
85) *PR*, 3.

계시철학의 이해

본 장에서 '계시와 역사'를 다룸에 있어서 결정적으로 인간은 하나님의 형상을 따라 지어졌다는 두 번째 전제를 진리로 확인하게 된다. 이는 인간의 역사 인식 속에 나타나는 도덕적 윤리관이 신의 성품을 그대로 반영한다는 데 있다. 그래서 선과 정의와 지혜를 말하는 인간은 본인이 이 사실을 인정하든 안 하든, 혹은 의식하든 못하든, 그러한 속성을 인간에게 부여하신 하나님과 역사 속에서 교류하고 있는 것이다.86) 하나님이 인간과 나눈 이 공유적 속성으로 인해 우리는 역사 속에서 이 모든 것에 대해 가치 판단을 하는 것이다.

그래서 모든 시대의 신학뿐만 아니라 수많은 해석자를 갖고 있는 철학은 한 인격적인 신의 존재를 가정해 왔던 것이다.87) 계몽주의자들은 이신론에 속한 자들이기 때문에 하나님이 인간과 멀리 떨어져 있다고 생각하므로 (이들은 하나님은 없다고 주장하는 것은 아니다.) 하나님과의 교류 자체를 부인하고 있었지만 사실 인간은 역사와 대화하면서88) 역사를 움직이는 신을 생각하고 그 성품을 생각하며 역사를 판단하게 된 것이다. 역사 속에서 하나님은 계시를 통해 자신의 속성을 공유하고 있는 인간과 함께 하며 대화하고 계신 것이다. 그래서 바빙크가 '계시와 역사'를 강의하면서 서두에 "계시의 필수 불가결성과 그 중요성은 자연에서 보다 역사 속에서 더욱 고차원적이고 풍부하게

---

86) 공유적 속성으로는 '영성', 지성에 속하는 속성으로는 '지식', '지혜'가 있고 도덕적 속성으로는 '선', '사랑', '은혜', '긍휼', '오래 참음', 그리고 '거룩'과 '의', 주권적 속성으로는 '의지', '자유', '주권적 능력' 등이 여기에 해당한다.(Berkhof, 259-278) 그러나 하나님이 인간과 공유하고 있는 속성은 이 정도가 아니다, 바빙크는 이 공유적 속성이 일일이 열거할 수 없을 정도로 많다고 하면서 이 공유적 속성의 의미로는 무한히 높으시고 숭고하신 하나님이 그의 모든 피조물 속에 거하시며 그들과 관계하시고 그리고 그의 피조물들이 파생적이며 제한적인 방식으로 소유하고 있는 그 덕목을 하나님이 소유하고 계심을 말해준다는 것이다.(Bavinck, *개혁교의학 개요*, 159)

87) 바빙크는 이러한 예로서 칸트를 말하고 있다.(*PR*, 135)

88) 역사란 '과거와의 대화'라는 말은 E. H. Carr가 이미 말한 바 있다. 그는 '역사란 무엇인가'에서 "이리하여 역사란 역사가와 사실과의 사이의 상호작용의 부단한 과정이며 현재와 과거와의 끊임없는 대화이기도 하다"라고 하였다.(Carr, 38)

나타난다"89)고 한 말은 이런 점에서 통하는 바가 있다.

우리는 역사를 보면서 '당위'(what it is and must be)를 말하는데 이것은 세계 과정 속에서 모든 것을 자신의 계획대로 이루어가는 전지전능한 신의 존재와 활동을 전제하게 된다.90) 우리가 역사의 본질을 파악해나가려고 하면 할수록 우리는 역사가 계시 속에 뿌리내려진 채로, 그리고 계시에 의해 떠받쳐져 더 많은 것을 드러낸다는 것을 알 수 있게 된다.91) 이를 좀 더 하나님 주도적인 표현으로 한다면 역사가 지니고 있는 본질적인 내면적 의미는 하나님이 그것을 계시로 드러내실 때까지는 인간의 시야에 나타나지 않는다는 것인데92) 이를 다시 환언하여 말하면 역사의 본질적 의미는 하나님의 적극적인 계시로서만 파악된다는 것이다.

기독교는 역사를 중시한다. 왜냐하면 세계 역사를 가능하게 만든 것은 성경의 특별계시며 그것 없이는 세계 역사는 파멸해버릴 염려가 있기 때문이다.93) 기독교에서 역사가 중요하다는 것은 이런 점에서

---

89) *PR*, 113.
90) *PR* 135. 바빙크의 계시철학이 개혁주의적이라는 것은 이러한 그의 서술에서 잘 나타나고 있다. 이것은 웨스트민스터신앙고백 (5.1)의 하나님의 섭리에 대한 고백과 일치한다. "만물의 위대한 창조자이신 하나님께서는 하나님의 지극한 지혜와 거룩한 섭리로 하나님의 무오한 예지와 자유롭고 변치 않는 하나님의 의지와 목적에 모든 피조물과 그 행동과 일체의 것들을 지극히 큰 것에서부터 지극히 작은 것에 이르기까지 모두 보존하시고, 감독하시며, 처분하시고, 통치하시어, 하나님의 영광스러운 지혜와 권능과 공의, 그리고 선하심과 자비를 찬양하게 하신다." (*개혁주의 신앙고백*, 대학생성경읽기선교회)
91) *PR*, 135.
92) 이에 대해 좀더 부연해 설명하자면 역사 속의 사건들 자체가 그 의미를 드러내주는 것이 아니므로 우리는 신앙으로, 즉 하나님이 원하는 시간에 그 사건의 의미를 드러내 주실 것이라는 점을 받아들여야 한다는 것이다.(Swanstrom, 74-75.)
93) 기독교에서의 구약의 역사는 하나님은 역사를 통해 계시하고 역사를 주관하시는 분이심을 실례로 증거해 준다. 그리고 그리스도가 강림하심으로 복음이 만민에게 전파되면서 이제는 세계사 속에 하나님의 계시가 본격적으로 나타나기 시작하였다. 하나님은 인간의 철학 속에 자신을 계시하시며, 자연 속에도 자신을 계시하시고, 동시에 역사 속에서 자신을 계시하신

보편적으로 인정을 받은 셈이 된다94)

계시가 없으면 역사가 파멸할 것이라는 바빙크의 말은 '계시와 역사' 연구에 있어서 계시와 역사와의 관계를 말하는데 결정적이라고 할 수 있을 것이다. 초월적인 존재로서 인간은 신을 찾고, 만물 속에 나타난 하나님의 계시를 통해 하나님의 영원하신 능력과 신성을 생각한다. 그리고 특별계시로서의 성경을 통해 구속주 예수 그리스도를 만나면서 인간은 신의 성품에 참여하고 도덕적으로, 윤리적으로, 신앙적으로 자신을 구현해나간다. 그러니 계시가 없었더라면 인간은 고통 속에서 삶의 의미와 목적을 잃고 역사가 함께 파멸했을 것이라는 바빙크의 말은 전적으로 옳은 말이다.

2. 역사의 통일성

바빙크는 앞서 역사 속에는 신이 역사를 자신의 계획대로 이루어가고 있다고 말하며 이런 역사 속에 '당위'가 있다고 하였다. 그리고 그는 역사 자체가 하나님의 계시에 뿌리를 두고 있다고 하였다. 그렇다면 역사는 어디서나 근본에 있어서 동일한 것이라고 말하지 않을 수 없다. 다시 말해 역사의 교훈은 모든 사람들이 계시에 입각해 함께 생각하고 배울 수 있는 것이 된다. 여기서 우리는 역사의 통일성에 관하여 생각해볼 수 있다. 그런데 바빙크는 '신의 통일성', 그리고 '인류의 통일성'으로 이를 설명한다.

가. 신의 통일성(The unity of God)

다. 이 계시를 통해 인간은 가치 판단을 하고 이로 인해 역사는 하나님의 뜻 안에서 억제되고 하나님의 뜻을 나타낸다. 죄와 죽음으로 고통하는 역사 속에서 나타날 그리스도에 대한 소망 속에서, 그리고 이미 나타난 그리스도에 대한 믿음 속에서 역사는 견디고 있으며 다시 오실 그리스도를 향해 나아가고 있다. 그래서 역사 속에는 희망이 있는 것이다.
94) *PR*, 136.

바빙크는 역사의 통일성이란 말은 신의 통일성에95) 대한 고백을 전제로 가능하다고 한다. 그리고 이 고백이야말로 진정한 자연관과 역사관의 토대가 된다고 하였다. 그는 만일 이런 고백 위에 세워진 자연관과 역사관이 없다면 우리는 다양한 정신, 악마들, 실재들에 대해 말없이 종속되어 버리고 말 것이다. 또한 우리는 일원론이 모든 차별을 무시하고 만든 거짓된 통일성을 추구하게 될 것이고 초월적인 존재로서의 우리는 결국 아무런 만족을 얻지 못할 것이다.96) 인간의 영혼도 세계의 일부일 뿐이며 세상 모든 것은 한 물질의 변형에 불과한 것이 된다.97)

　모든 피조물의 통일성은 사물들 자체 속에서 추구되지 않고 초월적으로 (공간적 의미가 아닌 질적이고 본질적인 의미로) 신적인 존재와 그의 지혜, 능력, 의지 속에서 추구될 때만, 전체로서의 세계는 그 모든 피조물 속에서 그 통일성을 확보할 수 있다.98) 인격만이 '차별성

---

95) 여기서의 '신의 통일성'이라는 말은 '신의 단일성'이라고 번역해도 좋을 것이다. 바빙크는 그의 RD에서 이 단일성을 유일성으로 설명하면서 오직 단 하나의 신적 본질만 있으며, 이 본질 때문은 하나님은 하나 이상이 될 수 없고, 그래서 하나님 외의 모든 존재는 오직 하나님으로 말미암았고, 그를 통하여, 그리고 그에 대해 실재한다고 하였다.(All other beings exist only from him, through him, and to him.) 그리고 이 단일성이란 절대적 단일성(absolute oneness), 독특성(uniqueness), 수적 단일성(exclusive numerical oneness)을 의미한다고 하였다.(RD II, 170)

96) 하나님의 통일성에 대한 믿음이 사라질 때 어떤 일이 벌어지는가에 대해서 바빙크는 다음과 같이 말하고 있다. "만일 하나님의 단일성에 대한 우리의 믿음이 약화되고 부인된다면, 그리고 범신론 가운데서 추구한 단일성이 인간의 지성과 마음에 만족을 주지 못한다면, 세계의 단일성과 인간의 단일성, 도덕과 종교, 진리의 단일성은 더 이상 유지되지 못할 것이다. 자연과 역사는 파탄 날 것이고 의식 무의식적으로 다신교적 성향이 나타나고 모든 종류의 미신과 우상이 나타나게 될 것이다"(RD II, 173) 하나님의 단일성에 대한 믿음이 있을 때 비로서 세계를 이 하나님 안에서 통일성 있게 볼 수 있다는 것이 그의 주장이다.

97) PR, 136.

98) 하나님은 자신의 영광을 나타내시기 위해 모든 피조물을 만드셨다. 웨스트민스터신앙고백 (4.1)은 창조에 관해 먼저 이렇게 고백한다. "성부, 성자, 성령 하나님께서는 하나님의 영원하신 권능과 지혜, 선하심을 나타내

속에서 통일성'과 '통일성 속에서 차별성'의 뿌리일 수 있다. 인격적인 신만이 다양한 개념들을 하나의 체계 속에 통일성으로 연결할 수 있다.99) 신은 그의 뜻대로 그 의도한 바를 바깥으로(ad extra) 실현할 수 있다.100)

우리는 세상과 역사 속에 다양한 실제들을 하나로 엮어 나가고자 하는데 이는 오직 인격적인 신이 있을 때만 진정 가능하다. 그래서 바빙크는 유신론만이 진정한 일원론이라(Theism is the only true monism.)고 주장한다.101)

그러므로 역사 속의 헤아릴 수 없을 만큼의 많은 사건들은 다른 사건과 구별된 독특성을 지니고 있어 어떠한 사건도 다시는 똑같이 반복되지 않고 있지만, 이 모든 일들이 하나님이 지으신 세상에서 일어난 일이요, 하나님이 이 세상의 가장 작은 일에서부터 가장 위대한 일 일체를 섭리하신다고 믿는다면 거기서 우리는 어떤 통일성을 필히 발견할 수 있는 것이다. 세상의 어떠한 일도 하나님의 뜻을 벗어나 발생

시기 위하여 태초에 무에서 세상과 그 안에 있는 모든 것을, 그것이 보이는 것이든 보이지 않는 것이든, 6일 동안 창조하기를 기뻐하셨으며, 모든 것은 하나님 보시기에 심히 좋았다." (*개혁주의 신앙고백*, 대학생성경읽기선교회) 그러므로 만물은 하나님의 영광이라는 창조 목적 안에서 통일되어 있다는 것이다.

99) 만물은 한 인격을 지닌 하나님으로부터 창조되었기 때문에 하나님이 지닌 인격성 안에 다양성을 따라 창조되었으며, 한 인격을 지닌 하나님으로부터 창조되었기 때문에 그 창조물이 각각 다르다고 해도 거기에는 하나님의 인격 안에서의 통일성이 있다는 말이다. 이에 대해 바빙크는 그의 *RD*에서 다음과 같이 상세하고 말해주고 있다. "다양성과 통일성의 기반은 하나님이다.(The foundation of both diversity and unity is in God.) 하나님이 무한하신 자신의 지혜로 만물을 창조하셨으며 피조물들의 구별된 본성을 따라 피조물을 계속 보존하시며 이 만물을 능력과 법칙을 따라 인도하고 다스리시며 만물은 자신의 분량과 방식대로 하나님을 최고선과 만물의 궁극적인 목적으로서 추구하고 갈망한다. 바로 여기에 다양성을 파괴하지 않고 오히려 유지하는 통일성이 있으며, 그 통일성을 유지하는 다양성이 존재한다. 이러한 통일성 속에서 세상은 모든 부분들이 서로 연관되고 상호 영향을 끼치는 유기체라고 볼 수 있다."(*RD* II, 436)

100) *PR*, 136.

101) *PR*, 136.

하지 않는다는 것을 믿는다면 우리는 하나님의 단일성 속에서 역사의 통일성을 찾아볼 수 있게 될 것이다.

이런 점에서 만물에 대한 사도 바울의 통찰은 놀랍기만 하다. '이는 만물이 주에게서 나오고 주로 말미암고 주에게로 돌아감이라 그에게 영광이 세세에 있을지어다 아멘.'(For from him and through him and to him are all things. To him be the glory forever! Amen.) (롬 11:36)

나. 인류의 통일성(The unity of humanity)

인류의 통일성은 신의 통일성과 밀접한 관계를 맺고 있다.(to the unity of God the unity of humanity stands very closely related.) 인종에 대한 모든 연구는 진화론적인 측면에서도 '인류는 하나의 통일체를 이루고 있다.(Humanity forms one great unity.)'고 말하며, 또한 인간 본성은 하나의 불변의 것으로 간주되고 있다. 그러나 바빙크는 이에 대해 인간의 통일성은 과학적인 근거에 의한 것이 아니라 계시로부터 끌어낸 것임을 명심해야 한다고 하였다. 바빙크의 이 말은 과학이 아니라 해도 인간은 계시로 말미암아 인간의 통일성을 발견할 수 있다는 것이다.[102] 그는 이것을 역사 이해를 위한 필수불가결한

---

102) 인간의 통일성에 관하여 증거하고자 할 때 우리는 세계 모든 종족들이 공통적으로 가지고 있는 인간적 특성을 말할 수 있을 것이다. 인간의 기본적인 구조가 완전히 똑같다는 것, 해부학적으로도 단일하며 인체의 기능이 똑같다는 것, 그리고 모든 인간은 희로애락의 감정을 가지고 있으며 생노병사의 진리 안에 갇혀 있다는 사실이 이를 말해준다. 인간이 가지고 있는 감정과 지성이 서로 교환되고 이해된다는 것 역시 인간의 통일성을 말해준다고 볼 수 있다. 그래서 바빙크도 '인간 성품도 하나'(human nature also is considered one)라고 말하였다.(PR, 137) 그런데 바빙크는 이런 것 외에 다음과 같은 말을 하면서 인간의 통일성을 말하였다. "현대과학이 진화를 믿는다 할지라도 여전히 인간의 통일성을 가정한다. 그럴 때 현대과학은 가장 중요한 일련의 추론들을 받아들이게 된다. 왜냐하면 인류가 하나라면 인류는 한 조상으로부터 나온 것이며, 그 인류는 특정한 한 장소에서 세계 곳곳으로 퍼졌으며, 처음부터 인류는 공통적으로 지적, 도덕적,

전제(an indispensable pre supposition)라고 분명히 말한다. 왜냐하면 모든 사람들과 모든 민족, 아니 모든 피조물들을 다 포함해 이 모든 것들은 신의 주도적인 사상과 신의 계획 안에 속해 있기 때문이다.103)

이러한 일치가 또 다른 의미에서 역사에 중요하다. 역사 지식은 모든 시공 상의 무대에서 배역을 맡고 있는 사람들이 우리와 비슷한 격정을 갖고 있을 때만 가능하다. 역사가는 그 자신을 상상 속에서 역사적인 인물과 환경, 사상 속에 이입시키면서 비로서 역사를 묘사할 수 있는 것이다. 그래서 바빙크는 인간성과 인간의 통일성은 모든 역사의 전제이며, 우리는 이것을 오직 기독교를 통해 알게 되었다고 하였다.104) 왜냐하면 기독교의 진리가 이것을 말해주기 때문이다.

이렇게 신의 통일성에 대한 고백과 인간의 통일성으로 가능해진 역사의 통일성은 일원론과 완전히 다른 것이다. 일원론은 유전학적 통일성 외에 더 이상 다른 통일성을 알지 못한다. 그것은 비이성적 존재와 이성적 존재와의 차이, 진실과 거짓, 선과 악의 차이에 대해 아무런 대답을 주지 못한다.105) 거기에는 기계적인 상호작용과 어떤 필연적인 힘이 있을 뿐이다.106)

종교적 전통을 지녔으며, 인류의 도덕적 탈선은 최초의 인류 부부의 삶 속에서 시작 된 것이 틀림없다. 왜냐하면 죄가 온 세상에 퍼져 있기 때문이다.(For sin is universal.) (*RD* III, 39) 바빙크의 마지막 이 말은 세상 모든 사람들이 다 똑같은 죄를 범하고 있다는 것이 그들 모두가 같은 조상에게서 나왔다는 것이요 그래서 그 조상으로부터 시작된 죄가 온 세상에 퍼졌다는 것을 의미한다.

103) *PR*, 137.
104) *PR*, 138.
105) 그래서 바빙크는 일원론의 통일성은 생과 그 충만함이 없는 죽어있고 굳어버린 균등한 통일성이라고 비판하였다.(*PR*, 139)
106) *PR*, 139. 바빙크의 이런 지적은 오늘날 철저한 진화론자인 도킨스에게서도 분명히 나타난다. 도킨스가 그의 저작 *이기적 유전자* 안에서 인간이란 이기적 유전자가 형성한 기계적인 존재(생존기계 혹은 로봇)요, 이런 유전자의 본성을 따라 필연적인 힘에 의해 자기 생존과 번식을 위해서만 움직여나갈 뿐이라고 주장한 것이 바로 그것이다. 이에 대한 도킨스의 말은 구체적으로 다음과 같다. "오늘날 자기 복제자는 외부로부터 차단된 로

그러나 바빙크는 계시가 우리에게 알려주는 통일성은 이런 유전학적 통일성과는 다른 종류의 것으로 더 높은 질서에 속한다고 하였다. 그것은 풍요함, 다양성, 변이를 포함한 조화의 통일성이다. 이 예로, 유기체들은 배타적으로 유기체를 형성하지 않고 서로 상호 관련을 맺으면서 하나의 통일성을 이루고 있으며 인간은 이런 모든 것들과 더불어 존재하고 있다. 그래서 역사는 그 안에 많은 요인들이 상호 작용하고 있어 풍성하고 부요하다.107)

이로서 바빙크가 말하고자 하는 바는 일원론 속에서 인간의 개성은 소멸되지만108) 이렇게 계시에 의한 통일성 속에서 역사 속의 인간은 인종, 성격, 성취, 소명 등 많은 면에서 더불어 존재한다는 것이다.109) 하나님의 통일성 아래 하나님의 형상을 따라 지어진 인간의 다양한 활동은 세상을 향한 하나님의 풍성한 뜻이 인간에게 풍성한 계시로 나타나면서 '정복하고 다스리라'(창 1:28)는 문화명령을 따라 다방면에 걸쳐 풍요하게 전개된다. 이로서 하나님의 영원하신 뜻이 담긴 피

봇 속에 안전하게 거대한 집단으로 떼지어 살면서, 복잡한 간접 경로를 통하여 외계와 연락하고 원격 조정기로 외계를 조작하고 있다. 그것들(유전자)은 당신 안에도, 그리고 내 안에도 있다. 또한 그것은 우리의 몸과 마음을 창조했다. 그리고 그것들의 유지야말로 우리가 존재하는 궁극적인 이론적 근거이기도 하다. 자기 복제자는 기나긴 길을 지나 여기까지 걸어왔다. 이제 그것들은 유전자라는 이름으로 계속 나아갈 것이며, 우리는 그것들의 생존기계이다."(Dawkins, *이기적 유전자*, 69) 도킨스는 같은 책 3장 '불면의 코일'에서 '우리는 생존기계다'는 말로 시작해 구체적인 예를 들어가면서 이를 설명해 들어간다.(Dawkins, *이기적 유전자*, 72 ~) 물론 도킨스가 인간만을 그렇게 보는 것이 아니다. 그는 만물이 다 이기적 유전자의 조작 속에서 이기적으로 산다며 이에 대한 많은 예를 들어 이를 주장한다.(Dawkins, *이기적 유전자*, 142 ~) 이렇게 인간을 이기적 유전자를 위한 생존기계로 보는 것에 대해 김균진은 도킨스의 유전자 이해가 신학의 중심 주제 중에 하나인 죄의 개념에 생물학적 현실성을 더해준다고 하였다.(김균진, 107-108) 이는 만물이 죄와 저주 아래 있다는 성경의 진리를 대변한다. 그리고 유전자는 인체 정보일 뿐이지 그 자체가 생명은 아니다.

107) *PR*, 139.
108) *PR*, 139.
109) *PR*, 139.

계시철학의 이해

조물들은110) 서로 배타적이지 않고 하나님의 계시 아래 통일성을 이루며 모두에게 풍요로 나타나고 이것은 또 다른 개성과 풍요함을 산출해 나간다.

3. 역사의 핵심으로서의 그리스도

그러면 역사의 통일성이 인류에게 가져다 주는 희망은 무엇인가? 신의 통일성과 단일성이 확립되고 인류가 통일되어 있다면 이것이 인류에게 가져다 주는 희망도 이제 하나가 될 것이다. 그러면 역사 속에 사는 인간의 하나같은 갈망이 무엇이고 이것은 역사 속에서 어떻게 구현되는 것일까? 바빙크는 이에 대한 해답을 역사의 핵심으로서의 그리스도에게서 찾는다.

가. 영원에 참여하는 인간

이제 바빙크는 역사적인 존재로서, 그리고 영원에 참여하는 인간에 대해 다음과 같이 말하고 있다.

그는 과거 속에 살고 있으며 과거는 그 사람 안에서 살고 있다. 왜냐하면 니체가 말하듯이 인간은 과거를 잊을 수 없기 때문이다. 그는 역시 미래 속에 살고 있으며 미래는 그 사람 안에 살고 있다. 그는 가슴 속에 불멸의 희망을 품고 있기 때문이다. 이리하여 인간은 과거 현재 미래를 연결하는 그 어떤 것을 발견할 수 있다. 그는 역사를 만드는 자인 동시에 역사를 아는 자이다. 그 자신은 역사에 속해 있지만 그는 그것을 넘어서 있다. 그는 시간이 낳은 어린아이지만 영원에 참여하고 있다.111)

이것이 역사적 존재로서의 바빙크의 인간관이다. 바빙크는 인간이 잠시 역사 속에 왔다가 가지만 과거와 현재와 미래를 자기의 가슴 속

---

110) *RD* I, 310.
111) *PR*, 140.

에 품으며 생각하고 행동하며 영원에 참여하는 존재로서 파악하고 있는 것이다.

그런데 놀라운 것은 과거에도 존재하고 현재도 존재하며, 영원한 미래에도 참여하기 원하는 인간을 위해 그리스도는 자신을 '이제도 계시고 전에도 계시고 장차 오실 이'(him who is, and who was, and who is to come)(계 1:4)로서 교회에게 계시하신 것이다. 이러한 그리스도는 역사 속에 자신을 드러내시는 영원한 분이시며 창조주요 구속주요 장차 오실 심판주이시다.112) 이런 점에서 그리스도는 역사 속의 모든 인간들에게 하나님이 주신 선물이요 그리스도로 인하여 그들은 과거와 현재, 그리고 영원한 미래를 누리게 된다.

이로서 잠시 이 땅에 살다가 과거와 현재, 미래라는 시간적 연장선상에서 실존하던 인간은 실로 그리스도를 기다리면서 영원한 세계로의 참여를 꿈꾼다. 그리고 그리스도가 다시 오시는 날 인간은 그리스도와 함께 하나님의 영원에 참여한다. 이는 죄로 인해 하나님과 영원히 단절되어야 할 인간에게는 말로 표현할 수 없는 은혜요 영광이 아닐 수 없다.

나. 다시 오시는 그리스도

그리스도 안에 나타나는 특별계시에서 역사가 나오고 또 나와야 한다는 가정은 사실로 확정될 뿐 아니라, 그 특별계시 자체가 우리에게 모든 역사의 핵심과 진정한 내용을 제공해준다. 기독교 자체가 역사다. 기독교는 역사를 만들어가는 역사의 중요한 요인들 중에 하나다. 기독교는 역사를 자연과 자연의 과정보다도 훨씬 더 높이 끌어올리는 정확한 그 자체이다.113) 바빙크의 이 말은 역사를 섭리하시고 주관하시는 분이 하나님이라는 믿음에서 나온 것이다. 하나님은 인간을 아시

---

112) Dooyeweerd, *서양사상의 황혼에서*, 11-12.
113) *PR*, 140. (영문 참조) "Christianity is itself history; it makes history, is one of the principal factors of history, and is itself precisely what lifts history high above nature and natural processes."

고 그들의 죄악을 징계하시고 또 구원하신다. 그리고 이를 통해 자신의 영광을 드러내신다. 그래서 기독교 자체가 하나님의 목적을 위해 하나님이 섭리하고 이끄시는 역사다. 역사는 하나님을 떠난 인간은 영원한 하나님의 심판의 대상으로서 무서운 저주와 심판의 위기에 처해 있음을 보여준다.

그런데 그리스도는 이 위기 때문에 이 땅에 오셨다.114) 그래서 그리스도의 죽으심과 부활을 믿고 고백하는 교회는 구원받으며 또한 교회가 가진 사명이 역사의 중심을 이룬다. 교회가 그리스도의 복음을 들고 가면서 역사는 움직이고 이러는 가운데 그리스도가 재림하시면서 역사는 종말에 이를 것이다.

이때까지 역사의 내용은 강력한 투쟁이다.(The contents of history lies in a mighty struggle.)115) 그것은 선과 악의 싸움이고, 구원과 심판의 싸움이며, 진리와 거짓과의 강력한 싸움이다. 하나님과 마귀와의 싸움이다. 하나님과 하나님을 떠난 인간과의 싸움이다. 그것은 우주를 창조하시고 인간을 창조하신 하나님과 그의 피조물인 타락한 인간과의 싸움이다. 이 싸움은 하나님의 아들인 그리스도가 이 땅에 와 십자가에서 피 흘려 죽기까지 해야 하는 목숨을 건 싸움이다. 이 투쟁은 그리스도가 승천하여 하나님 보좌 우편에 앉아 있는 때에도 여전히 계속되고 있으며116) 그가 재림하여 역사의 종말이 올 때까지, 성도들이 순교하기까지 싸우는 세상의 어떤 싸움보다도 격렬한 싸움이다.117) 그래서 역사의 내용은 투쟁인 것이다.

---

114) *PR*, 140.
115) *PR*, 140.
116) 그리스도는 승귀한 뒤 먼저 성령을 부어주었다.(*RD* III, 499). 이 성령은 그리스도의 영이요 인간들 가운데서 죄에 대하여, 의에 대하여, 심판에 대하여 책망한다.(요 16:8) 그리고 그리스도는 하나님 보좌 우편에서 자신의 자녀들을 위하여 말할 수 없는 탄식으로 간구하고 계시다.(롬 8:34) 그리고 산 자와 죽은 자를 심판하러 다시 오신다.(사도신경) 이런 점에서 그리스도의 승귀는 여전히 투쟁으로 이어지고 있다.
117) 요한계시록은 교회가 교회에 주어질 면류관을 바라봄으로 싸울 채비를

제8 장 계시와 역사

일원론은 이것에 관하여 아무것도 모른다. 하나님을 모르고 창조를 모르고 하나님과 인간과의 관계도 모르고 인간과 자연과의 관계도 모르며 역사도 모른다. 그것은 물질의 진행일 뿐 거기 아무 의미도 찾을 수 없다. 일원론은 찬반을 알지 못하고 삶과 모든 사람의 경험과 상당히 비극적인 역사의 심각성을 무시한다.118) 그도 그럴 것이 일원론은 그 자체에 목적이 없으므로 비극이나 심각성을 가지고 진행하지 않기 때문이다.

계시는 역사의 본질이 흑암과 빛, 죄와 은총, 천국과 지옥 사이의 강력한 투쟁에 있다고 말할 때 우리의 삶이 어떤 것인지 확정해주고 설명해준다. 세계 역사는 세계에 대한 심판은 아니지만, 세계에 대한 심판들 중의 하나인 것이다.119)

더 나아가 계시는 우리가 역사를 구분하게 한다. 시간 구분, 시기들, 진보와 발전이 없는 역사는 없다.120) 그러나 그리스도를 제거하여 보라. 그는 살았다가 죽었고, 그리고 부활했으며 영원히 살아계시다. 그래서 그리스도를 역사 속에서 제거한다는 것은 불가능한 일이다. 그리스도의 삶과 부활은 역사에 속한 일이며 역사의 심장부를 이루고 있다.121) 그리스도의 말과 행동, 그의 사역을 빼놓아 보라. 그리스도를

갖추고, 불굴의 충성심으로 죽기까지 인내하도록 격려한다. 천국에서는 싸움이 이미 끝났고 승리를 거두었다.(계 4-5장) 그러므로 성도는 이미 승리로 결정된 싸움을 하는 것이므로 순교하기까지 싸운다.(*RD* IV, 475-476)

118) *PR*, 140.

119) *PR*, 141.

120) 역사는 예수 그리스도의 탄생을 기준으로 BC(Before Christ)와 AD(Anno Domini)로 구분되었으며, 성경을 기준으로 구약시대와 신약시대로도 구분된다. 그리고 그리스도의 부활과 승천 그리고 그의 재림 사이의 종말로 구분된다. 초대교회사가 있고 중세교회사, 종교개혁사, 현대교회사가 있다. 세속사 속에서도 이는 마찬가지다. 고대, 중세, 근대, 현대 등의 이러한 시대 구분도 진보와 발전을 기초한 역사 이해에 따르는 것이다. 역사 속에는 이런 거시적 시대 구분이 있는가 하면 그 안에서의 미시적 시대 구분이 있다. 시대 구분은 역사 이해에 필수적이며 각 시대는 하나님의 또 다른 계시를 보여준다.

121) *PR*, 141. (영문 참조) "But now take Christ away. The thing is impossible, for he has lived and died, has risen from the dead, and lives to all eternity; these

잠시라도 생각하지 말아 보라. 그러면 역사는 즉시 박살 나고 그 심장과 핵심과 중심과 그 안에 속한 모든 것을 잃어버린다. 원리도 목표도 없어진다.[122] 그래서 그리스도의 삶은 역사의 원리요 그의 다시 오심은 역사의 희망이 된다.

바빙크의 이 말은 결국 일반계시와 일반 은총을 시발점으로 한다. 역사 속의 인간은 누구나 예외 없이 일반계시와 그 은총 속에서 살아간다. 앞에서 이미 언급하였지만 하나님은 인간에게 계시로 계속 말을 걸어 오신다. 그래서 인간은 자연을 통해, 자아의식 안에서 계시를 파악하고 그 은총를 누리면서 동시에 창조주 하나님의 거룩함과 그 능력으로 인한 경외심을 가지며 자신의 양심률 속에서 자기의 삶을 판단하며 죽음과 심판을 두려워한다. 이것이 있기에 인간은 역사를 보고 신의 정의와 심판과 은총을 생각한다. 만일 인간에게 이런 의식이 없다면 역사가 어떻게 유지, 지속될 수 있을까? 하나님을 믿던 안 믿던 자기 나름의 기준을 가지고라도 인간은 정의와 심판을 생각한다.

최근 마이클 샌들은 그의 책 '정의란 무엇인가'에서 정의를 재화 분배로 설명하며 이로서 행복, 자유, 미덕이 창출되어야 한다고 했다.[123] 그리고 아리스토텔레스의 말을 인용해 정의란 사람들에게 그들이 마땅히 받아야 할 것을 주는 것이라고 말한다.[124] 그러나 그는 정의에 관해 말한 그의 이 책 400여 페이지에 걸쳐 그리스도에 관해

---

facts cannot be eliminated, - they belong to history, they are the heart of history."

로이 스완스트롬(Roy Swanstrom)은 그의 책 *역사란 무엇인가*에서 인류 역사의 절정은 예수 그리스도의 성육신과, 그 생애, 그리고 인류의 고통에 대한 체휼, 십자가에서의 죽으심과 부활로 말미암아 죄와 사망을 정복하고 승천하신 것을 말하고 있다.(Swanstrom, 18.)

122) *PR*, 141. (영문 참조) "But think Christ away for a moment, with all he has spoken and done and wrought. Immediately history falls to pieces. It has lost its heart, its kernal, its centre, its distribution."

123) Michael J. Sandle, *정의란 무엇인가 (Justice)*, 이창신 역 (파주: 김영사, 2010), 33

124) Ibid, 263.

제8 장 계시와 역사

서는 한마디도 하지 않았다. 그는 역사 속의 각종 철학, 경제 사상을 동원해 정의를 말했는데, 그러면 정의에 관한 이 모든 생각이 어디서 출발했는지에 대해서는 말하지 않는다. 그런데도 그의 강의는 왜 많은 사람들에게 공감을 사는가? 누가 정의를 그렇게 생각하게 만들었는가? 하나님은 확실히 인간에게 구원은 아직 몰라도 사람이 어떻게 살아야 하는가에 대해 계시로, 은총으로 기본적 도덕, 진리를 깨닫게 하시고 역사를 유지하신다.

그런데 이제 정의 문제 이상으로 인간이 처한 죄의 비참함과 그 운명적인 죽음을 앞두고 있을 때 심판과 은총과 구원을, 그리고 구원자를 생각하지 않는가? 만일 인간이 이러한 처지 가운데 그리스도를 생각할 수 없다면 역사는 인간에게 무엇을 기대하게 할 것이고 어떤 희망을 심어줄 수 있을까? [125] 그래서 그리스도가 없는 역사는 사실상 불가능하고, 그렇다면 역사는 필경에 파멸하고 말 것이 분명하다. 그리스도는 지금 하나님 보좌 우편에서 모든 권세를 가지고 세상을 다스리신다. 그리고 그리스도가 다시 오시는 날 역사는 심판 받으며 영원한 완성에 이를 것이다.

다. 역사의 목적으로서의 충만한 하나님 나라

바빙크는 '계시와 역사'의 강의를 마치면서 계시 안에서 역사의 희망을 찾는다. 그에 의하면 계시는 하나님이 '모든 시대의 주'(the

---

125) 그래서 바빙크는 '계시와 종교'를 강의하면서 모든 종교는 초자연적, 초월적 존재와 교신한다고 하였고 거기에는 '구속의 개념'이 공통적으로 존재한다고 하였다. 그리고 인류는 이런 종교 안에서 '내가 구원을 받으려면 무엇을 해야 하는가'에 대해 늘 알고자 하고 여기에 신의 계시의 필요성을 느끼고 있다고 하였다.(*PR*, 163) 결국에 모든 인류는 그것이 비록 왜곡된 형태라 해도 자신의 구원을 위해 구속의 개념과 연결된 어떤 형태의 그리스도를 갈구하고 있다. 이러한 그리스도에 대한 기다림 속에서 죄와 불안과 두려움, 무목적성, 허무 등이 억제되면서 역사는 파멸되지 않고 유지되었다는 것이다. 이는 초월을 갈구하는 인간과 하나님이 일반 은총 속에서 보여주시는 계시가 존재하므로서 가능한 것이다.

Lord of the ages)이며 또 그리스도는 이러한 시대들의 전환점(the turning point of these ages)이라고 가르쳐준다. 그리고 계시가 역사 속에 통일성과 계획, 진보와 목표를 가져다주는데 그 목표는 단순히 자유, 인류, 물질, 안녕이 아니라 바로 충만한 신국임을 말한다. 그 신국이란 하늘과 땅, 천사, 인간, 정신과 물질 등 문화, 특별한 것, 일반적인 것만 아니라 모두를 포함한 신의 통치권인 것이다.

일찍이 어거스틴은 *신의 도성*(*The city of God*)에서 세속사와 구속사를 구별하면서 '하나님 나라'와 '지상의 나라'라는 두 나라 개념을 도입하여 이들 사이의 상관관계를 시대를 따라 해석하였다. 이것은 얼핏 역사를 이원론적으로 해석이 되어 역사는 하나님 나라와 지상 나라 사이의 충돌로 이해될 수 있었다.

그러나 역사는 하나이며 이 역사 속에 하나님의 계시가 있다. 그래서 역사를 세속사와 구속사로 나눈다고 해서 세속사와 구속사가 전혀 별개의 것이 되는 것은 아니다. 두 나라는 마치 한류와 난류가 수중에서 흐르듯 역사 속에서 흐르며 역사를 조성해 나가는 것이다. 126)

그리고 이 역사의 끝에는 그리스도가 영광 중에 재림하여 세상 나라를 심판하면서 이제 충만한 하나님 나라가 이루어지는 것이다. 그리스도가 그 제자들에게 말씀하셨듯이 복음이 먼저 만국에 전하여져야 하리라는 말씀대로 역사는 세속사의 중심을 흐르는 구속사를 따라 때가 되면 종언을 고하고 이제까지 역사가 목적하여 달려온 바대로 충만한 하나님 나라에 이르는 것이다.

제3 절 정리

본 장에서 살펴보았듯이 바빙크의 '계시와 역사' 역시 이성에 기초한 역사 이해의 한계를 계시로 극복한다는 점에서 앞 장에서의 내용

---

126) 이장식, 274.

과 동일하다.

　바빙크는 본 장의 1절에서 자율에 기초한 역사의 한계를 말하였다. 구체적으로 당대에 모든 학문을 자연과학적 방법으로 환원하여 살펴보고자 하는 것의 오류를 지적하였다. 역사는 자연과학이나 물리학처럼 원인과 결과의 법칙을 따라서 이해할 수 있는 성질의 것이 아니요 무엇보다도 역사 속에 일어나는 수많은 일을 통합하여 이해할 수 없다는 점에서 그 한계를 지적해 주었다.

　개인적인 신앙 요소에 의한 이해는 개인의 관심이나 확신에 기초한 역사 판단을 하므로 편견에 사로잡힌 역사 이해를 가져온다는 문제점을 지적하였다. 그리고 일원론과 진화론에 기초한 역사 이해는 처음부터 발생의 문제를 규명하지 못한다고 하였다. 또한 자연 속에 존재하는 개체의 특성과 다양성과 통합성에 대한 답을 주지 못하므로 이 방법은 근본적으로 역사 이해에 방법으로 채택될 수 없음을 지적하였다. 끝으로 역사 이해의 원리로서 역사철학을 구축해도 철학이 본질에 대한 이해를 가져올 수 없는 것처럼 역사의 본질 자체를 알 수 없다는 점에서 그 한계가 있음을 말하였다.

　그래서 바빙크는 역사는 계시 의존적 사고 속에서 비로서 그 출발과 목적을 알 수 있게 된다고 하였다. 그는 역사를 해석하면서 나오는 윤리적, 도덕적 당위에서 인간은 역사를 통해 계시를 받고 있다고 하였다. 역사가 하나로 통일되게 해석될 수 있는 것은 역사 자체에 신의 통일성과 인류의 통일성이 확립되었기 때문이요 이것은 하나님으로부터 오는 계시가 있기 때문에 가능하다고 하였다. 그는 이렇게 역사를 계시 의존적으로 이해할 때 그리스도가 역사 이해의 핵심이요 그 목적은 당연히 하나님 나라가 됨을 간파하였다.

　결국 본 장에서 바빙크는 역사는 하나님의 것으로 인간은 오직 하나님으로부터의 계시를 통해 당위로서의 하나님의 목적을 위해 역사에 참여하여야 하며, 그리고 역사는 다시 오시는 그리스도를 통해 완성되고 인간은 이때 역사의 목적으로서의 충만한 하나님 나라에 들어간다고 하였다.

여기에 바로 개혁주의적인 역사 이해가 있다. 개혁주의는 하나님의 경륜을 생각하면서 역사 현상 배후에 흐르고 있는 하나님의 뜻을 생각하고 역사 속에 나타나는 하나님의 섭리를 살피고자 한다. 개혁주의 신앙고백에 의하면 하나님의 경륜과 섭리는 역사가 피할 수 없는 것으로 하나님은 이미 역사가 시작되기 전에 역사를 계획하셨고,127) 그래서 역사를 알고 계셨고128) 또한 역사 속에서 움직이는 모든 것을 가장 위대한 것에서부터 가장 작은 것에 이르기까지 자신의 뜻을 따라 섭리하신다.129) 이러한 역사의 궁극적인 목적은 오직 하나님 자신의 영광을 나타내기 위한 것이다.130)

이러한 신앙고백에 기초해보면 역사는 하나님의 뜻과 섭리로 충만한 것임을 알 수 있다. 무엇보다도 하나님이 역사 속의 영광 받으시기 원하신다는 것을 생각할 때 역사는 하나님의 영광을 나타내고 있으며 또 하나님의 영광을 향하여 가고 있음을 알 수 있다.

이런 점에서 역사는 계시에 뿌리를 두고 있으며 그 목적은 영광에 충만한 하나님 나라라고 말한 바빙크의 말은 맞는 말이다. 그래서 그의 역사관은 철저히 개혁주의적이다. 계시로 파악하는 역사 속에는 언제나 하나님의 뜻과 섭리가 충만하며 그리스도의 재림과 이와 함께 임할 역사의 종말과 영광스러운 하나님 나라가 있다.

---

127) 웨스트민스터신앙고백 (3,1) "하나님께서는 영원 전부터 하나님의 뜻이 담긴 지극히 지혜롭고 거룩한 계획에 따라, 장차 일어날 모든 것을 자유롭게, 그리고 변함없게 정하셨다." (*개혁주의 신앙고백*, 대학생성경읽기선교회)

128) 웨스트민스터신앙고백 (3.2) "하나님은 모든 것을 다 예상하시기 때문에, 장차 어떤 일이 일어날 가능성이 있는지 또는 일어날 수 있는 일을 다 아신다. 그러나 그렇다고 해서 어떤 것의 미래를, 혹은 그 상황 속에서 일어날 수 있는 것을 예지하셨기 때문에 그것을 작정하신 것은 아니다." (*개혁주의 신앙고백*, 대학생성경읽기선교회)

129) 웨스트민스터신앙고백 (5.1)

130) 웨스트민스터신앙고백 (3.3) "하나님께서는 작정에 의해서, 하나님의 영광을 나타내시고자 … " (*개혁주의 신앙고백*, 대학생성경읽기선교회)

제9 장 결론

본 서는 이제까지 총 8장에 걸쳐 서론에 이어 바빙크의 생애와 사상, 그리고 그의 일반은총론, 그리고 이어 바빙크의 계시철학의 개념과 철학과 자연, 역사를 중심으로 이를 분석하며 그 안에 담긴 바빙크의 계시철학의 논리와 그의 신학을 살펴보았다. 그리고 매 장마다 이에 대해 간략한 정리를 하며 그 안에 나타난 바빙크의 의도와 사상을 요약해 보았다. 본 제9 장에서는 결론으로서 이제까지의 연구 전체를 기초로 바빙크의 계시철학의 이해와 의의를 개괄적으로 간략히 정리해 본다.

첫째, 바빙크의 계시철학은 인간이란 무엇인가에 대한 깊은 문제의식을 가져다주며 또한 성경적 인간 이해에 한 발 더 가까이 가게 하였다. 인간은 분명히 하나님이 창조하신 피조물이요 그의 교제하는 존재였지만 죄로 인해 타락하고 하나님과 분리되면서 자신의 참된 정체성을 잃게 되었다. 이러한 인간은 자신을 되찾고 진리에 이르고자 하나 근본적으로 하나님을 상실해 있으므로 잘못된 신앙, 잘못된 철학에 빠져들지 않을 수 없었다. 계시철학은 이러한 인간은 자신을 자율적인 존재로서만 이해해서는 결코 진리에 도달할 수 없다는 것을 역사 속의 모든 자율적 사상과 철학을 통해 분명히 보여주었다.

이에 대한 대책으로서 바빙크는 인간이 계시 의존적 존재임을 나타내기 위해 자아의식과 계시와의 관계, 그리고 자율적이고 절대 의존적 존재로서의 인간을 규명해주었다. 하나님은 모든 인간에게 항상 계시로 말씀하고 계신다는 이 구원론적 진리와 계시 파악 능력을 지닌 계시 의존적 존재로서의 인간 이해는 서로 불가분의 관계가 있음을 파악하였다.

이러한 계시 이해는 나의 대한 이해이고 내 이웃에 대한 이해며 더 나아가서는 우리를 창조하신 하나님에 대한 이해이다. 이 이해는 창조주와 피조물이라는 구조적 측면에서뿐만 아니라 부버의 '나와 너'[1]의 만남이라는 상호 인격적 측면에서의 이해를 가져온다.

만물을 다양하게, 그리고 이 모든 것을 자신의 통합적 체계 속에서 통일성을 유지하며 보호하시고, 또 이를 통해 자신의 영광을 드러내시는 하나님은 끊임없이 자신을 계시로 나타내고 인간을 구원하고자 하시는 하나님이시다. .

계시를 통해 우리가 하나님에 관한 이러한 사실을 알 수 있다는 것은 인간이 하나님으로부터 누리는 감사요 은혜요 축복이다. 그래서 나를 알고 하나님을 아는 것이 구원과 진리에 이르는 길이라는[2] 칼빈의 기독교 강요의 제 일 성은 이런 점에서 바빙크의 계시철학에서 큰 의의를 갖는다.

둘째, 하나님은 인간 구원을 위해 지금도 일하신다는 것이다. 이 하나님은 끊임없이 계시 활동을 하시는 하나님이시다. 타락한 인간은 스스로 자기 자신이 누구인지에 대해 알 수 없고 세상을 이해할 수도 없으며 자기를 지으신 하나님도 알 수 없다. 이것이 자율적 인간의 한계이며 절대 의존적 인간이 갖게 되는 영혼의 고통이다.

그런데 하나님은 이미 인간을 창조하면서 인간에게 계시 파악의 능력을 인간 안에 장치하셨다. 그래서 인간이 타락했어도 하나님은 여전히 일반계시를 통해 만물 속에 자신의 거룩하심과 능력을 나타내 보이시고 하나님을 생각하게 하시며, 또한 특별계시로서의 성경을 주셔서 그리스도를 알게 하신다. 이로서 절대 의존적 존재로서의 인간의 영적인 갈급함을 채워주신다. 바로 여기에 하나님의 인간을 향한 깊은 자비가 있다.

이렇게 하나님이 인간의 구원을 위해 지금도 일반계시로, 그리고 특별계시로서의 성경을 통해 계시 활동을 하고 계신다는 것은 하나님이

---

1) 마틴 부버의 '나와 너'에 대해서는 부록 296쪽의 본문과 각주를 참고하라
2) *Institute* (I.1.1)

인간 구원을 위해 얼마나 열심이신가를 말해준다. 만물은 이미 창조 때부터 하나님의 계시 자체이고 그리스도는 죄로 타락한 세상에 나타난 눈에 보이는 또 다른 계시였다는 사실이 그러하다.

그래서 바빙크의 계시철학의 결론은 언제나 일반계시와 예수 그리스도시다. 특별히 하나님이 모든 계시 활동을 성경과 예수 그리스도를 정점으로 하고 있다는 바빙크의 결론은 그의 계시론이 얼마나 구원론에 기초하고 있는지를 잘 보여준다. 하나님은 인간을 구원하기 원하신다. 그래서 오늘도 계시 안에서 인간을 만나신다.

셋째, 바빙크의 계시철학은 오늘을 사는 우리의 사명이 무엇인가를 말해준다. 그것은 그의 계시철학에 나타난 계시론이 구원론에 입각해 있다면 오늘 이 진리 안에서 이미 구속된 자기를 발견하는 우리 역시 그리스도가 이루신 이 계시의 역사, 구원의 역사에 참여해야 함을 깨닫게 한다.

하나님은 모든 것을 자신의 영광을 위해 하신다. 만물 창조도 그러하고 인간 창조도 그러하며 인간이 타락했어도 이러한 인간 구원의 목적도 여전히 자신의 영광을 위한 것이다. 그리고 이 하나님을 믿고 사는 우리의 삶도 하나님의 영광을 위한 것 이외에 다른 것일 수 없다.

그래서 우리의 일상의 삶에서도 하나님의 영광이 나타나도록 해야 할 것이다. 이미 서론에서 지적한 바 있지만 하나님을 믿는 우리 그리스도인들이 신앙과 삶의 일치와 조화를 이루지 못할 때 우리의 삶속에서 하나님의 영광을 나타낼 수 없고 우리는 무기력한 신앙인의 모습을 보일 뿐이다. 우리의 일상의 삶에서 하나님의 영광을 나타내는 것은 세상에 대해 빛과 소금의 역할을 하라는 그리스도의 준엄한 명령이다.

이것은 우리의 삶이 그리스도를 증거하는 삶이 되어야 함을 역설한다. 하나님께서 지금도 계시로 모든 사람들에게 말씀하고 계신다면, 그리고 인간이 구원의 진리에 이르도록 특별계시를 주셨다면, 우리의 삶이란 구체적으로 우리가 먼저 받은 특별계시인 성경, 그 내용의 핵심인 그리스도를 증거하는 것이 되어야 할 것이다.

이 시간도 많은 사람들이 여전히 자신이 지니고 있는 절대 의존 감정을 부인하고 자율적인 존재로서만 남고자 하면서 – 혹은 이것을 깨닫지 못하므로 – 자신의 삶의 한계에 빠져 영혼의 고통을 하고 있다. 많은 사람들이 인간을 연구하고 자연을 연구하며 그 신비의 비밀을 알고자 하나 자연주의적 사고와 논리 이상을 나가지 못하고 있다. 이러한 인간의 삶은 자기 한계와 미궁 그 자체이다.

이런 점에서 계시철학의 논리 속에서 먼저 계시를 이해한 우리가 바로 이 계시의 증거자가 되어야 할 것은 당연한 일이다. 하나님과 인간은 이미 일반계시라는 접점에서 만나고 있다. 남은 것은 특별계시로서의 그리스도의 증거인데 이것이 바로 주의 영광을 위해 사는 자들이 감당해주어야 하는 사명이요 곧 그리스도의 남은 고난에 참여하는 일이다. 우리가 모든 사상과 철학의 절대 아르키메데스 기점으로서의 이러한 계시를 믿는다면 우리는 삶의 제반 분야에서 계시철학적 사고를 구현해 나가며 인류 구원 역사에 동참할 수 있을 것이다.

이것이 바로 지금도 자연 만물 위에, 그리고 인간 안에 자신을 계시하시는 하나님께 영광을 돌려드리기 위한 계시철학의 적용인 것이다.

넷째, 우리는 일상에서뿐 아니라 우리의 삶의 모든 영역에서 영역주권을 회복하려는 지속적인 시도를 해나가야 한다. 하나님은 인간의 삶 모든 영역에서 모든 것이 하나님의 것임을 드러내고 영광 받기를 원하신다. 그래서 우리는 자신이 속한 삶의 제반 분야에서 영역주권을 확립해 나갈 사명이 있다. 특별히 바빙크와 같이 학문 제반에 걸쳐 계시철학적 사유를 통한 하나님의 영광과 주권을 확립하는 일은 학문이 인간 사회에 미치는 영향력을 생각할 때 더욱 그러하다.

각종 인본적인 사상과 제 종교가 서로 결탁하여 하나님을 상대화하는 이때 기독교가 많은 종교 가운데 조그만 하나로 전락하고 있는 현실을 감안해보면 이는 그만큼 더 중요한 일이다.

이러한 때 기독교가 세상에 대해 취할 제1의 태도는 이 시대의 각종 인본주의적 사상에 대한 분명한 반정립의3) 태도를 취하며 기독진리를 선명하게 드러내는 것이다. 물론 이 길이 다소 험하게 느껴지기도 하지만 이것만이 인류가 진리와 광명으로 가는 길인 것이 분명하다.

이런 점에서 바빙크적 계시철학의 보편화는 이 시대의 문제에 다가갈 수 있는 또 하나의 방법이다. 예수님은 철학, 과학, 역사뿐 아니라 종교와 문화, 경제, 정치, 심리학, 윤리학, 경영학, 문학, 스포츠, 연예 등 각 분야 모든 것에 대해 "그것은 내 것이다" (It's mine!)[4] 하고 외치신다. 그렇다면 우리는 신칼빈주의의 역동성 속에서 학문 제반 분야에 대한 계시철학적 접근은 그 안에서 일하시는 하나님을 드러내는 일이다. 이를 통한 지성의 복음화는 진실로 영광스러운 작업이다. 이런 점에서 또 다른 알리스터 맥그라스와 헤르만 도예베르트와 같은 영적 지성인을 세우는 것은 분명 이 시대에 하나님께서 교회에 주신 중요한 사명이다.

---

3) 여기서의 '반정립'에 대해서는 본 서 부록 IV의 '4. 반정립'을 참조하라.
4) James E. McGoldrick, *Abraham Kuyper: God's Renaissance Man* (Welwyn,UK: Evangelical Press, 2000).

부록

I. 헤르만 바빙크와 그의 학문

1. 학문의 정확성과 깊이

바빙크의 계시철학은 총 10번의 강의로 구성되어 있다. 본 서에서는 이중 처음 다섯 장(章)을 택해 그 안에 나오는 인물들과 각종 사상을, 그리고 그 사상들이 바빙크의 강의 속에서 서로 어떻게 연결되었는지 이해하기 위해 본문을 자세하게 분석하였다. 그리고 각 장의 각주는 바빙크의 계시철학 강의 내용 자체에 대한 설명과 이해, 그리고 토론을 위한 장으로 최대한 활용하고자 하였다. 그런데 바빙크가 본문에서 말한 수많은 사상가들에 대한 검색 내용과 바빙크가 언급한 그들의 사상과 주장에는 정확한 일치가 있었다.

예를 들어 바빙크가 사상의 순환을 말하고자 헤겔의 절대정신을 언급하면서 철학 속에 다시 계시 개념이 도입되었다고 말을 할 때,1) 그가 헤겔과 함께 언급한 레싱, 괴테, 헤르더, 셸링의 이름은 강의 문맥상 정확하게 인용된 이름들이었다. 레싱은 계몽주의 사상가이지만 신학 분야에서도 활동한 자요, 괴테와 헤르더는 합리주의 사상에 대한 반동으로 등장한 낭만주의자들이요 이성 숭배를 거절한 사람들이다. 이런 점에서 이들의 사상과 철학이 계시와 연관되어 있던 것은 사실이다. 괴테는 그의 작품 파우스트에서 악마와 지옥을 등장시켰고, 헤르더는 중세의 상상력과 순진성을 찬양하였다.2) 헤겔과 나란히 언급된 셸링은 자신의 철학 속에 정확히 계시의 개념을 도입했다. 헤겔도 절대정신을 자기 안에 들어와 있는 계시로 말하고 있었고,3) 이와 유사하게 셸링은 자연을 하나님의 계시로 보고 그의 철학 속에서 계시

---

1) *PR*, 10-14.
2) 네이버 지식백과
3) 본 연구 제3 장, 제5 절, '3. 헤겔의 절대정신', 각주 참조.

개념을 사용하고 있었다. 이렇게 바빙크가 본문에서 인용한 인물들과 그들의 사상은 본문 흐름 상 늘 일관된 일치와 연속성 있음이 확인된다.

바빙크가 자연과학적 방식에 입각하여 역사를 이해하는 데는 한계가 있음을 지적하였을 때, 그 다음에 등장해야 할 역사 이해 방식은 역사주의였다. 그런데 바빙크는 이어 정확히 '역사주의'를 도입하여 역사주의 역사가 트뢸치를 인용하고 있다.4) 역사주의를 말할 때는 당연히 '트뢸취'가 나와야하고, 트뢸치를 말하면 역사주의가 나와야 하는 것이다.

그는 그의 강의에서 어느 누구 하나라도, 또한 이에 따른 어느 것 하나라도 함부로 혹은 적당히 인용하지 않는다. 그의 지식은 실제 방대하였을 뿐만 아니라 통찰력 있고 논리적이며 또한 그 안에는 학자의 양심과 신앙의 양심이 담겨 있음을 알 수 있다. 그의 *계시철학*에서 뿐 아니라 바빙크의 역작으로 총 4권으로 이루어진 2,600여 쪽의 *개혁교의학*에서 인용된 수많은 사상가와 그들의 사상도 마찬가지다. *계혁교의학*을 읽을 때도 우리는 그의 방대한 지식과 정확성, 그리고 그 깊이에 감탄하게 된다. 그래서 우리는 그의 책들을 깊이 신뢰하며 읽게 되고 이에 더하여 우리가 이전에 알았던 지식에 또 다른 통찰을 얻는다.

그는 인간의 삶의 각 영역에서, 또한 철학, 심리학, 자연과학, 윤리학, 문화, 종교, 교육학, 미학, 정치학 등 학문의 제반 영역에서5) 많은 지식과 그것들에 대한 이해를 소유하고 있었다. 이 모든 것은 그가 각 분야에서 치열한 기독 변증 작업을 통해 하나님의 주권과 그 영광을 드러낼 수 있었던 비결이었다. 이로써 그는 실로 많은 지식으로 섭렵하고 하나님 편에 서서 세상과의 학문적, 신학적 싸움을 치열하게 할 수 있었다.

---

4) *PR*, 130-132.
5) 이를 보여주는 예로서 그의 *Essays on Religion, Science and Society* (Grands Rapids: Baker Academic, 2008)를 말할 수 있을 것이다.

2. 학문에 대한 겸손한 태도

계시철학을 연구하면서 발견하게 또 다른 사실은 그가 1908년 프린스턴신학교 강의에서 주장한 것이 100년이 지난 지금에도 한결같이 진실로 남아 있다는 것이다. 한 사람의 사상은 시대가 지나면 오류가 나타나기 쉬운 것이 사실이다. 그것은 그가 그 시대의 사람이기 때문이다. 사상 부문에서도 그렇지만 급속도로 증가되고 변화되는 과학의 발견과 법칙들에도 불구하고 바빙크가 한 세기 전에 한 자연과학에 대한 강의는 오늘날에도 그대로 정곡을 찌르면서 통용된다는 것이다.

일원론자요 진화론자인 헥켈의 경우, 그에 대한 바빙크의 반론은 오늘날의 도킨스의 진화론에 대한 맥그라스의 주장과 그 근본이 같다. 바빙크는 진화론에 대해 비판할 때 일방적으로 그것은 잘못된 이론이라거나 비신앙적이라고 말하기보다는 그 이론이 지니고 있는 약점과 한계를 말하였다. 바빙크는 진화론이 이 광대하고 복잡한 구조를 가진 자연 자체를 통합적으로 설명해주지도, 이해하게 해주지도 못한다고 평가한다. 마찬가지로 오늘날 도킨스와 논쟁하는 맥그라스 역시 똑같은 관점에서 진화론은 총체성이 없다는 비판을 가하고 있다.[6]

또한 바빙크가 경험은 유전적 전승이 되지 않는다는 것과 식물이나 동물, 인간들은 일정한 방향으로 계속 변화하는 경향이 없다고 하였는데 이는 오늘날에도 사실로 받아들여지고 있다. 이는 그가 당시의 유전학을 얼마나 조심스럽게 배우고 익히며, 그것에 관한 보편적인 지식을 획득하고 있었는지를 잘 말해준다고 볼 수 있다. 도킨스가 '밈'이라는 문화 유전자를 주장하며 인간의 문화와 종교는 바로 이 유전자 때문에 후대에 전승된다고 하지만 오늘날에 많은 과학자들은 도킨스의 주장을 받아들이지 않고 있다.

바빙크는 과학에서 발견된 사실에 대해 나름대로의 상상력을 동원해 함부로 말하지 않는다. 그는 발견된 과학적 사실들을 보편적 입장

---

6) 본 연구 제5 장, '제3 절 진화론의 한계' 참조.

에서 확인하여 말한다. 만일 그가 나름대로 자기 생각과 확신에 기초해 문화와 기술과 과학에 대해 함부로 말해 오늘날 그것이 잘못으로 드러났다면, 그의 학문은 크게 신뢰를 잃고 말았을 것이다.[7]

그는 어느 한 분야에서 발견된 과학 법칙은 그 적용이 한정적이라는 사실을 잘 알고 있었다. 그래서 그는 에너지 보존 법칙의 발견이 위대하기는 하지만 그것이 사람의 정신생활에까지 적용될 수 없다고 하였다. 과학에 대한 인간의 태도는 무엇보다도 겸손해야 한다는 것을 알았다.[8] 모든 것에 대해 진리로 여겨졌던 뉴튼의 법칙이 20세기에 발견된 양자 역학에서는 적용되지 않는다는 사실을 생각해 볼 때 더욱 그러하다. 본 연구에서 인용된 로버트 브라우와 맥그라스도 과학의 기본 정신은 겸손이라고 말하고 있다.[9]

이렇게 자연과학에서뿐만 아니라 본 연구 전반에 나타난 철학이나 역사 부분에서도 그가 그 많은 지식을 정확하게 활용할 수 있었던 것은 이 모든 것을 평소 겸손히 배우고 익혀온 결과로 보여진다. 함부로 생각하고 거기에 자기 나름대로의 확신을 더하지 않는 것, 그래서 그의 변증은 기초가 튼튼하고 힘이 있다.

II. 헤르만 바빙크의 인간 이해

1. 자율과 계시 의존적 존재로서의 인간 이해

바빙크는 인간의 자아의식의 핵심을 이해함에 있어서 슐라이에르마허가 명철하게 지적한 절대 의존감을 도입하였다. 이로써 그는 인간을 어떤 무한한 존재의 절대적인 힘에 의존해야 하는 절대 의존적 존재

---

7) 본 연구 제8 장, 제1 절, '3. 일원론과 진화론적 역사 이해' 참조.
8) 본 연구 제8 장, 제5 절, '5. 과학의 정신' 참조.
9) 본 연구 제4 장, 제4 절, '1. 인간은 초월적 존재이다' ; 제 7 장, '제 1 절 계시의 확신: …' 참조.

로 파악하였다.10) 그런데 바빙크는 여기서의 절대 의존적 존재로서의 인간을 계시 의존적 존재로 파악하였다.

또한 바빙크는 칸트가 인간의 정신에 내재하는 그 자체의 법칙을 선험적인 것으로 파악하여 이에 기초해 인간은 자율적인 존재임을 말할 때 칸트의 인식론적 관점에서 자율적 존재로서의 인간을 인정하였다.11)

바로 이 두 가지, 곧 슐라이에르마허와 칸트를 통합하여 바빙크는 인간은 절대 의존적인 존재이면서도 자율적인 존재로 이해하여야 함을 말하였다.12)

바빙크의 이러한 이해는 계시철학에서만 나오는 것은 아니다. 그는 이미 자신의 *하나님의 큰일*의 인간론에서 의존적인 존재로서, 그리고 자유한 존재로서의 인간을 파악하고 있었다.13) 그러나 바빙크는 계시철학에서 슐라이에르마허의 절대 의존 감정과 칸트의 인식론적 자율을 통합하며 인간에 대한 성경적 진리를 철학으로 파악, 확인한 것이다.

이는 바빙크가 신학과 철학의 깊은 지식을 통해 얻은 정확한 인간 이해인 것이다. 바빙크는 이처럼 성경적 진리를 나타내기 위해 철학의 지식을 유창하게 활용할 수 있었다. 다시 말해 바방크는 계시의 빛 아래에서 철학의 진리를 잘 파악하며 깊은 인간 이해에 도달한 것이다.
.

2. 자아의식과 계시 파악

바빙크의 계시철학에서 가장 중요한 부분의 하나는 인간이 어떻게 계시를 파악할 수 있느냐는 것이다. 인간의 이성이 계시를 어떻게 판단하는지 곧 '계시와 이성'의 관계에 대한 많은 연구가 있다. 실제 이

---

10) 본 연구 제6 장, 제3 절, '1. 의존적 존재' 참조.
11) 본 연구 제6 장, 제3 절, '2. 자율적 존재' 참조.
12) 본 연구 제6 장, 제3 절, '2, 자율적 존재' 참조.
13) Bavinck, *개혁교의학 개요*, 247.

계시철학의 이해

성이 계시를 판단한다고 할 경우 초자연적인 계시를 자연이 파악한다는 말이 되어 유한은 무한을 판단할 수 없다는 대 원칙과 충돌되고 만다. 그렇다면 인간은 어떻게 계시를 판단할 수 있는가에 대해 합리적이고 설득력 있는 연구가 되지 않는다면 바빙크의 계시철학은 인간은 계시라는 초자연적인 것에 대한 감각을 가지고 있다는 정도의 막연한 전제로 진행되어야 했을 것이다.

그런데 바빙크는 이 문제에 대해 계시철학 '제6 장 철학(II)'를 다루면서 관념론을 파고들어가 계시 파악의 장소로서 자아와 계시 인식의 자아의식, 그리고 계시 분석 능력으로서의 자아가 지닌 선험적인 정신 능력에 대해 말해주고 있다.

기독교 철학에서 인식론은 계시와 이성의 관계를 규명해야 한다는 점에서 늘 논의의 중심이 되어왔다.14) 특히 신앙과 이성을 말함에 있어서 계시만이 유일한 인간 지식의 원천이라고 주장하는 일군의 철학자들과15) 이성은 초자연적인 계시에서 무엇이 참이고 무엇이 거짓인지를 검증하는 충분하고도 궁극적인 틀이라고 주장하는 철학자들이 있다.16) 그리고 이성에 대한 계시의 우위를 주장하는 철학자도 있고 계시에 대한 이성의 우위를 주장하는 철학자도 있다. 이에 대해서는 이미 본 연구 '제5 장 철학(1) 제5 절 정리' 부분에서 마지막 각주에서 언급하였다.

그러나 이러한 연구들은 인간이 어떻게 계시를 인식하고 그 내용을 파악할 수 있는지에 대해서는 함구하고 있다. 바르트의 경우 인간 정

---

14) 노만 가이슬러의 기독교 철학을 논함이 있어서 그의 *기독교 철학 개론* '제 2 부 인식이란 무엇인가' 하는 주제로 '우리는 알 수 있을까? ', '어떻게 알 수 있을까? ', '확실성이란 가능한가? ', '우리는 외부세계를 어떻게 지각할 것인가? ', '신념은 어떻게 정당화 되는가? '를 다루고 있다. 그리고 '제 4 부 궁극적인 존재란 무엇인가? '에서 '신앙과 이성의 관계', '신의 의미', '신은 존재하는가', '우리는 신에 관하여 어떻게 이야기할 수 있겠는가? '를 다루면서 인식론에 집중하고 있다.
15) 이에 해당하는 대표적인 철학자로 키에르케고르와 바르트를 말할 수 있다.(Geisler, 286)
16) 칸트와 스피노자가 이에 해당하는 대표적인 철학자들이다.(Geisler, 290)

신 속에는 신을 인식할 수 있는 능력이 없다고 강조하면서17) 인간은 오직 계시를 통해서만 하나님을 알 수 있다고 말한다. 계시와 자아의식, 직관과의 관계에 대한 그의 간단한 언급은 있지만18) 인간이 어떻게 계시를 파악할 수 있는지에 대해서는 아무것도 말해주고 있지 않다. 일반계시를 인정하든지, 않든지를 떠나, 또는 그것이 일반계시이든 특별계시이든, 인간이 어떻게 계시를 파악할 수 있는지, 인간 안의 어떤 기능이 계시를 파악하는지 말해주고 있지 않다는 것이다.

물론 철학의 인식론 부분에 자아의식에 대한 논의가 있다. 로크는 모든 정신적인 활동(사유, 추리) 속에서 우리는 자기 존재의 자아를 의식할 수 있다고 하였다.19) 이런 인식론적인 면에서 더 살펴보아야 할 것은 칸트의 경우인데, 그도 계시 파악에 대해서는 어떤 것도 구체적으로 언급해주지 않고 있다는 것이다. 그는 실천이성 비판적 사고에서 정언명령에 기초한 인간의 도덕적 본성이 종교적 신앙의 대상들의 실재를 요구한다고 말하면서20) 종교 문제를 정리하고 있을 뿐이다. 이러한 칸트의 비판철학은 피이테로 하여금 계시를 연구하도록 이끌고, 도덕적 완성과 함께 윤리적인 하나님의 나라를 추구하는 계시의 가능성을 옹호하도록 만들었다.21) 이런 식으로 계시에 대한 말들이 많기는 하지만 그런 정도에 머물 뿐, 인간의 계시 인식 능력이나 방법에 대해서는 아무런 말도 해주고 있지 않았다.

바빙크는 여기서 칸트가 지각하는 자아, 인식하는 자아에 대한 이해를 결여하고 있음을 지적하면서 철학의 인식 능력의 한계를 말하였다.22) 그러면서 그는 관념론에서의 인식하는 자아의 개념을 도입해 자아가 지닌 정신이 세계 안에서의 질서를 규정하며 계시를 파악하는 능력을 지니고 있음을 말하였다. 바빙크는 인간이 태어날 때 이미 그

---

17) Geisler, 89.
18) 박형국, "계시와 현존-계시의 매개에 대한 바르트의 변증법적 사유", *장신논단* 제 40 집: 210.
19) Ibid, 142.
20) Livingstone, 140.
21) *RD* I, 289.
22) 이것은 본 연구 '제5 장, 계시와 철학(I)'의 내용이다.

계시철학의 이해

정신에 질서와 규제에 대한 능력을 부여받고 태어났음을 말하면서 인간은 정신이 지니는 선험적인 틀 속에서 계시를 파악해 나간다고 하였다. 이는 합리주의와 경험론을 비판하고 종합한 칸트를 초월하는 것으로 바빙크의 자아와 정신에 대한 깊은 이해와 통찰에서 나온 것이라고 말하지 않을 수 없다.23)

계시 인식의 장소로서의 자아와 손상된 자아에 대한 인식, 그리고 질서 파악과 규제의 능력을 지닌 인간의 정신 능력은 인간이 어떻게 계시를 파악할 수 있는지, 왜 모든 사람들이 공통적으로 계시를 파악할 수 있는지에 대해 합리적인 설명을 해주고 있다.24) 바빙크는 이로서 자신의 계시철학의 가능성을 온전히 변론하였다.

III. 셸링의 계시철학에 대하여

본 서에서는 바빙크의 계시철학 외에도 셸링의 계시철학에 관한 언급이 있었다. 셸링의 계시철학이 바빙크의 계시철학과 어떤 관계가 있는 것인지에 대해 단정적인 언급은 할 수 없겠지만, 우리는 셸링과 바빙크가 서로 무관하다고, 혹은 바빙크의 계시철학은 셸링의 계시철학과 관계없는 독자적인 창안이었다고 단정짓기 어렵다고 말해야 할 것이다.

바빙크의 '계시철학'은 기독신학에서 독특한 것이기는 하였지만, 인간 사유에 있어서 그 한계를 극복하기 위해서 '계시철학'의 필요성을 먼저 말한 사람은 분명히 독일의 관념주의 철학자 셸링인 것만은 사실이다.25) 셸링은 그의 철학에서 이미 합리주의가 철학으로서의 한계

---

23) 본 연구 제6 장, '제3 절 인간의 계시 파악 능력' 참조.
24) 본 연구 제6 장, '제3 절 인간의 계시 파악 능력' 참조.
25) 본 연구 제3 장, 제5 절, '3. 헤겔의 절대정신, 각주' 참조. **셸링** (Friedrich Wilhelm Joseph von Schelling) 1775년 탄생하여 독일 관념주의 철학자로 연구하다가 1854년까지 살았다. 헤르만 바빙크는 셸링이 죽은 해인 1854년에 태어나 1921년에 그 생애를 마감하였다.

를 드러내는 것을 보고 철학적 진리는 어딘가 다른 곳에서, 즉 이성의 한계의 피안에서 추구되어야 한다는 생각을 하였다. 철학이 필요하기는 하지만 철학이 그 나름대로의 최후의 말씀을 지니지 못한다고 하면서 그는 이런 부정철학이 보완되고 완성되기 위하여 계시가 필요하다고 하였다. 더 나아가 셸링은 계시가 기독교에만 있는 것이 아니라 다신교적 종교 안에서도 존재한다고 보았다.[26] 그래서 그는 이성을 기초한 학문 탐구 과정에서 해결되지 않은 신비의 부분을 기독교 계시 안에서 해답을 찾을 수 있다고 하였다. 따라서 셸링은 초기의 자신의 관념론적인 철학에서 입장을 바꾸어 노년의 때에 이러한 계시철학을 공표한 것이다.

그러나 그의 계시철학은 시기적으로 주목을 끌지 못하였다. 당시에는 기독교를 신화로 보면서 역사적 예수를 부인하여 사회에 충격을 가한 슈트라우스에게[27] 관심이 몰려있어 더욱 그러하였고 이와 함께 계시에 관한 비판적 사고가 기독교 안에 유행하고 있었기 때문이었다.[28]

그러나 셸링이 독일 관념론 철학의 대표적인 주자였고 바빙크가 관념론에서 출발해 계시철학의 가능성을 말한 것은 우연으로 보여지지 않는다. 바빙크가 계시철학으로 가는 길에 관념론을 도입한 것은 관념론이 다른 어떤 철학보다도 직관과 신비를 강조하고 있다는 점에서

---

26) 이는 바빙크의 일반계시론이 말하는 바와 일치한다.

27) **슈트라우스**(Strauss, David Friedlich, 1808~1874) 헤겔학파 신학자. 27세 경에 *예수전*(*Das Leben Jesu*, 1835)을 저술하여, 세상을 경악시키면서 튀빙겐 신학교 조교수의 자리에서 해임되고, 1839년 취리히의 교수 취임도 이 책으로 인해 실현되지 못해 평생 민간 저술가로 지냈다. 그에 의하면 복음서의 내용은 역사 사실의 기록이 아니라 원시 교단에 의해 구상된 신화에 불과하다. 즉 인간은 개인으로서는 유한하지만 인류로서는(개인의 생과 사를 통하여) 무한하고, 기독교는 이것을 신인(神人) 예수라고 하는 형식을 빌어 구상했다고 보았다. 헤겔 철학에 의한 이 성경 해석은 헤겔 학파의 분열의 계기를 만들었다. 그가 도달한 새로운 신앙의 견지는 기독교를 탈피한 범신론적 자연주의였다.(네이버 백과사전)

28) Nicolai Hartmann, *독일 관념론 철학* (Die Philosophie des Deutschen Idealismus). 이강조 역 (파주: 서광사, 2009), 254-257.

계시철학의 이해

계시철학에 더 가깝기 때문이었을 것이다.

더욱이 셸링은 자기 철학의 한계를 말하며 초자연적인 계시를 도입하고자 했다는 것은 철저한 개혁주의 신학자로서의 바빙크가 철학의 한계를 지적하며 계시 도입의 필요성을 말한 것보다 더 의미 있는 일이라고 볼 수 있을 것이다. 인간은 초월적인 존재라고 바빙크가 그의 계시철학 첫 페이지에서 전제 삼은 것을 셸링이 이미 바빙크에 앞서 주장한 바 있기 때문이다. 이를 통해 '계시'라는 변증학적 아르키메데스 기점은[29] 신율적인 사고에서는 물론이거니와 인간 자율적인 사고 모두에게 의미있다는 것을 확인케 되었다.

그러나 본 서는 바빙크의 계시철학의 내용 자체에 대한 연구에 집중하므로 바빙크의 계시철학이 셸링의 계시철학이 어떤 연관이 있는지에 대해서는 또 다른 연구 과제이다.

IV. 계시철학에 나타난 신칼빈주의적 특징

바빙크의 계시철학에는 신칼빈주의의 특징이 잘 반영되어 있다. 신칼빈주의의 특징은 일반적으로 '예수님은 만유의 주시다', '모든 생명은 구속받아야 한다', '문화명령', '창조, 타락, 구속', '영역주권', '이원론을 거부', '일반 은총', '세계관', '반정립', '율법의 역할' 등으로 구성되어 있다.[30] 그러나 바빙크의 계시철학이 의도적으로 신칼빈주의의 특징 모두를 나타내고자 한 것이 아닌 만큼 우리는 그의 계시철학에서 신칼빈주의의 특징을 모두 정리해낼 수는 없다. 그러나 이런 가운데 분명한 것은 그의 계시철학은 신칼빈주의의 특징을 담고 있다는 것이다. 이것이 그의 계시철학 곳곳에서 발견된다.[31]

---

29) Reymond, 46-47.
30) Neo-Calvinism.(Wikipedia)
31) 우리가 바빙크의 계시철학에 신칼빈주의 사상이 풍성하다는 것을 쉽게 알 수 있다. '예수님이 만유의 주'라는 것이나 '구속'은 계시철학의 기본

305

그래서 여기서 바빙크의 계시철학이 얼마나 신칼빈주의 사상과 일치하고 있는지 신칼빈주의 철학자인 헤르만 도예베르트의 철학 사상을 통해 확인해보고자 한다.32) 바빙크는 신학자이고 도예베르트는 철학자이다.33) 이는 바빙크의 신학을 철학 사상 속에서 확인해보고자 하는 것이요 이를 통해 바빙크의 계시철학을 철학 사상 속에서 진일보 시켜보고자 하는 것이다. 왜냐하면 신학은 철학적 개념과의 정리를 통해 더 풍부해질 수 있기 때문이다.34) 그러나 우리가 여기서 유의해야 할 것은 도예베르트의 사상이 신칼빈주의의 기준이 되기 때문에 이러한 시도를 하는 것은 아니라는 것이다. 도예베르트의 통찰이 바빙크보다 뛰어나서도 아니다. 다만 이 두 사람이 모두 신칼빈주의의 철학적, 신학적 대표 주자라는 점에서 그들이 서로 일치하고 있다는 것을 보고자 한다는 것이다. 본 연구에서는 '영역주권', '철학적 사유', '역사적 사유', '반정립' 부분에서만 이를 간략하게 살펴 정리하고자 한다.

1. 영역주권

바빙크의 계시철학에서 가장 두드러지게 나타나는 신칼빈주의의 특

전제이다. 정복하고 다스리라는 '문화명령'의 측면에서 보면 바빙크가 제 학문을 대상으로 계시철학을 시도한다는 점에서 학문에서 하나님의 주권과 영광을 드러내고자 하였음을 알 수 있다. 그리고 '창조, 타락, 구속'이나 '일반 은총'이나 '세계관' 등도 바빙크의 계시철학 속에서 풍부하게 나타난다.

32) 우리는 이미 도예베르트의 철학 사상을 많이 인용하였다.

33) 더러는 바빙크를 신학자이면서도 철학자라고 말하기도 한다. 도예베르트도 신학자요 철학자로 평해지는데 도예베르트는 자신을 철학자로 불리기를 원하였다.

34) 일반적으로 철학은 기독교 신학의 위험한 적수로 여겨지는 경향이 있는 것은 사실이다.(도예베르트, *서양사상의 황혼에 서서*, 91) 철학은 자율적 사고에 기초한다는 점에서 그렇게 말할 수 있을 것이다. 그러나 철학이 기독교 신앙을 이해하는데 도움을 주기도 한다. 모든 진리가 하나님의 진리이고 철학도 진리를 탐구해 나가는 하나의 탐색이라는 점에서 (Geiseler, 22) 기독교가 철학을 회피할 이유는 없다. 특별히 여기서는 도예베르트가 신칼빈주의 철학자라는 점에서 더욱 그러하다.

징 중에 하나는 바로 영역주권이라고 볼 수 있다. '영역주권'이 무엇인지에 대해서는 제1 장 서론의 각주에서 간략하게 언급한 바 있다. 그런데 도예베르트의 영역주권에 관한 정의는 철학적 핵심을 가지고 있다. 아래의 인용문을 주목해 볼 필요가 있다.

> 창조 동인은 끊임없이 하나님의 피조적 실재 속에 있는 모든 국면들의 내적 본질, 상호 관계, 그리고 통일성을 검토하도록 우리를 이끈다. 이 동인을 의식하게 될 때, 우리는 그 시간적 국면들의 거대한 다원성과 다채성 속에서 하나님의 피조물의 풍요성을 이해하기 시작한다. 우리는 하나님의 계시를 통해 이러한 국면들의 참된 근원과 종교적 근본 통일성을 알기 때문에, 한 국면을 절대화하지도 않고, 다른 국면들로 환원시키지도 않으며, 그 내재적 본질과 그 고유 법칙의 기초 위에서 각 국면을 주목한다. 그 이유는 하나님은 그 종류대로(after its kind) 만물을 창조하셨기 때문이다. 그러므로 실제의 다양한 국면들은 그 상호 관계 속에서 서로 환치될 수 없다. 각각의 국면들은 다른 것들과 관련된 주권적 영역을 소유한다. 아브라함 카이퍼는 이것을 영역주권(sphere sovereighty) 이라고 부른다.[35]

도예베르트의 이 정의는 각각의 개체는 내적으로 고유한 본질을 가지고 있기 때문에 다른 것으로 환치될 수 없고 그 본질 그대로 유지시켜야 한다는 것이요, 그러나 이러한 개체는 상호 연관을 맺으면서 전체적으로 통일성을 유지하고 있다는 것이다.

그런데 본 연구는 자율적 사유의 한계는 개체성에는 접근을 하지만 통합적 진리에 도달하지 못함을 반복해서 말해주고 있다. 이를 주목하도록 하기 위해 본 서에서는 '통합적 사고체계', '통합적 모델', '풍부한 전체', '총체적', '통일성', '복합체', '다양성', '개체'라는 단어를 많이 사용하여 강조하였다. 이는 계시철학 전반에 걸쳐 반복해 나타나는 것으로 바빙크가 철학이나, 자연, 역사 이해에 있어서 얼마나 개체의 다양성, 총체성, 통일성 등에 대해 많은 관심을 가지고 있었으

---

35) Dooyeweerd, *서양 문화의 뿌리*, 72-73.

며 이를 강조하고자 했는가를 알 수 있게 해준다.

철학(I)과 철학(II) 부분에서 나타난 다양성과 통합성에 대한 언급은 다음과 같다. 철학(I)의 제3 절에서는 진화론이 통합적인 사고와 체계가 결여되어 있음을 지적하였다.36) 철학(II)의 제2 절에서는 자아를 설명하면서 '종합성', '유기적 전체', '복합체'라는 말을 사용해 자아는 사물에 대한 부분적인 설명으로 만족하지 않는다는 것을 말하였다.37) 그러므로 진화론이 지닌 만물에 대한 설명 한계가 발견될 때 자아가 이를 받아들이지도 않고, 만족해하지 않는다는 것이다. 그러면서 바빙크는 인간의 정신은 생활의 총체라고 하였다.38) 그리고 계시철학은 철학의 다양성과 체계를 포괄하며 통합에 도달한다고 하였다.

이어 제7 장 '계시와 자연'에서는 이 통합의 사상이 한층 강화되어 나온다. 제2 절에서는 우리는 무엇을 이해하든 그것이 가진 독특한 차별성과 함께 그것이 속해 있는 전체를 함께 생각하여야 한다고 하였다.39) 그리고 자연과학은 통합적 사고와 인식 속에서 세계를 이해해야 한다고 하였다. 그리고 제6 절 '자연의 통합성'에서는 '다양성과 통일성', '계시를 통한 통합적 사고'에 대해 논하였다.

제8 장 '계시와 역사'의 제2 절 '계시 의존적 역사 이해'에서 역사의 통일성을 말하면서 이것이 신의 통일성과 인류가 가진 통일성 때문에 가능함을 말하였다.

이렇게 바빙크가 개별성, 차별성을 뛰어넘어 통합성, 혹은 전체를 말한다는 것은 신칼빈주의적 특징을 그대로 보여주는 것이라고 할 수 있다. 다양성을 인정하면서 통합적으로 사고하며 전체의 조화를 생각하는 것, 각자의 독특한 영역이 지켜지되 전체적으로 통일성을 유지하는 것이 영역주권 안의 모든 것의 존재 방식인 것이다.

이렇게 신칼빈주의가 유물론적 일원론과 진화론, 그리고 이원론과 집요한 논쟁을 하는 이유는 이런 것들이 결코 만물의 통합성을 설명

---

36) *PR*, 44.
37) *PR*, 61.
38) *PR*, 64.
39) *PR*, 84.

계시철학의 이해

할 수 없을 뿐 아니라, 통합적 전체에 의미도 부여할 수 없기 때문이다. 그러나 신칼빈주의는 계시를 통해 하나님의 인격적인 창조 속에 나타나 있는 개별성과 통합성을 확신한다. 마침 이것은 앞에서 인용한 도예베르트의 영역주권에 대한 이해와 정확하게 일치한다.

2. 철학적 사유의 특징

도예베르트의 철학적 사유는 자율적 사유의 한계를 지적하고 신율적 사유만이 진정한 철학에 도달할 수 있다는 것을 핵심으로 하고 있다. 이는 바빙크의 계시철학이 일관되게 주장하는 바와 같다.

가. 자율적 철학의 한계 지적

도예베르트는 그의 저서 *서양 사상의 황혼에 서서* 의 '철학적 사유의 거짓된 자율성 I'에서 '철학적 사유의 자율성'이라는 종래의 확실성이 쇠퇴한 것은 1, 2차 대전을 겪고 난 후라고 말하였다.40) 이 두 번의 대전으로 인해 소위 인간 이성에 대한 깊은 불신에 빠졌다는 것이다. 도예베르트에 의하면 이로서 서양 철학이 내세우는 바 자율성이 철학적 사유의 제일 조건이라는 주장은 더욱 의심스럽게 되고 말았다.41)

그리고 그는 이렇게 자율성에 기초한 철학이 위기를 극복하지 못하는 이유는 서구의 자율적 철학 사조들이 철학 사유의 진짜 출발점을 찾을 수 있는 능력이 없기 때문이라고 하였다. 그래서 도예베르트는 이러한 자율성을 철학적 사유의 거짓된 자율성이라고 말한다.42)

이는 바빙크가 자율에 기초한 인본주의적 사유에는 한계가 있는데 이를 극복하기 위해서는 하나님을 출발점으로 하는 신율적 사고를 해

---

40) Dooyeweerd, *서양 사상의 황혼에 서서*, 15.
41) Ibid, 16.
42) Ibid, 16.

야 한다고 말한 것과 다르지 않다. 그에 의하면 자율에 기초한 철학에
한계가 있어 인간은 계시 의존적인 사고를 할 때만 비로서 진리에 이
를 수 있다.[43] 그리고 바빙크는 만일 신을 찾는 인간을 부인한다면
이제까지의 역사와 자연은 추상적인 것이 되고 만다며[44] 인간은 사유
에 있어서 하나님을 빼놓을 수 없음을 말하였다. 이런 점에서 도예베
르트나 바빙크가 철학적 사유의 참된 출발점은 한결같이 하나님이어
야 한다는 데서 온전히 일치하고 있다.

나. 인간 자아에 대한 탐구

도예베르트는 이어 같은 책의 '철학적 사유의 거짓된 자율성 II'에
서 철학적 반성의 진정한 출발점을 발견하기 위해서는 인간의 자아를
향한 이론적 사유에 집중하는 것이 필수적이라고 하였다. 그는 우리가
이 수수께끼 같은 자아에 관심을 쏟아야 한다고 말하였다. 자아는 모
든 사유의 참된 중심이므로 그 이해는 온갖 모습으로 나타나는 철학
적 사유의 필수 전제 조건이라고 하였다.[45] 이는 바빙크가 철학(II)에
서 관념론을 추적하여 자아 연구에 집중하고 이를 계시 파악의 중심
장소로 본 것과 일치한다.

다. 인간 자아와 하나님과의 만남

그리고 도예베르트는 이러한 자아의 중심적 통일성을 시간 질서의
양상적 다양성[46] 속에서 발견하고자 한다면 실패할 수밖에 없고 자아
는 무(無)가 되어버린다고 하였다. 이는 시간 안에 존재하는 것만으로
는 자아가 채워질 수 없고 만족될 수도 없고, 이 모든 것을 통일적

---

43) 본 연구 제4 장, 제6 절, '6. 바빙크의 비판' 참조.
44) *PR*, 25.
45) Dooyeweerd, *서양 사상의 황혼에 서서*, 33.
46) '시간적 질서의 양상적 다양성'이란 하나님과 관계를 맺지 못하고 시간
    안에서 이루어지는 모든 것을 의미한다고 할 수 있다.

안목으로도 볼 수 없어 결국에 논리적 자아나, 역사적 자아, 도덕적 자아가 존재하지 않게 된다는 것이다.47) 이런 자아는 그 어떤 것과의 중심적 관계를 맺어야만 비로서 긍정적 의미를 찾게 된다고 하였다.48)

도예베르트는 여기서 마틴 부버의 '나와 너'의 철학 사상을 도입해 이 문제를 설명해 나간다. 즉 인간적 자아는 긍정적인 관계, 상호 인격적인 만남을 통해 형성된다고 말한다. 그러나 그는 이러한 자아는 시간상의 사랑의 관계 가운데에 형성되는 이웃과의 도덕적 만남이나, 플라톤주의적인 사랑, 남편과 아내의 사랑 등, 그 어떤 것도 인간 자아의 본질적인 중심에 속할 수 없다고 한다.49) 이는 인간 간의 깊은 인격적인 사랑도 자아의 본질의 중심이 되지 못한다는 것이다.

여기서 도예베르트는 이를 극복할 수 있는 수단으로서 인간 자아를 넘어 이 자아를 신적 기원으로서 이해하고 종교적 관계에서 그 중심의 본질을 찾아야 함을 말한다. 이 관계는 하나님과 그의 형상으로 창조된 인간 자아 사이의 종교 중심적 관계이다.50)

도예베르트는 부버의 '나와 너'의 관계에서 본다면 하나님과 인간의 인격적인 만남,51) 이것이 이루어질 때만이 시간적 지평에 얽매여

---

47) Ibid, 33-34.
48) Ibid, 34.
49) Ibid, 34-35.
50) Ibid, 35.
51) 오스트리아 출신의 유태인 철학자 **마틴 부버**(Martin Buber)의 *나와 너* (*Ich und Du*)는 만남의 철학으로 인간 문제를 이해해 나갔다. 그는 여기서 인간의 태도에 대해 말할 수 있는 근원어로서 '나-너'(Ich-Du), 그리고 '나-그것'(Ich-Es)가 있다며 인간의 문제는 '나와 너'의 인격적인 만남에서 해결된다고 하였다.(Martin Buber, *나와 너* (*Ich und Du*), 표재명 역 (서울: 문예출판사, 2004), 7~) 도예베르트가 여기서 부버의 *나와 너* 를 인용하는 의도는 이런 것이다. 아무리 내가 그와 그녀와 이웃과 세상과 만나며 자기의 존재의미를 발견한다 해도 이 모든 것들은 하나님의 형상을 따라 지어진 인간이 근본적으로 하나님을 만나지 못한다면 시간의 연속성 상에서의 모든 것은 그것(Es -it)로 바뀔 수밖에 없으며, 이때 나의 자아는 무(無)가 된다는 것이다. 인간은 하나님과 만나 그와 인격적인 관계가 맺어질 때 비로서 나는 너를 만나게 된다는 것이다. 그리고 여기서

있는 철학적 사유의 한계를 넘어설 수 있다고 한다.[52] 그리고 이러한 종교적 중심 자체가 철학적 사유의 한계를 초월하면서도 철학적 사유의 필수적 전제라고 하였다.[53]

우리는 여기서 도예베르트의 이러한 사유가 바빙크가 자율에 기초한 철학적 사유의 한계를 극복하고 진리에 도달하기 위해서는 계시 의존적 사고가 이루어져야 한다는 말과 사실상의 일치가 있음을 발견할 수 있다. 더욱이 바빙크가 이를 위해 철학(II)에서 자아에서 하나님의 계시가 파악될 때 인간이 온전한 진리에 이룰 수 있다고 주장한 것 역시 마찬가지다. 그래서 자아는 인간이 하나님을 만나는 장소다. 이처럼 자아에 관한 올바른 이해가 진리에 이를 수 있는 관건이 된다는 것은 도예베르트와 바빙크의 일치된 주장이다.

라. 결론으로서의 하나님의 말씀과 계시

이어서 도예베르트는 공통적인 동인으로서의 이 종교적 근본 동인이 서로 격렬하게 싸우는 철학 사조들이 궁극적으로 서로 이해할 수 있도록 보장하며, 이런 점에서 철학 사조들은 사상의 공동체를 이룬다고 하였다.[54] 도예베르트는 이것을 가능케하는 것이 바로 계시로서의 하나님의 말씀이라고 한다. 그는 '철학적 사유의 거짓된 자율성 I, II'의 다음과 같은 결론을 말한다.

참으로 절대적인 이 진리의 기준은 그 중심적 의미에서 인간 안에서 발

인간은 신율에 기초한 사유를 하며 진리에 이른다는 것이다. 이러한 도예베르트는 인간이 자아를 드러낼 수 있는 유일한 세 가지 중심 관계를 말했다. '우주와의 관계', '다른 자아와의 관계', '신적 기원과의 관계'. 이는 자연, 인간, 신과의 관계를 의미한다.(Dooyeweerd, 서양 사상의 황혼에서, 37) 신적 기원과의 관계가 다른 관계를 지배한다는 것이 도예베르트의 주장인 것이다.

52) Ibid, 35.
53) Ibid, 38.
54) Ibid, 37.

계시철학의 이해

견될 수 없고 오직 하나님의 말씀 안에서 발견할 수 있다. 이 하나님의 말씀은 모든 절대화의 원천을 드러내고 유일하게 인간을 인간 자신과 인간의 절대적 기원에 대한 참된 지식으로 이끌 수 있다.[55]

이는 바빙크의 말대로 계시와 하나님의 말씀이, 자율적 사고와 신율적 사고가 서로의 접촉점을 찾아 그동안의 충돌을 극복하고 창조주요 구속주 되신 그리스도께로 나가게 한다는 말과 다름 아니다. 이처럼 바빙크 역시 그의 계시철학의 결론을 언제나 하나님의 계시, 곧 말씀이신 그리스도를 말한다.

3. 역사적 사유

도예베르트는 그의 책 *서양 사상의 황혼에 서서*에서 또한 '역사의 의미와 역사주의적 세계관 및 인생관'에 대해 논한다. 그의 역사관의 결론은 다음과 같다.

궁극적으로 역사의 의미를 묻는 물음은 다음과 같은 물음을 중심으로 맴돈다. "인간은 누구이며, 그의 기원과 궁극적 목적지는 어디인가?" 창조와 죄로의 타락과 예수 그리스도를 통한 구속이라는 성경의 중심적 계시를 벗어나서는 이 물음에 대한 참된 해답을 전혀 발견할 수 없다. 인간 문화 생활의 개현(開顯) 과정에서 일어나는 갈등과 변증법적 긴장은 상대적인 것을 절대화하는 데서 생긴다. 그리고 모든 절대화는 배도의 영으로부터, 아우구스티누스가 그렇게 불렀듯이 지상의 도성 곧 흑암의 왕국의 영으로부터 생긴다.
예수 그리스도가 영적 중심이 되지 않고 그의 나라가 세계사의 궁극적 목적이 되지 않는다면 인류를 위한, 그리고 인간의 전체 문화 발전을 위한 미래의 희망은 전혀 없을 것이다.
세계사의 이 중심과 목적은[56] 서양 문명이나 그 어떤 문명에도 얽매어 있지 않다. 오히려 이 중심과 목적은 새 인류 전체를 참된 목적지로 이

---

55) Ibid, 55.
56) '이 중심과 목적'은 앞의 절에서 가리킨 대로 예수 그리스도를 가리킨다.

끝 것이다. 왜냐하면 이 중심이자 목적은 자기 희생으로 하나님 나라의
사랑을 드러냄으로써 세상을 이겼기 때문이다.[57]

이러한 도예베르트의 역사 이해에 대한 결론은 본 서의 제8 장 '계
시와 역사'에서 '역사의 핵심으로서의 그리스도'에서의[58] 역사 이해
의 결론과 같다. 도예베르트가 여기서 그리스도가 중심이 되지 않고
그 나라가 궁극적인 목적이 되지 않으면 인류의 미래에 희망이 전혀
없다고 하였는데 이는 바빙크가 만일 역사 속에 그리스도가 없다면
그 역사는 이내 박살나고 원리도 목표도 없어진다는[59] 말과 일치한
다.

또한 도예베르트가 세계사의 궁극적인 목적이 그리스도라는 것은
다시 오실 그리스도를 전제한 것으로 이는 바빙크가 다시 오실 그리
스도 안에서 역사의 목적이 이루어진다고 말한 것과 같다. 또한 도예
베르트가 예수 그리스도를 세계사의 중심이고 목적이라고 한 것은 바
빙크가 그리스도로부터 역사가 나오고 또 나와야 하며, 또한 그리스도
가 역사의 핵심과 진정한 내용을 제공한다는 말과 똑같은 것이다.[60]

도예베르트의 역사 이해의 결론에서 그리스도가 자기 희생을 통해
하나님 나라의 사랑을 드러냈다는 것 역시 바빙크가 그리스도의 삶과
죽으심, 부활이 역사의 심장부를 이룬다는 말과 다름이 아니다.[61] 왜
냐하면 그리스도의 삶과 십자가는 하나님 나라의 사랑을 보여주기 위
한 자기 희생과 사랑 그 자체를 의미하기 때문이다. 이는 창조, 타락,
구속에 이어지는 재림을 포함한 신칼빈주의의 개혁주의적 역사관이다.

---

57) Dooyeweerd, *서양 사상의 황혼에 서서*, 89-90. 자기희생에 대한 이해
    와 믿음이 없다면 하나님과 인간과의 만남을 불가능해진다. 하나님이 인간
    의 자아 중심에 임할 수 있는 것은 예수 그리스도의 자기 희생을 통해 하
    나님과 인간 사이의 인격적인 장벽이 허물어졌기 때문이다. 그러므로 진리
    에 있어서 '자기 희생'은 필수적이며, 또한 여기서 인격적인 하나님과 그
    사랑이 나타난다.
58) 본 연구 제8 장, 제2 절, 3, '나. 다시 오시는 그리스도' 참조.
59) *PR*, 141.
60) *PR*, 140.
61) *PR*, 141.

계시철학의 이해

4. 반정립(antithesis)

반정립 사상은 신칼빈주의의 특징으로서 그 신앙적 성격을 잘 드러내준다. 반정립의 사상은 헤겔 철학에서 정립에 대한 반대의 의미로 사용되어 합일(synthesis)로 가는 길목에서 사용되는 용어이다. 그러나 신칼빈주의의 특징으로의 반정립이란 신학적인 대치에서 주로 사용된다. 예를 들어 '순종과 배도', '빛의 나라와 어두움의 나라', '장차 도래할 하나님 나라와 죄악된 현재'와 같은 것이다.62)

도예베르트는 종교적 반정립은 고도의 종합을 인정하지 않는다고 하였다. 예를 들면 기독교적 출발점과 비기독교적 출발점이 이론적으로 종합되도록 허용하지 않는다는 것이다.63) 이는 순종과 배도가 다 허용되는 종합은 없으며, 빛의 나라가 어두움의 나라와 타협할 수 없고 장차 도래할 하나님 나라를 현재로 대치할 수 없다는 것이다. 그러므로 신칼빈주의에서의 반정립이라는 말은 종합(synthesis)을 전제한 헤겔의 변증법에서 사용되는 말로 오해되어서는 안 된다. 이는 신칼빈주의가 이 세상에서의 영적 현실을 직시하고 어두움의 세력과 타협 없는 분명한 영적 싸움을 이루고자 하는 데서 사용되는 언어이기 때문이다.64)

바빙크의 계시철학 역시 변증법적 성격을 지니고 있는 만큼 기독교의 진리를 나타내고자 한다는 점에서 이러한 반정립이 두드러진다. 그

---

62) Neo-Calvinism, Wikipedia
63) Dooyeweerd, *서양 문화의 뿌리*, 27.
64) 그러나 도예베르트는 루터의 '율법과 복음'이라는 반정립적 신학을 인정하지 않는다. 왜냐하면 루터의 경우 율법과 복음이 대립하고 있는데 이는 칼빈주의 입장에서 볼 때 루터가 가지고 있는 사상의 약점에서 기인한 것으로 본다. 왜냐하면 이는 로마 카톨릭의 자연-은총 동인 안에서 이루어진 것이기 때문이다. 루터는 율법은 '죄악된 자연'의 질서로 격하시켰고, 그리하여 '복음적 은총'에 대한 종교적 반정립에 입각하여 율법을 생각하기 시작한 것이다. 사도바울에 의하면 율법은 죄를 깨닫게 하는 신성한 것으로 결코 복음의 반정립이 될 수 없다.(Dooyeweerd, *서양 문화의 뿌리*, 194)

는 진화론과 창조론의 대결이 그의 계시철학의 각 장(章)마다 등장하며 자율과 신율의 대립이 역시 그러하다. 만일 이러한 반정립의 사상이 분명하지 않았다면 바빙크는 계시철학의 각 장마다 주제를 다루면서 결론으로서의 하나님의 계시와 예수 그리스도에 도달할 수 없었을 것이다. 그는 철저한 반정립 사상으로 계시철학을 일관되게 다루어나갔다.

계시철학의 이해

참고 문헌

I. 헤르만 바빙크 자료

1. 국문 자료

Bavinck, Herman.
____. *계시철학.* 위거찬 역. 서울: 성광문화사, 1985.
____. *하나님의 큰일(Magnalia Dei).* 김영규 역. 서울: 기독교문서선
교회, 1999.
____. *일반은총론.* 차영배 역. 서울: 총신대학출판부, 2002.
____. *개혁교의학 개요.* 원광연 역. 고양: 크리스찬다이제스트, 2004.

2. 영문 자료

Bavinck, Herman. "The Catholicity of Christianity and the Church."
Calvin Theological Journal. V.27. No. 2. November, 1992.
____. "Calvin and Common Grace." *The Princeton Theological Review*
Volumn VII. 1909.
____. *Essays on religion, science, and, society.* Grand Rapid:
Baker Academy, 2008.
____. The Philosophy of Revelation: Longmans Green, 1909.
____. *Reformed Dogmatics* I. Michigan: Grand Rapids, 2007.
____. *Reformed Dogmatics* II. Michigan: Grand Rapids, 2007.
____. *Reformed Dogmatics* III. Michigan: Grand Rapids, 2007.
____. *Reformed Dogmatics* IV. Michigan: Grand Rapids, 2007.
____. *The Certainty of Faith.* Ontario: Paideia Press, 1980.

____. *The Philosophy of Revelation.* Longmans Green, 1909.

____. *Our Reasonable Faith*, Michigan:Grand Rapids, Eerdmans Publishing Company, 1956.

II. 그 외의 자료

1. 국문 자료

(1) 논문

김기범, "'양자역학 뿌리' 불확정성 원리 결함 발견", *경향신문*, 2012년 1월 17일

김영한. "샬롬을 꿈꾸는 나비행동." 크리스챤투데이, 2010년 10월 13일자.

김정훈. "도예베르트의 인간관 이해." *진리논단* Vol. -No. 6. 2001.

박형국. "계시와 현존-계시의 매개에 대한 바르트의 변증법적 사유." *장신논단*, 제40 집.

유해무. "신칼빈주의 운동." *신학지평.* Vol. 8 No, -. (1998)

이상규. "역사의 배후에 계시는 하나님의 손길." *목회와 신학*, 2004년 9월호.

이정석. "신칼빈주의 운동이 사회에 미친 영향." 총신대보, 2001년 11월 호.

정승원. "알프레히트 리츨 사상 연구." *05. 신학일반* 신학자료, 출처: http://blog.naver.com/mokpojsk/m13003827965

최태연. "구 프린스턴 신학자들의 과학관." 기독신학저널. 제3 권, 2002년, 10월 호.

최흥석. "Hermann Bavinck의 일반은총론에 대한 신학적 재조명." *신학지남* Vol 71, No2, 2004.

계시철학의 이해

한수환. "계시철학." 종합연구 제5 권, 1992년 5월 호.

황인술. "아우구스티누스, 신을 향한 이성." *독서신문*, 2011년 9월 9
일.

Artist, Russel Charles. "조(兆)단위의 생물세포가 인간에게 주는 교
훈", John Clover Monsma 편역, *자연과학을 통해 본 하나님*
(*The Evidence of God in an Expanding Universe*). 조해수 역.
서울: 기독교문서선교회, 1990.

Hawking, Stephen William. "사후세계 천국은 허상." *서울신문*, 2011
년 5월 16일.

Mouw, Richard. "바빙크 부흥, 더욱 확산되길." 해외석학 칼럼, *국민
일보*. 2009년 9월 18일 자.

(2) 국문 서적

김균진, 신준호 공저. *기독교신학과 자연과학의 대화*. 서울: 대한기독
교서회, 2004.

김성욱. *리츨의 신학적 고민*. 용인: 웨스트민스터출판부, 2009.

김학모, *개혁주의 신앙고백*, 김학모 역. 서울: 대학생성경읽기선교회,
2019.

김흡영. *현대과학과 그리스도교*. 서울: 대한기독교서회, 2006.

서울대학교 자연과학 교수 31 인. *21세기와 자연과학*. 서울: 사계절,
1997.

유해무, 헤르만 바빙크. 파주: 살림, 2007.

이상신. *역사학 개론*. 서울: 신서원, 2005.

이장식. *기독교 사관의 역사*. 서울: 대학기독교서회, 1992.

이장식 편역, *기독교 신조사*. 서울: 콘콜디아사, 1993.

정성구. 아브라함 카이퍼의 사상과 삶. 용인: 킹덤북스, 2010.

최태연. *개혁주의와 과학철학*. 서울: 기독교연합신문사, 2005.

319

(3) 번역 서적

Allen, Diogenes. *신학을 위한 철학 (Philosophy of Understanding Theology)*. 정재현 역. 서울: 대한기독교서회, 2003.

Barber, Ian G. *과학이 종교를 만날 때 (When Science Meets Religion)*. 이철우 역. 서울:김영사, 2005.

Bebbington, David. *역사관의 유형들*. 김진홍, 조호연 역. 서울: IVF, 1997.

Berkhof, Louis. *조직신학 (Systematic Theology)*. 권수경, 이상원 역. 고양: 크리스챤다이제스트, 2000.

Bronowski,J. and Mazlish, Bruce. *서양의 지적 전통 (The Western Intellectual Tradition)*. 차하문 역. 서울: 학연사, 2003.

Brow, Robert. *종교의 기원과 사상 (Religion:Origins and Ideas)*. 홍치모 역. 서울: 총신대학출판부, 1979.

Buber, Martin. *나와 너 (Ich und Du)*. 표재명 역. 서울: 문예출판사, 2004.

Calvin, John. *기독교강요 (Institutes)(초판)*. 양낙흥 역. 고양: 크리스챤다이제스트, 2008.

Caroll, Sean B. *한치의 의심도 없는 진화이야기 (Making the fittest: DNA and the Ultimate Forersic Record of Evolution)*. 김명주 역. 고양: 지호, 2008.

Carr, E.H. *역사란 무엇인가 (What is history)*. 서정일 역. 서울: 열음사, 1992.

Dawkins, Richard. *만들어진 신 (The God Delusion)*. 이한음 역. 파주: 김영사, 2010.

_____. *이기적 유전자 (The Selfish Gene)*. 홍영남 역. 서울: 을유문화사, 2006.

Diamond, Jared. *총, 균, 쇠 (Guns, Germs and Steels)*. 김진준 역. 서울: 문학사사상, 2007.

계시철학의 이해

Dooyeweerd, Herman. 이론적 사유의 신비판 서론(*A New Critique of Theoreical Thought*). 김기찬 역. 서울: 크리스챤다이제스트, 1995.

＿＿. 서양 사상의 황혼에 서서 (*In the twilight of western thought*), 신국원, 김기찬 역. 고양: 크리스챤다이제스트, 2003.

＿＿. 서양 문화의 뿌리 (Roots of Western Culture). 문석호 역. 고양: 크리스챤다이제스트, 2002.

Durant, William James. 철학 이야기. (*The Story of Philosophy*). 박상수 역. 서울: 육문사, 1995.

Erich Frank, 철학적 이해와 종교적 진리 (*Philosophical understanding and religious truth*). 김하태 역. 서울: 대한기독교서회, 1962.

Erickson, Milliard J. 신학은 어디로 가고 있는가 (*Where is theology going?*). 김성봉 역. 서울: 나눔과 섬김, 2002.

Frank, Erich. 철학적 이해와 종교적 진리 (*Philosophical Understanding and Religious Truth*). 김하태 역. 서울: 대한기독교서회, 1962.

Geisler, Norman L. 기독교 철학개론 (*Introduction to Philosophy : Christian Perspective*). 위거찬 역. 서울: 기독교문서선교회, 1987.

Giddens, Anthony. 현대 사회학 (*Sociology*). 김미숙 와 6 인 역. 서울: 을유문화사, 1999

Grenz, Stanley J. and Olson, Roger E. 20세기 신학 (*20th Century Theology*). 신재구 역. 서울: IVP, 1997.

Middleton, J. Richard and Walsh, Brian J. 그리스도인의 비젼 (*The Transforming Vision*). 황영철 역. 서울: IVP, 1987. 1998.

Harnack, Adolf V. 기독교의 본질 (*Das Wesen Des Christentums*) 오흥명 역. 서울: 한들출판사, 2007.

Hartmann, Nicolai. 독일 관념론 철학 (Die Philosophie des Deutschen Idealismus). 이강조 역. 파주: 서광사, 2009.

Hazen, Robert M. and Trefil, James 교과서에서 배우지 못한 과학 이야기 (*Science Matters*). 이창희 역. 서울: 고려미디어, 1996.

Hummel, Charles. *과학과 성경: 갈등인가 화해인가* (*The Galileo Connection*). 황영철 역. 서울: IVP, 1991.

Livingstone, C. James, *현대기독교사상사*, 김귀탁 역. 서울: 은성, 1993.

Kaku, Michio. *평행우주* (*parallel worlds*). 박병철 역. 파주: 김영사, 2011.

Kuyper, Abraham. *칼빈주의 강연* (*Lectures on Calvinism*). 김기찬 역. 고양: 크리스 다이제스트, 2006.

Livinstone, James C. *현대기독교사상사* (Modern Christian Thought). 이형기 역. 서울: 한국장로교출판사, 2000.

Lowith, Karl. *역사의 의미* (*The Meaning in history*). 이석우 역. 서울: 탐구당, 1990.

Luijpen, William A and Koren, Henry J, *현대 무신론 비판* (*Religion and Atheism*). 류의근 역. 서울: 기독교문서선교회, 2005.

McGrath, Alister E. *도킨스의 신*(*Dawkin's God*). 김태완 역. 서울: SFC, 2007.

____. *과학신학탐구*(The Order of Things). 황의무 역. 서울: 기독교문서선교회, 2010.

____. *도킨스의 망상 만들어진 신이 외면한 진리* (Dawkins Delusion?). 전성민 역. 서울: 살림, 2007.

____. *한권으로 읽는 기독교* (Christianity:Introduction, Second Editon). 전의우 역. 서울: 생명의 말씀사, 2009.

____. *역사 속의 신학* (Christian Theology, An Introduction), 김홍기 외 2 인 역. 서울: 대한기독교서회, 2005.

O'Collins, Gerald. *계시란 무엇인가* (T*heology and Revelation*). 김광식 역. 서울: 가톨릭출판사, 1993.

Ramm, Bernard. *복음주의 신학의 흐름* (The Evangelical Heritage). 권혁봉 역. 서울: 생명의 말씀사, 1985.

____, *변증학의 본질과 역사* (*Varieties of Christian Apologetics*). 김종두 역. 서울: 도서출판 나단, 1993.

Reymond, Robert L. *개혁주의 변증학* (*The Justification of Knowledge*) 이승구 역. 서울: 기독교문서선교회, 1989.

Robert C. Bishop, Larry I. Funck, Raymond J. Lewis, Stephen O. Moshier and John H. Walton. *기원이론* (Understanding Scientific Theory of Origins -Cosmology, Geology, and Biology in Christian Perspective), 노동래 역. 서울: 새물결플러스, 2023.

Sandel, Michael J. *정의란 무엇인가* (*Justice*). 이창신 역, 파주: 김영사, 2010.

Sire, James W. *기독교 세계관과 현대 사상* (*The Universe Next Door*). 김한수 역. 서울: IVP, 1985.

Swanstrom, Roy. *역사란 무엇인가* (*History in making*). 홍치모 역. 서울: 성광문화사, 1982.

Til, Cornelius Van, *개혁주의 신학 서론* (Introduction to Systematic Theology). 이승구 역. 서울: 기독교문서선교회, 2004.

Walsh, W. H. *역사철학* (*An Introduction of Philosophy of History*). 김정선 역. 서울: 서광사, 1989.

Warfield, Benjamin B. *구원의 계획* (*The Plan of Salvation*). 모수환 역, 고양: 크리스챤다이제스트, 2008.

Wells, Ronald A. *신앙의 눈으로 본 역사* (History through the eyes of faith). 한일철 역. 서울: IVP, 1995.

2. 영문 자료

(1) 논문

Bratt, James. "The context of Herman Bavinck's Stone Lecture : Culture and Politics in 1908." The Bavinck Review, volumn 1 (Grand Rapids: The Bavinck Institute, 2010.

Deel, Eerste. "GEREFORMEERDE DOGMATIEK DOOR." *The*

Presbyterian and Reformed Review. Vol. 7. No. 26, 1896.

Deel, Tweed. "GEREFORMEERDE DOGMATIEK DOOR." *The Presbyterian and Reformed Review.* Vol. 10. No. 40. 1899.

Dosker, Henry Elias. "'HERMAN BAVINCK', A Eulogy." Herman Bavinck, *Essay on religion, Science , and Society.* Michigan: Baker Academy, 2008.

"Faster than Light", *TIME.* 10, Oct. 2011.

Gousmett, Chris. "Bavinck and Kuyper on Creation and Miracle." - Cántaro Institute (cantaroinstitute.org)

Kloosterman, Nelson D. "The Legacy of Herman Bavinck." *New Horizons* Copyright 2011. The Orthodox Presbytarian Church.

Tangelder, Johan D "Dr.Herman Bavinck,1854-1921 Theologian of the Word." www.hermanbavinck.org. Originally published in Christian Renewal, January 29, 2001.

Valliere, Paul. "Solovev and Schelling's Philosophy of Revelation." Digital Commons@Butler University.

(2) 서적

Cairns, Earle E. *Christianity through the Centuries.* Grand Rapid: Zondervan Publishing House, 1996.

Calvin, John, *Institutes of Christian Religion* I. Louisville · LONDON: Westminster John Knox Press.

_____. *Institutes of Christian Religion* II. Louisville · LONDON: Westminster John Knox Press.

Kuyper, Abraham. *Lectures on Calvinism.* the Eerdmans ed.. Grand Rapids: Erdmans Publishing Company.

_____. *Encyclopedia of Sacred Theology: Its Principles.* New York: C. Scribner's, 1898.

McGoldrick, James E. *Abraham Kuyper: God's Renaissance Man.*

Welwyn, UK: Evangelical Press, 2000.

Polkinghorne, John and Welker, Michael eds., *The end of world and the ends of God. Science and Theology on Eschatology.* Arrisburg, Pennsylvania: Trinity Press international, 2000.

The Princeton Theological Review. Vol. 20, No. 3. 1922.

Veenhof, Jan. *Nature and Grace in Herman Bavinck.* Iowa: Dort College Press, 1968.

III. 관련 인터넷 싸이트

http://en.wikipedia.org/wiki/Neo-Calvinism

https://www.hermanbavinck.org

https://bavinckinstitute.org

https://calvinseminary.edu

https://www.ligonier.org/learn/teachers/ron-gleason